REABILITAÇÃO ACELERADA

INSTITUTO PHORTE EDUCAÇÃO
PHORTE EDITORA

Diretor-Presidente
Fabio Mazzonetto

Diretora-Executiva
Vânia M. V. Mazzonetto

Editor-Executivo
Tulio Loyelo

Alex Evangelista
(Alexsander Evangelista Roberto)

REABILITAÇÃO ACELERADA

MITOS E VERDADES
Fisioterapia aplicada ao esporte, traumatologia e ortopedia

São Paulo, 2011

Reabilitação acelerada: mitos e verdades
Copyright © 2011 by Phorte Editora

Rua Treze de Maio, 596
CEP: 01327-000
Bela Vista – São Paulo – SP
Tel/fax: (11) 3141-1033
Site: www.phorte.com.br   *E-mail*: phorte@phorte.com

Nenhuma parte deste livro pode ser reproduzida ou transmitida de qualquer forma ou por quaisquer meios eletrônico, mecânico, fotocopiado, gravado ou outro, sem autorização prévia por escrito da Phorte Editora Ltda.

CIP-BRASIL. CATALOGAÇÃO-NA-FONTE
SINDICATO NACIONAL DOS EDITORES DE LIVROS, RJ

R22

Reabilitação acelerada: mitos e verdades / Alexsander Evangelista Roberto - São Paulo: Phorte, 2011.
400p.

ISBN 978-85-7655-299-4

1. Fisioterapia. 2. Reabilitação. I.Título.

10-6511.   CDD: 615.82
                      CDU: 615.8

22.12.10 22.12.10   023465

Impresso no Brasil
Printed in Brazil

Agradecimentos

O primeiro lugar reservo a Deus, que me orienta e me permite o dom de ser fisioterapeuta. Como ocorre em todo projeto dessa magnitude, o envolvimento de muitas pessoas corroborou a realização desta obra. Agradeço o apoio dos colaboradores Marcelle Vieira da Cunha, Marcio da Cruz Saldanha, Roberta Coelho de Marco, Fábio Marcelo Teixeira de Souza, Eduardo Yujiro Abe, Marcoorelio Souza Nunes, Marcela Mendes de Almeida Gomide Leite, Richard Goslin Kowarick, Simone Buonacorso, Fábio de Souza Lima Antonucci, Leila Márcia Medeiros Martins, Abílio Cardoso, Estela Cardoso, Holf Gomes da Silva Flügel, Luiz Gustavo dos Reis Ramos e David Fernando Ramos de Souza, que demonstraram criatividade, carinho e zelo no momento em que foram solicitados para colaborarem com a produção desta obra. Seria imperdoável deixar de agradecer aos funcionários da Phorte Editora por tão primorosa atenção durante todo o projeto e cujo profissionalismo permitiu um trabalho de altíssimo padrão. Em uma pausa para respirar e num momento muito especial, dedico ao meu filho Jonathan Halfeld da Silva Evangelista esta obra, pois foram muitos momentos isolado, longe dele para conseguir concluí-la. Mas, ao concluí-la, posso dizer que a compreensão dele me fez mais forte e aumenta mais o meu amor por ele. Aos meus pais, Marta Maria Evangelista Roberto e Luiz Roberto, que não se encontram mais em nosso meio, minha eterna gratidão por me educar e me fazer um homem de bem. Que Deus abençoe aqueles que estudam para cuidar de pessoas que precisam de Fisioterapia para uma vida melhor!

Alex Evangelista

Apresentação

A ideia deturpada de que *reabilitação acelerada* seja imprudência deve-se ao fato de acreditar no simples ato de liberar o jogador sem a certeza da recuperação completa. Portanto, *reabilitação acelerada* não significa liberar o paciente antes da recuperação orgânica. Nosso objetivo é tratá-lo de forma definitiva, eliminando as chances de recidiva, e otimizar os recursos de tratamento para que a lesão se torne limitada, e não o contrário.

O esporte repercute no mundo trazendo melhorias para diversos setores da sociedade. Na área de saúde, por exemplo, isso faz o uso de recursos no esporte ser levado para os cuidados também da população. O mundo moderno estimula a prática de desporto e isso tem aumentado as lesões comuns ao esporte no meio amador. Com o avanço da Fisioterapia Desportiva, é possível aperfeiçoar as técnicas utilizadas em clínicas de atendimento ao público comum e otimizar o tratamento, levando qualidade de vida à sociedade.

A Fisioterapia avança no mundo inteiro com projetos empreendedores no esporte, principalmente quando o assunto é prevenção. Prevenir uma lesão muscular ou articular não é um assunto muito fácil, mas existem recursos apropriados que podem ser aplicados com muito trabalho para que sejam evitadas lesões espontâneas e, em alguns casos, lesões traumáticas. Quando um indivíduo está com sua propriocepção [ver seção "Recuperação física e funcional (propriocepção)"] em dia, sua musculatura bem-treinada, seja flexibilidade, alongamento ou fortalecimento (ver seção "Miologia"), provavelmente as lesões diminuirão.

Desde 2003, no Brasil, no Qatar e no Japão, podemos observar que as lesões ocorridas nesse período foram recuperadas num tempo bem menor, por alguns motivos descritos a seguir:

- prevenção;
- tratamento intensivo;
- cuidado minucioso com as peculiaridades das leis físicas aplicadas à Biomecânica;
- recursos terapêuticos de prevenção.

O relacionamento multidisciplinar amistoso "varrido" de vaidade permitiu um trabalho criterioso de musculação (preparação física), além de uma rotina diária de propriocepção e mobilização articular (Fisioterapia) [ver seção "Recuperação física e funcional (propriocepção)"] associados a avaliações posturais e indicações de palmilhas proprioceptivas (ver seção "Posturologia e sua complexidade").

Outro trabalho preventivo que utilizamos é a crioterapia. Com base na reação da área pré-óptica do hipotálamo, entendemos que, após o sistema identificar que a temperatura tenha baixado em níveis não fisiológicos, imediatamente o sistema de defesa é acionado para o local com maior indicador inflamatório. Com a redução das toxinas e do lixo metabólico local, é possível reduzir o estresse muscular durante a temporada e gerar consequente maior resistência do atleta à fadiga, suportando mais os treinamentos.

Podemos dizer que a Fisioterapia hoje é uma importante aliada da preparação física, ativa no processo de reabilitação e atuante de forma exemplar na prevenção de lesões, colaborando para o sucesso da evolução dos trabalhos da preparação física.

Viajando o mundo e fazendo intercâmbio com diversos profissionais, espanhóis, turcos, japoneses, alemães, ingleses, portugueses e argentinos, pude constatar que, apesar de serem ótimos profissionais, ainda não possuem a criatividade e o *feeling* do profissional brasileiro. A Fisioterapia brasileira, principalmente no esporte, está anos-luz à frente. Mas existe uma coisa que talvez tenhamos de aprender com eles, e isso é indiscutível: o empreendimento em tecnologia, como a utilização de equipamentos de última geração em avaliação biomecânica e equipamentos de baropodometria (ver seção "Posturologia e sua complexidade").

É óbvio que o investimento é muito alto, mas esse é o preço para que possamos dar à Fisioterapia o *status* que ela merece. Ainda desejo afirmar que a cura está nas mãos, e não em algum equipamento. Mas é impossível trabalhar no achismo, e isso é uma coisa que precisamos empreender. Uma coisa interessante que vi na Inglaterra foram as associações de clínicas usando um mesmo equipamento de avaliação biomecânica, ou seja, três ou quatro clínicas se associavam para a compra de determinado equipamento, aumentando o sucesso de todas as clínicas associadas.

Esse pensamento ainda está longe do Brasil, mas tenho em mente que o futuro da Fisioterapia é a união para que realmente as outras áreas entendam a verdadeira importância da Fisioterapia no cotidiano da sociedade.

Repito, já existe um enorme conceito favorável à Fisioterapia, mas ainda precisamos galgar passos muito importantes, e isso requer empreendimento e sacrifício de cada um de nós.

A Fisioterapia depende de coletividade, de união, de pessoas que lutem pelo avanço da profissão e não pelo sucesso individual. Às vezes, admiramos um profissional isoladamente, mas nos esquecemos de que a vitória da Fisioterapia tem de ser geral. Cada vitória pessoal precisa ser somada à coletividade.

O conceito interdisciplinar é um importante passo para o sucesso de uma recuperação. Nos clubes em que trabalhei, estipulamos fases de tratamento, por exemplo:

Fase 1 – Atendimento médico, exames diagnósticos (ressonância magnética, raios X, tratamento medicamentoso e, em alguns casos, tratamento cirúrgico).

Fase 2 – Atendimento fisioterapêutico e avaliação fisioterapêutica (avaliação biomecânica, avaliação funcional, início aos procedimentos fisioterapêuticos).

Fase 3 – Fase de transição entre a Fisioterapia e a preparação física, propriocepção, gestual esportivo, mudança de calçado, mudança de piso e avaliação funcional (dados para comparação com a avaliação inicial).

Fase 4 – Liberação médica e entrega à preparação física e manutenção dos tratamentos e da prevenção com a Fisioterapia.

Durante todas essas fases, é importante a presença do psicólogo, do nutricionista, do médico e do preparador físico. A troca de informações trouxe respostas imediatas ao tratamento e uma recuperação acelerada.

Talvez seja um sonho ter isso para todos os nossos atendimentos, mas o que jamais pode faltar é o sacrifício e a dedicação absoluta. Não podemos nos preocupar se a técnica usada é a mais famosa, se é a técnica mais comentada, se a sua técnica é melhor que a do colega, mas temos de nos imbuir da cura. Atender o paciente com atenção máxima, escutá-lo e tentar sentir o que ele está sentindo.

Este livro vem mostrar alguns dos recursos que podem ajudar no tratamento, mas não há como ensinar nele a amar a Fisioterapia.

SUMÁRIO

Parte 1

Introdução	21
Conceitos	21
Testes musculares	22
Toracolombar	22
Quadril	23
Joelho	25
Tornozelo, perna e pé	26
Anatomia funcional da face e do pescoço	29
Coluna cervical – Anatomia funcional do pescoço	33
Avaliação funcional cervical	37
Teste de lesões ocupadoras de espaço	37
Testes de sinais vasculares	37
Testes de instabilidade cervical	38
Testes de sinais neurológicos	40
Biomecânica da coluna cervical	42
Coluna lombar – Anatomia funcional do tronco	43
Biomecânica da coluna lombar	46
Anatomia funcional do ombro	47
Avaliação funcional do ombro	51
Testes para patologias musculares e tendinosas	51
Teste para bursite	54
Testes para instabilidade anterior	55
Testes para instabilidade posterior	56
Testes para instabilidade multidirecional	58
Testes para laceração labial	59
Teste para presença de impacto	61
Testes para a função neurológica	61
Testes para síndrome do desfiladeiro torácico	61
Teste para outras articulações do ombro	63
Biomecânica do ombro	63
Anatomia funcional do cotovelo	65
Biomecânica do cotovelo	66
Anatomia funcional do antebraço	67
Biomecânica da mão	74
Avaliação funcional do cotovelo	75
Testes ligamentares	75
Testes para epicondilite	76
Testes neurológicos	76
Avaliação funcional do antebraço, do punho e da mão	77
Testes para instabilidade ligamentar, capsular e articular	77
Testes para tendões e músculos	79
Testes para disfunção neurológica	81
Teste para circulação	82
Avaliação funcional da coluna torácica	83
Triagem para escoliose/cifose	83
Teste para fraturas torácicas	84
Teste para lesão nervosa	84
Anatomia funcional do quadril	85
Considerações importantes sobre o fêmur	90

Biomecânica do quadril	91
Anatomia funcional do joelho	92
Estudo do joelho	93
Principais ligamentos que cruzam o joelho	94
Biomecânica do joelho	95
Anatomia funcional do pé	95
Detalhes importantes a serem observados na anatomia do tornozelo	99
Biomecânica do tornozelo	99
Retropé	99
Antepé	99
Testes neurológicos	100
Lombar	100
Pelve (sacroilíaca)	105
Quadril	109
Joelho	111
Perna, tornozelo e pé	117
Referências	119

Parte 2

Seção 1 - Como montar um programa de tratamento?	123
Conceitos	123
Recursos terapêuticos	124
No esporte	126
Seção 2 - Alongamento e flexibilidade	127
Conceitos	127
Flexibilidade	127
Alongamento	128
A influência dos tecidos na flexibilidade	128
Fatores influenciáveis na flexibilidade	128
Observações importantes	128
Tipos de alongamentos	128
Comparação de alongamento x FNP	129
Conhecendo mais FNP	129
Técnicas básicas	130
Distribuição normal nos padrões de facilitação	130
Reforço	130
Técnicas de ênfase	131
Alongamento passivo	131
Alongamento de membros superiores	131
Alongamento de membros inferiores	133
Referências	136
Seção 3 - Energia potencial elástica (THERABAND)	137
Conceitos	137
Propriedades físicas	137
Resultante vetorial da ação muscular	138
Relação comprimento x tensão	139
Relação velocidade de contração x tensão	139
Relação força x tempo	139
Relação força x velocidade	139
Relação força x comprimento	139
Principais exercícios	140
Referências	141
Seção 4 - Conceitos sobre crioterapia	143
Conceitos	143
Efeitos metabólicos e lesão muscular	144
Crioterapia e Bioquímica	145
Uso da crioterapia nos mais diversos objetivos	147
Sistema nervoso central em resposta ao ambiente frio	149
Aspectos fisiológicos da regulação térmica corporal diante da baixa temperatura ambiental	149
Ação hipotalâmica x temperatura ambiente	149
Receptores sensoriais	151
Respostas fisiológicas ao frio	151
Vasodilatação ou vasoconstrição – Pós-crioterapia	152
Diante do mecanismo neuromuscular	152
Diante da dor	153
Diante do metabolismo celular	153
Diante do edema	154
Principais técnicas terapêuticas	154
Banho de contraste	154
Banho de imersão	156
Massagem com gelo (criomassagem)	156
Referências	158

Seção 5 - Recuperação física e funcional (propriocepção)	161
Conceitos	161
O que temos de considerar para trabalhar com propriocepção?	161
Sinais proprioceptivos	162
Sensores	163
Receptores	163
Terminações nervosas livres (nociceptores)	163
Os critérios funcionais do sistema nervoso central	163
Atividade elétrica	164
Objetivos	164
Restabelecimento da função neuromuscular	164
Protocolo utilizado no futebol	166
Sequência de propriocepção de rotina	166
Modelo de propriocepção em caixa de areia	168
Referências	172
Seção 6 - Hidroterapia em Ortopedia	173
Conceitos	173
Leis físicas aplicadas à água	173
Flutuação	173
Resistência	174
Princípio de Arquimedes	175
Densidade relativa	175
Ação fisiológica da pressão hidrostática	176
Viscosidade	176
Leis de Newton	177
Lei da inércia	177
Lei da aceleração	177
Lei da ação/reação	177
Lei da alavanca	177
Vantagens da água x terra	178
Indicações e contraindicações	178
Indicações	178
Contraindicações	178
Recomendações básicas	178
Tipos de equilíbrio	179
Série de membros superiores	179
Posicionamento inicial do paciente	179
Série inicial de membros inferiores (MMII)	180
Posição inicial do paciente	180
Borda da piscina	181
Posição inicial do paciente	181
Exercícios com resistência podálica	182
Posição inicial do paciente	182
Série de tornozelo com pé de pato	183
Posição inicial do paciente	183
Referências	184
Seção 7 - Mecanoterapia	185
Conceitos	185
Força	186
Conceitos de força máxima	186
Trabalho muscular ideal	187
Isocinético	188
Vantagens	188
Desvantagens	188
Posicionamento na mecanoterapia	188
Membros inferiores (MMII)	188
Membros superiores (MMSS)	190
Referências	203
Seção 8 - Posturologia e sua complexidade	205
Conceitos	205
Avaliação	206
Teste de Downing	206
Teste de alongamento	207
Teste de encurtamento	207
Teste de Gillet	208
Teste dos polegares ascendentes	209
Postura corporal	209
Influência da articulação temporomandibular na postura	210
Aparelho locomotor	211
Ação de dispositivos intraoclusais	211
Placas oclusais e miorelaxantes	212
Palmilhas e sua ação postural	212
Exemplo	213
Indicação	213
Confecção de palmilhas	213
Referências	214

Seção 9 - Vibração mecânica – Um conceito novo de treinamento e tratamento — 217

Conceitos — 217
Vibração mecânica — 218
    O princípio da vibração e a contração muscular — 218
    Contração muscular voluntária e reflexa — 220
    Mecanismo do arco reflexo — 220
    A vibração mecânica e o reflexo vibratório tônico — 220
    A vibração mecânica e a propriocepção — 221
    Ressonância do corpo — 224

O que é vibração mecânica? — 225
A vibração mecânica e o treinamento de força — 225
Formas de treinamentos com a plataforma vibratória — 226
    Treinamento isométrico — 226
    Treinamento isotônico — 226
    Treinamento pliométrico — 227

Métodos de treinamento — 227
    Método alternado por segmento — 227
    Método de série dividida — 227

Classificação dos exercícios — 227
    Exercícios nível 1 (básico) — 228
    Exercícios nível 2 (intermediário) — 228
    Exercícios nível 3 (avançado) — 228
    Exercícios nível 4 (sobrecarga/pliometria) — 228

Evolução dos exercícios — 229
    Evolução das formas de treinamento — 229
    Evolução dos planos anatômicos dos exercícios — 229
    Evolução da execução dos exercícios — 229
    Evolução do agrupamento de exercícios por segmento — 230

Evolução dos parâmetros da placa vibratória — 230
A evolução da sobrecarga progressiva com a plataforma vibratória deve respeitar o seguinte critério — 231
    Aquecimento — 231

A vibração mecânica e o ganho de força — 236
Aumento de produção hormonal — 236
Resistência por meio do fator da aceleração (Lei de Newton) — 237
Massagem com *Power Plate* — 238
Circulação sanguínea e drenagem linfática — 240
Aplicação do VCI na Fisioterapia — 240
Vibração mecânica no futebol — 241
    Protocolo no futebol — 241

Principais funções cerebelares — 242
Questões mais frequentes sobre a vibração mecânica — 243
Referências — 246

Seção 10 - Microcorrentes — 249

Conceitos — 249
Biofísica — 250
Respostas fisiológicas — 250
    Reações químicas — 250
    Aminoácidos — 251
    Transporte de membranas — 251
    Sistema linfático — 251
    Indicações — 252
    Contraindicações — 252
    Modos de aplicação — 253

Referências — 253

Seção 11 - TENS — 255

Conceitos sobre a dor — 255
Classificação de dor — 256
    Explicação neurofisiológica — 256
    Teoria das comportas — 256

O caminho da dor — 257
Tipos de TENS — 257
    Convencional — 257
    Breve e intensa — 257
    Acupuntura — 257
    TENS *Burst* — 257

Tipos de correntes — 258
Indicações — 258
    Dor aguda — 258
    Dor crônica — 258

Contraindicações — 259
Colocação dos eletrodos na dor — 259
Referências — 260

Seção 12 - Eletroporação — 261
Conceitos — 261
    Eletroporação — 262
Como se utiliza eletroporação? — 262
Prática clínica — 263
Tratamentos propostos
com eletroporação — 263
Vantagens do uso da eletroporação — 264
    Indicações — 264
    Contraindicações — 264

Referências — 265

Seção 13 - Ultrassom terapêutico — 267
Conceitos — 267
Biofísica do ultrassom — 268
    Ondas — 268
    Frequência ultrassônica — 268
    Atenuação e absorção — 268
    Efeitos térmicos — 269
    Informações físicas do som — 271
    Informações técnicas — 272
    Informações complementares — 272

Tempo de aplicação terapêutica — 273
Ultrassom três cerâmicas — 273
    Importância dos parâmetros
    de modulação — 274

Técnicas de aplicação — 276
    Contato direto — 276
    Fotocontato direto — 276
    Bolsa d'água — 277
    Fonoforese — 277

Indicações e contraindicações — 278
    Indicações — 278
    Contraindicações ou precauções — 278

Referências — 279

Seção 14 - Corrente russa – Corrente bifásica simétrica senoidal — 281
Conceitos — 281
Referências — 284

Parte 3

Seção 15 - Bioeletricidade – Eletricidade do tecido vivo — 287
Conceitos — 287
Eletricidade celular — 288
Estímulos elétricos no tecido vivo — 290
Correntes de baixa frequência e
sua relação com os tecidos vivos — 291
    Estímulo elétrico x profundidade
    nos tecidos — 291
    Pulsos de corrente
    elétrica terapêutica — 292
    O que é a sinapse? — 292
    Lei do Tudo ou Nada — 292

Estímulos e diferentes impulsos nervosos — 292
Referências — 293

Seção 16 - Fisiologia e suas respostas bioelétricas — 295
Conceitos — 295
Anatomia da fibra nervosa — 296
    Potencial de membrana — 296
    Desenvolvimento do potencial
    de membrana — 297
    Potencial de ação — 297
    Condução da onda de despolarização — 298
    Onda de repolarização da
    fibra nervosa — 298
    Período refratário — 299
    Restabelecimento das diferenças das
    contrações iônicas após a condução
    de impulsos nervosos — 299

Diferentes tipos de fibras musculares — 299
    Princípio do tamanho de Henneman — 300

O neurônio motor — 302
Fisiologia da contração muscular — 306
    Sequência de eventos durante a
    contração muscular esquelética — 306

Fisiologia da fadiga — 308
Discussão sobre fadiga muscular — 308
Fisiologia do aumento da
massa muscular — 309
    Hipertrofia — 310
    Plasticidade do músculo esquelético — 312
    Relação entre força e
    massa muscular — 313

Hipertrofia e *performance* muscular	314
Sequência fisiológica no desenvolvimento de força	314
Referências	315

Seção 17 - Alterações inflamatórias — 319

Conceitos	319
Ativação celular	322
Aspectos clínicos	322
Efeitos inflamatórios	324
Sinais flogísticos	324
Efeitos da inflamação	324
Inflamação crônica	324
Microtraumas teciduais	324
Overtraining	326
Bioquímica e *overtraining*	327
Sistema nervoso central e a síndrome de *overtraining*	328
Referências	329

Seção 18 - Miologia — 333

Conceitos	333
Anatomia	333
Classificação funcional dos músculos	335
Músculos biarticulares e pluriarticulares	336
Relação comprimento x tensão	337
Movimentos em cadeias	338
Referências	339

Seção 19 - Reparo muscular — 341

Conceitos	341
Reações metabólicas	342
Referências	344

Seção 20 - Biomecânica — 345

Conceitos	345
A Física e o homem	345
Cinesioterapia	346
Objetivos	346
Biomecânica	346
Cinemática	346
Primeira Lei de Newton	347
Segunda Lei de Newton (Lei fundamental da dinâmica)	347
Terceira Lei de Newton (Lei da ação/reação)	347
Princípios do trabalho e energia	348
Osteocinemática	348
Artrocinemática	349
Regra do côncavo e do convexo	349
Cadeias cinéticas	350
Aberta e fechada	350
Movimentos articulares	350
Estudo das articulações	350
Movimentos das superfícies articulares	352
Posição de ajuste máximo e ajuste frouxo	352
Tipo de movimentos	353
Planos e eixos	353
Sistema de alavancas	354
Vantagem mecânica (VM) da alavanca	355
Torque ou momento de força	355
Torque de potência	356
Torque de resistência	356
Relação entre Tp E Tr	356
Torques internos e externos	356
Fatores de mudanças de torques	356
Polias anatômicas	357
Força e resistência	357
Relação comprimento x tensão	357
Relação velocidade de contração x tensão	357
Referências	358

Seção 21 - Principais lesões tráumato-ortopédicas — 359

Conceitos	359
Coluna vertebral	360
Coluna cervical	362
Lesões da coluna cervical	364
Coluna torácica	366
Lesões da coluna torácica	367
Coluna lombar	369
Lesões da coluna lombar e sacroilíaca	371
Ombro	373
Lesões do ombro	376

Cotovelo	378
Lesões do cotovelo	378
Punho e mão	379
Lesões do punho	379
Lesões da mão	380
Quadril	380
Lesões do quadril	381
Joelho	383
Lesões do joelho	384
Perna, tornozelo e pé	388
Lesões da perna, do tornozelo e do pé	389
Referências	391
SOBRE O AUTOR	395
Alex Evangelista	395
Colaboradores	396

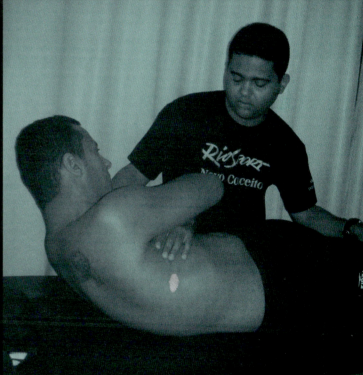
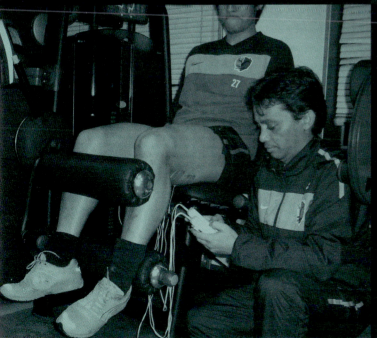

Parte 1

Avaliações e Anatomia Funcional

Introdução

Alex Evangelista
Holf Gomes da Silva Flügel
Luiz Gustavo dos Reis Ramos
David Fernando Ramos de Souza

Conceitos

A Fisioterapia é fundamental na linha de frente em decorrências com traumatismos e com doenças incapacitantes. Com base na massa crítica, a Fisioterapia vem se dedicando gradativamente, com o objetivo de desenvolver novos métodos de tratamento, bem como recursos que facilitem e complementem o diagnóstico.

Com o enorme desenvolvimento da especialização em Ortopedia e Traumatologia nas últimas décadas, ser generalista, com domínio completo de todas as especialidades, tornou-se uma tarefa quase impossível.[6]

São frequentemente acometidos por traumatismos os segmentos corporais de forma isolada, por lesões por esforços repetitivos, doenças inflamatórias e afecções degenerativas, o que provoca dor e até perda da função. A Fisioterapia assume um papel importantíssimo na sociedade, desde a prevenção até a reabilitação. Para alcançar os objetivos estipulados, utiliza recursos físicos e naturais, de forma isolada ou conjunta, em cinesioterapia, mecanoterapia e outros recursos comumente usados no dia a dia da ação fisioterapêutica. O sucesso de um tratamento depende de conhecimento amplo, com uma visão globalizada, além do conhecimento de exames complementares, o que lhe garantirá uma fundamentação para um diagnóstico correto. Um bom fisioterapeuta tem a capacidade de diagnosticar grande parte dos casos por meio de uma cuidadosa história e num detalhado exame físico.

Autores emblemáticos[6] sugerem que métodos eficazes de análise têm o objetivo principal de possibilitar compreender, de forma completa e clara, os problemas do paciente. Para Palmer,[12] conhecer Anatomia é essencial para examinar uma articulação completa e de forma eficaz. Essa é uma parte crítica do processo diagnóstico para o examinador. Conhecimento pleno das respostas do tecido vivo e dos recursos a serem utilizados são cruciais na resposta exata do tratamento. Autores renomados desenvolveram uma sequência lógica de avaliação e testes ortopédicos, que podem verificar qual parte do sistema musculoesquelético está comprometida. Uma avaliação completa do sistema musculoesquelético requer tempo e experiência do estudante, o que dificulta, muitas vezes, o processo educativo, pois o primeiro contato se dá nas disciplinas do ciclo básico, quando ainda não se possui uma grande vivência com pacientes.

Testes musculares

Toracolombar

- *Porção superior do músculo reto do abdômen*

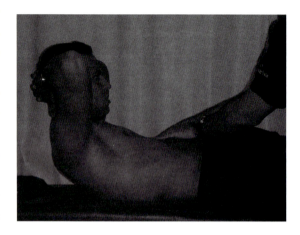

Paciente em decúbito dorsal com os braços entrelaçados atrás da cabeça. O terapeuta, ao lado, pede ao paciente que faça uma flexão de tronco e, com os dedos, palpa o músculo logo abaixo do processo xifoide e na linha média.[4,5,10,12]

- *Porção inferior do músculo reto do abdômen*

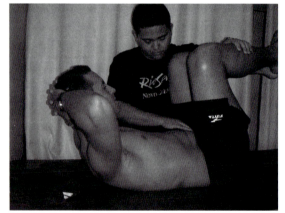

Paciente em decúbito dorsal com flexão de quadril e joelhos. O terapeuta pede ao paciente que faça uma inclinação da pelve para que o sacro saia da maca e, em seguida, o examinador, com o seu dedo, palpa o músculo entre a linha média e a sínfise púbica.[4,5,10,12]

- *Músculo oblíquo interno e externo do abdômen*

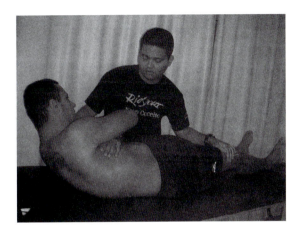

Paciente em decúbito dorsal com as pernas em extensão. O terapeuta estabiliza os membros inferiores no terço médio da coxa; em seguida, pede ao examinado que faça uma flexão de tronco em diagonal.[4,5,10,12]

- *Músculo eretor da espinha*

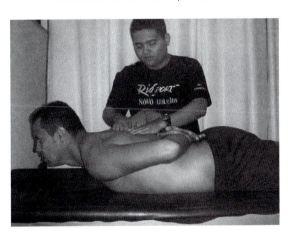

Paciente em decúbito ventral com os membros superiores apoiados sobre a região glútea. O terapeuta, ao lado, com o dedo sensitivo, palpa de ambos os lados da linha média na região torácica e na lombar; em seguida, pede ao paciente que faça uma extensão de tronco (porções superior e inferior).[4,5,10,12]

- *Músculo quadrado lombar*

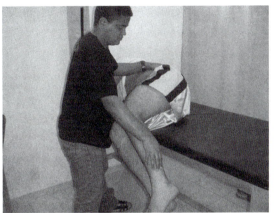

Paciente em decúbito lateral com o quadril e os joelhos fletidos. O terapeuta localiza as últimas costelas e a crista ilíaca; com o dedo sensitivo, palpa a região entre as estruturas e pede ao paciente que faça uma elevação do quadril.[4,5,10,12]

Quadril

- *Músculo iliopsoas*

Paciente em decúbito dorsal ou sentado na maca, membros inferiores em extensão ou pendentes para fora da maca, terapeuta ao lado. Como referência ao lado, acha a cicatriz umbilical e a EIAS (espinha ilíaca anterossuperior). O ponto entre as duas referências é palpado e, na sequência, o examinador pede ao paciente que faça uma flexão de quadril resistida e logo perceberá um aumento de tônus muscular identificando o músculo.[2,4,5,10,12]

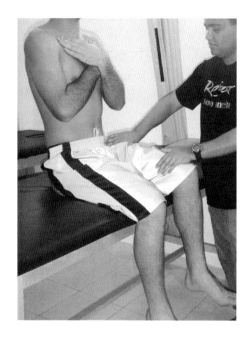

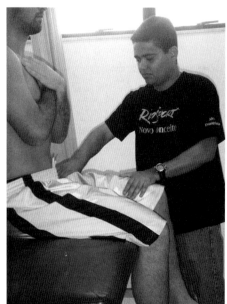

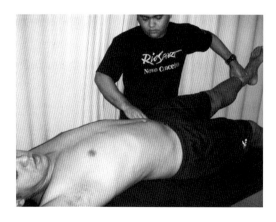

• *Músculo sartório*

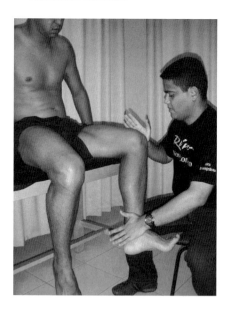

Paciente sentado leva a superfície plantar do calcanhar até o joelho oposto. O terapeuta, em seguida, aplica uma força no maléolo medial com o objetivo de resistir à rotação lateral e, com a outra mão na face lateral da coxa, resiste ao movimento de flexão e abdução. O músculo sartório cruza a articulação do joelho.[2,4,5,10,12]

• *Glúteo máximo*

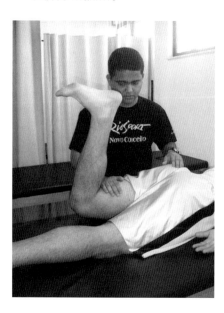

Paciente em decúbito ventral. O terapeuta, ao lado, pede a ele que faça uma extensão de quadril resistida e, com o dedo sensitivo, perceberá logo um aumento do tônus na região glútea.[4,5,10,12]

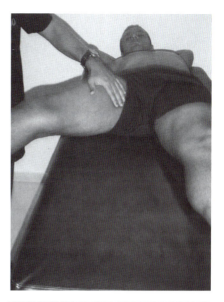

- *Músculo tensor da fáscia lata*

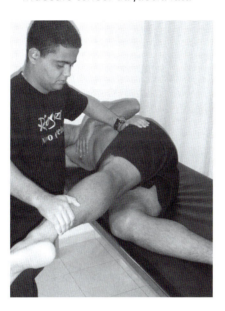

Paciente em decúbito lateral com o membro não testado em extensão e o membro a ser testado em 45° de flexão de quadril e joelho estendido. O terapeuta estabiliza a pelve e pede ao paciente que faça uma abdução de quadril resistida.[4,5,10,12]

- *Músculos adutores*

Paciente em decúbito dorsal com abdução de quadril. O terapeuta, ao lado, faz uma resistência acima da articulação do joelho para o movimento de adução.[4,5,10,12]

Joelho

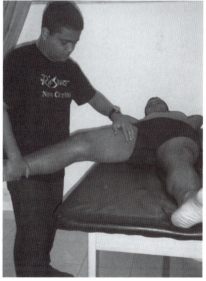

- *Músculo quadríceps*

Paciente sentado com as pernas pendentes da maca. O terapeuta, ao lado, com uma das mãos na região distal da perna, pede ao paciente que faça uma extensão resistida de joelho e, com a outra mão sobre a coxa, sentirá um aumento do tônus muscular.[4,5,10,12]

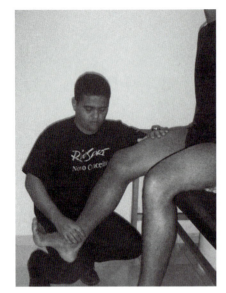

Paciente em decúbito ventral, com o joelho em ligeira flexão. O terapeuta, ao lado, com umas das mãos na região distal da perna, pede ao paciente que faça uma flexão resistida e, com a outra mão sobre a coxa, irá sentir um aumento do tônus muscular.[2,4,5,10,12]

Tornozelo, perna e pé

- *Músculo gastrocnêmio*

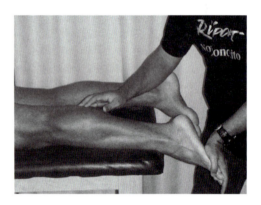

Paciente em decúbito ventral. O terapeuta, atrás, estabiliza a perna a ser testada e, com uma das mãos, resiste a uma flexão plantar, e com a outra mão sobre os gastrocnêmios, irá sentir um aumento do tônus muscular.[2,4,5,10,12]

- *Músculos isquiotibiais*

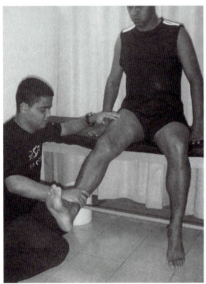

- *Músculo solear*

Paciente em decúbito ventral com joelho fletido a 90°. O examinador, ao lado, estabiliza a perna do examinado com uma das mãos e a outra mão posicionada acima da grande massa do gastrocnêmio. Pede ao paciente que faça uma flexão plantar e resista ao movimento.[2,4,5,10,12]

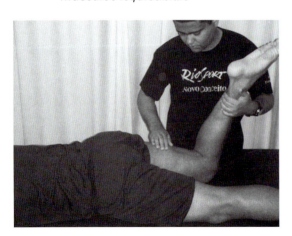

Introdução 27

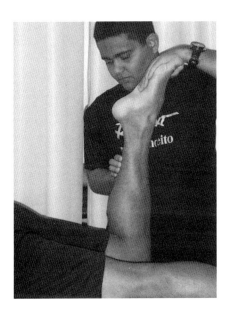

- *Músculo tibial anterior*

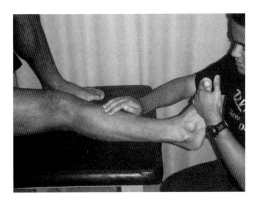

Paciente em decúbito dorsal com as pernas estendidas. O terapeuta estabiliza a perna do paciente com uma das mãos e, com a outra, aplica uma resistência no dorso do pé.[1-5]

- *Músculo tibial posterior*

Paciente em decúbito lateral com as pernas estendidas. O terapeuta estabiliza a perna do examinado com uma das mãos e, com a outra, aplica uma resistência na borda medial do pé, resistindo ao movimento de inversão.[2,4,10,12]

- *Músculo fibular*

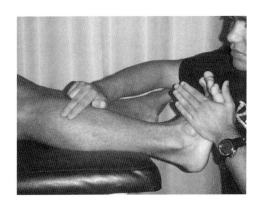

Paciente em decúbito dorsal com as pernas estendidas. O terapeuta estabiliza a perna do examinado com uma das mãos e, com a outra mão, aplica uma resistência na borda lateral do pé.[2,4,5,10,12]

- *Músculo flexor curto e longo do hálux*

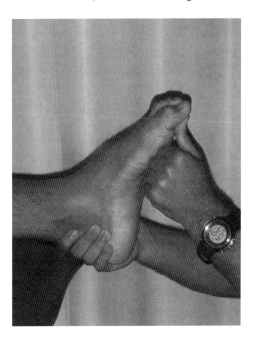

Paciente em decúbito dorsal. O terapeuta mantém o pé do examinado em posição neutra; em seguida, aplica uma resistência debaixo das falanges dos dedos.[1,2,3,4,5,10,12]

• *Músculo extensor longo e curto do hálux*

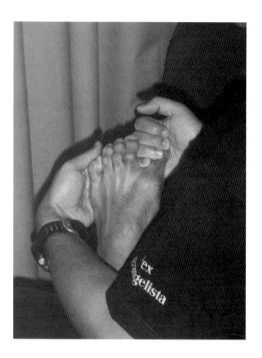

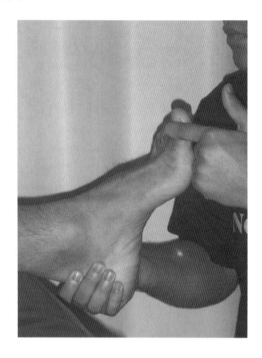

Paciente em decúbito dorsal com o joelho estendido. O terapeuta estabiliza o tornozelo com uma das mãos e, com a outra mão, resiste ao movimento de extensão do hálux.[1,2,3,4,5,10,12]

• *Músculo extensor longo e curto dos dedos*

Paciente em decúbito dorsal. O terapeuta estabiliza o tornozelo do examinado com uma das mãos e, com a outra mão no dorso de pé, mais precisamente nas falanges, resiste ao movimento de extensão dos dedos.[1,4,5,10,12]

• *Músculo flexor longo e curto dos dedos*

Paciente em decúbito dorsal. O terapeuta mantém o pé do examinado em posição média e aplica uma resistência abaixo das falanges proximal e distal.[1,4,5,10,12]

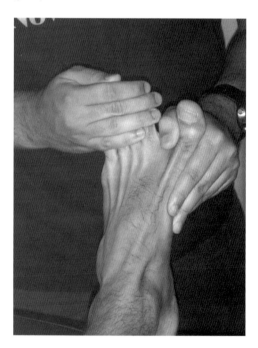

Anatomia funcional da face e do pescoço

Quadro 1 – Face

Músculos da mastigação	
Masseter	*Inervação* Divisão mandibular do nervo trigêmeo, V nervo (par) craniano. *Ação* Eleva a mandíbula (fecha a maxila); ajuda na protração mandibular. *Fixação* Inserção proximal: arco zigomático (o músculo tem as partes superficial e profunda). Inserção distal: ângulo e superfície lateral do ramo da mandíbula, processo coronoide da mandíbula.
Pterigóideo medial	*Inervação* Divisão mandibular do nervo trigêmeo, V nervo (par) craniano. *Ação* 1. Protrai e desvia a mandíbula para o lado oposto. 2. Eleva a mandíbula (fecha a maxila). *Fixação* Inserção proximal: superfície medial da lâmina pterigóidea lateral, processo piramidal do osso palatino, tuberosidade da maxila. Inserção distal: superfície medial do ramo e o ângulo da mandíbula.
Pterigóideo lateral	*Inervação* Divisão mandibular do nervo trigêmeo, V nervo (par) craniano. *Ação* Protrai e deprime a mandíbula (abre a maxila). *Fixação* Inserção proximal: porção superior da crista infratemporal e superfície lateral da grande asa do osso esfenoide. Porção inferior: superfície lateral da lâmina pterigóidea lateral. Inserção distal: parte anterior do colo do côndilo mandibular e parte anterior do disco articular da articulação temporomandibular.
Temporal	*Inervação* Divisão mandibular do nervo trigêmeo, V nervo (par) craniano. *Ação* Retrai e eleva a mandíbula (fecha a maxila). *Fixação* Inserção proximal: fossa temporal do crânio. Inserção distal: processo coronoide e ramo da mandíbula.

Continua

Continuação

Músculos da expressão facial	
Occipitofrontal (ventre frontal)	*Inervação* Nervo facial, VII nervo (par) craniano. *Ação* Eleva os supercílios e enruga a fronte. *Fixação* Inserção proximal: gálea aponeurótica. Inserção distal: pele das sobrancelhas e raiz do nariz.
Corrugador dos supercílios	*Inervação* Nervo facial, VII nervo (par) craniano. *Ação* Traciona medialmente a sobrancelha e enruga a fronte. *Fixação* Inserção proximal: parte medial do arco superciliar. Inserção distal: pele da metade medial da sobrancelha.
Orbicular das pálpebras	*Inervação* Nervo facial, VII nervo (par) craniano. *Ação* Fecha o olho. *Fixação* Inserção proximal: parte nasal do osso frontal da maxila, ligamento palpebral medial. Inserção distal: rafe palpebral lateral, corrugador dos supercílios e ventre frontal do músculo occipitofrontal, pele da sobrancelha.
Prócero	*Inervação* Nervo facial, VII nervo (par) craniano. *Ação* Traciona para baixo o ângulo medial das sobrancelhas. *Fixação* Inserção proximal: cartilagem nasal lateral e parte inferior do osso nasal. Inserção distal: pele sobre a parte inferior da fronte entre as duas sobrancelhas.
Nasal	*Inervação* Nervo facial, VII nervo (par) craniano. *Ação* Dilata a abertura nasal. *Fixação* Inserção proximal: parte medial da maxila. Inserção distal: aponeurose dos músculos prócero e nasal contralateral, cartilagem alar.

Continua

Continuação

Músculos da expressão facial	
Levantador do lábio superior	*Inervação* Nervo facial, VII nervo (par) craniano. *Ação* Eleva e everte o lábio superior e dilata a narina. *Fixação* Inserção proximal: margem inferior da órbita. Inserção distal: metade lateral do lábio superior.
Levantador do ângulo da boca	*Inervação* Nervo facial, VII nervo (par) craniano. *Ação* Eleva o ângulo da boca e acentua o sulco nasolabial. *Fixação* Inserção proximal: fossa canina da maxila. Inserção distal: ângulo da boca.
Grande zigomático	*Inervação* Nervo facial, VII nervo (par) craniano. *Ação* Traciona o ângulo da boca superior e lateralmente, como ocorre ao sorrir. *Fixação* Inserção proximal: osso zigomático. Inserção distal: ângulo da boca.
Orbicular da boca	*Inervação* Nervo facial, VII nervo (par) craniano. *Ação* Realiza a aproximação e a protrusão dos lábios. *Fixação* Inserção proximal: outros músculos faciais, principalmente o bucinador, o levantador do ângulo da boca e o depressor do ângulo da boca; maxila; septo nasal; mandíbula. Inserção distal: pele e membrana mucosa ao redor da boca.
Risório	*Inervação* Nervo facial, VII nervo (par) craniano. *Ação* Retrai o ângulo da boca lateralmente (riso forçado). *Fixação* Inserção proximal: fáscia parotídea que recobre o músculo masseter. Inserção distal: pele do ângulo da boca.

Continua

Continuação

Músculos da expressão facial		
Bucinador	*Inervação* Nervo facial, VII nervo (par) craniano. *Ação* Auxilia na mastigação, comprime a bochecha. *Fixação* Inserção proximal: processos alveolares da maxila e da mandíbula, três dentes opostos; rafe pterigomandibular. Inserção distal: ângulo dos lábios.	
Depressor do lábio inferior	*Inervação* Nervo facial, VII nervo (par) craniano. *Ação* Deprime o lábio inferior. *Fixação* Inserção proximal: linha oblíqua da mandíbula. Inserção distal: pele do lábio inferior.	
Mentoniano	*Inervação* Nervo facial, VII nervo (par) craniano. *Ação* Eleva a pele do mento e faz protrusão do lábio inferior. *Fixação* Inserção proximal: fossa incisiva da mandíbula. Inserção distal: pele do queixo.	
Depressor do ângulo da boca	*Inervação* Nervo facial, VII nervo (par) craniano. *Ação* Traciona o ângulo da boca inferiormente (tristeza). *Fixação* Inserção proximal: linha oblíqua da mandíbula. Inserção distal: ângulo da boca.	
Platisma	*Inervação* Nervo facial, VII nervo (par) craniano. *Ação* Eleva e traciona a pele do pescoço e do ombro e deprime o ângulo da boca. *Fixação* Inserção proximal: fáscia que recobre o deltoide e o peitoral. Inserção distal: mandíbula, pele da parte inferior da face.	

Coluna cervical – Anatomia funcional do pescoço

Quadro 2 – Pescoço

Flexão do pescoço (cervical)	
Longo da cabeça	*Inervação* Três primeiros nervos cervicais. *Ação* Flexão da cabeça sobre o atlas; flexão da coluna cervical. *Fixação* Inserção proximal: processos transversos de C3-C6. Inserção distal: parte basilar do osso occipital.
Longo do pescoço	*Inervação* Ramos ventrais de C2, C3, C4, C5 e C6. *Ação* Flexão da coluna cervical. Flexão e rotação laterais da coluna cervical para o mesmo lado. *Fixação* Inserção proximal: processos transversos de C3-C5 e a superfície anterolateral de C5-C7 e T1-T3. Inserção distal: arco anterior do atlas; superfície anterior de C2-C4 e processos transversos de C5 e C6.
Reto anterior da cabeça	*Inervação* Ramos ventrais de C1 e C2. *Ação* Flexão da cabeça sobre o atlas e estabilização atlantoaxial. *Fixação* Inserção proximal: parte lateral do processo transverso do atlas. Inserção distal: parte basilar do osso occipital.
Escaleno anterior	*Inervação* Ramos ventrais de C4, C5 e C6. *Ação* Flexão da coluna cervical. Flexão e rotação laterais da coluna cervical para o mesmo lado. *Fixação* Inserção proximal: tubérculo posterior das vértebras cervicais C4 e C5. Inserção distal: superfície superior da primeira costela.

Continua

Continuação

Flexão do pescoço (cervical)	
Esternocleidomastóideo	*Inervação* Nervo acessório (XI par craniano); ramos ventrais de C2 e C3. *Ação* Flexão da coluna cervical; na ausência de estabilizadores vertebrais cervicais, estende a cabeça sobre o atlas. Flexão lateral da coluna cervical para o mesmo lado; rotação da coluna cervical para o lado oposto. *Fixação* Inserção proximal: porção esternal – parte anterior do manúbrio. Porção clavicular – terço medial da clavícula. Inserção distal: processo mastoide do crânio.
Extensão do pescoço (cervical)	
Iliocostal cervical	*Inervação* Ramos primários dorsais dos nervos espinhais (raquidianos). *Ação* Extensão da coluna cervical. Flexão lateral da coluna cervical. *Fixação* Inserção proximal: ângulo das costelas 3-6. Inserção distal: processos transversos de C4-C6.
Longo cervical	*Inervação* Ramos primários dorsais dos nervos espinhais (raquidianos). *Ação* Extensão da coluna cervical. Flexão lateral da coluna cervical. *Fixação* Inserção proximal: processos transversos das vértebras torácicas superiores 4-5. Inserção distal: processos transversos C2-C6.
Oblíquo superior da cabeça	*Inervação* Nervo suboccipital C1. *Ação* Extensão da cabeça sobre o atlas. Flexão lateral da cabeça sobre o atlas (menor). *Fixação* Inserção proximal: processo transverso do atlas. Inserção distal: osso occipital.

Continua

Continuação

Extensão do pescoço (cervical)	
Reto posterior maior da cabeça	*Inervação* Nervo suboccipital C1. *Ação* Extensão da cabeça sobre o atlas. Rotação da coluna cervical superior. *Fixação* Inserção proximal: processo espinhoso do áxis. Inserção distal: linha nucal inferior do osso occipital (parte lateral).
Reto posterior menor da cabeça	*Inervação* Nervo suboccipital C1. *Ação* Extensão da cabeça sobre o atlas. *Fixação* Inserção proximal: tubérculo posterior do áxis. Inserção distal: linha nucal inferior do osso occipital (parte medial).
Semiespinhal da cabeça	*Inervação* Ramos primários dorsais dos seis primeiros nervos cervicais. *Ação* Extensão da cabeça e da coluna cervical. Rotação da coluna cervical para o lado oposto. *Fixação* Inserção proximal: processos transversos da 7ª vértebra cervical e das 6-7 primeiras vértebras torácicas e os processos articulares de C4-C6. Inserção distal: osso occipital entre as linhas nucal superior e inferior.
Semiespinhal do pescoço	*Inervação* Ramos primários dorsais dos três nervos cervicais inferiores. *Ação* Extensão da coluna cervical. Rotação da coluna cervical para o lado oposto. *Fixação* Inserção proximal: processos transversos das seis primeiras vértebras torácicas. Inserção distal: processos espinhosos das primeiras cinco vértebras cervicais.
Espinhal da cabeça	*Inervação* Ramos primários dorsais dos nervos espinhais (raquidianos). *Ação* Extensão da coluna cervical. *Fixação* Inserção proximal: processos transversos da 7ª vértebra cervical e das 6-7 primeiras vértebras torácicas e processos articulares de C4-C6. Inserção distal: osso occipital entre as linhas nucais superior e inferior.

Continua

Continuação

Extensão do pescoço (cervical)	
Espinhal do pescoço	*Inervação* Ramos primários dorsais dos nervos espinhais (raquidianos). *Ação* Extensão da coluna cervical. *Fixação* Inserção proximal: ligamento da nuca, processos espinhosos de C7, T1 e T2. Inserção distal: processo espinhoso do áxis.
Esplênio da cabeça	*Inervação* Ramos primários dorsais dos nervos cervicais médios. *Ação* Extensão da cabeça e da coluna cervical. Flexão e rotação laterais da coluna cervical para o mesmo lado. *Fixação* Inserção proximal: ligamento da nuca, processos espinhosos de C7 e T1-T3. Inserção distal: parte lateral da linha nucal superior e processo mastoide.
Esplênio do pescoço	*Inervação* Ramos primários dorsais dos nervos cervicais inferiores. *Ação* Extensão da coluna cervical. Flexão e rotação laterais da coluna cervical para o mesmo lado. *Fixação* Inserção proximal: processos espinhosos de T3-T6. Inserção distal: processos transversos das 2-3 vértebras cervicais superiores.
Trapézio superior	*Inervação* Nervo acessório, XI nervo (par) craniano; ramos ventrais de C3 e C4. *Ação* Com inserção fixa, estende a coluna cervical e a cabeça. Flexão lateral da coluna cervical e rotação da coluna cervical para o lado oposto. *Fixação* Inserção proximal: protuberância occipital externa, terço medial da linha nucal superior, ligamento da nuca, processo espinhoso da 7ª vértebra cervical. Inserção distal: terço lateral da clavícula.

Avaliação funcional cervical

Teste de lesões ocupadoras de espaço

- *Manobra de Valsalva*[2,7,10,12]

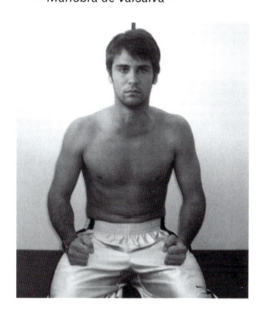

Com o paciente sentado, o examinador solicita a ele que realize uma inspiração profunda e a sustente enquanto realiza um esforço como se fosse evacuar. O teste é considerado positivo quando há um aumento da dor, o qual pode ser causado pelo aumento da pressão intratecal. Esse teste é utilizado para determinar o efeito do aumento da pressão sobre a medula espinhal.

Testes de sinais vasculares

- *Teste de Hautant*[1,2,4,10,12]

Com o paciente sentado e com os olhos fechados, instruí-lo a flexionar os ombros a 90° com as palmas das mãos para cima. O examinador observa se ocorre alguma modificação na posição dos membros superiores. Em seguida, pede-se que o paciente realize a rotação e a extensão do pescoço, mantendo a posição anterior. Cada posição deve ser mantida por dez a trinta segundos. Se ocorrer alguma modificação no posicionamento dos membros superiores apenas no momento em que o paciente se encontrar com o pescoço rodado e estendido, suspeitar-se-á de estenose ou compressão arterial. Quando os braços se movem com cabeça e posição neutras, a causa não é vascular.

- *Teste da artéria vertebral*[1,2,4,10,12]

Com o paciente em decúbito dorsal e a cabeça posicionada fora da mesa, o examinador coloca passivamente a cabeça e o pescoço do paciente em extensão e flexão lateral. Após realizar tal movimento, o examinador faz uma rotação do pescoço do paciente para o mesmo lado, mantendo essa posição por aproximadamente trinta segundos. O teste é considerado positivo quando produz sintomas irradiados, indicando que a artéria oposta está afetada. Tontura e nistagmo são sinais indicativos de compressão nas artérias vertebrais.

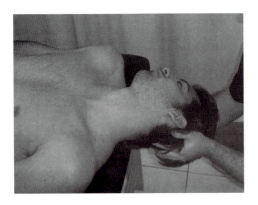

- *Teste de Dekleyn*[1,10]

Esse teste tem função similar ao teste da artéria vertebral, porém substitui-se a flexão lateral pela rotação da cabeça e do pescoço do paciente. Ambos os testes podem ser utilizados para avaliar compressões de raízes nervosas da porção inferior da coluna cervical.

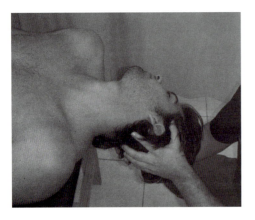

Testes de instabilidade cervical

- *Teste de Sharp-Purser*[1,2,4,10]

O ligamento transverso é responsável por manter o posicionamento do processo odontoide em relação a C1. Quando o ligamento encontra-se lacerado, ocorre translação de C1 sobre C2 durante a flexão. Realiza-se o teste com o paciente sentado e o examinador em pé, ao lado do paciente. O examinador coloca uma das mãos sobre a testa do paciente e o polegar da outra mão no processo espinhoso do áxis, com o objetivo de estabilizá-lo. A partir da posição inicial, é solicitado ao paciente que faça flexão da cabeça lentamente, enquanto o examinador aplica pressão para trás com a palma da mão. Um deslizamento para trás indica uma redução na subluxação, podendo ser acompanhada por um estalido. Quando isso ocorre, o teste é considerado positivo para subluxação do atlas sobre o áxis e deve ser realizado com extrema cautela.

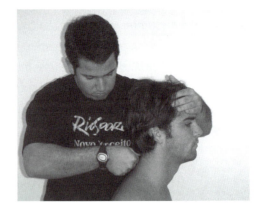

- *Teste de estresse do ligamento transverso[2,10]*

Com o paciente em decúbito dorsal, o examinador coloca as palmas das mãos e o terceiro, o quarto e o quinto dedo sobre o occipital. Os dedos indicadores são posicionados entre o occipital do paciente e o processo espinhoso de C2. Em seguida, eleva-se a cabeça e C1, sem permitir qualquer extensão ou flexão. A posição é mantida por dez a vinte segundos para observar a presença de algum sintoma que indique teste positivo. Um teste positivo indicando hipermobilidade na articulação atlantoaxial pode ser acompanhado de sintomas como: espasmo muscular; tontura; náusea; parestesia labial, facial ou de extremidades; nistagmo; ou sensação de protuberância na garganta.

- *Teste de estresse do ligamento alar[1,2,10,12]*

O paciente fica em decúbito dorsal. O examinador sustenta a cabeça do paciente debaixo do occipital, palpando o processo espinhoso de C2 com os indicadores e estabilizando-o. Em seguida, o examinador flexiona lateralmente a cabeça e o áxis. Normalmente ocorre uma flexão mínima, com um *end feel* capsular forte, indicando que o ligamento está intacto. Caso contrário, suspeita-se de ruptura do ligamento alar ou fratura do processo odontoide de C2.

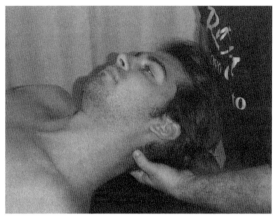

- *Teste de cisalhamento lateral[4,10]*

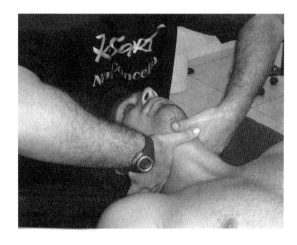

Com a cabeça do paciente apoiada na maca, o examinador coloca a face radial da segunda articulação MCF (metacarpofalangiana) de uma mão contra o processo transverso do atlas e a articulação MCF da outra mão contra o processo transverso oposto do áxis. Em seguida, o examinador exerce pressão para aproximar as mãos uma da outra; esse movimento provoca cisalhamento entre um osso e outro. Normalmente, um pequeno movimento é produzido e nenhum sintoma é desencadeado. Esse teste é realizado com o objetivo de determinar uma instabilidade da articulação atlantoaxial causada por displasia do dente do áxis.

Testes de sinais neurológicos

- *Sinal de Tinel*[10]

O paciente é posicionado sentado e inclina a cabeça lateralmente para o lado não envolvido. O examinador percute ao longo dos troncos do plexo braquial, usando as pontas dos dedos. Dor local indica lesão de plexo cervical. A sensação de formigamento na distribuição de um dos troncos indica sinal positivo para um neuroma ou compressão de um ou mais troncos.

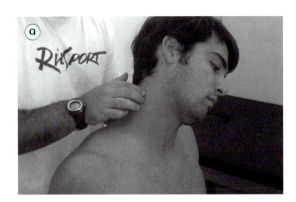

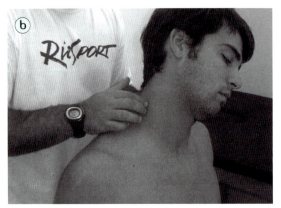

- *Teste de compressão foramial ou teste de Sprlung*[1,2,4,10,12]

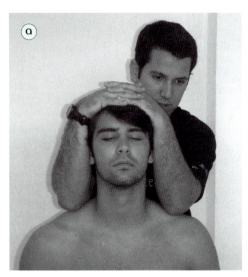

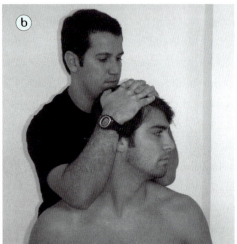

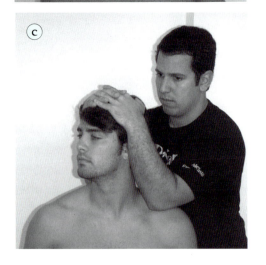

Com o paciente sentado e com a cabeça na posição neutra, exercer forte pressão sobre a cabeça. Em seguida, rodar a cabeça lateralmente e aplicar a mesma pressão para baixo. Repetir o teste com a cabeça rodada bilateralmente. Dor localizada pode indicar invasão foramial sem pressão sobre raízes nervosas ou capsulite apofisária. Dor radicular pode indicar pressão sobre uma raiz nervosa por diminuição no intervalo foramial ou por defeito discal.

- *Teste de compressão de Jackson[2,10]*

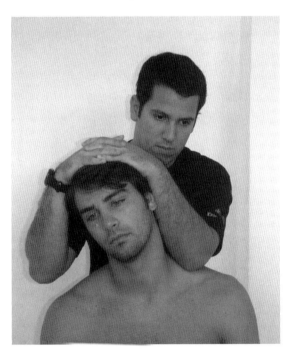

Com o paciente sentado, flexiona-se lateralmente seu pescoço exercendo forte pressão para baixo sobre a cabeça; o procedimento é executado bilateralmente. O teste é considerado positivo quando, durante o teste, a dor apresenta irradiação para o membro superior, indicando a ocorrência de pressão sobre a raiz nervosa. A distribuição da dor (dermátomo) pode fornecer alguma indicação sobre qual raiz foi afetada.

- *Teste de compressão em extensão[2]*

Com o paciente sentado, instruí-lo a estender a cabeça aproximadamente a 30° e, em seguida, colocar pressão para baixo sobre a cabeça do paciente.

Se ocorrer diminuição dos sintomas do paciente, suspeita-se de um defeito discal posterolateral em virtude do desvio anterior do material discal para longe da raiz nervosa ou da medula espinhal. A pressão imposta sobre a cabeça também comprime as articulações apofisárias posteriores, podendo causar dor cervical localizada. Um aumento dos sintomas radiculares pode ser indicativo de patologia nos forâmens intervertebrais, tal como um osteófito, uma massa ou um disco intervertebral cervical em degeneração.

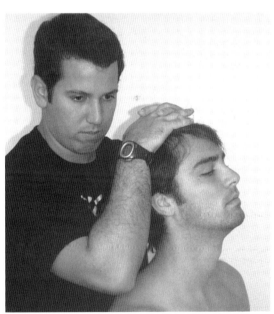

- *Teste de compressão em flexão[2]*

Com o paciente sentado, pedir que flexione a cabeça para frente e, em seguida, o terapeuta coloca as mãos e faz pressão para baixo sobre a cabeça do paciente.

Um aumento nos sintomas cervicais e/ou radiculares pode indicar defeito discal. Uma diminuição na dor cervical localizada pode indicar lesão ou patologia de articulação apofisária.

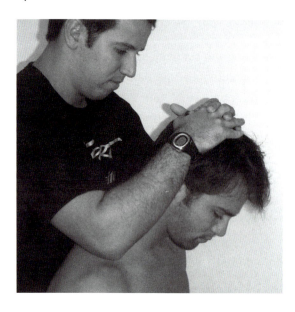

- *Teste de distração cervical*[1,2,4,10]

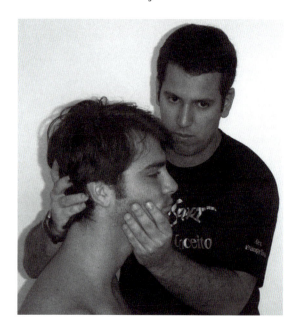

Com o paciente sentado, o examinador coloca uma das mãos no queixo do paciente e a outra na região do occipital. Em seguida, eleva-se lentamente a cabeça do paciente, aplicando uma tração na coluna cervical. O teste é considerado positivo quando a dor desaparece ou diminui com a elevação ou a distração da cabeça, indicando redução da pressão sobre as raízes nervosas.

- *Teste de depressão do ombro*[2,10]

O examinador flexiona lateralmente a cabeça do paciente enquanto aplica uma pressão para baixo no ombro oposto ao lado para onde a cabeça está flexionada.

Quando a dor aumenta, indica irritação ou compressão das raízes nervosas, invasão do forâmen na área do lado em que está sendo comprimido, aderências em torno das bainhas durais do nervo e da cápsula articular com hipomobilidade no lado que está sendo distendido.

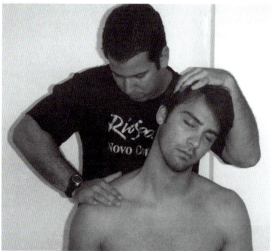

Biomecânica da coluna cervical[6]

Além de uma estrutura complexa, a coluna cervical é nobre com relação aos tecidos envolvidos, dotada de 14 articulações diartrodiais (sinoviais). A coluna cervical é uma estrutura complexa subdividida didaticamente em diversas articulações: articulação atlantoccipital (C0-C1) e articulação atlantoaxial mediana (C1-C2), sendo a articulação axial (trocóidea). Já as articulações atlantoaxiais laterais são articulações planas.

Para o conhecimento de um possível tratamento, é necessário saber que a posição de repouso é em leve extensão.

- *Flexão*

Ocorre no plano sagital.
Amplitude articular: de 0° a 65°[16,17]

- *Extensão*

Ocorre no plano sagital.
Amplitude articular: de 0° a 50°[16,17]

- *Flexão*

Ocorre no plano frontal.
Amplitude articular: de 0° a 40°[16,17]

- *Rotação*

Ocorre no plano transversal.
Amplitude articular: de 0° a 55°[16,17]

Coluna lombar – Anatomia funcional do tronco

Quadro 3 – Tronco

Flexão do tronco	
Reto do addômen	*Inervação* Nervos intercostais T7 e T12. *Ação* Flexão da coluna vertebral, particularmente da coluna lombar. *Fixação* Inserção proximal: cartilagem costal das costelas de 5 a 7; processo xifoide. Inserção distal: crista púbica e sínfise púbica.
Rotação do tronco	
Oblíquo externo do abdômen	*Inervação* Nervos intercostais T7 e T12. *Ação* Flexão da coluna vertebral. Leva o tronco à inclinação lateral para esse mesmo lado e à rotação para o lado oposto. *Fixação* Inserção proximal: através de tiras entrelaçadas, das superfícies externas das oito costelas inferiores. Inserção distal: aponeurose abdominal, parte anterior do lábio externo da crista ilíaca.

Continua

Continuação

Rotação do tronco	
Oblíquo interno do abdômen	*Inervação* Nervos intercostais T7, T12 e L1, nervo ílio-hipogástrico, nervo ilioinguinal. *Ação* Flexão da coluna vertebral. Flexão e rotação laterais da coluna vertebral para o mesmo lado. *Fixação* Inserção proximal: fáscia toracolombar, dois terços anteriores do lábio médio da crista ilíaca, metade lateral do ligamento inguinal. Inserção distal: parte inferior das cartilagens costais das últimas três a quatro costelas, através da aponeurose na bainha do reto, linha pectínea do osso púbico.
Extensão do tronco	
Iliocostal torácico	*Inervação* Ramos primários dorsais dos nervos espinhais (raquidianos). *Ação* Extensão da coluna vertebral. Flexão e rotação laterais da coluna vertebral. *Fixação* Inserção proximal: ângulos das costelas 7-12. Inserção distal: ângulos das costelas 1-6; processo transverso de C7.
Iliocostal lombar	*Inervação* Ramos primários dorsais dos nervos espinhais (raquidianos). *Ação* Extensão da coluna vertebral. Flexão e rotação laterais da coluna vertebral; elevação da pelve. *Fixação* Inserção proximal: tendão comum do eretor da espinha a partir da crista sacra mediana, processos espinhosos de todas as vértebras lombares e das duas vértebras torácicas inferiores, dorso das cristas ilíacas, crista lateral do sacro, ligamentos sacrotuberoso e sacroilíaco posterior. Inserção distal: ângulos das 6-7 últimas costelas.
Longo dorsal	*Inervação* Ramos primários dorsais dos nervos espinhais (raquidianos). *Ação* Extensão da coluna vertebral. Flexão da coluna vertebral. *Fixação* Inserção proximal: processos transversos das vértebras lombares, fáscia toracolombar. Inserção distal: entre os tubérculos e os ângulos das 9-10 costelas inferiores; processos transversos das vértebras torácicas.

Continua

Continuação

Extensão do tronco	
Multífido	*Inervação* Ramos primários dorsais dos nervos espinhais (raquidianos). *Ação* Extensão da coluna vertebral. Flexão lateral da coluna vertebral; rotação da coluna vertebral; rotação para o lado oposto. *Fixação* Inserção proximal: parte posterior do sacro, espinha ilíaca posterossuperior, ligamento sacroilíaco posterior, processos mamilares das vértebras lombares, processos transversos das vértebras torácicas, processos articulares das quatro vértebras cervicais inferiores. Inserção distal: processos espinhosos das vértebras lombares, torácicas e cervicais.
Semiespinhal do tórax	*Inervação* Ramos primários dorsais de T1-T6. *Ação* Extensão da coluna vertebral. Rotação da coluna vertebral para o lado oposto. *Fixação* Inserção proximal: processos transversos de T6-T10. Inserção distal: processos espinhosos de C6-T4.
Espinhal do tórax	*Inervação* Ramos primários dorsais dos nervos espinhais (raquidianos). *Ação* Extensão da coluna vertebral. *Fixação* Inserção proximal: processos espinhosos de T11-L2. Inserção distal: processos espinhosos das 4-8 vértebras torácicas superiores.
Quadrado lombar	*Inervação* Nervos torácicos; T12; nervos lombares; ramos ventrais. *Ação* Se a pelve é o ponto fixo, atrai a 12ª costela para baixo (e as demais ao mesmo tempo). Produz a inclinação lateral das vértebras do lado de sua contração. Se as costelas são o ponto fixo, eleva meia pelve ao lado da contração. *Fixação* Inserção proximal: crista ilíaca, ligamento iliolombar. Inserção distal: processos transversos de L2-L4; borda inferior da 12ª costela.

Continua

Continuação

Elevação pélvica	
Quadrado lombar	*Inervação* Nervos torácicos; T12; nervos lombares; ramos ventrais. *Ação* Se a pelve é o ponto fixo, atrai a 12ª costela para baixo (e as demais ao mesmo tempo) e produz a inclinação lateral das vértebras do lado de sua contração. Se as costelas são o ponto fixo, eleva meia pelve ao lado da contração. *Fixação* Inserção proximal: crista ilíaca, ligamento iliolombar. Inserção distal: processos transversos de L2-L4; borda inferior da 12ª costela.
Iliocostal lombar	*Inervação* Ramos primários dorsais dos nervos espinhais (raquidianos). *Ação* Extensão da coluna vertebral. Flexão e rotação laterais da coluna vertebral; elevação da pelve. *Fixação* Inserção proximal: tendão comum do eretor da espinha a partir da crista sacra mediana, processos espinhosos de todas as vértebras lombares e das duas vértebras torácicas inferiores, dorso das cristas ilíacas, crista lateral do sacro, ligamentos sacrotuberoso e sacroilíaco posterior. Inserção distal: ângulos das últimas 6-7 costelas.

Biomecânica da coluna lombar

Os dois tipos de articulações encontradas na coluna lombar possuem estruturas cartilaginosas entre os corpos vertebrais e entre os discos. A segunda é do tipo sinovial entre o processo articular superior de uma vértebra e o processo articular inferior da vértebra vizinha.

- *Flexão*

Ocorre no plano sagital.
Amplitude articular: de 0° a 95°[16,17]

- *Extensão*

Ocorre no plano sagital.
Amplitude articular: de 0° a 35°[16,17]

- *Flexão*

Ocorre no plano frontal.
Amplitude articular: de 0° a 40°[16,17]

- *Rotação*

Ocorre no plano transversal.
Amplitude articular: de 0° a 35°[16,17]

Introdução

Anatomia funcional do ombro

Quadro 4 – Ombro

Adução escapular	
Trapézio médio	*Inervação* Nervo periférico: porção espinhal do nervo acessório (NC XI); ramos ventrais de C3 e C4. Raiz nervosa: C1-C5. *Ação* Adução escapular. *Fixação* Inserção proximal: processos espinhosos da 1ª até a 5ª vértebra torácica e ligamentos supraespinhosos interpostos. Inserção distal: borda medial do acrômio; espinha da escápula.
Adução e depressão escapulares	
Trapézio inferior	*Inervação* Nervo periférico: porção espinhal do nervo acessório (NC XI); ramos ventrais de C3 e C4. Raiz nervosa: C1-C5. *Ação* Depressão escapular, rotação para cima da escápula (em combinação com as fibras superiores). *Fixação* Inserção proximal: processos espinhosos da 6ª até a 12ª vértebra torácica e ligamentos supraespinhosos interpostos. Inserção distal: tubérculo na extremidade medial da espinha escapular.
Adução escapular e rotação para baixo	
Grande romboide	*Inervação* Nervo periférico: nervo escapular dorsal. Raiz nervosa: C5. *Ação* Adução, rotação para baixo e elevação da escápula. *Fixação* Inserção proximal: processos espinhosos de T2-T5 e ligamentos supraespinhosos interpostos. Inserção distal: borda vertebral da escápula entre a espinha e o ângulo inferior.
Pequeno romboide	*Inervação* Nervo periférico: nervo escapular dorsal. Raiz nervosa: C5. *Ação* Adução e elevação da escápula. *Fixação* Inserção proximal: processos espinhosos de C7 e T1 e parte inferior do ligamento da nuca. Inserção distal: base da espinha da escápula.

Continua

Continuação

Abdução escapular e rotação para cima	
Serrátil anterior	*Inervação* Nervo periférico: nervo longo torácico. Raiz nervosa: C5-C7. *Ação* Abdução escapular e rotação superior da cavidade glenoide. *Fixação* Inserção proximal: parte anterossuperior das oito ou nove costelas superiores. Inserção distal: superfície anterior da borda medial da escápula.
Flexão do ombro	
Deltoide anterior	*Inervação* Nervo periférico: nervo axilar. Raiz nervosa: C5 e C6. *Ação* Flexão da articulação do ombro com leve rotação medial. *Fixação* Inserção proximal: parte anterossuperior do terço lateral da clavícula. Inserção distal: tuberosidade deltóidea do úmero.
Coracobraquial	*Inervação* Nervo periférico: nervo musculocutâneo. Raiz nervosa: C6 e C7. *Ação* Flexão e adução da articulação do ombro. *Fixação* Inserção proximal: processo coracoide da escápula. Inserção distal: parte medial do terço médio da diáfise do úmero.
Extensão do ombro	
Grande dorsal	*Inervação* Nervo periférico: nervo toracodorsal. Raiz nervosa: C6, C7 e C8. *Ação* Extensão, adução e rotação medial do ombro. *Fixação* Inserção proximal: processos espinhosos das seis últimas vértebras torácicas, crista ilíaca e fáscia toracolombar (proveniente do processo espinhoso das vértebras sacrais e das lombares). Inserção distal: crista do tubérculo menor e assoalho do sulco intertubercular.
Grande redondo	*Inervação* Nervo periférico: nervo subescapular inferior. Raiz nervosa: C5 e C6. *Ação* Adução, extensão e rotação medial do ombro. *Fixação* Inserção proximal: superfície posterior do ângulo inferior da escápula. Inserção distal: lábio medial do sulco intertubercular do úmero.

Continua

Continuação

Extensão do ombro	
Deltoide posterior	*Inervação* Nervo periférico: nervo axilar. Raiz nervosa: C5 e C6. *Ação* Extensão do ombro. *Fixação* Inserção proximal: parte inferior da espinha da escápula. Inserção distal: tuberosidade deltóidea do úmero.
Abdução do ombro	
Deltoide médio	*Inervação* Nervo periférico: nervo axilar. Raiz nervosa: C5 e C6. *Ação* Abdução do ombro. *Fixação* Inserção proximal: acrômio. Inserção distal: tuberosidade deltóidea do úmero.
Supraespinhoso	*Inervação* Nervo periférico: nervo supraescapular. Raiz nervosa: C5. *Ação* Abdução e rotação lateral do ombro. *Fixação* Inserção proximal: fossa supraespinhosa da escápula. Inserção distal: tubérculo maior do úmero.
Abdução horizontal do ombro	
Deltoide posterior	*Inervação* Nervo periférico: nervo axilar. Raiz nervosa: C5 e C6. *Ação* Extensão do ombro. *Fixação* Inserção proximal: fossa na parte inferior da espinha da escápula. Inserção distal: tuberosidade deltóidea do úmero.

Continua

Continuação

Adução horizontal do ombro	
Peitoral maior	*Inervação* Nervo periférico: nervos peitorais medial e lateral. Raiz nervosa: C5, C6, C7, C8 e T1. *Ação* Adução e rotação medial do ombro. Outras funções: flexão e adução horizontal do ombro. Porção esternocostal – extensão do ombro a partir da posição fletida. *Fixação* Inserção proximal: porção clavicular – superfície anterior da metade medial da clavícula. Porção esternocostal – superfície anterior do esterno, cartilagem das costelas 1-7, aponeurose do oblíquo externo do abdômen. Inserção distal: lábio lateral do sulco intertubercular do úmero.
Rotação medial do ombro	
Subescapular	*Inervação* Nervo periférico: nervos escapulares superior e inferior. Raiz nervosa: C5, C6 e C7. *Ação* Rotação medial do ombro e auxílio na adução. *Fixação* Inserção proximal: fossa subescapular da escápula. Inserção distal: tubérculo menor do úmero.
Peitoral maior	*Inervação* Nervo periférico: nervos peitorais medial e lateral. Raiz nervosa: C5, C6, C7, C8 e T1. *Ação* Adução e rotação medial do ombro. Outras funções: Porção clavicular – flexão e adução horizontal do ombro. Porção esternocostal – extensão do ombro a partir da posição fletida. *Fixação* Inserção proximal: porção clavicular: superfície anterior da metade medial da clavícula. Porção esternocostal – superfície anterior do esterno, cartilagem das costelas 1-7, aponeurose do oblíquo externo do abdômen. Inserção distal: lábio lateral do sulco intertubercular do úmero.
Grande dorsal	*Inervação* Nervo periférico: nervo toracodorsal. Raiz nervosa: C6, C7 e C8. *Ação* Extensão, adução e rotação medial do ombro. *Fixação* Inserção proximal: processos espinhosos das seis últimas vértebras torácicas, crista ilíaca e fáscia toracolombar (proveniente do processo espinhoso das vértebras sacrais e lombares). Inserção distal: crista do tubérculo menor e assoalho do sulco intertubercular.

Continua

Continuação

Rotação medial do ombro	
Grande redondo	*Inervação* Nervo periférico: nervo subescapular inferior. Raiz nervosa: C5 e C6. *Ação* Adução, extensão e rotação medial do ombro. *Fixação* Inserção proximal: superfície posterior do ângulo inferior da escápula. Inserção distal: lábio medial do sulco intertubercular do úmero.
Rotação lateral do ombro	
Infraespinhal	*Inervação* Nervo periférico: nervo supraescapular. Raiz nervosa: C5 e C6. *Ação* Rotação lateral do ombro. *Fixação* Inserção proximal: fossa infraespinhal da escápula. Inserção distal: tuberosidade maior do úmero.
Pequeno redondo	*Inervação* Nervo periférico: nervo axilar. Raiz nervosa: C5. *Ação* Rotação lateral do ombro. *Fixação* Inserção proximal: os dois terços superiores da superfície posterior da borda axilar da escápula. Inserção distal: tubérculo maior do úmero.

Avaliação funcional do ombro

Testes para patologias musculares e tendinosas

- *Teste do impacto de Neer*[2,4,6,10,12,13]

O examinador eleva o membro superior do paciente de forma passiva, forçada com ele rodado medialmente. Uma forte pressão é aplicada no tubérculo maior do úmero contra a borda anteroinferior do acrômio. Esse teste é indicativo de uma lesão por uso excessivo do músculo supraespinhoso e, em alguns casos, do tendão da porção longa do bíceps.

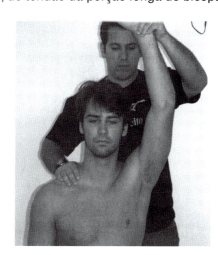

Teste da queda do braço[6,10]

O terapeuta ergue passivamente o braço do paciente para uma posição acima da cabeça. Este deixa, então, abaixar seu braço lentamente com a palma da mão para baixo. O teste é positivo quando o paciente não consegue abaixar o braço ou deixa-o cair repentinamente, indicando laceração do manguito rotador, frequentemente o supraespinhoso.

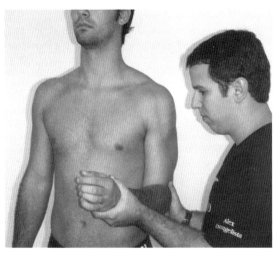

Teste para infraespinhal[2,6,10]

O paciente posiciona-se em pé com o cotovelo a 90° de flexão e o ombro rodado medialmente a 45°. O examinador impõe uma resistência e pede que o paciente exerça uma força na tentativa de rodar o ombro externamente. O teste é considerado positivo para lesão do músculo infraespinhoso quando o paciente apresenta dor ou incapacidade de resistir à rotação interna.

Teste de coçar de Apley[2,12]

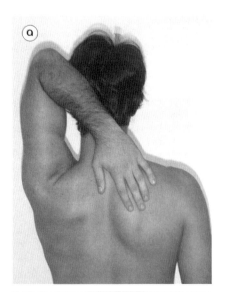

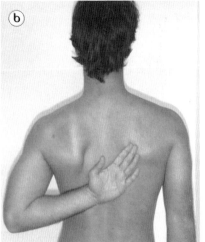

O examinador solicita que o paciente faça o movimento na tentativa de colocar a mão atrás da cabeça e tocar a borda medial superior da escápula no lado contralateral, provocando abdução e rotação externa do ombro. Em seguida, é solicitado ao paciente que coloque a mão a ser testada atrás das costas na tentativa de tocar o ângulo inferior da escápula oposta, provocando adução e rotação interna do ombro.

Esse teste avalia de forma rápida e inespecífica a mobilidade da cintura escapular. Presença de dor ou dificuldade de assumir essas posições indica limitações do movimento de algum componente do ombro.

- *Teste de Lippman*[2,10,12]

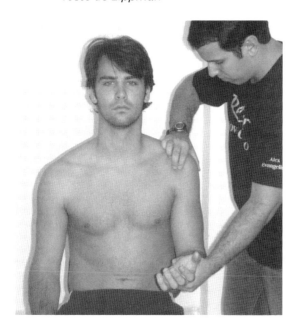

O paciente permanece sentado ou em pé com o cotovelo a 90°. Com uma das mãos, o examinador palpa o tendão do bíceps 7 a 8 cm abaixo da articulação glenoumeral e move de um lado para o outro no sulco bicipital. O teste é positivo quando apresenta dor intensa no tendão da porção longa do bíceps braquial e indica paratendinite ou tendinose bicipital.

- *Teste de Yergason*[2,4,12,13]

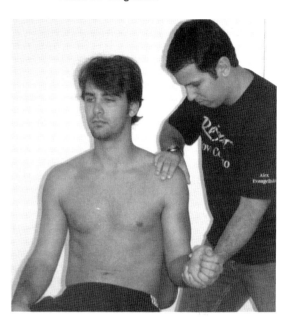

O examinador estabiliza o cotovelo do paciente a 90° de flexão e em seguida resiste a uma supinação do antebraço, partindo de uma posição plenamente pronada, enquanto resiste simultaneamente a uma rotação externa do ombro. O teste é considerado positivo para laceração do ligamento transverso do úmero quando apresenta dor durante a contração muscular resistida.

- *Teste de impacto de Hawkins-Kennedy*[2,4,6,10,12,13]

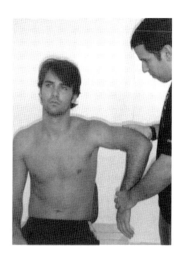

O examinador posiciona as articulações do ombro e do cotovelo a 90° e, em seguida realiza uma rotação interna forçada do ombro, comprimindo o supraespinhoso contra a porção do ligamento coracoacromial. Dor representa teste positivo para tendinite do supraespinhoso ou impacto secundário.

▪ *Teste do supraespinhoso (Teste de Jobe ou da "lata vazia")*[2,4,6,10,12]

O paciente fica sentado com o ombro abduzido a 90°, e, com rotação neutra, o examinador impõe uma resistência em isometria para abdução nessa posição. Em seguida, o ombro é rodado medialmente e angulado 30° para frente (posição da "lata vazia"). O examinador aplica novamente uma resistência para abdução. O teste é considerado positivo quando o paciente apresenta dor ou fraqueza durante a abdução resistida, indicando lesão do supraespinhoso ou disfunção do nervo supraescapular.

Teste para bursite

▪ *Teste de Dawbarn*[2]

Com o examinador atrás do paciente sentado, palpar com o segundo e o terceiro dedos imediatamente abaixo do processo acromial e observar se o paciente relata dor à palpação. Em seguida, com a outra mão, abduzir o braço do paciente acima de 90°, aplicando uma pressão no ponto abaixo do acrômio. O teste é considerado positivo quando existe dor espontânea e/ou à palpação da bursa subacromial. A diminuição da dor à palpação nesse ponto quando o braço é abduzido indica bursite subacromial.

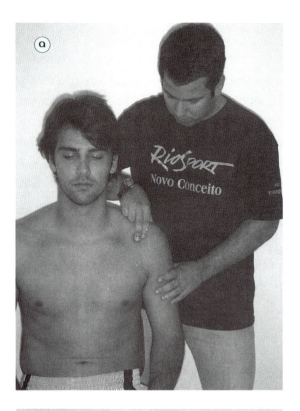

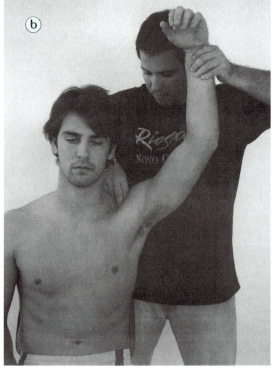

Testes para instabilidade anterior

- *Teste de apreensão anterior* [2,6,10,12,13]

O examinador fica em pé atrás do paciente sentado. Abduz-se o braço afetado a 90° e gira-se lentamente para a lateral ao mesmo tempo que se estabiliza a região posterior do ombro com a outra mão. Dor localizada acompanhada de expressão apreensiva do paciente indica luxação anterior crônica do ombro.

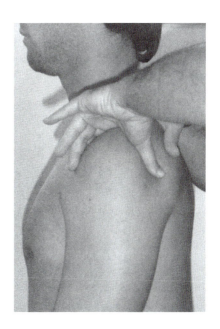

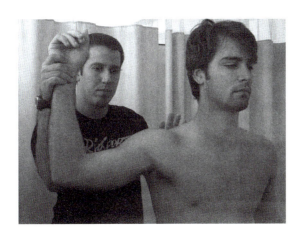

- *Teste da gaveta anterior* [2,6,10,13]

- *Teste de Rockwood para instabilidade anterior* [2,4,10,12]

O paciente permanece sentado com os antebraços apoiados sobre as coxas enquanto o examinador se posiciona atrás dele e segura a cabeça do úmero anteriormente com os dedos e, posteriormente, com o polegar. A outra mão estabiliza a escápula. Em seguida, o examinador movimenta a cabeça do úmero passivamente na direção anteromedial e na posterolateral. Na presença de dor, o teste é considerado positivo. Esse teste avalia um aumento ou uma diminuição da translação da cabeça do úmero em relação à glenoide.

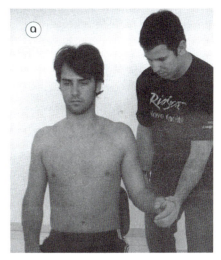

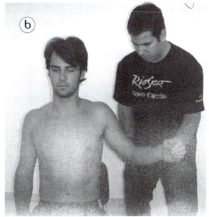

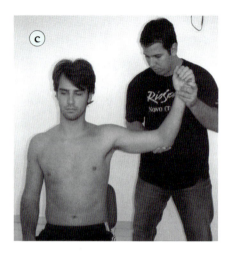

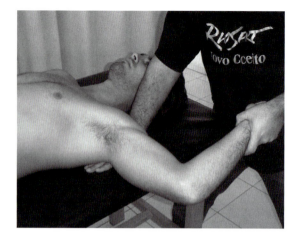

- *Teste para instabilidade anterior de Andrews*[2,10]

O paciente é posicionado em decúbito dorsal com o ombro em 130° de abdução e 90° de rotação externa. O examinador coloca uma das mãos na porção distal do úmero, estabilizando o cotovelo, e, com a outra mão, segura a cabeça do úmero e eleva anteriormente. O teste é considerado positivo quando reproduz os sintomas do paciente.

O teste é realizado com o paciente sentado e o examinador de pé. O braço do paciente é posicionado ao lado do corpo enquanto o examinador realiza passivamente a rotação externa do ombro. A seguir, o procedimento é repetido com o ombro nos ângulos de 45°, 90° e 120° de abdução. O teste é considerado positivo quando o paciente apresenta apreensão acentuada e dor posterior durante o teste na angulação de 90°. Nos ângulos de 45° e 120° de abdução, o paciente apresenta uma ligeira apreensão e alguma dor. A 0°, o paciente raramente demonstra apreensão.

- *Teste do fulcro*[10,12]

O paciente é posicionado em decúbito dorsal com o ombro a 90° de abdução e rodado externamente. O examinador coloca uma das mãos atrás da cabeça do úmero e, com a outra mão, roda externamente e estende o braço, impondo uma carga adicional ao complexo capsuloligamentar do ombro. O teste é considerado positivo quando o paciente apresenta dor, apreensão ou deslocamento excessivo da cabeça do úmero.

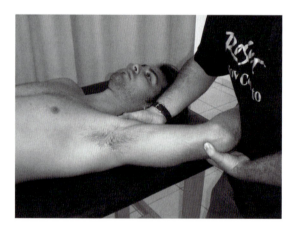

Testes para instabilidade posterior

- *Teste da gaveta posterior*[2,6,10,12]

O posicionamento adotado pelo paciente e pelo examinador é o mesmo adotado no teste de gaveta anterior. O examinador desloca passivamente a cabeça do úmero para trás. Caso se apresentem dor, estalidos ou um aumento ou uma diminuição da translação da cabeça do úmero, o teste é considerado positivo para instabilidade posterior do ombro.

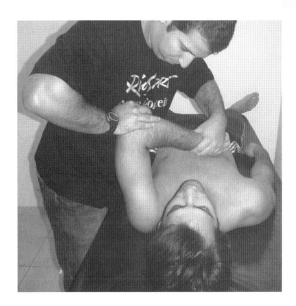

- *Teste de solavanco ou abalo (jerk test)*[2,10,12]

Paciente sentado e com o ombro a 90° de flexão e rodado internamente. O examinador segura o cotovelo do paciente e exerce uma pressão axial sobre o úmero e, em seguida, movimenta o membro superior em adução horizontal, enquanto mantém a carga axial. O teste é considerado positivo para instabilidade posterior do ombro quando há um abalo súbito ou um som surdo no momento em que a cabeça do úmero desliza para fora (subluxa) da cavidade glenoidal.

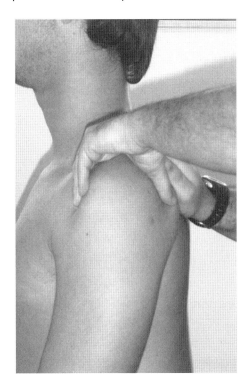

- *Teste de apreensão ou estresse posterior*[2,10,12]

O paciente fica em decúbito dorsal com o ombro em flexão e rotação interna e com o cotovelo fletido, apoiado sobre o tronco. O examinador aplica uma força sobre o cotovelo aduzindo horizontalmente e rodando internamente o ombro. Um teste positivo ocorre quando o paciente apresenta uma expressão de apreensão e de resistência ao movimento de translação posterior, indicando luxação posterior.

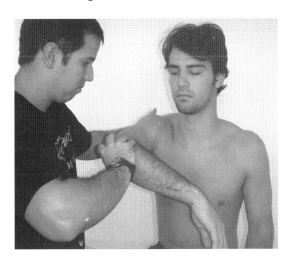

- *Teste de empurrar e puxar*[2,10,12]

O examinador posiciona o paciente em decúbito dorsal e segura com uma das mãos o membro a ser testado na altura do punho, com o ombro abduzido a 90° e o cotovelo flexionado a 90°. A outra mão é colocada anteriormente próxima à cabeça do úmero. Em seguida, o examinador traciona o membro anteriormente, enquanto empurra a cabeça do úmero posteriormente. Quando ocorre uma translação posterior do úmero maior que 50% ou quando o paciente apresenta um sinal de apreensão, o teste é considerado positivo para instabilidade posterior.

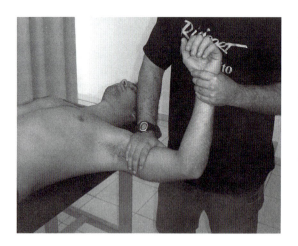

- *Teste de esforço de Norwood para instabilidade posterior*[2,10]

Com o paciente em decúbito dorsal, abduzir o ombro a 90°, rodá-lo externamente a 90° e flexionar o cotovelo também a 90°. Com uma das mãos, o examinador estabiliza a escápula posteriormente, palpando a glenoumeral. Com a outra mão, trazer o ombro para flexão e forçar o cotovelo posteriormente. Essa tentativa de luxar o ombro posteriormente pode promover um deslizamento da cabeça umeral para fora da glenoumeral; quando isso ocorre, o teste é considerado positivo para instabilidade posterior.

Testes para instabilidade multidirecional

- *Teste de Feagin*[2,10,12]

O examinador coloca o paciente sentado ou em pé e com o ombro abduzido a 90°, os cotovelos estendidos e o antebraço apoiado sobre seu ombro. Em seguida, coloca as mãos entrelaçadas sobre o úmero do paciente e aplica uma pressão anteroinferior. A presença de um sinal de apreensão na face do paciente é indicativo de instabilidade anteroinferior.

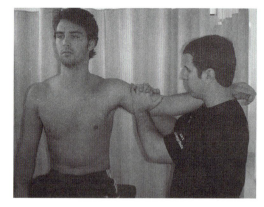

- *Teste de Rowe para instabilidade multidirecional*[2,10]

O paciente é posicionado em pé, com a cintura flexionada para frente a 45° e com os membros superiores relaxados e apontados para o solo. O examinador coloca uma das mãos sobre a cabeça do úmero e a outra, segura o punho do paciente. Em seguida, o examinador traciona inferiormente o úmero do paciente. Simultaneamente à tração do úmero, o examinador empurra a cabeça do úmero para frente a fim de avaliar instabilidade anterior; puxa para trás a fim de avaliar instabilidade posterior; e empurra para baixo a fim de avaliar instabilidade inferior.

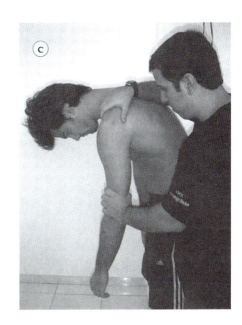

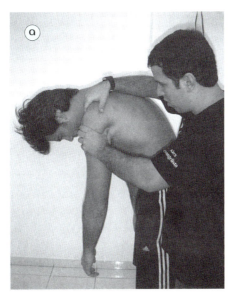

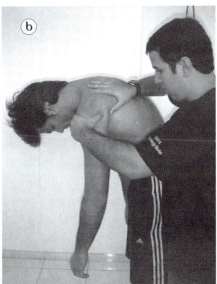

Testes para laceração labial

- *Teste da batida (clunk test)*[2,10]

Paciente em decúbito dorsal e com o ombro totalmente abduzido. O examinador coloca uma das mãos na face posterior da cabeça do úmero e a outra em cima da parte distal do úmero. Em seguida, empurra anteriormente a cabeça do úmero ao mesmo tempo que roda lateralmente o úmero do paciente. Quando se detecta uma batida (som surdo) ou um rangido, o teste é considerado positivo, indicativo de laceração labial.

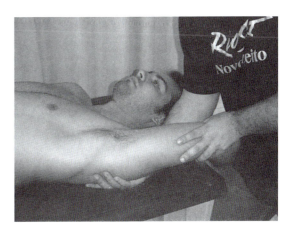

- *Teste de Kibler ou deslizamento anterior*[2,10,13]

Paciente sentado e com as mãos na cintura e os polegares apontados para trás. O examinador, em pé atrás do paciente, estabiliza a escápula e a clavícula com uma das mãos e com a outra mão aplica uma força anterossuperior no cotovelo do paciente. Quando houver lesão anteroposterior do lábio superior (laceração labial do tipo SLAP), a cabeça do úmero deslizará sobre o lábio, produzindo um estalido, e o paciente relatará dor. Esses sinais indicam teste positivo.

doloroso interno no ombro, e, na segunda parte do teste, esse sintoma desaparece ou diminui, o teste é considerado positivo para lesões labiais.

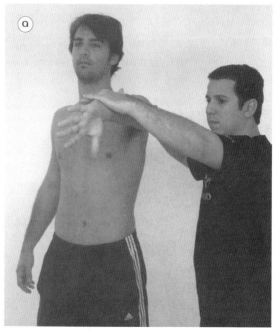

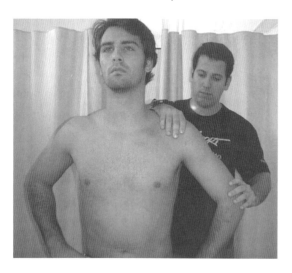

- *Teste de compressão ativa de O'Brien*[6,10]

Neste teste, o paciente é posicionado em pé com o membro superior flexionado a 90° e o cotovelo estendido. Em seguida, o ombro é abduzido 10°-15° e rodado medialmente, posicionando o polegar na direção do solo. O examinador se posiciona atrás do paciente e, com uma das mãos, exerce uma força excêntrica para baixo sobre o membro superior. O membro é colocado na posição inicial, com a palma da mão supinada, e repete-se a carga excêntrica. Quando, na primeira parte do teste, o paciente apresenta dor ou um clique

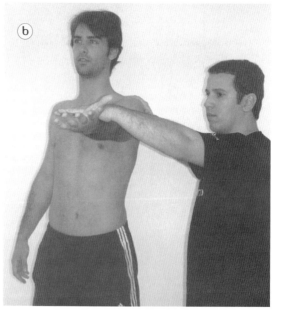

Teste para presença de impacto

- *Teste de Yokum*[4,6]

Este teste é uma modificação do teste de impacto de Hawkins-Kennedy. Nele, a mão do paciente é posicionada sobre o ombro oposto e o examinador exerce uma força elevando o cotovelo.

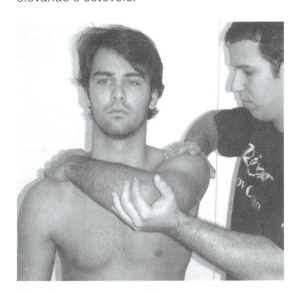

Testes para a função neurológica

- *Sinal de Tinel (no ombro)*[2,10]

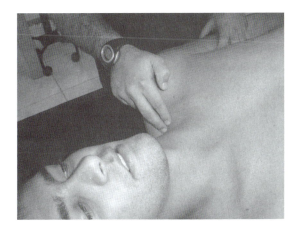

O examinador realiza uma percussão da área do plexo braquial, acima da clavícula, na região do triângulo escalênico. Sensação de formigamento em uma ou mais raízes nervosas indica teste positivo.

- *Teste de estiramento do plexo braquial*[1,2]

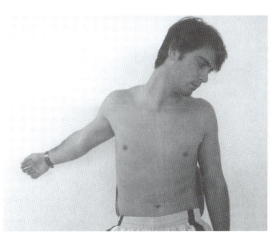

Posicionar o paciente sentado e instruí-lo a flexionar lateralmente a cabeça para o lado oposto ao lado a ser testado e estender o cotovelo e o ombro no lado afetado. Dor e/ou parestesia ao longo da distribuição do plexo braquial indica lesão deste. Dor e parestesia do mesmo lado da flexão lateral podem indicar compressão de raiz nervosa. Dor cervical no mesmo lado da flexão lateral pode ser indicativo de problemas na articulação facetária cervical.

Testes para síndrome do desfiladeiro torácico

- *Manobra de Adson*[1,2,10,12]

Este teste é realizado com o paciente sentado e o examinador atrás dele. O examinador localiza o pulso radial enquanto estende e roda externamente o ombro. Em seguida, pede-se que o paciente inspire profundamente e prenda a respiração. O teste é considerado positivo quando o pulso desaparece. Esse provavelmente seja um dos testes mais comuns para diagnóstico da síndrome do desfiladeiro torácico descritos na literatura.

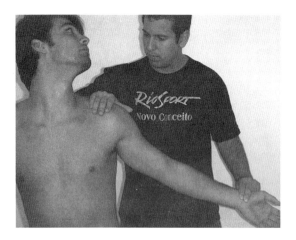

- *Manobra de Wright[1,2,12]*

Com o paciente sentado, o examinador localiza o pulso radial do paciente e eleva o membro superior a uma abdução completa e o ombro rodado externamente. Esse teste é utilizado para verificar compressão no espaço costoclavicular e é considerado positivo caso o pulso radial desapareça.

- *Teste de Allen[1,10,12]*

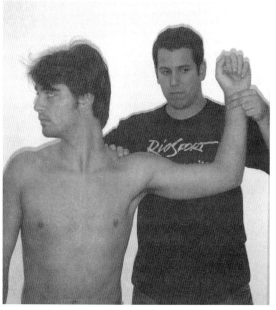

Este teste é uma modificação do teste de Wright. O posicionamento do paciente é o mesmo, e o examinador flexiona o cotovelo do paciente a 90° enquanto o ombro é estendido horizontalmente e rodado externamente. A seguir, o paciente roda a cabeça para o lado oposto ao que está sendo testado.

- *Manobra de Halstead[2,10,12]*

O paciente realiza uma rotação com hiperextensão da cabeça para o lado oposto ao que está sendo examinado, enquanto o examinador palpa o pulso radial e traciona o membro avaliado para baixo. O desaparecimento do pulso indica teste positivo para síndrome do desfiladeiro torácico superior.

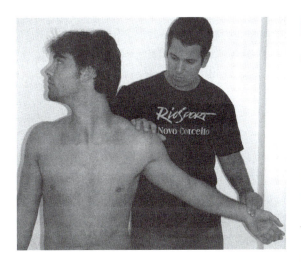

Teste para outras articulações do ombro

• *Teste de cisalhamento acromioclavicular*[4,12]

Com o paciente sentado, o examinador coloca uma das mãos sobre a espinha da escápula e a outra anteriormente sobre a clavícula. Em seguida, exerce uma pressão com as regiões tênares das mãos, uma contra a outra. Um teste positivo é detectado quando há dor ou movimentação anormal da articulação acromioclavicular.

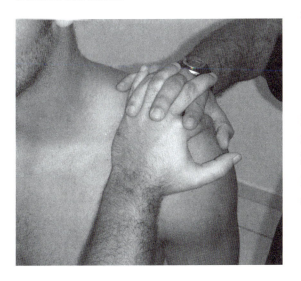

Biomecânica do ombro[1,-5]

• *Articulação esternoclavicular*[1,2,3,4,5]

Com um formato de sela e três graus de liberdade, é também considerada uma articulação sinovial. A articulação esternoclavicular e a acromioclavicular possibilitam ao úmero articular-se através de 180° de abdução. É importante saber que a posição de repouso é braço ao lado e a posição de aproximação máxima é elevação completa.

• *Articulação acromioclavicular*[1,2,3,4,5]

É uma articulação que permite grandes amplitudes de movimento do úmero por ser sinovial plana. Para a posição de aproximação máxima: abdução a 90°, e posição de repouso, com o braço ao lado.

• *Articulação escapulotorácica*[1,2,3,4,5]

Apesar de não ser uma articulação verdadeira, é considerada integrante do complexo do ombro.

• *Articulação glenoumeral*[1,2,3,4,5]

É uma articulação sinovial multiaxial e possui três graus de liberdade. A posição de repouso é aproximadamente 55° de abdução e 30° de adução horizontal (plano escapular). A posição de aproximação máxima com abdução completa, rotação lateral.

- *Ritmo escapuloumeral*[1,2,3,4,5]

Fase I

- Úmero com 30° de abdução.
- Escápula com um movimento mínimo.
- Clavícula com 0-15° de elevação.

Fase II

- Úmero com 40° de abdução.
- Escápula com 20° de rotação.
- Clavícula com 30-36° de elevação.

Fase III

- Úmero com 60° de abdução e 90° de rotação lateral.
- Escápula com 30° de rotação.
- Clavícula com 30-50° de rotação posterior até 30° de elevação.

- *Flexão*[1,2,3,4,5]

O movimento ocorre na articulação glenoumeral no plano sagital acompanhado por movimentos nas articulações esternoclavicular, acromioclavicular e escapulotorácica.

Amplitude articular: de 0° a 180°.[16,17]

- *Extensão*[1,2,3,4,5]

O movimento configura o retorno da flexão e ocorre no plano sagital.

Amplitude articular: de 0° a 45°;[3] de 0° a 50°/60°;[4] de 0° a 50°.[5]

- *Abdução*[1,2,3,4,5]

O movimento acontece no plano frontal. A abdução da articulação glenoumeral é acompanhada por elevação clavicular, seguida por rotação lateral do úmero.

Amplitude articular: de 0° a 180°.[16,17]

- *Adução*[1,2,3,4,5]

É o retorno a partir da abdução e ocorre no plano frontal. A adução horizontal ocorre no plano transverso.

Amplitude articular (adução horizontal): de 0° a 40°;[3] de 0° a 50°-75°;[4] de 0° a 30°.[5]

- *Rotação medial*[1,2,3,4,5]

Na posição anatômica, o movimento ocorre no plano transverso. Para a avaliação goniométrica, o ombro é abduzido, e a articulação do cotovelo é fletida em 90°; portanto, o movimento teste ocorre no plano sagital.

Amplitude articular: de 0° a 90°;[3] de 0° a 60°-100°;[4] de 0° a 65°-90°.[5]

- *Rotação lateral*[1,2,3,4,5]

Com posicionamento anatômico, o movimento acontece no plano transverso. Para a avaliação com goniômetro, o ombro é abduzido, e a articulação do cotovelo faz flexão de 90°; portanto, o movimento teste ocorre no plano sagital.

Amplitude articular: de 0° a 90°.[16,17]

Anatomia funcional do cotovelo

Quadro 5 – Cotovelo

Flexão do cotovelo	
Bíceps braquial	*Inervação* Nervo periférico: nervo musculocutâneo. Raiz nervosa: de C5 a C7. *Ação* Flexão do cotovelo; supinação do antebraço; ajuda na flexão do ombro. *Fixação* Inserção proximal: porção curta – processo coracoide da escápula. Porção longa – tuberosidade supraglenóidea da escápula. Inserção distal: tuberosidade do rádio e através da aponeurose do bíceps na fáscia do antebraço.
Braquial	*Inervação* Nervo periférico: músculo nervo cutâneo. Raiz nervosa: C5 e C6. *Ação* Flexão do cotovelo. *Fixação* Inserção proximal: metade distal da parte anterior da diáfise umeral; septos intermusculares mediais e laterais. Inserção distal: tuberosidade e processo coronoide da ulna.
Braquiorradial	*Inervação* Nervo periférico: nervo radial. Raiz nervosa: C5 e C6. *Ação* Flexão do cotovelo. *Fixação* Inserção proximal: os dois terços superiores da crista supracondiliana lateral do úmero; septo intermuscular lateral. Inserção distal: face lateral do rádio, logo acima do processo estiloide.
Extensão do cotovelo	
Tríceps braquial	*Inervação* Nervo periférico: nervo radial. Raiz nervosa: C7 e C8. *Ação* Extensão do cotovelo; a porção longa ajuda a estender o ombro. *Fixação* Inserção proximal: porção longa – tuberosidade infraglenóidea da escápula. Porção lateral – superfícies posterior e lateral da diáfise umeral. Porção medial – superfícies posterior e medial da diáfise umeral. Inserção distal: processo olecraniano da ulna.

Continua

Continuação

Flexão do cotovelo	
Ancôneo	*Inervação* Nervo periférico: nervo radial. Raiz nervosa: C7 e C8. *Ação* Extensor auxiliar do antebraço. *Fixação* Inserção proximal: epicôndilo lateral do úmero. Inserção distal: superfície lateral do olecrânio; quarto superior da parte posterior da ulna.

Biomecânica do cotovelo[1-6]

- *Articulação ulnoumeral ou troclear*

Classificada como sinovial, é uma articulação em dobradiça uniaxial. É estabelecido para a posição de repouso flexionar o cotovelo a 70° e manter o antebraço supinado a 10°.

- *Articulação radioumeral*

Classificada como sinovial, denominada como uma articulação em dobradiça uniaxial. Posição de repouso com o cotovelo totalmente estendido e o antebraço inteiramente supinado e posição de aproximação máxima com o cotovelo flexionado a 90° e o antebraço supinado a 5°.[1-6]

- *Articulação radioulnar superior*

Classificada como articulação sinovial, denominada como uma articulação de eixo uniaxial. Para a posição de repouso: 35° de supinação e 70° de flexão de cotovelo. Posição de aproximação máxima: 5° de supinação.[1-6]

- *Flexão*

No plano sagital, ocorre o movimento teste. O movimento de extensão é considerado o retorno da flexão:
Amplitude articular: de 0° a 145°;[16] de 0° a 140°-150°.[17]

- *Supinação radioulnar*

As articulações radioulnares se movimentam em supinação (movimento teste) no plano transverso.[1-6]
Amplitude articular: de 0° a 90°[16] e de 0° a 85°-90°.[17]

- *Pronação radioulnar*

As articulações radioulnares se movimentam em pronação (movimento teste) no plano transverso.[1-6]
Amplitude articular: de 0° a 90°[16] e de 0° a 85°-90°.[17]

Anatomia funcional do antebraço

Quadro 6 – Antebraço

Supinação do antebraço	
Supinador	*Inervação* Nervo periférico: ramo profundo do nervo radial. Raiz nervosa: C6. *Ação* Supinação do antebraço. *Fixação* Inserção proximal: epicôndilo lateral do úmero, crista supinadora da ulna, ligamento colateral radial do cotovelo, ligamento anular do rádio. Inserção distal: tuberosidade e linha oblíqua do rádio, superfície dorsolateral do terço superior da diáfise radial.
Bíceps braquial	*Inervação* Nervo periférico: nervo musculocutâneo. Raiz nervosa: C5 e C6 *Ação* Flexão do cotovelo; supinação do antebraço; ajuda na flexão do ombro. *Fixação* Inserção proximal: porção curta – processo coracoide da escápula. Porção longa – tuberosidade supraglenóidea da escápula. Inserção distal: tuberosidade do rádio.
Pronação do antebraço	
Pronador quadrado	*Inervação* Nervo periférico: nervo mediano. Raiz nervosa: C8 e T1 *Ação* Pronação do antebraço. *Fixação* Inserção proximal: parte anterior do 4º distal da ulna. Inserção distal: parte anterior do 4º distal do rádio.
Pronador redondo	*Inervação* Nervo periférico: nervo mediano. Raiz nervosa: C6 e C7 *Ação* Pronação do antebraço; auxilia na flexão do cotovelo. *Fixação* Inserção proximal: porção umeral – crista supracondilar medial do úmero, tendão do flexor comum do antebraço. Porção ulnar – processo coronoide da ulna. Inserção distal: superfície lateral do terço médio da diáfise do rádio.

Continua

Continuação

Cinesiologia da mão	
Flexão e desvio radial do punho	
Flexor radial do carpo	*Inervação* Nervo periférico: nervo mediano. Raiz nervosa: C6 e C7. *Ação* Flexão e abdução (desvio radial) do punho. *Fixação* Inserção proximal: epicôndilo medial do úmero através do tendão do flexor comum do antebraço; fáscia antebraquial. Inserção distal: base do 2º e do 3º metacarpo.
Flexão e desvio ulnar do punho	
Flexor ulnar do carpo	*Inervação* Nervo periférico: nervo ulnar. Raiz nervosa: C8 e T1. *Ação* Flexão e adução (desvio ulnar) do punho. *Fixação* Inserção proximal: porção umeral: epicôndilo medial do úmero através do tendão flexor do antebraço. Porção ulnar – os dois terços superiores da borda posterior da ulna. Inserção distal: osso pisiforme.
Extensão e desvio radial do punho	
Extensor longo radial do carpo	*Inervação* Nervo periférico: nervo radial. Raiz nervosa: C6 e C7. *Ação* Extensão, abdução (desvio radial) do punho; auxílio na extensão do cotovelo. *Fixação* Inserção proximal: crista supracondiliana lateral do úmero; o tendão extensor comum. Inserção distal: base do 2º metacarpo.
Extensor curto radial do carpo	*Inervação* Nervo periférico: nervo radial. Raiz nervosa: C6 e C7. *Ação* Extensão e abdução (desvio radial) do punho. *Fixação* Inserção proximal: epicôndilo lateral do úmero, pelo tendão extensor comum. Inserção distal: base do 3º metacarpo.

Continua

Continuação

Extensão e desvio ulnar do punho	
Extensor ulnar do carpo	*Inervação* Nervo periférico: nervo radial profundo. Raiz nervosa: C6-C8. *Ação* Extensão e adução (desvio ulnar) do punho. *Fixação* Inserção proximal: epicôndilo lateral do úmero através do tendão extensor comum e borda dorsal da ulna. Inserção distal: base do 5º metacarpo.
Flexão dos dedos (metacarpofalangiana)	
Lumbricais	*Inervação* Nervo periférico: 1º e 2º lumbricais; nervo mediano; 3º e 4º lumbricais; nervo ulnar. Raiz nervosa: C8 e T1. *Ação* Flexão das articulações MCF2-5; extensão das articulações IFP e IFD dos dígitos 2-5. *Fixação* Inserção proximal: do flexor profundo dos dedos. 1º) lado radial do tendão do dedo indicador; 2º) lado radial do tendão do dedo médio; 3º) tendões dos dedos médio e anular; 4º) tendões dos dedos anular e mínimo. Inserção distal: lado radial da expansão extensora do dedo correspondente.
Interósseos palmares	*Inervação* Nervo periférico: nervo ulnar. Raiz nervosa: C8 e T1. *Ação* Adução e flexão da 2ª, 4ª e 5ª articulações MCF; extensão das articulações IFP e IFD dos dígitos 2, 4 e 5. *Fixação* Inserção proximal: superfície palmar dos metacarpos 2, 4 e 5. 1º) lado ulnar do 2º metacarpo; 2º) lado medial do 4º metacarpo; 3º) lado medial do 5º metacarpo. Inserção distal: 1º) lado ulnar da base da falange proximal e a expansão extensora do 2º dígito; 2º) lado radial da base da falange proximal e a expansão extensora do 4º dígito; 3º) lado radial da base da falange proximal e a expansão extensora do 5º dígito.
Interósseos dorsais	*Inervação* Nervo periférico: nervo ulnar. Raiz nervosa: C8 e T1. *Ação* Abdução dos dedos indicador, médio e anular, adução e flexão da 2ª, 3ª e 4ª articulações MCF, extensão das articulações IFP e IFD dos dígitos 2, 3 e 4. *Fixação* Inserção proximal: através de duas porções (cabeças) dos metacarpos adjacentes. Inserção distal: 1º) lado radial da falange proximal e a expansão extensora do 2º dígito; 2º) lado radial da falange proximal e a expansão extensora do 3º dígito; 3º) lado ulnar da falange proximal e a expansão extensora do 3º dígito; 4º) lado ulnar da falange proximal e a expansão extensora do 4º dígito.

Continua

Continuação

Flexão dos dedos (interfalangiana proximal)	
Flexor superficial dos dedos	*Inervação* Nervo periférico: nervo mediano. Raiz nervosa: C7, C8 e T1. *Ação* Flexão das articulações IFP dos dígitos 2-5, ajuda na flexão das articulações MCF dos dígitos 2-5 e do punho. *Fixação* Inserção proximal: porção úmero-ulnar – epicôndilo medial do úmero através do tendão flexor comum, o ligamento colateral ulnar do cotovelo; o processo coronoide da ulna. Porção radial – superfície anterior do rádio. Inserção distal: por quatro tendões na base da falange média do 2º ao 5º dedo.
Flexão dos dedos (interfalangiana distal)	
Flexor profundo dos dedos	*Inervação* Nervo periférico: nervos mediano e ulnar. Raiz nervosa: C8 e T1. *Ação* Flexão das articulações IFD dos dígitos 2-5; auxilia na flexão das articulações IFP e MCF dos dígitos 2-5. *Fixação* Inserção proximal: os dois terços proximais das faces anterior e medial da ulna e membrana interóssea. Inserção distal: por quatro tendões na base das falanges distais dos dígitos 2-5.
Extensão dos dedos	
Extensor dos dedos	*Inervação* Nervo periférico: nervo radial profundo. Raiz nervosa: C6-C8. *Ação* Extensão dos dígitos 2-5; ajuda na extensão do punho. *Fixação* Inserção proximal: epicôndilo lateral do úmero através do tendão extensor comum; fáscia antebraquial. Inserção distal: falange medial e distal dos dígitos 2-5 através da cobertura ou expansão extensora.
Extensor do indicador	*Inervação* Nervo periférico: nervo radial profundo. Raiz nervosa: C6, C7 e C8. *Ação* Extensão do dedo indicador; auxílio na extensão do punho. *Fixação* Inserção proximal: superfície posterior da ulna, membrana interóssea. Inserção distal: expansão extensora do dedo indicador.

Continua

Continuação

Flexão dos dedos (metacarpofalangiana)	
Extensor do dedo mínimo	*Inervação* Nervo periférico: nervo radial profundo. Raiz nervosa: C6, C7 e C8. *Ação* Extensão do dígito 5; auxílio na extensão do punho. *Fixação* Inserção proximal: epicôndilo lateral do úmero através do tendão extensor comum; septos intermusculares. Inserção distal: expansão extensora do 5º dedo.
Abdução dos dedos	
Interósseos dorsais	*Inervação* Nervo periférico: nervo ulnar. Raiz nervosa: C8 e T1. *Ação* Abdução dos dedos indicador, médio e anular; adução e flexão da 2ª, 3ª e 4ª articulações MCF; extensão das articulações IFP e IFD dos dígitos 2, 3 e 4. *Fixação* Inserção proximal: através de duas porções (cabeças) dos metacarpos adjacentes. Inserção distal: 1º) lado radial da falange proximal e a expansão extensora do 2º dígito; 2º) lado radial da falange proximal e a expansão extensora do 3º dígito; 3º) lado ulnar da falange proximal e a expansão extensora do 3º dígito; 4º) lado ulnar da falange proximal e a expansão extensora do 4º dígito.
Abdutor do dedo mínimo	*Inervação* Nervo periférico: nervo ulnar. Raiz nervosa: C8 e T1. *Ação* Abdução e flexão da quinta articulação MCF. *Fixação* Inserção proximal: osso pisiforme e tendão do flexor ulnar do carpo. Lado ulnar do carpo. Inserção distal: lado ulnar da base da falange proximal do 5º dígito; aponeurose do extensor do dedo mínimo.
Adução dos dedos	
Interósseos palmares	*Inervação* Nervo periférico: nervo ulnar. Raiz nervosa: C8 e T1. *Ação* Adução e flexão da 2ª, 4ª e 5ª articulações MCF; extensão das articulações IFP e IFD dos dígitos 2, 4 e 5. *Fixação* Inserção proximal: superfície palmar dos metacarpos 2, 4 e 5. 1º) lado ulnar do 2º metacarpo; 2º) lado medial do 4º metacarpo; 3º) lado medial do 5º metacarpo. Inserção distal: 1º) lado ulnar da base da falange proximal e a expansão extensora do 2º dígito; 2º) lado radial da base da falange proximal e a expansão extensora do 4º dígito; 3º) lado radial da base da falange proximal e a expansão extensora do 5º dígito.

Continua

Continuação

Flexão do polegar (metacarpofalangiana)	
Flexor curto do polegar	*Inervação* Nervo periférico: nervo mediano e ulnar. Raiz nervosa: C8 e T1. *Ação* Flexão da articulação MCF do polegar. *Fixação* Inserção proximal: retináculo flexor, trapézio, trapezoide e capitato (osso grande). Inserção distal: lado radial da base da falange proximal do polegar.
Flexão do polegar (interfalangiana)	
Flexor longo do polegar	*Inervação* Nervo periférico: nervo interósseo anterior (mediano). Raiz nervosa: C8 e T1. *Ação* Flexão da articulação IF do polegar; auxilia na flexão da articulação MCF do polegar. *Fixação* Inserção proximal: parte anterior do rádio, processo coronoide da ulna e membrana interóssea. Inserção distal: base da falange distal do polegar (medialmente).
Extensão do polegar (metacarpofalangiana)	
Extensor curto do polegar	*Inervação* Nervo periférico: nervo interósseo posterior (ramo profundo do nervo radial). Raiz nervosa: C6, C7 e C8. *Ação* Extensão das articulações MCF e CMC do polegar. *Fixação* Inserção proximal: parte posterior do rádio; membrana interóssea. Inserção distal: base da falange proximal do polegar.
Extensão do polegar (interfalangiana)	
Extensor curto do polegar	*Inervação* Nervo periférico: nervo interósseo posterior (ramo profundo do nervo radial). Raiz nervosa: C6, C7 e C8. *Ação* Extensão das articulações MCF e CMC do polegar. *Fixação* Inserção proximal: parte posterior do rádio; membrana interóssea. Inserção distal: base da falange proximal do polegar.

Continua

Continuação

Extensão do polegar (interfalangiana)	
Extensor longo do polegar	*Inervação* Nervo periférico: nervo interósseo posterior (ramo profundo do nervo radial). Raiz nervosa: C6, C7 e C8. *Ação* Extensão da articulação IF do polegar; auxilia na extensão das articulações MCF e CMC do polegar. *Fixação* Inserção proximal: superfície dorsolateral da ulna; membrana interóssea. Inserção distal: base da falange distal do polegar.
Abdução do polegar	
Abdutor longo do polegar	*Inervação* Nervo periférico: nervo interósseo posterior (ramo profundo do nervo radial). Raiz nervosa: C6 e C7. *Ação* Abdução e extensão da articulação CMC do polegar; auxilia na abdução (desvio medial) e na flexão do punho. *Fixação* Inserção proximal: superfície posterior da ulna e do rádio, membrana interóssea. Inserção distal: base lado radial da base do primeiro metacarpo.
Abdutor curto do polegar	*Inervação* Nervo periférico: ramo muscular recorrente do nervo mediano. Raiz nervosa: C8 e T1. *Ação* Abdução das articulações CMC e MCF do polegar. *Fixação* Inserção proximal: retináculos dos flexores; escafoide, trapézio. Inserção distal: lado radial da base da falange proximal do polegar.
Oposição do polegar e do dedo mínimo	
Oponente do polegar	*Inervação* Nervo periférico: nervo mediano. Raiz nervosa: C8 e T1. *Ação* Oposição da articulação CMC do polegar. *Fixação* Inserção proximal: retináculos dos flexores; trapézio. Inserção distal: borda lateral do primeiro metacarpo.

Continua

Continuação

Oposição do polegar e do dedo mínimo	
Oponente do dedo mínimo	*Inervação* Nervo periférico: ramo profundo do nervo ulnar. Raiz nervosa: C8 e T1. *Ação* Oposição da articulação CMC do 5° dígito. *Fixação* Inserção proximal: hâmulo do osso unciforme e retináculo dos flexores. Inserção distal: lado ulnar do 5° metacarpo.

Biomecânica da mão[1-6]

- *Articulação radioulnar distal*

Com um grau de liberdade, é uma articulação de eixo uniaxial. Para a posição de repouso, 10° de supinação, e para a posição de aproximação máxima, 5° de supinação.[1-6]

- *Articulação radiocarpal (punho)*

Elipsóidea biaxial é a característica dessa articulação.[1-6]

- *Articulações intercarpais (articulação do carpo)*

Estão incluídas as articulações entre os ossos individuais da primeira parte de ossos do carpo e as articulações entre os ossos individuais da parte distal de ossos do carpo.[1-6]

- *Articulações mediocarpais*

Com exceção do osso pisiforme, formam uma articulação composta entre as fileiras proximal e distal de ossos do carpo.[1-6]

- *Articulações carpometacarpais*

Com três graus de liberdade, o polegar, na articulação carpometacarpal, possui a forma selar, enquanto a segunda até a quinta articulação carpometacarpais são planas. A posição de repouso do polegar, meio caminho entre abdução e adução, e meio-termo entre flexão e extensão. Demais dedos, meio-termo entre flexão e extensão.[1-6]

- *Articulações intermetacarpais/metacarpofalângicas/interfalângicas*

Possuem uma pequena amplitude de movimento (deslizamento) nas articulações intermetacarpais planas, e a articulação do polegar não faz parte desse conjunto biomecânico. Já as articulações metacarpofalângicas são cotilóideas. Com tendências a ser imóveis, a segunda e a terceira articulação se diferem da quarta e da quinta, que são mais móveis.[1-6]

- *Supinação radioulnar*

Ocorre no plano transverso o movimento teste de supinação nas articulações radioulnares.[1-6]

Amplitude articular: de 0° a 90°[16] e de 0° a 85°-90°.[17]

Introdução

- *Pronação radioulnar*

Ocorre no plano transverso o movimento teste de pronação nas articulações radioulnares.[1-6]

Amplitude articular: de 0° a 90°[16] e de 0° a 85°-90°.[17]

- *Flexão do punho*

Ação na articulação radiocárpica; ocorre no plano sagital nas articulações radiocárpicas e intercárpicas.[1-6]

Amplitude articular: de 0° a 90°[16] e de 0° a 80°-90°.[17]

- *Extensão do punho*

Nas articulações radiocárpicas e intercárpicas, ocorre no plano sagital.
Amplitude articular: de 0° a 70°;[16] de 0° a 70°-90°;[17] de 0° a 90°.[4]

- *Desvio radial (abdução) do punho*

O movimento de desvio radial no punho na posição anatômica ocorre no plano frontal.
Amplitude articular: de 0° a 20°;[16] de 0° a 15°;[17] de 0° a 25°.[4]

- *Desvio ulnar (adução) do punho*

O movimento teste ideal no plano frontal.
Amplitude articular: de 0° a 45°;[16] de 0° a 30°-45°;[17] de 0° a 35°.[4]

Avaliação funcional do cotovelo

Testes ligamentares

- *Teste de instabilidade do ligamento colateral ulnar*[1,2,4,10,12,13]

Com o paciente sentado, estabilizar o braço lateralmente e impor uma pressão sobre o antebraço medialmente para abduzir o braço. Folga ou dores na região medial do cotovelo são indicativos de instabilidade do ligamento colateral ulnar do cotovelo.

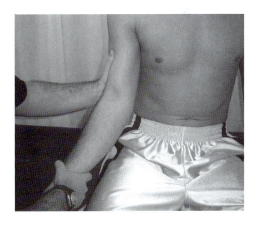

- *Teste de instabilidade do ligamento colateral radial*[2,4,10,12]

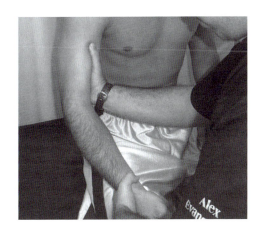

Com o paciente sentado, estabilizar o braço medialmente e promover uma pressão lateral para aduzir o braço. Folga ou dores na região lateral do cotovelo são indicativos de instabilidade do ligamento colateral radial.

Testes para epicondilite

- *Teste para epicondilite lateral (teste de Cozen) (cotovelo de tenista)*[2,4,10]

Com o paciente sentado, estabilizar o antebraço e pedir que cerre o punho e o estenda. Em seguida, forçar o punho para flexão e pedir que o paciente resista a esse movimento. Presença de dor na região do epicôndilo lateral é indicativo de inflamação (epicondilite).

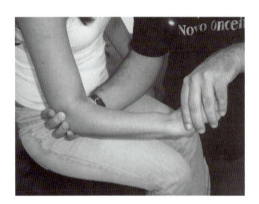

- *Teste para epicondilite lateral (teste de Mill) (cotovelo de tenista)*[2,4,10]

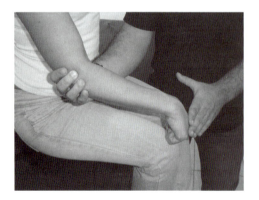

Com o paciente sentado, o braço pronado e o punho flexionado, pedir que exerça uma força com o objetivo de supinar o braço, enquanto o examinador impõe uma resistência a esse movimento. Presença de dor na região do epicôndilo lateral é indicativo de epicondilite.

- *Teste para epicondilite medial (cotovelo de golfista)*[2,4]

Com o antebraço do paciente supinado e cotovelo e punho estendidos, o examinador pede uma flexão resistida do punho e, ao mesmo tempo, palpa o epicôndilo medial. O teste é considerado positivo quando o paciente refere dor no epicôndilo medial.

Testes neurológicos

- *Sinal de Tinel*[2,10,12]

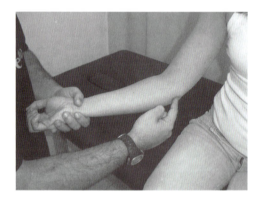

Com o indicador de uma das mãos, o examinador percute a área do sulco do nervo ulnar, entre o olécrano e o epicôndilo medial. Um teste positivo promove sensação de formigamento no trajeto do nervo ulnar no antebraço e na mão.

• *Teste da flexão do cotovelo*[2,4,10]

O examinador pede ao paciente que flexione o cotovelo, estenda o punho, abduza e deprima a cintura escapular, mantendo essa posição durante três a cinco minutos. O teste é considerado positivo quando o paciente relata sensação de formigamento e parestesia no trajeto do nervo ulnar no antebraço e na mão.

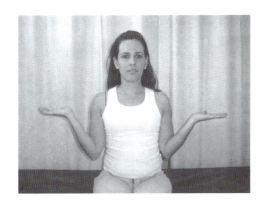

• *Teste de preensão em pinça*[2,10,12]

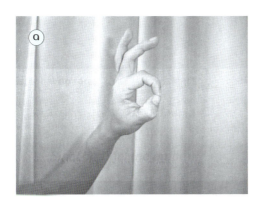

O examinador pede que o paciente faça o movimento de pinçamento com a ponta dos dedos indicador e polegar. Um pinçamento normal sempre é feito com a polpa dos dedos e um pinçamento anormal é feito de forma descoordenada e não com a polpa digital, indicando um teste positivo para patologia do nervo interósseo anterior (ramo do nervo mediano). Esse teste pode caracterizar um encarceramento do nervo interósseo anterior pelo músculo pronador redondo.

Avaliação funcional do antebraço, do punho e da mão

Testes para instabilidade ligamentar, capsular e articular

• *Teste para frouxidão ou instabilidade do ligamento ulnar do polegar*[2,10,13]

O examinador estabiliza a mão do paciente, colocando o polegar em extensão enquanto aplica uma força valga sobre a articulação metacarpofalangiana do polegar. Esse movimento estressa os ligamentos colateral ulnar e colateral acessório. Quando o movimento articular valgo é superior a 30°-35°, é indicativo de laceração completa desses ligamentos. Para testar o ligamento colateral isoladamente, flexiona-se a articulação carpometacárpica a aproximadamente 30°, aplicando uma força valga. O polegar em extensão é estável e em flexão é instável, em virtude da frouxidão da cápsula dorsal da articulação metacarpofalangiana.

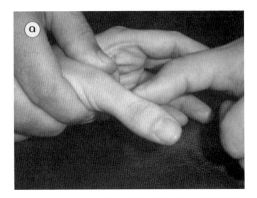

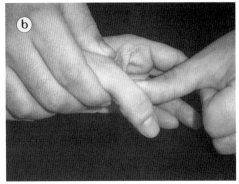

■ *Teste para ligamentos reticulares encurtados*[2,10,12]

O examinador estabiliza o punho do paciente, coloca a articulação interfalangiana em posição neutra e tenta flexionar a articulação interfalangiana distal, passivamente. O teste é repetido com a articulação interfalangiana proximal. Caso a articulação interfalangiana distal não flexione com a articulação interfalangiana proximal na posição neutra, indicará encurtamento dos ligamentos colaterais ou da cápsula articular. Se a articulação interfalangiana distal flexiona facilmente quando a interfalangiana proximal for flexionada, indica encurtamento dos ligamentos colaterais e cápsula preservada.

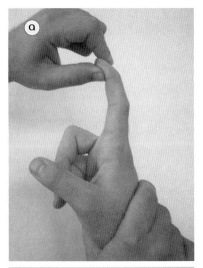

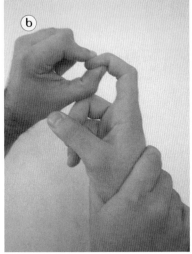

■ *Teste do rechaço do semipiramidal (teste de Reagan)*[2,4,10,12]

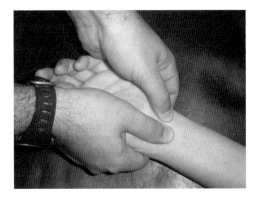

O examinador segura o piramidal com o polegar e o indicador de uma das mãos e, com a outra mão, segura o semilunar da mesma forma. Em seguida, move o semilunar anterior e posteriormente. Um teste positivo para instabilidade semilunar-piramidal apresenta frouxidão, crepitação ou dor.

- *Teste de Watson*[2,10]

Com o antebraço do paciente em pronação sobre a mesa de avaliação, o examinador, com uma das mãos, coloca o punho do paciente em desvio ulnar completo e ligeiramente estendido, estabilizando os metacarpos. Em seguida, com o polegar da outra mão, pressiona o polo distal do escafoide na face palmar, estabilizando-o. Com a primeira mão, o examinador promove um desvio radial e uma pequena flexão, mantendo a pressão sobre o escafoide com a outra mão. Esse movimento produz uma subluxação do escafoide quando este é instável. Quando a instabilidade do escafoide é acompanhada de instabilidade do semilunar, o escafoide subluxa posteriormente, promovendo dor. Nesse caso, o teste é considerado positivo.

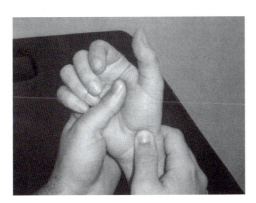

- *Teste de esforço em varo e valgo dos dedos*[2]

Com uma das mãos, o examinador estabiliza a articulação suspeita (interfalangiana distal ou proximal); com a outra mão, mobiliza o osso adjacente, colocando um estresse em varo e em valgo na articulação afetada. Se o paciente apresenta dor, suspeita-se de entorse capsular, subluxação ou luxação da articulação. Uma frouxidão pode indicar ruptura da cápsula articular ou dos ligamentos colaterais, secundária a trauma.

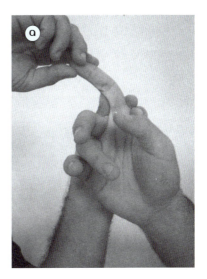

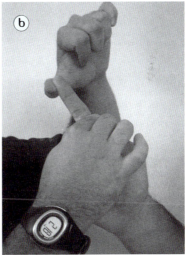

Testes para tendões e músculos

- *Teste de Finkelstein*[2,10,12]

Pede-se que o paciente cerre o punho englobando o polegar por entre os dedos fletidos. Em seguida, o examinador estabiliza o antebraço do paciente e pede que faça uma flexão ulnar ativa do punho. O teste é considerado positivo para tenossinovite de Quervain ou paratendinite do polegar quando o paciente relata dor sobre os tendões abdutor longo do polegar e extensor curto do polegar, ao nível do punho. O examinador deve comparar o punho afetado com o punho normal, pois o teste pode causar desconforto em indivíduos normais.

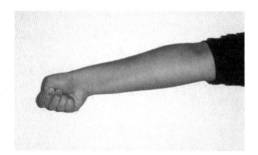

- *Teste do profundo[2]*

O examinador pede ao paciente que flexione a falange distal em questão e estabiliza a falange proximal. Caso o paciente seja incapaz de flexionar a falange distal, é indicativo de um tendão do flexor do dedo dividido.

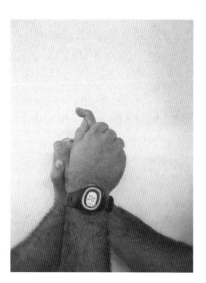

- *Teste do flexor e do extensor longo do polegar[2]*

O examinador estabiliza a falange proximal do polegar e pede ao paciente que flexione e estenda a falange distal. Uma lesão do tendão do flexor longo do polegar incapacita a flexão do dedo. Uma lesão do tendão extensor longo do polegar incapacita a extensão deste.

- *Teste do extensor dos dedos[2]*

Com a mão inicialmente em preensão palmar, o paciente é instruído a estender os dedos. Se algum dos dedos for incapaz de estender, indica lesão dessa porção do tendão extensor comum dos dedos.

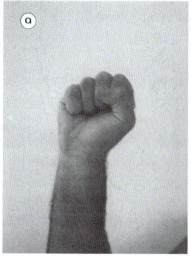
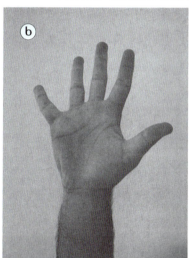
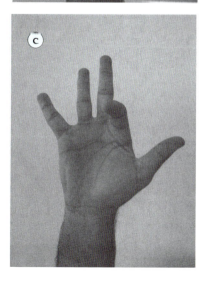

Testes para disfunção neurológica

- *Teste de Phalen*[2,4,10,12,13]

O paciente é instruído a flexionar os punhos e aproximar as faces dorsais de ambas as mãos simultaneamente, mantendo essa posição por aproximadamente um minuto. O teste é considerado positivo quando ocorre sintoma de formigamento na superfície palmar do polegar, do indicador, do dedo médio e na metade lateral do dedo ulnar e é indicativo de síndrome do túnel do carpo.

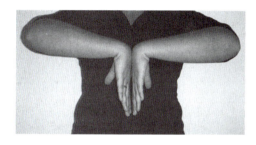

- *Teste de Phalen inverso*[2,10,12]

Existem duas formas de realizar esse teste. Em uma delas, o examinador pede que o paciente aperte a sua mão enquanto é mantida uma extensão do punho. Em seguida, exerce uma pressão direta sobre o túnel do carpo, por um minuto. A outra forma de aplicar é: o examinador solicita ao paciente que junte as palmas das mãos e leve-as em direção à cintura, provocando extensão do punho. A reprodução de sintomas indica sinal positivo para síndrome do túnel do carpo.

- *Sinal de Tinel do punho*[2,4,5,10,12]

Este teste é um coadjuvante para o diagnóstico de síndrome do túnel do carpo. O examinador posiciona o antebraço do paciente em supinação e percute a área sobre o retináculo flexor do punho. O teste é considerado positivo quando ocorrem alterações sensoriais semelhantes às do teste de Phalen.

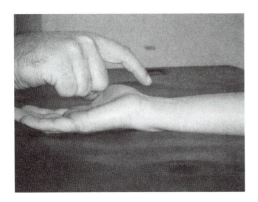

- *Compressão carpal*[2,10]

O examinador mantém o punho do paciente supinado com as duas mãos e, com a polpa digital dos polegares, exerce pressão direta e uniforme sobre o túnel do carpo, por até trinta segundos. A ocorrência de sintomas indica teste positivo para síndrome do túnel do carpo. Esse teste é uma variação do teste de Phalen inverso.

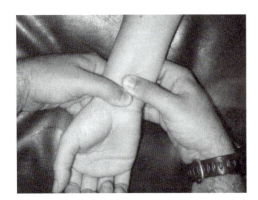

- *Sinal de Froment ou teste do pinçamento*[2,10,12]

Coloca-se um pedaço de papel entre o polegar e o dedo indicador do paciente. Em seguida, o examinador tenta puxar o papel e instrui o paciente a segurá-lo. O teste é considerado positivo quando o examinador tenta puxar a folha e a falange terminal do polegar flexiona, com a finalidade de compensar uma fraqueza do adutor longo do polegar. Uma hiperextensão simultânea da articulação metacarpofalangiana do polegar é considerada um *sinal de Jeanne* positivo. Esse teste é utilizado para indicação de paralisia do nervo ulnar.

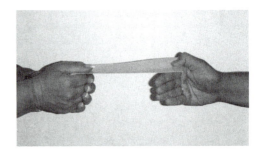

Teste para circulação

- *Teste de Allen*[4,10,12]

O examinador pede ao paciente que abra e feche a mão o mais rapidamente possível. Em seguida, com a mão do paciente firmemente fechada, o examinador coloca os polegares sobre as artérias radial e ulnar, exercendo pressão de modo que teste os pulsos. No passo seguinte, pede que o paciente abra a mão, mantendo a pressão sobre as artérias. Uma das artérias é testada removendo a pressão sobre ela e observando se ocorre hiperemia; em seguida, o mesmo procedimento é feito com a outra artéria. O teste deve ser realizado em ambas as mãos para efeito comparativo. Esse teste é realizado para determinar a integridade das artérias radial e ulnar.

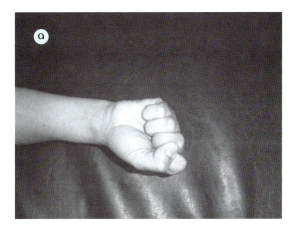

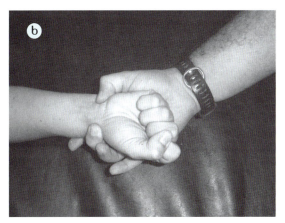

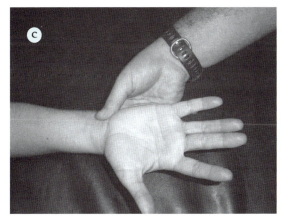

Avaliação funcional da coluna torácica

Triagem para escoliose/cifose

- *Posição de Adan[2]*

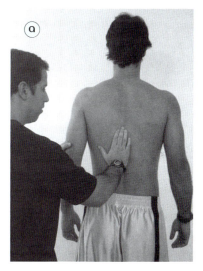

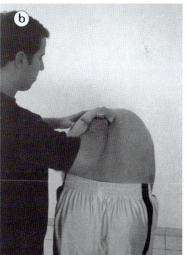

O paciente se posiciona em pé e o examinador deve ficar atrás dele e inspecionar e palpar a extensão completa da espinha, procurando escoliose, cifose ou cifoescoliose. Em seguida, o paciente flexiona o tronco para frente, e a inspeção e a palpação são repetidas. Se algum dos aspectos descritos for encontrado na posição inicial e o ângulo reduzir com a flexão, a escoliose é uma adaptação funcional da coluna e das estruturas de tecidos moles vizinhos, podendo ser causada por má-postura, desenvolvimento excessivo unilateral da musculatura espinhal e/ou de uma extremidade superior, deficiência de comprimento de uma das pernas, contratura do quadril ou comprometimento de alguma raiz nervosa. Se estiverem presentes na posição inicial e o ângulo não reduzir com a flexão, suspeita-se de deformidade estrutural, como hemivértebra, fratura de compressão de um corpo vertebral ou escoliose idiopática.

• *Teste de deslizamento lateral de Mackenzie*[2]

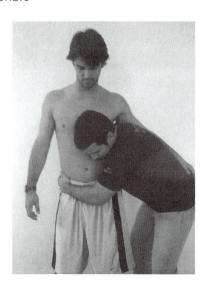

Com o paciente posicionado em pé e o examinador ao lado, este bloqueia a coluna torácica com o ombro e, com ambas as mãos, abraça a pelve do paciente, puxando para si e mantendo a posição por 10 a 15 segundos. Realizar o teste bilateralmente. Caso o paciente tenha escoliose evidente, o lado para o qual a escoliose curva-se deve ser testado primeiro. Esse teste é realizado em pacientes com escoliose sintomática. Se os sintomas aumentarem no lado afetado, isso indicará que a escoliose está contribuindo para os sintomas apresentados.

Teste para fraturas torácicas

• *Teste de compressão esternal*[2]

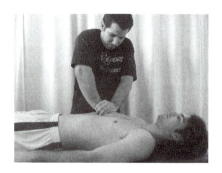

Com o paciente em decúbito dorsal, exercer uma pressão para baixo, sobre o esterno. Quando se aplica uma pressão sobre o esterno, os bordos laterais das costelas são comprimidos; se houver fratura na região, ou perto, o procedimento produzirá ou aumentará a dor na área fraturada. Caso haja suspeita de uma costela fraturada, devem-se ter precauções, e a região deve ser radiografada antes da realização do teste.

Teste para lesão nervosa

• *Sinal de Beevor*[2]

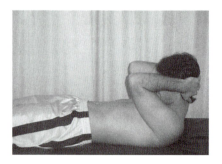

Com o paciente em decúbito dorsal, pedir que entrelace os dedos das mãos atrás da cabeça e flexione-a, imitando um movimento de flexão abdominal. Se não houver nenhuma lesão torácica, o umbigo não se moverá, pois os músculos abdominais estão igualmente inervados. Se houver lesão de raiz nervosa, o umbigo se moverá da seguinte maneira: move-se superiormente em caso de lesão de raiz de T10 a T12 bilateralmente; move-se superior e lateralmente, quando a lesão de raiz de T10 a T12 é unilateral, para o lado oposto à lesão; o umbigo se move inferiormente quando a lesão está localizada nas raízes de T7 a T10 e bilateralmente; e move-se inferior e lateralmente em caso de lesão das raízes T7 a T10 e unilateralmente para o lado oposto ao da lesão.

Anatomia funcional do quadril

Quadro 7 – Quadril

Flexores do quadril	
Ilíaco	*Inervação* Nervo periférico: nervo femoral. Raiz nervosa: L2-L3. *Ação* Flexão do quadril. *Fixação* Inserção proximal: dois terços superiores da fossa ilíaca, crista ilíaca, ligamento sacrolíaco anterior e iliolombar, asa do sacro. Inserção distal: trocânter menor, junto com o psoas maior.
Psoas maior	*Inervação* Nervo periférico: N/A. Raiz nervosa: L2-L4. *Ação* Flexão do quadril. Com a coxa fixa, o psoas maior flexiona o tronco. *Fixação* Inserção proximal: lados dos corpos vertebrais e discos intervertebrais correspondentes de T12-L5 e processos transversos de L1-L5. Inserção distal: trocânter menor do fêmur.
Sartório	*Inervação* Nervo periférico: nervo femoral. Raiz nervosa: L2 e L3. *Ação* Flexão da coxa com adução e rotação medial e flexão do joelho. *Fixação* Inserção proximal: espinha ilíaca anterossuperior, parte superior da chanfradura ilíaca. Inserção distal: parte proximal da superfície medial da tíbia.

Continua

Continuação

Extensores do quadril	
Glúteo máximo	*Inervação* Nervo periférico: nervo glúteo inferior. Raiz nervosa: L5, S1 e S2. *Ação* Extensão e rotação lateral do quadril. *Fixação* Inserção proximal: linha glútea do ilíaco, crista ilíaca, dorso do sacro e do cóccix, ligamento sacrotuberoso. Inserção distal: trato iliotibial, tuberosidade glútea do fêmur.
Semitendinoso*	*Inervação* Nervo periférico: porção tibial do nervo ciático. Raiz nervosa: L5, S1 e S2. *Ação* Extensão do quadril, flexão e rotação medial do joelho. Com o joelho fletido, auxilia na extensão do tronco *Fixação* Inserção proximal: tuberosidade isquiática. Inserção distal: parte proximal da superfície medial da tíbia.
Semimembranoso*	*Inervação* Nervo periférico–porção tibial do nervo ciático. *Ação* Extensão do quadril, flexão e rotação medial do joelho. *Fixação* Inserção proximal: tuberosidade isquiática, junto da porção longa do bíceps. Inserção distal: côndilo medial da tíbia, posteromedial.
Bíceps femoral*	*Inervação* Nervo periférico: porção longa – porção tibial do nervo ciático. Porção curta: porção fibular do nervo ciático. Raiz nervosa: L5, S1 e S2. *Ação* Extensão do quadril, flexão e rotação lateral do joelho. *Fixação* Inserção proximal: porção longa: tuberosidade isquiática. Porção curta: lábio lateral da linha áspera do fêmur e septo intermuscular lateral. Inserção distal: parte lateral da cabeça da fíbula.

Continua

Continuação

Abdução do quadril	
Glúteo médio	*Inervação* Nervo periférico: nervo glúteo superior. Raiz nervosa: L4, L5 e S1. *Ação* Abdução e rotação medial do quadril. *Fixação* Inserção proximal: superfície externa do ilíaco, entre as linhas glúteas anterior e posterior. Inserção distal: trocânter maior do fêmur.
Glúteo mínimo	*Inervação* Nervo periférico: nervo glúteo superior. Raiz nervosa: L4, L5 e S1. *Ação* Abdução e rotação medial do quadril. *Fixação* Inserção proximal: superfície externa do ilíaco, entre as linhas glúteas anterior e inferior. Inserção distal: trocânter maior do fêmur.
Abdução ou flexão do quadril	
Tensor da fáscia lata	*Inervação* Nervo periférico: nervo glúteo superior. Raiz nervosa: L4, L5 e S1. *Ação* Auxilia na abdução a partir de uma adução; flexão e rotação medial do quadril; extensão do joelho. *Fixação* Inserção proximal: espinha ilíaca anterossuperior, parte anterior do lábio externo da crista ilíaca. Inserção distal: trato iliotibial até, aproximadamente, o terço inferior da coxa.
Adução do quadril	
Adutor magno	*Inervação* Nervo periférico: nervos obturador e ciático. Raiz nervosa: L2-L4. *Ação* Adução do quadril; a porção superior do músculo ajuda na flexão do quadril, a porção inferior ajuda na extensão do quadril. *Fixação* Inserção proximal: ramos inferiores do púbis e do ísquio, tuberosidade isquiática. Inserção distal: uma linha do trocânter maior até a linha áspera do fêmur, linha áspera, tubérculo adutor, linha supracondilar medial do fêmur.

Continua

Continuação

Abdução do quadril	
Adutor longo	*Inervação* Nervo periférico: nervo obturador. Inervação: L2-L4. *Ação* Adução e flexão do quadril. *Fixação* Inserção proximal: superfície anterior do púbis. Inserção distal: linha áspera ao longo do terço médio do fêmur.
Adutor curto	*Inervação* Nervo periférico: nervo obturador. Raiz nervosa: L2-L4. *Ação* Adução; auxílio na flexão e na rotação medial do quadril. *Fixação* Inserção proximal: corpo e ramo inferior do púbis. Inserção distal: uma linha do trocânter menor até a linha áspera, porção superior da linha áspera.
Pectíneo	*Inervação* Nervo periférico: nervo femoral. Raiz nervosa: L2-L3 e ramos do nervo obturatório. *Ação* Adução; auxílio na flexão e na rotação medial do quadril. *Fixação* Inserção proximal: linha pectínea do púbis. Inserção distal: uma linha desde o trocânter menor até a linha áspera.
Grácil	*Inervação* Nervo periférico: nervo obturador. Raiz nervosa: L2 e L3. *Ação* Adução do quadril, flexão e rotação medial do joelho. *Fixação* Inserção proximal: corpo e ramo inferior do púbis. Inserção distal: parte proximal da superfície medial da tíbia.
Rotação medial do quadril	
Tensor da fáscia lata	*Inervação* Nervo periférico: nervo glúteo superior. Raiz nervosa: L4, L5 e S1. *Ação* Rotação medial, flexão do quadril; auxílio na abdução a partir de uma adução. *Fixação* Inserção proximal: espinha ilíaca anterossuperior, parte anterior do lábio externo da crista ilíaca. Inserção distal: trato iliotibial até aproximadamente o terço inferior da coxa.

Continua

Continuação

Rotação medial do quadril	
Glúteo mínimo	*Inervação* Nervo periférico: nervo glúteo superior. Raiz nervosa: L4, L5 e S1. *Ação* Abdução e rotação medial do quadril. *Fixação* Inserção proximal: superfície externa do ilíaco entre as linhas glúteas anterior e inferior. Inserção distal: trocânter maior do fêmur.
Glúteo médio (fibras anteriores)	*Inervação* Nervo periférico: nervo glúteo superior. Raiz nervosa: L4, L5 e S1. *Ação* Abdução e rotação medial do quadril; auxilia muito pouco na flexão do quadril. *Fixação* Inserção proximal: superfície externa do ilíaco entre as linhas glúteas anterior e posterior. Inserção distal: trocânter maior do fêmur.
Rotação lateral do quadril	
Piriforme	*Inervação* Ramos sacros 1 e 2. *Ação* Rotação lateral do quadril, abdução do quadril fletido. *Fixação* Inserção proximal: superfície anterior do sacro, ligamento sacrotuberoso. Inserção distal: trocânter maior do fêmur.
Gêmeo superior	*Inervação* Nervo periférico: nervo para o obturador interno. Raiz nervosa: L5, S1 e S2. *Ação* Rotação lateral do quadril, abdução do quadril fletido; estabiliza a articulação da coxa. *Fixação* Inserção proximal: espinha isquiática. Inserção distal: trocânter maior do fêmur.

Continua

Continuação

Rotação lateral do quadril	
Gêmeo inferior	*Inervação* Nervo periférico: nervo para o quadrado femoral. Raiz nervosa: L4, L5 e S1. *Ação* Rotação lateral do quadril, abdução do quadril fletido; estabiliza a articulação da coxa. *Fixação* Inserção proximal: tuberosidade isquiática. Inserção distal: trocânter maior do fêmur.
Obturador interno	*Inervação* Nervo periférico: nervo para o obturador interno. Raiz nervosa: L3 e L4. *Ação* Rotação lateral do quadril, abdução do quadril fletido. *Fixação* Inserção proximal: membrana e forâmen obturadores, superfície interna da pelve, ramos inferiores no púbis e ísquios. Inserção distal: trocânter maior do fêmur.
Obturador externo	*Inervação* Nervo periférico: nervo obturador. Raiz nervosa: L3, L4 e L5. *Ação* Rotação lateral do quadril; estabiliza a articulação da coxa (cabeça do fêmur contra o acetábulo). *Fixação* Inserção proximal: ramos do púbis e ísquios, superfície externa da membrana obturadora. Inserção distal: fossa trocanteriana do fêmur.
Quadrado femoral	*Inervação* Nervo periférico: nervo para o quadrado femoral. Raiz nervosa: L4, L5 e S1. *Ação* Rotação lateral do quadril. *Fixação* Inserção proximal: borda lateral da tuberosidade isquiática. Inserção distal: crista intertrocantérica.

* Chamados de músculos jarrete.

Considerações importantes sobre o fêmur

A linha através da diáfise femoral representa o eixo anatômico. O eixo anatômico do fêmur com o colo do fêmur forma um ângulo aproximado de 125°.[8] Já o eixo mecânico apresenta-se na vertical na posição ereta e é considerado por uma linha que liga os centros das articulações do quadril e do joelho.[5,8]

A diminuição do ângulo colodiafisário do fêmur evidencia a *coxa vara*. O ângulo aproximado de 90° é um dado valioso. Apresenta-se com o membro encurtado.[5,8]

As características da coxa plana evidenciam-se pelo achatamento da superfície esférica da cabeça femoral, denominada *osteocondrite*. Outro dado valioso é a incidência maior em crianças.[8]

Com o aumento do ângulo colodiafisário do fêmur maior que 125°, caracteriza-se a *coxa valga*. Apresenta-se o membro aumentado.[8]

A inclinação da pelve pode ser estudada da seguinte forma:

Na posição ortostática, as aberturas superior e inferior da pelve formam um ângulo com o plano horizontal de aproximadamente 50°-60° e 15°, respectivamente.[5,8]

Biomecânica do quadril [1-5]

- *Articulação do quadril*

É uma articulação classificada como sinovial esferóidea com três graus de liberdade. Para a posição de repouso, o ângulo apropriado é 30° de flexão, 30° de abdução e uma leve rotação lateral.[1-5]

- *Flexão do quadril*

Este movimento ocorre no plano sagital entre a cabeça do fêmur e o acetábulo do ilíaco.

Amplitude articular com o joelho em flexão: de 0° a 125°[16] e de 0° a 135°.[17]

- *Extensão do quadril*

Este movimento acontece no plano sagital.

Amplitude articular: de 0° a 10°;[16] de 0° a 10°-15°.[17]

- *Abdução do quadril*

Na posição ortostática, o movimento acontece no plano frontal.

Amplitude articular: de 0° a 45°[16] e de 0° a 30°-50°.[17]

- *Adução do quadril*

No plano frontal, acontece a adução para a posição teste.

Amplitude articular: de 0° a 15°;[16] de 0° a 30°;[17] de 0° a 20°-30°.[4]

- *Rotação medial do quadril*

No plano transversal, acontece a rotação medial para a posição teste.

Amplitude articular: de 0° a 45°;[16] de 0° a 30°-40°;[17] de 0° a 30°-45°.[4]

- *Rotação lateral do quadril*

A rotação medial se evidencia no plano transversal.

Amplitude articular: de 0° a 45°;[16] de 0° a 40°-60°;[17] de 0° a 30°-45°.[4]

Anatomia funcional do joelho

Quadro 8 – Joelho

Extensão do joelho	
Reto femoral (biarticular)	*Inervação* Nervo periférico: nervo femoral. Raiz nervosa: L2 a L4. *Ação* Extensão do joelho, flexão do quadril. *Fixação* Inserção proximal: espinha ilíaca anteroinferior, sulco acima da reborda posterior do acetábulo. Inserção distal: base da patela e, através do ligamento patelar, na tuberosidade tibial.
Vasto lateral	*Inervação* Nervo periférico: nervo femoral. Raiz nervosa: L2 a L4. *Ação* Extensão do joelho. *Fixação* Inserção proximal: trocânter maior do fêmur, linha intertrocanteriana, linha áspera, tuberosidade glútea. Inserção distal: borda lateral da patela e, através do ligamento patelar, na tuberosidade tibial.
Vasto medial	*Inervação* Nervo periférico: nervo femoral. Raiz nervosa: L2 a L4. *Ação* Extensão do joelho. *Fixação* Inserção proximal: linha intertrocanteriana, linha áspera, linha supracondilar medial do fêmur. Inserção distal: borda medial da patela e, através do ligamento patelar, na tuberosidade tibial.
Vasto intermédio	*Inervação* Nervo periférico: nervo femoral. Raiz nervosa: L2 a L4. *Ação* Extensão do joelho. *Fixação* Inserção proximal: superfícies anterior e lateral dos dois terços superiores do corpo do fêmur. Inserção distal: base da patela e, através do ligamento patelar, na tuberosidade tibial.

Continua

Continuação

Flexão do joelho	
Semitendinoso*	*Inervação* Nervo periférico: porção tibial do nervo ciático. Raiz nervosa: L5, S1 e S2. *Ação* Extensão do quadril, flexão e rotação medial do joelho. Com o joelho fletido, auxilia na extensão do tronco. *Fixação* Inserção proximal: tuberosidade isquiática. Inserção distal: parte proximal da superfície medial da tíbia.
Semimembranoso*	*Inervação* Nervo periférico: porção tibial do nervo ciático. *Ação* Extensão do quadril, flexão e rotação medial do joelho. *Fixação* Inserção proximal: tuberosidade isquiática, junto da porção longa do bíceps. Inserção distal: côndilo medial da tíbia, posteromedial.
Bíceps femoral*	*Inervação* Nervo periférico: porção longa – porção tibial do nervo ciático. Porção curta – porção fibular do nervo ciático. Raiz nervosa: L5, S1 e S2. *Ação* Extensão do quadril, flexão e rotação lateral do joelho. *Fixação* Inserção proximal: porção longa – tuberosidade isquiática. Porção curta – lábio lateral da linha áspera do fêmur e septo intermuscular lateral. Inserção distal: parte lateral da cabeça da fíbula.

* Chamados de músculos jarrete.

Estudo do joelho

Os meniscos são conhecidos como cartilagens semilunares, sendo mais espessos nas bordas e mais finos a caminho da região central dos platôs tibiais. Os meniscos fibrocartilaginosos estão localizados na periferia de cada platô tibial. O menisco lateral é oval e o menisco medial tem forma de "C". Eles são divididos em corno anterior, médio e posterior. A porção interna do menisco é avascular (1/3).[1,5,7,8]

Os meniscos aprofundam as depressões articulares do platô tibial aumentando a estabilidade da articulação bicondilar. Aumentam a área de contato entre as superfícies articulares do fêmur e da tíbia, diminuindo, assim, a pressão exercida nessa articulação. Dessa forma, permite-se uma melhor transmissão das forças e melhor eficiência na lubrificação articular. Os cornos anteriores dos meniscos são conectados pelo ligamento transverso.[1-8]

Observação: a área de contato tíbio-femoral é reduzida em 50% quando os meniscos são removidos. A meniscectomia pode resultar numa elevação de até 20% do coeficiente de atrito intra-articular.[1-8]

As principais bursas presentes no joelho são:

- pré-patelar (localizada na porção anterior do joelho);
- infrapatelar (localizada na porção anterior do joelho);
- suprapatelar (localizada na porção anterior do joelho);
- "pata de ganso" (localizada logo distal e medialmente ao espaço articular medial);
- poplítea.

As bursas servem para reduzir a fricção entre músculo e tendão, entre tendões ou entre tendão e osso.[1-8]

Principais ligamentos que cruzam o joelho

Ligamento colateral medial ou tibial: origina-se no epicôndilo medial do fêmur e se insere na face anteromedial da porção proximal da tíbia, 3 a 4 cm da interlinha articular do joelho logo abaixo da bursa da "pata de ganso" e das inserções distais dos músculos da "pata de ganso".[1-8]

Possui duas porções: superficial (ligamento capsular medial) e profunda (curta), que se insere no menisco medial.[1-8]

Ligamento colateral lateral ou fibular: origina-se no epicôndilo lateral do fêmur e se insere na cabeça da fíbula.[3]

Observação: esses dois ligamentos limitam o movimento de rotação tibial lateral e tensionam-se também na extensão do joelho. No movimento de rotação tibial medial, eles estão frouxos.

Ligamento cruzado anterior: origina-se na espinha da tíbia anterior (espaço intercondilar) e se dirige oblíqua e posteriormente para se inserir na região posteromedial do côndilo femoral lateral.[1-3] Em sua origem tibial, o LCA apresenta um feixe que se insere no corpo anterior do menisco lateral.[1,3,8]

Ligamento cruzado posterior: origina-se da espinha da tíbia posterior e se dirige para a região posterolateral do côndilo femoral medial.

O LCP envia um feixe ao interior do corno posterior do menisco lateral.[1,3,8]

Observação: esses dois ligamentos limitam o movimento de rotação tibial medial. No movimento de rotação tibial lateral, eles estão frouxos.[1,3,8]

O LCA impede a gaveta anterior da tíbia em relação ao fêmur.

O LCP impede a gaveta posterior da tíbia em relação ao fêmur.

Os ligamentos CA e CP são extracapsulares, porém são revestidos por suas próprias bainhas sinoviais, separando-as da cápsula articular do joelho.

Demais ligamentos:[1-8]

- meniscopatelares (estabilizam a patela);
- patelofemorais (estabilizam a patela);
- poplíteo oblíquo (reforça o joelho na porção posterior);
- poplíteo arqueado (reforça o joelho na porção posterior);
- oblíquo posterior;
- coronário (fixa os meniscos às superfícies articulares das bordas periféricas da tíbia);
- transverso ou intermeniscal (conecta os cornos anteriores dos dois meniscos);
- meniscofemoral (Wrisberg);

- Humphrey;
- patelar.

Biomecânica do joelho[1-6]

- *Articulação tibiofemoral*

Com dois graus de liberdade, é conhecida como dobradiça modificada.

A posição de repouso é de 25° a 40° de flexão, e a posição de aproximação máxima é extensão completa e rotação lateral da tíbia.[3-5]

- *Articulação patelofemoral*

É uma articulação plana modificada. A principal função da patela é melhorar a eficiência biomecânica, principalmente a extensão durante os últimos 30°.[3-5]

- *Articulação tibiofibular superior*

É uma articulação muito importante na ação artrocinemática do joelho e classificada como sinovial plana, entre a tíbia e a cabeça da fíbula.[3-5]

- *Flexão do joelho*

Presente no plano sagital entre os côndilos do fêmur e da tíbia.[3,4,5]

Amplitude articular: de 0° a 140°,[16] de 0° a 135°[17] e de 0° a 120°-130°.[4]

- *Extensão do joelho*

Tem referência a partir do retorno de sua flexão e acontece no plano sagital.[3,4,5]

Amplitude articular: de 140° a 0°,[16] de 135° a 0°[17] e de 120°-130° a 0°.[4]

Anatomia Funcional do pé

Quadro 9 – Pé

Flexão plantar do tornozelo	
Gastrocnêmico (biarticular)	*Inervação* Nervo periférico: nervo tibial. Raiz nervosa: S1 e S2. *Ação* Flexão plantar do tornozelo; auxílio na flexão do joelho. *Fixação* Inserção proximal: porção medial – côndilo medial e superfície poplítea adjacente do fêmur. Porção lateral – côndilo lateral do fêmur. Inserção distal: através do tendão calcaneano, na superfície posterior do calcâneo.

Continua

Continuação

Flexão plantar do tornozelo	
Solear	*Inervação* Nervo periférico: nervo tibial. Raiz nervosa: S1 e S2. *Ação* Flexão plantar do tornozelo. *Fixação* Inserção proximal: superfície posterior da cabeça e do terço proximal do corpo da fíbula, linha solear e terço médio da borda medial da tíbia. Porção lateral: côndilo lateral do fêmur. Inserção distal: através do tendão calcaneano, na superfície posterior do calcâneo.
Plantar delgado	*Inervação* Nervo periférico: nervo tibial. Raiz nervosa: S1 e S2. *Ação* Auxílio na flexão da perna e plantar. *Fixação* Inserção proximal: face poplítea do fêmur acima do côndilo femoral. Inserção distal: tendão calcanear ou medialmente no calcâneo.
Dorsiflexão e inversão subtalar do tornozelo	
Tibial anterior	*Inervação* Nervo periférico: nervo fibular profundo. Raiz nervosa: L4, L5 e S1. *Ação* Dorsiflexão do pé ao nível do tornozelo, inversão do pé nas articulações, subtalar e mediotársica. *Fixação* Inserção proximal: côndilo lateral e dois terços superiores da superfície lateral do corpo da tíbia, membrana interóssea, fáscia crural profunda. Inserção distal: base do primeiro metatarso, superfície medial e plantar do osso cuneiforme medial.
Inversão subtalar	
Tibial posterior	*Inervação* Nervo periférico: tibial. Raiz nervosa: L4-L5. *Ação* Inversão do pé na articulação subtalar, flexão plantar do pé ao nível do tornozelo. *Fixação* Inserção proximal: parte posterior da membrana interóssea, superfície posterior do corpo da tíbia, dois terços proximais da superfície medial da fíbula. Inserção distal: tuberosidade do osso navicular, osso cuboide, todos os três cuneiformes, bases dos metatarsos II ao IV.

Continua

Continuação

Eversão subtalar	
Longo da fíbula	*Inervação* Nervo periférico: nervo fibular superficial. Raiz nervosa: L5 a S2. *Ação* Eversão do pé na articulação subtalar; auxilia na flexão plantar. *Fixação* Inserção proximal: cabeça e dois terços superiores da superfície lateral da fíbula. Inserção distal: base do primeiro metatarso, parte lateral do cuneiforme medial.
Curto da fíbula	*Inervação* Nervo periférico: nervo fibular superficial. Raiz nervosa: L5 a S2. *Ação* Eversão do pé na articulação subtalar; auxílio na flexão plantar. *Fixação* Inserção proximal: dois terços distais da superfície lateral da fíbula. Inserção distal: tuberosidade do 5° metatarso.
Flexão metatarsofalangiana	
Lumbricais	*Inervação* Nervo periférico: nervos plantar medial (1° lumbrical) e plantar lateral (lumbricais 2-4). Raiz nervosa: L5, S1, (1° lumbrical), S2 e S3. *Ação* Flexão nas articulações MTF e extensão nas articulações IF dos quatro artelhos laterais. *Fixação* Inserção proximal: tendões do flexor longo dos dedos. Inserção distal: tendões do extensor longo dos dedos.
Flexor curto do hálux	*Inervação* Nervo periférico: nervo plantar medial. Raiz nervosa: L5 e S1. *Ação* Flexão na articulação MTF do grande artelho. *Fixação* Inserção proximal: superfície plantar dos ossos cuboide e cuneiforme lateral. Inserção distal: base da falange proximal do grande artelho.

Continua

Continuação

Flexão interfalangiana dos artelhos	
Flexor longo dos dedos	*Inervação* Nervo periférico: nervo tibial. Raiz nervosa: S2 e S3. *Ação* Flexão nas articulações IF distal e proximal dos quatro artelhos laterais. *Fixação* Inserção proximal: superfície posterior do corpo da tíbia. Inserção distal: base das falanges distais dos artelhos 2-5.
Flexor curto dos dedos	*Inervação* Nervo periférico: nervo plantar medial. Raiz nervosa: L5 e S1. *Ação* Flexão das articulações IF proximais dos quatro artelhos laterais. *Fixação* Inserção proximal: tuberosidade do calcâneo, aponeurose plantar. Inserção distal: superfície lateral das falanges media dos artelhos II a V.
Flexor longo do hálux	*Inervação* Nervo periférico: nervo tibial. Raiz nervosa: S2 e S3. *Ação* Flexão na articulação IF do grande artelho; auxílio na flexão plantar. *Fixação* Inserção proximal: superfície posterior do corpo da fíbula, membrana interóssea. Inserção distal: base da falange distal do grande artelho.
Extensão metatarsofalangiana	
Extensor longo dos dedos	*Inervação* Nervo periférico: nervo fibular profundo. Raiz nervosa: L4, L5 e S1. *Ação* Extensão das articulações MTF dos quatro artelhos laterais; auxílio na eversão do pé e também na dorsiflexão. *Fixação* Inserção proximal: côndilo tibial lateral, superfície anterior do corpo da fíbula, membrana interóssea. Inserção distal: dorso das falanges media e distal dos artelhos II – V.
Extensor curto dos dedos	*Inervação* Nervo periférico: nervo fibular profundo. Raiz nervosa: L5, S1. *Ação* Extensão da articulação MTF do grande artelho e dos artelhos II – IV. *Fixação* Inserção proximal: superfície superior do calcâneo, ligamento talocalcaneano lateral, retináculo extensor inferior. Inserção distal: superfície dorsal da base da falange proximal do grande artelho, parte lateral dos tendões do extensor longo dos dedos dos artelhos II – IV.

Continua

Continuação

Extensão interfalangiana do hálux	
Extensor longo do hálux	*Inervação* Nervo periférico: nervo fibular profundo. Raiz nervosa: L4, L5 e S1. *Ação* Extensão na articulação IF do grande artelho; auxílio na dorsiflexão. *Fixação* Inserção proximal: superfície medial do corpo da fíbula, membrana interóssea. Inserção distal: base da falange distal do grande artelho.

Detalhes importantes a serem observados na anatomia do tornozelo

O forte ligamento calcaneonavicular estende-se do sustentáculo do tálus até a tuberosidade do navicular. Esse ligamento sustenta a cabeça do tálus e, quando estirado em demasia, permite a este mover-se plantar e medialmente, resumindo assim o arco longitudinal e permitindo uma deformidade em pé plano ou pé chato.[3-5]

Se colocarmos o dedo entre a tuberosidade do navicular e a extremidade distal do maléolo medial, poderemos sentir o tálus.[3-5] Esse osso torna-se mais proeminente quando o pé é evertido passivamente e desaparece quando o pé é invertido.[3-5]

Conforme o dedo avança da tuberosidade do navicular em direção ao hálux, o 1º cuneiforme (cuneiforme medial) é palpado, seguido por uma proeminência da 1ª articulação tarsometatarsiana, a diáfise côncava do 1º metatarso e a proeminência da 1ª articulação metatarsofalangiana.[1,3,5,8]

Biomecânica do tornozelo[1-6]

Retropé

- *Articulação tibiofibular inferior (distal)*

Tipo fibroso ou sindesmose.

- *Articulação talocrural (tornozelo)*

É uma articulação sinovial uniaxial de dobradiça. A posição de repouso é 10º de flexão plantar entre inversão e eversão, e a posição de aproximação máxima é a dorsiflexão máxima.

- *Articulação subtalar (talocalcânea)*

Com três graus de liberdade, é considerada uma articulação sinovial.

Antepé

- *Articulações tarsometatarsais*

São do tipo sinovial plana.

- *Articulações intermetatarsais*

Também são sinoviais planas.

- *Articulações metatarsofalângicas*

Com dois graus de liberdade, são consideradas sinoviais condiloides.

- *Articulações interfalângicas*

Com um grau de liberdade, utiliza-se do sistema de dobradiça sinovial.

- *Dorsiflexão da articulação do tornozelo*

Amplitude articular: de 0° a 20°.[16,17]

- *Flexão plantar da articulação do tornozelo*

Amplitude articular: de 0° a 45°.[16,17]

- *Supinação mediotársica-subtalar*

Amplitude articular: de 0° a 40°,[16] de 0° a 45°-60°.[17]

- *Pronação mediotársica-subtalar*

Amplitude articular: de 0° a 20°,[16] de 0° a 15°-30°.[17]

Testes neurológicos

Lombar

- *Teste de derrear-se, teste de inclinação ou* slump test

Paciente sentado na maca com a coluna ereta e com as mãos nas costas. O terapeuta ordena que o paciente se curve para frente mantendo a cabeça em posição neutra. Com uma das mãos, é aplicada uma pressão no ombro para manter a flexão, mantendo a cabeça em posição neutra. Na sequência, é aplicada uma nova pressão na coluna cervical, com o objetivo de fletir as regiões cervical, torácica e lombar. É pedido que o paciente estenda a perna e faça uma dorsiflexão do pé. Por último, pede-se ao paciente que estenda a coluna cervical. O teste será positivo quando o paciente não conseguir estender o joelho ou quando referir dor ao realizar o movimento e se a dor aumentar com a dorsiflexão, sendo indicativo de um aumento de tensão no trato neuromeníngeo. Observação: se o examinado referir dor em alguma fase do teste, este deverá ser interrompido.[2,10,12]

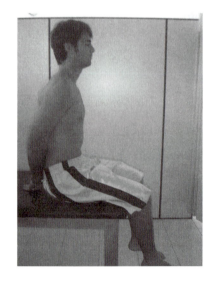

Introdução 101

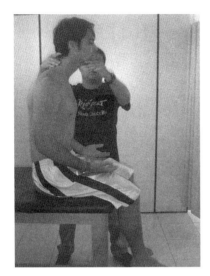

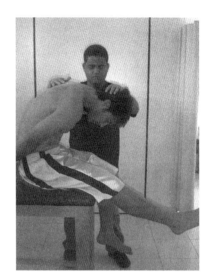

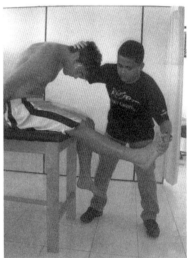

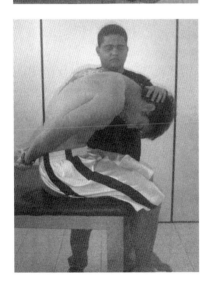

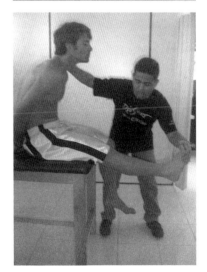

Teste de Lasegue ou elevação da perna estendida

Paciente em decúbito dorsal; o terapeuta pede para fazer uma elevação do membro até 90° ou ao ponto de dor. Ao realizar o teste, se for verificado que o paciente sentiu dor ou sua exacerbação depois de 70° de flexão de quadril, pode-se suspeitar de dor lombar, se for de 35° a 70° de flexão de quadril, em que as raízes nervosas estão mais tensionadas; se houver dor, poder-se-á suspeitar de irritação de nervo isquiático ou comprometimento discal; e de 0° a 35°, quando o nervo está frouxo, se houver dor, pode ser um comprometimento isquiático, músculo piriforme encurtado ou lesão sacroilíaca.[1,2,3,7,10,12,13,15]

Teste de tração do nervo femoral

Paciente em decúbito lateral, com o lado afetado para cima. O terapeuta pede ao paciente que faça uma pequena flexão de quadril e joelho do lado não afetado. Com a perna lesionada estendida, o terapeuta irá segurá-la e, em seguida, fará uma flexão de joelho para tracionar o nervo femoral. O teste tem como objetivo impor uma tração ao nervo femoral e suas raízes nervosas de L2 a L4. Dor irradiada anterior e medialmente à coxa indica lesão em L3, e dor irradiada para a região medial da tíbia, lesão em L4.[1,2,10,12]

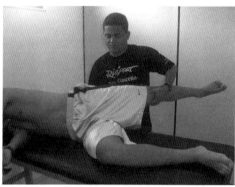

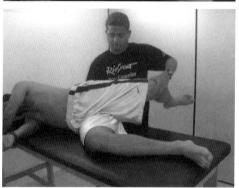

Teste de tensão do nervo isquiático

Paciente sentado na maca. O terapeuta, ao lado, fará uma extensão passiva no lado afetado até o ponto de dor; em seguida, fará uma pequena flexão de joelho abaixo do ponto de dor, colocará a perna do paciente entre os joelhos e pressionará a região poplítea no sentido posteroanterior. Se houver dor, indicativo de irritação do nervo isquiático.[2]

Disfunção articular

- *Teste de instabilidade segmentar*

Paciente deitado em pronação sobre a maca com as pernas para fora e apoiadas no solo. O terapeuta, ao seu lado, aplica uma pressão na coluna lombar e, em seguida, pede ao paciente que eleve as pernas do solo e novamente aplica uma pressão na região. O teste será positivo se houver dor ao realizar a pressão na coluna com as pernas repousadas no solo e seu desaparecimento quando as pernas forem elevadas.[1,2,12]

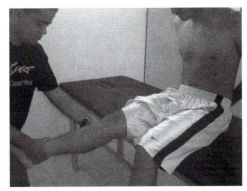

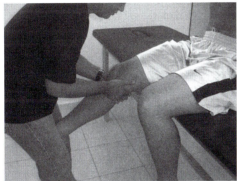

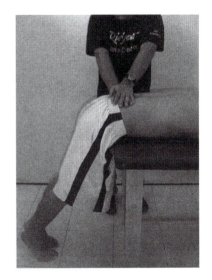

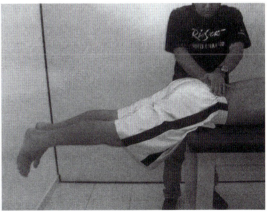

- *Teste do piriforme*

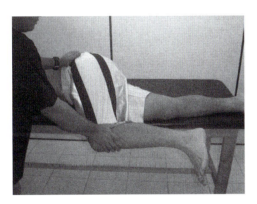

Paciente em decúbito lateral bem próximo à borda da maca. O terapeuta faz uma flexão de quadril e joelho a 90° e, com uma das mãos, estabiliza o quadril do paciente; com a outra mão, faz uma pressão no joelho do paciente para baixo. O objetivo do teste é tensionar os rotadores externos e o piriforme. Se o piriforme estiver em retração, poderá afetar o nervo isquiático e causar dor no glúteo ou no membro inferior.[2,4,5,10,12]

Teste de extensão lombar em pé com uma perna só (posição da garça)

Paciente de pé com apoio unipodal e com extensão da coluna; terapeuta próximo para apoiá-lo, a fim de que o paciente não perca o equilíbrio. O teste será considerado positivo quando o paciente referir dor lombar ou se houver fratura. O movimento de extensão da coluna provocará mais dor. Exame indicado quando existe a suspeita de espondilolistese ou espondilólise.[2,5,10,12]

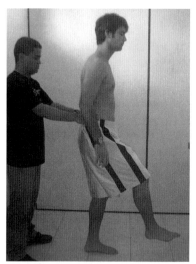

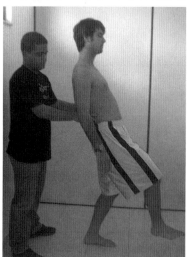

Teste de compressão e decoaptação

Paciente sentado em uma cadeira ou maca com a coluna ereta e os braços cruzados. O terapeuta, posicionado atrás do paciente, abraça-o e faz uma compressão da coluna lombar; em seguida, faz uma separação da mesma região.[12]

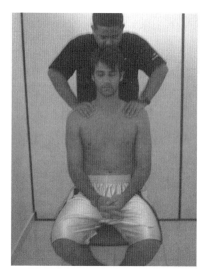

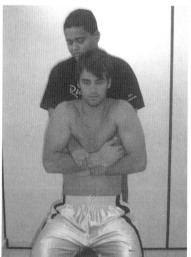

Teste de Schober

Paciente de pé. O terapeuta, atrás, marca um ponto entre as EIPS e, em seguida, pede ao paciente que faça uma flexão de tronco e novamente faz outra marcação. A diferença entre as duas marcações resulta na quantidade de flexão da coluna lombar.[10]

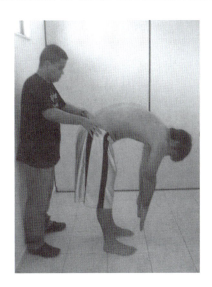

Lesão ocupadora de espaço

- *Manobra de Valsalva*

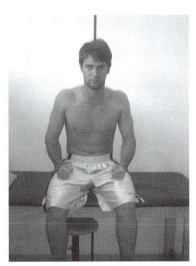

Paciente sentado. O terapeuta pede que o examinado faça uma força como se estivesse evacuando, concentrando toda a força na região lombar. Se houver dor, pede ao paciente que indique o local. O teste aumenta a pressão intrameníngea, e a dor localizada é decorrente do aumento da pressão, o que pode indicar uma lesão ocupadora de espaço (osteófito, defeito discal).[2,7,10,12]

- *Teste de Milgran*

Paciente em decúbito dorsal. O terapeuta pede ao examinado que faça uma elevação dos membros inferiores mais ou menos 10° a 15°. O paciente deverá executar o teste por pelo menos trinta segundos, isso sem dor, e, se houver incômodo, deve-se suspeitar de alguma lesão ocupadora de espaço dentro ou fora do canal vertebral.[2,10,12]

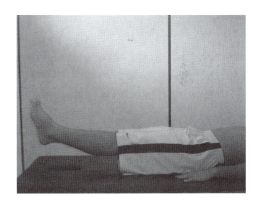

Pelve (sacroilíaca)

Testes sob estresse

- *Teste de balanço sacroilíaco (joelho no ombro)*

Paciente em decúbito dorsal. O terapeuta, ao seu lado, flexiona o joelho e o quadril do paciente de forma completa e, em seguida, aduz o quadril. A articulação é balançada, e, para o teste ser executado de forma correta, o joelho deve ser movido em direção ao ombro oposto. Dor na articulação sacroilíaca indica teste positivo, principalmente no ligamento sacrotuberoso.[5,10]

■ *Teste de espremer, balanço pélvico ou compressão ilíaca*

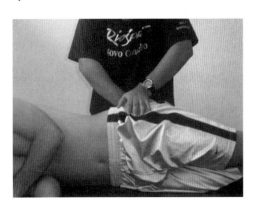

Paciente em decúbito lateral. O terapeuta, ao lado, aplica uma força para baixo, transferindo uma compressão à articulação sacroilíaca. Dor na articulação indica lesão, como processo inflamatório no lado testado.[2,10]

■ *Teste de estresse em torção*

Paciente em decúbito ventral. O terapeuta palpa L5 e, com a outra mão no lado oposto, faz um movimento de torção, o qual levantará o lado oposto, e o movimento de rotação estressará a junção lombossacra, a articulação sacroilíaca e o ligamento iliolombar.[10]

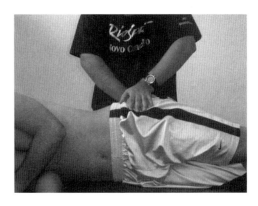

■ *Teste de estresse suprainferior da sínfise púbica (estresse púbico)*

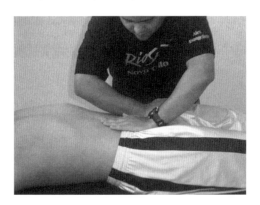

Paciente em decúbito dorsal. O terapeuta, ao lado, com a eminência tenar sobre o ramo púbico superior e a outra mão sobre o ramo púbico inferior, aplica uma força de cisalhamento sobre a sínfise púbica. Dor na região indica teste positivo.[4,10]

■ *Teste para pubeíte (manobra de Grava)*

Paciente em decúbito dorsal com as pernas flexionadas e aduzidas. O terapeuta, ao lado, pede ao paciente que faça uma adução resistida associada com uma flexão de tronco. Se houver dor, é indicativo de lesão (pubalgia).[3]

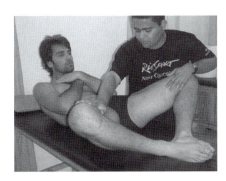

Entorse sacroilíaca

- *Teste de Gaenslen*

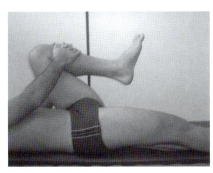

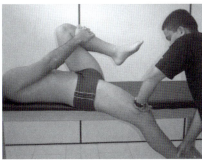

Paciente em decúbito dorsal com o lado testado próximo da maca e com o joelho fletido até o tórax do lado não afetado. O terapeuta aplica uma pressão na coxa até ela ficar abaixo do nível da maca. A pressão que é exercida para baixo na coxa tensiona a articulação, e dor no lado testado indica lesão na articulação sacroilíaca, instabilidade da sínfise púbica, patologia no quadril ou lesão nervosa.[1,2,4,7,10,12]

- *Teste de Yeoman*

Paciente em decúbito ventral. O terapeuta faz uma flexão passiva do joelho e uma extensão do quadril. Dor sacroilíaca indica patologia nos ligamentos anteriores da articulação, processo inflamatório ou abscesso na articulação.[2,4,10,12]

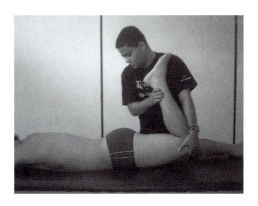

- *Manobra do flamingo*

Examinado de pé sobre uma perna e saltitando, com a finalidade de aumentar o esforço na articulação. O teste aumenta a pressão no quadril, na articulação do quadril e na sínfise púbica. Dor referida em qualquer uma das articulações indica lesão (processo inflamatório) no lado da perna de apoio. Dor por trauma, indicativo de fratura, e dor no quadril, indicativo de bursite trocantérica.[2,10,12]

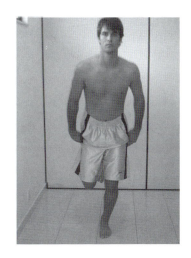

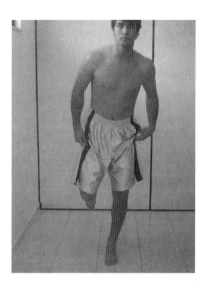

- *Sinal de Piedallu*

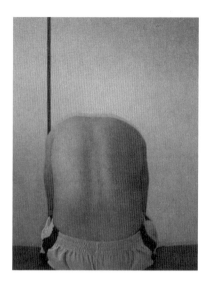

- *Teste de Gillet*

Paciente sentado na maca. O terapeuta, por trás, palpa as EIPS com os polegares e compara suas alturas (com uma marcação). Se o terapeuta verificar diferença entre as alturas de uma EIPS para outra, é pedido ao paciente que faça uma flexão de tronco. Ao fletir, se a EIPS mais inferior se tornar mais alta, o teste será positivo, indicando que a articulação está hipomóvel e que há anormalidade na articulação sacroilíaca.[4,10,12]

Paciente de pé com um dos joelhos fletidos até o tórax e o examinador por trás, palpando as EIPS. Verifica-se no lado em que o joelho está flexionado o movimento de articulação sacroilíaca. Se houver movimento mínimo ou para cima, a articulação está hipomóvel, e o teste é positivo; já se no lado oposto à EIPS mover-se para baixo ou inferiormente, o teste será negativo.[1,4,10,12]

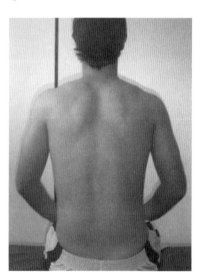

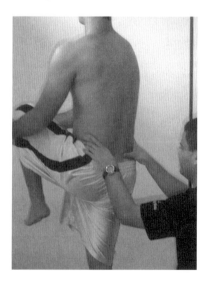

Quadril

Testes para patologias no quadril

- *Teste de Patrick ou Fabre*

Paciente em decúbito dorsal com as pernas flexionadas, abduzidas e cruzadas de modo que a perna em teste fique cruzada em cima da perna oposta. Em seguida, estabilize a EIAS e pressione para baixo o joelho do quadril que está sendo testado. Dor no quadril indica inflamação na articulação; dor após trauma indica fratura de acetábulo ou colo do fêmur ou sinal de necrose avascular da cabeça do fêmur.[2-7,10,12]

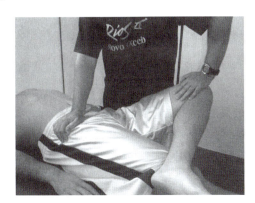

- *Teste de Trendelenburg*

Paciente de pé com apoio unipodal. O terapeuta observa se a pelve do lado oposto se elevou; ocorrendo esse achado, o teste é negativo, mas se a pelve no lado oposto cair no ato em que o paciente ficar de pé sobre a perna lesionada, o teste será positivo. Teste positivo indica fraqueza de glúteo médio, lesão nervosa de glúteo e patologia da articulação de quadril.[2,4-6]

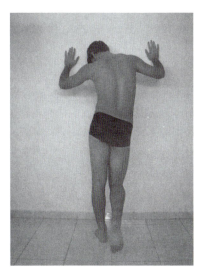

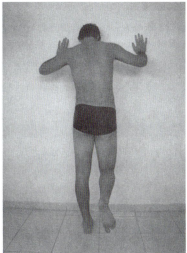

- *Teste de torque*

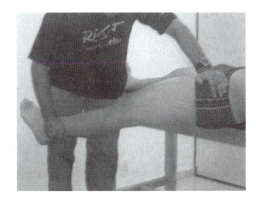

Paciente em decúbito dorsal, bem próximo à beira da maca, com a perna a ser testada estendida. O terapeuta, ao lado, roda o fêmur medialmente com umas das mãos e, com a outra mão, faz uma leve pressão na linha do colo do fêmur com o objetivo de forçar os ligamentos capsulares e testar a estabilidade da articulação do quadril.[10]

Testes para retesamento ou patologias musculares

- *Manobra de Thomas*

Paciente em decúbito dorsal. O terapeuta flexiona o quadril e o joelho do paciente passivamente até o tórax, e o paciente segura o quadril e o joelho flexionados contra ele. Se não houver contratura em flexão, o quadril testado permanecerá em contato com a maca, mas, se houver, o quadril testado fletirá juntamente com uma pequena flexão de joelho, o que determinará o teste positivo. Não rigidez de reto femoral pode indicar restrição na articulação de quadril ou cápsula articular.[2-7,10,12]

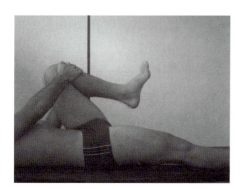

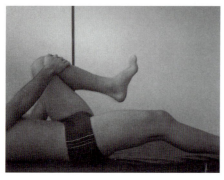

- *Teste de Ober*

Examinado em decúbito lateral com quadril e joelho fletido. Terapeuta abduz a perna superior e a solta. Se o membro abduzido não conseguir descer lentamente, será indicativo de contratura do músculo tensor da fáscia lata ou do trato iliotibial.[2-7,10,12,14]

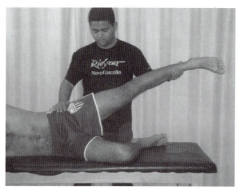

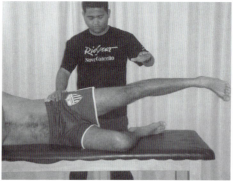

- *Teste de compressão de Noble*

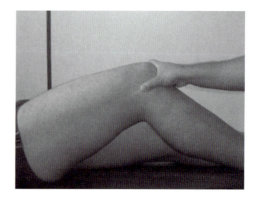

Paciente em decúbito dorsal com flexão de joelho a 90° acompanhada de uma flexão de quadril. O terapeuta, com uma das mãos, aplica uma pressão com o polegar no côndilo lateral do fêmur; a pressão é mantida, e, em seguida, é pedido ao paciente que faça uma extensão lenta (até 30° de flexão – angulação onde se refere maior dor). Se houver dor no côndilo lateral do fêmur, o teste será positivo.[10,12]

- *Teste do piriforme*
Vide Lombar

- *Teste para contratura dos músculos posteriores da coxa*

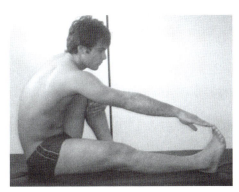
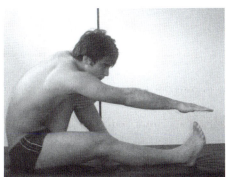
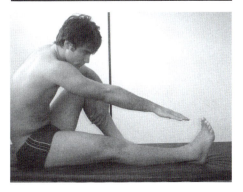

Paciente sentado na maca, com uma perna em extensão e a outra em flexão e com a coluna ereta. O terapeuta pede ao examinado que faça uma flexão de tronco e toque com a mão na ponta dos dedos do pé do membro testado. Caso o paciente não consiga tocar com a mão nos dedos do pé, o teste será positivo. O teste deverá ser comparativo.[10]

- *Teste para comprimento de membro inferior*

Paciente em decúbito dorsal. O terapeuta, ao seu lado, palpa EIAS e o maléolo medial e, com uma trena ou fita métrica, traça uma linha reta entre os dois pontos. A distância entre os pontos determinará o verdadeiro comprimento do membro.[7,10]

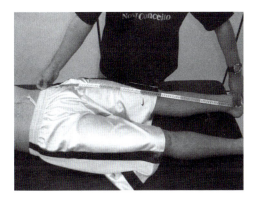

Joelho

Testes para instabilidade anterior, lateral, medial e posterior

- *Teste para estresse em valgo*

Paciente em decúbito dorsal. O terapeuta, ao lado, faz uma ligeira flexão de joelho e exerce uma leve força na região medial do joelho, com o objetivo de causar estresse no LCM e confirmar possível lesão.[2-7,10,11,13]

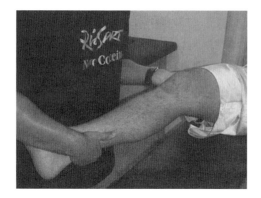

- *Teste para estresse em varo*

Paciente em decúbito dorsal. O terapeuta, ao lado, faz uma ligeira flexão de joelho e exerce uma leve força na região lateral do joelho, com o objetivo de causar estresse no LCL e confirmar possível lesão.[2-7,10,11,13]

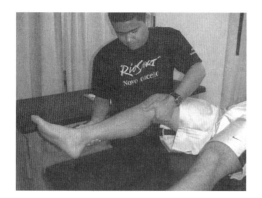

- *Teste de Lachman*

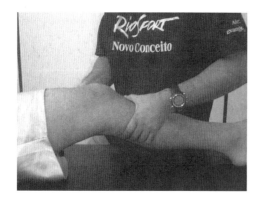

Paciente em decúbito dorsal com joelho fletido a 30°. O terapeuta, ao lado, segura com umas das mãos a coxa do paciente e, com a outra mão, segura a tíbia e a desloca para frente. Se houver deslizamento da tíbia sob o fêmur, o teste será positivo.[2,4-7,10,11,13,14]

- *Teste de gaveta anterior*

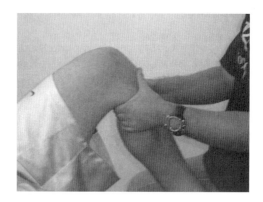

Paciente em decúbito dorsal com joelho fletido a 90°. O terapeuta, à frente, faz uma pegada por trás do joelho e exerce uma força anterior para visualizar se ocorre deslizamento anterior de tíbia em relação ao fêmur. Se ocorrer o deslizamento, o teste será positivo.[2,4-7,10,11,13]

- *Teste de Pivot Shift*

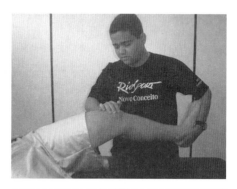

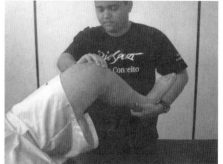

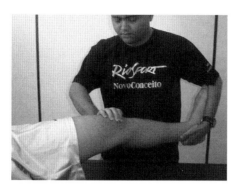

Paciente em decúbito dorsal. O terapeuta roda a tíbia externamente com uma das mãos e, com a outra mão, aplica um estresse em valgo; em seguida, flexiona o joelho e, por último, estende-o, subluxando a tíbia anteriormente e provocando um estalo que resultará no alinhamento normal da articulação. Se reproduzir dor, é indicativo de lesão ligamentar. Observação: o paciente deverá estar relaxado para não dificultar a realização do teste.[3-7,9,11,13]

- *Teste de distração de Apley*

Paciente em decúbito dorsal, com o joelho a ser testado em flexão de 90°. O terapeuta estabiliza a coxa do paciente com o seu joelho, segura o tornozelo do examinado e aplica uma força para cima (tracionando) com o objetivo de estressar os ligamentos.[2,4-7,10,11]

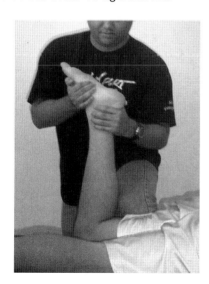

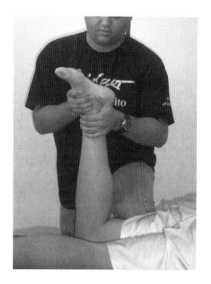

- *Teste de Lachman inverso*

Paciente em decúbito ventral com joelho fletido a 30°. O examinador, com uma das mãos, estabiliza a parte posterior da coxa e, com a outra mão, segura a tíbia e desloca-a posteriormente. Se houver deslizamento posterior da tíbia sob o fêmur, será indicativo de lesão ligamentar.[2,4-6,10,11]

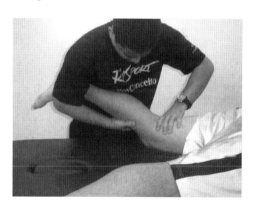

- *Teste de gaveta posterior*

Paciente em decúbito dorsal com joelho fletido a 90°. O terapeuta, à frente, faz uma pegada por trás do joelho e exerce uma força posterior para visualizar se ocorre deslizamento anterior de tíbia em relação ao fêmur. Se ocorrer o deslizamento, é indicativo de lesão.[2,4-7,10,11,13]

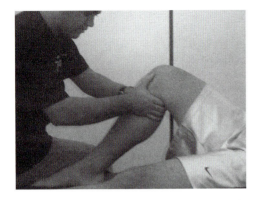
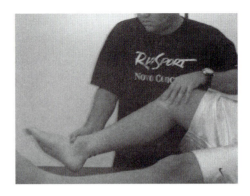

Teste para lesão de menisco

- *Teste de McMurray*

Paciente em decúbito dorsal com a perna testada flexionada. O terapeuta, ao lado, faz uma rotação lateral e medial alternadamente à medida que estende o joelho, isso para testar ambos os meniscos. Ao flexionar e estender o joelho e realizar as rotações, os meniscos lesionados são forçados, e um estalido audível é percebido, indicando possível lesão.[2,4-7,10,13,15]

- *Teste de compressão de Apley*

Paciente em decúbito ventral com o joelho fletido a 90°. O terapeuta estabiliza a coxa do paciente com o seu joelho e segura o tornozelo do examinado; em seguida, aplica uma pressão para baixo associada com uma rotação medial e lateral.[2-7,10,11,15]

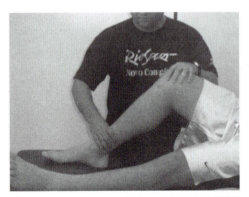
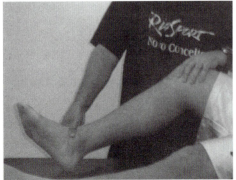
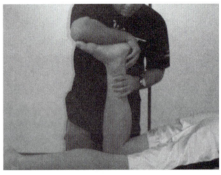
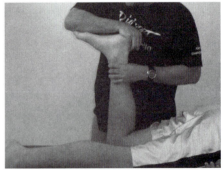

- *Teste de Payr*

Paciente em decúbito dorsal com a perna a ser testada formando um quatro. O teste será considerado positivo se a dor for provocada na linha articular.[10,12]

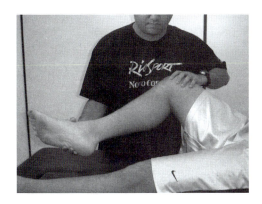

Testes para plica

- *Teste para plica mediopatelar*

Paciente em decúbito dorsal com joelho fletido a 30°. O terapeuta, com uma das mãos, move a patela medialmente. Se ocorrer dor, o teste será positivo, o que indica um pinçamento da plica entre o côndilo do fêmur e a patela, e essa dor sugerirá aderência da plica e inflamação.[2,10,12]

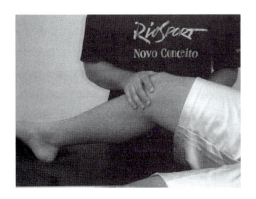

- *Teste da plica de Hughston*

Paciente em decúbito dorsal. O terapeuta flexiona e gira medialmente a perna; em seguida, desloca a patela medialmente com o calcanhar da outra mão e, com a ponta dos dedos, palpa o côndilo medial. Flexiona e estende o joelho do paciente de modo que sinta um lado da prega se expor sob os dedos. Prega exposta sob os dedos indica inflamação ou aderência.[2,10,12]

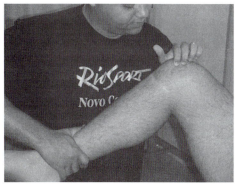

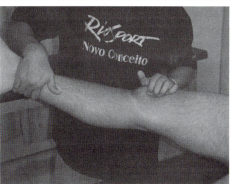

Testes para derrame articular

- *Teste do rechaço patelar*

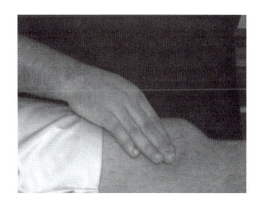

Paciente em decúbito dorsal. O terapeuta, com uma das mãos, circunda a patela e, delicadamente, faz uma pressão para baixo na face superior; em seguida a libera da pressão. Se houver presença de líquido na patela, ocorrerá um recuo ou uma elevação anterior, sendo indicativo de teste positivo.[2,12]

- *Teste do empurrão*

Paciente em decúbito dorsal. O terapeuta, com um dos polegares, empurra a patela superiormente e, com o outro polegar, empurra-a inferiormente, de forma simultânea. Se houver presença de líquido na região, sua concentração será maior na borda medial, causando uma saliência.[2]

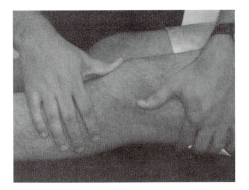

- *Teste da flutuação*

Paciente em decúbito dorsal e terapeuta com umas das mãos na borda superior da patela e a outra mão abaixo desta. O examinador aplica uma pressão para baixo alternadamente com as mãos. Se houver presença de líquido, será percebida uma flutuação alternada sob a mão.[2,10]

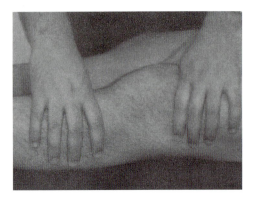

Testes para disfunção femoropatelar

- *Teste de raspagem da patela*

Paciente em decúbito dorsal. O terapeuta, com uma mão sob a outra, move a patela na direção medial e lateral e, ao mesmo tempo, faz pressão para baixo. Se ocorrer dor embaixo da patela, é indicativo de condropatia, inflamação ou fratura, e dor acima da patela, indicativo de bursite pré-patelar.[2]

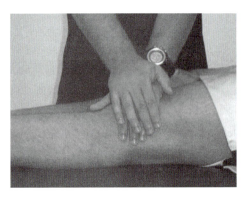

- *Sinal de Zohler*

Paciente em decúbito dorsal. O terapeuta, com uma das mãos, desliza a patela no sentido craniocaudal e, em seguida, solicita ao paciente que realize contração de quadríceps. Se, ao realizar a contração muscular, o paciente relatar dor, o teste será positivo e indicativo de uma condropatia patelar.[4,10,11]

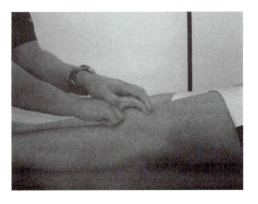

Perna, tornozelo e pé

- *Teste da gaveta anterior*

Paciente em decúbito dorsal. O terapeuta, com uma das mãos, segura a perna do paciente e, com a outra mão, segura o calcanhar; em seguida, puxa de forma suave o calcanhar anteriormente, com o objetivo de aumentar o estresse no ligamento talofibular anterior e no ligamento calcaneofibular. Reprodução de dor é indicativo de lesão.[3,4,7,10,12,13]

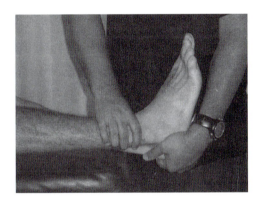

- *Teste de empurrar e puxar o pé*

Paciente em decúbito dorsal. O terapeuta, com uma das mãos, estabiliza o tornozelo e, com a outra mão, segura e pressiona a tíbia posteriormente, com o objetivo de verificar possível lesão no ligamento talofibular posterior. Na sequência, para verificar possível lesão no ligamento talofibular anterior, o examinador segura a região anterior do pé e, com a outra mão, segura a perna do paciente e a puxa anteriormente.[2]

- *Teste para estabilidade lateral*

Paciente em decúbito dorsal. O terapeuta segura o pé a ser testado e o inverte passivamente; se ocorrerem aumento do espaço na região e dor, será indicativo de lesão ligamentar (talofibular anterior e/ou calcaneofibular).[2-4,7,12,13]

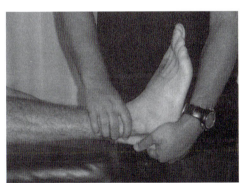

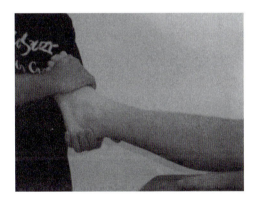

- *Teste de estabilidade medial*

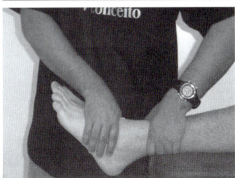

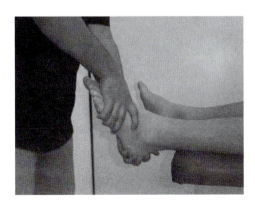

Paciente em decúbito dorsal. O terapeuta segura o pé a ser testado e o everte passivamente; se ocorrerem aumento do espaço na região e dor, será indicativo de lesão ligamentar (ligamento deltoide).[2,3,7,13]

Testes tendíneos

- *Teste de Thompson*

Paciente em decúbito ventral com joelho fletido a 90°. O terapeuta comprime os músculos da panturrilha e observa se ocorre uma flexão plantar; caso não ocorra, o teste é dado como positivo e indicativo de lesão tendinosa (ruptura de tendão calcâneo).[2-7,9,10,12,13,15]

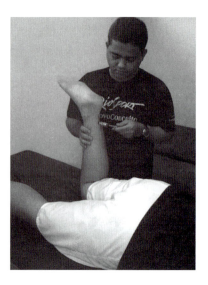

Teste para fratura

- *Teste de compressão ou de espremer a perna*

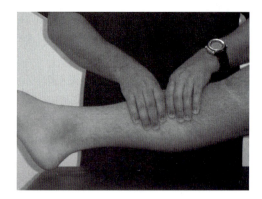

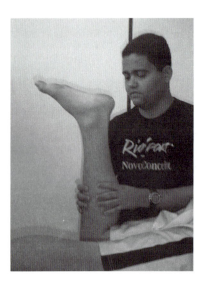

- *Teste de percussão do tendão calcâneo*

Paciente em decúbito ventral com joelho fletido a 90°. O terapeuta, com um martelo neurológico ou com a ponta dos dedos, percute o tendão calcâneo com o objetivo de verificar o quadro álgico e a perda da flexão plantar. Se ocorrerem esses sinais, é indicativo de lesão tendinosa (ruptura de tendão calcâneo).[2]

Paciente em decúbito ventral com joelho fletido a 90°. O terapeuta comprime o terço médio da perna (tíbia e fíbula) com o objetivo de verificar alguma lesão de sindesmose, desde que seja descartada a presença de fratura de tíbia e fíbula e trauma na panturrilha.[2-4,10,13]

Teste neurológico

- *Sinal de Tinel do tornozelo*

Paciente em decúbito ventral com o joelho fletido a 90°. O terapeuta, com um martelo neurológico, percute a área sobre o nervo tibial. Se ocorrer parestesia irradiada para o pé, o teste será positivo.[4,10,12]

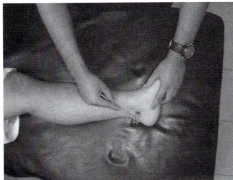

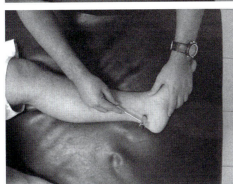

Referências

1. Andrews JR, Harrelson GL, Wilk KE. Reabilitação Física das Lesões Desportivas. 3. ed. Rio de Janeiro: Elsevier; 2005.

2. Cipriano JJ. Manual Fotográfico de Testes Ortopédicos e Neurológicos. 4. ed. Barueri: Manole; 2005.

3. Cohen M, Abdalla RJ. Lesões nos Esportes: Diagnóstico, Prevenção e Tratamento. Rio de Janeiro: Revinter; 2005.

4. Dutton M. Fisioterapia Ortopédica: Exame, Avaliação e Intervenção. Porto Alegre: Artmed; 2006.

5. Gould JA. Fisioterapia na Ortopedia e na Medicina do Esporte. 3. ed. São Paulo: Manole; 1993.

6. Hebert S. Ortopedia e Traumatologia: Princípios e Prática. 3. ed. Porto Alegre: Artmed; 2003.

7. Hoppenfeld S. Propedêutica Ortopédica: Coluna e Extremidades. 2. ed. São Paulo: Atheneu; 2007.

8. Kendall FP, McCreary EK, Provance PG, Rodgers MM, Romani WA. Músculos: Provas e Funções. 5. ed. Barueri: Manole; 2007.

9. Kisner C, Colby LA. Exercícios Terapêuticos: Fundamentos e Técnicas. 4. ed. Barueri: Manole; 2005.

10. Magee DJ. Avaliação Músculo Esquelética. 4. ed. Barueri: Manole; 2005.

11. Strobel M, Stedtfeld HW. Joelho: Procedimentos Diagnósticos. Rio de Janeiro: Revinter; 2000.

12. Palmer ML, Epler EM. Fundamentos de Avaliação Músculo-esquelética. 2. ed. Rio de Janeiro: Guanabara Koogan; 2000.

13. Peterson L, Renströn P. Lesões de Esporte: Prevenção e Tratamento. 3. ed. Barueri: Manole; 2002.

14. Prentice WE. Técnicas de Reabilitação em Medicina Esportiva. 3. ed. Barueri: Manole; 2002.

15. Salter RB. Distúrbios e Lesões do Sistema Músculo-esquelético. 2. ed. Rio de Janeiro: Medsi; 1985.

16. Marques AP. Manual de Goniometria. 2 ed. São Paulo: Manole; 2003. p. 49-57.

17. Palmer LM, Epler ME. Fundamentos das Técnicas de Avaliação Musculoesquelética. 2. ed. Rio de Janeiro: Guanabara Koogan; 2000. p. 213-41.

18. Hoppenfeld S. Propedêutica Ortopédica: Coluna e Extremidades. Rio de Janeiro: Atheneu; 1987. p. 249-76.

19. Gardner E, Gray DJ, O'Rahilly R. Anatomia. Estudo Regional do Corpo Humano e Métodos de Dissecação. 4. ed. Rio de Janeiro: Guanabara Koogan; 1988.

20. Sobotta J. Atlas de Anatomia. 20. ed. Rio de Janeiro: Guanabara Koogan; 1993.

21. Hall CM, Brody LT, Taranto G. Exercício terapêutico: na busca da função. São Paulo: Guanabara Koogan; 2001.

22. Lynn, L. Cinesiologia Clínica para Fisioterapeutas. 3. ed. Rio de Janeiro: Guanabara Koogan; 2003.

23. Machado ABM. Neuroanatomia Funcional. São Paulo: Atheneu; 2000.

24. Hamill J, Knutzen KM. Bases biomecânicas do movimento humano. São Paulo: Manole; 1999.

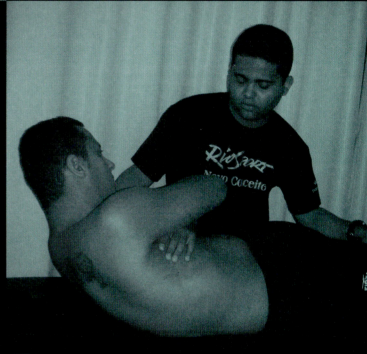
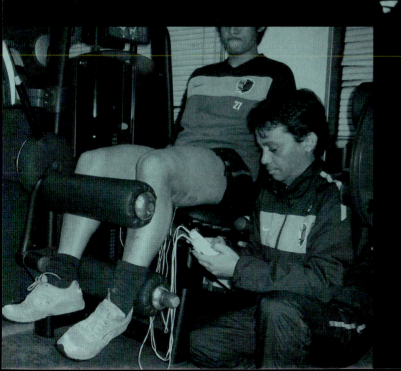

Parte 2

Recursos terapêuticos

Seção 1

Como montar um programa de tratamento?

Alex Evangelista

Conceitos

O livro, além das revisões bibliográficas, apresenta os trabalhos realizados na prática, com o objetivo de deixar disponíveis programas bem-sucedidos na prática clínica.

Jamais afirmaríamos que outros recursos podem ser menos eficazes. Mas, com muita certeza, trouxemos para a literatura resultados muito positivos a partir da prática com embasamento teórico. O maior segredo de qualquer tratamento é o empreendimento do tempo para o paciente. Quando incluímos recursos terapêuticos, sejam quais forem, temos de aplicá-los com prudência, perícia e muita concentração, buscando o que o recurso tem de melhor para aquele tratamento.

Mas não existe protocolo montado que tenha a fórmula mágica, portanto, quando unimos o conhecimento fisiológico, o eletrofisiológico, a fisiopatologia e a biomecânica com os recursos que serão aplicados, fica extremamente fácil desbordar dos problemas e alcançar o sucesso do tratamento.

Vale ressaltar a verdadeira importância do atendimento do médico e do fisioterapeuta para o socorro imediato e uma troca de informações para o seguimento do tratamento. Mas nossa proposta transdisciplinar visa, também, ao intercâmbio com a Nutrição, a Odontologia e a Psicologia para cercarmos todos os caminhos que possam impedir o avanço da cura total. Nesta obra, evidenciamos o tratamento fisioterapêutico para que esses parâmetros sejam estudados e, de certa forma, usados quando necessários.

Recursos terapêuticos

Crioterapia – O uso no momento da lesão visa a evitar a hipóxia secundária. Nossa metodologia não prevê sacos de gelo, mas sempre a aplicação da imersão, exceto quando não existir infraestrutura para ela: então, é aplicada a crioterapia com sacos plásticos ou bolsas industrializadas.

O tempo utilizado deve acompanhar uma série de fatores, tais como segmento a ser tratado, entre outros (ver seção "Crioterapia").

Nossa metodologia também prevê, para o esporte, a imersão após as competições e após o término de treinos, e tudo será combinado com o preparador físico, de acordo com os treinamentos.

Avaliação postural – Para evitarmos o tratamento unicamente do sintoma, estudaremos a origem do problema, eliminando as chances de recidiva. Com os estudos da Biomecânica, da Cinesiologia e a aplicação dos recursos de forma adequada, as chances de recuperação acelerada são muito maiores.

Hidroterapia – Administrada nos momentos em que o segmento ainda necessita ser protegido do impacto, a hidroterapia tem uma série de indicações, além de visar à melhora do retorno venoso, entre outras vantagens. Pode ser administrada também durante todo o tratamento.

Eletrotermoterapia – Um grande problema encontrado para o uso da eletrotermoterapia (aparelhos de corrente elétrica e aparelhos que produzem calor terapêutico) é o desconhecimento da Biofísica. Para alguns, a eletroterapia se resume no TENS ou em simplesmente dar choque no paciente, ledo engano. Nossa preocupação foi incluir em nosso estudo a base fisiológica humana e um estudo sobre a bioeletricidade no tecido vivo para que entendamos a grande vantagem do uso dessas técnicas para a aceleração do reparo tecidual (*microcorrente*), para a analgesia (*TENS – quando recomendado*) e para a manutenção de massa muscular (*corrente russa*) durante o período de imobilização. Sobre o *ultrassom*, temos o grande problema por se tratar de uma técnica "fácil de se aplicar", e, por isso, não dispensamos a atenção necessária. O ultrassom requer cuidados essenciais para que tenha resultado de sua aplicação, por exemplo, tempo de aplicação, dosimetria, modo de aplicação, velocidade do cabeçote e outros parâmetros, conforme a seção "Ultrassom".

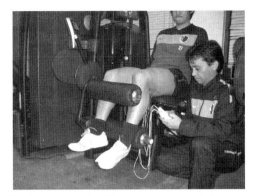

Aplicação da corrente elétrica no aumento de força

Eletroporação – Esta técnica é, hoje, um sinal do grande avanço da tecnologia voltada para a saúde. É de total importância seu uso, e casos que dificilmente respondem aos tratamentos conhecidos têm respondido com êxito a ela (ver seção "Eletroporação").

Vibração mecânica – Atualmente, o uso da vibração mecânica é de amplo acesso e possui uma variedade de conceitos que a credenciam no esporte, na recuperação e em outras formas de aplicação. Visando a uma recuperação acelerada, a vibração mecânica colabora com seus efeitos agudos e crônicos de acordo com o modo de aplicação. Portanto, é fundamental o conhecimento da ação muscular (ver seção "Miologia") e conhecimento de Biomecânica (ver seção "Biomecânica") para potencializar os efeitos da vibração.

O uso da *vibração mecânica* no futebol pode ser realizado antes do aquecimento e durante o intervalo da partida com o objetivo de auxiliar o retorno venoso. Pode ser usado na propriocepção, no treinamento neuromuscular e com outros objetivos, segundo as características do aparelho.

Propriocepção – A qualidade de qualquer movimento é extremamente dependente da superfície em que é aplicado. Tente uma simples caminhada no concreto, e então na grama, na areia e em solo elástico e você verá como sua movimentação é afetada pelo que está sob seus pés. Para um paciente pós-cirúrgico, essa diferença aumenta demasiadamente. Em nosso programa de tratamento, tanto na clínica quanto no esporte profissional, a propriocepção é desenvolvida como elemento de prevenção.

Mesmo para pessoas saudáveis, o treino de propriocepção torna-se interessante. Para pessoas que praticam esporte, o gestual esportivo individual ganha um *feedback* perfeito dos movimentos articulares e pode reduzir o número de lesões articulares.

Adaptação do atleta e propriocepção

Aplicação da vibração mecânica no início de uma partida de futebol

No esporte

Transição departamento de Fisioterapia/ departamento médico/preparação física – No esporte, quando a fisioterapia finaliza o tratamento, fundamentalmente se reúne com o médico e o preparador físico para as medidas transitórias.

O primeiro parâmetro imperativo é a definição de que cada profissional saiba sua responsabilidade sem tentar gerenciar a área alheia, e o mais importante, buscando aconselhamentos com todos os profissionais envolvidos na recuperação, evidenciando o maior interessado, o atleta.

Em cada fase, o atleta está sendo avaliado pela equipe, e em duas fases principais existe a intervenção médica: uma na fase 1 (passagem do médico para a fisioterapia) e outra na fase 3 (passagem da fisioterapia para a preparação física). É importante citar que, mesmo após os jogadores tratados, convém a manutenção do tratamento, por questões preventivas.

Com esse pensamento, montamos um quadro com as seguintes informações para gerenciamento durante a recuperação (exemplo):

Quadro 1.1 – Exemplo: o atleta está sendo monitorado, e fica disponível a todos em que fase ele se encontra

Fase 1	Fase 2	Fase 3	Fase 4	Previsão de retorno
Nome do atleta, avaliação médica, tratamento medicamentoso seguido da avaliação fisioterapêutica e tratamento imediato	Tratamento fisioterapêutico	Tratamento e início aos trabalhos físicos (readaptação) Reavaliação médica	Trabalhos físicos e entrega ao grupo de atletas em treinamento normal	Data prevista para o retorno

Seção 2

Alongamento e flexibilidade

Alex Evangelista

Conceitos

Flexibilidade

A flexibilidade e o alongamento possuem vários benefícios para o atleta, dentre eles a melhora na eficiência mecânica que permite ao aparelho locomotor um melhor desempenho. A realização de alguns gestos é possível graças ao treinamento das valências (flexibilidade e alongamento). Na prática, observamos que atletas com maior flexibilidade são menos suscetíveis às lesões, em especial às lesões musculares. Com as articulações limitadas em sua amplitude, diminui a consciência corporal e há consequente piora da postura.[1]

Com a flexibilidade bem-administrada, o atleta aumenta sua capacidade de melhorar o vigor físico, previne lesões e aumenta a vida útil no esporte.[1]

Alongamento

O alongamento é uma técnica complexa que deve ser orientada pelos vetores adequados às condições articulares. É possível aumentar a flexibilidade de uma articulação em virtude da condição viscoelástica miotendínea.[1,3,9]

A influência dos tecidos na flexibilidade[3]

- Cápsula articular: 47%.
- Músculos: 41%.
- Tendões: 10%.
- Pele: 2%.

Percebemos, então, que não podemos focar um só componente: é primordial um estudo detalhado para a melhora da flexibilidade.

Fatores influenciáveis na flexibilidade[3]

- Idade.
- Gênero.
- Individualidade biológica.
- Condição física.
- Respiração.
- Hora do dia.
- Temperatura ambiente.

Observações importantes

A idade é um fator que influencia na perda de elasticidade e força, pois, com o envelhecimento, as fibras de colágeno se tornam mais organizadas, aumentando o número de ligações intramoleculares e extramoleculares, impedindo o deslizamento pleno das proteínas.[7]

Homens possuem maior capacidade de retenção de associações neurais por possuírem maior quantidade de fibras musculares do tipo II.

Tipos de alongamentos

Alongamento passivo: realizado a partir do auxílio de forças externas, executa-se aumentando a amplitude moderadamente até o surgimento da tensão máxima.[6]

Alongamento ativo: com os músculos agonistas e o relaxamento dos antagonistas, tenta-se alcançar a maior amplitude do movimento voluntário.[11]

Alongamento estático: feito bem lentamente, elegendo determinada amplitude de movimento com desconforto e permanecendo na posição.[2]

Alongamento balístico: muito utilizado em aquecimentos pré-atividade intensa, com repetidos movimentos insistindo na maior amplitude.[11]

Facilitação muscular neuroproprioceptiva: método eficaz no ganho de flexibilidade, com alternância de contração e relaxamento usando a sinergia muscular para o sucesso do objetivo.[2,14]

A inibição neurológica explica o procedimento com FNP, com a redução da atividade reflexa, causando um relaxamento, e a resistência é reduzida para alongar.[14]

FNP com contração-relaxamento: em direção ao padrão agonista, o segmento corporal é movimentado de forma passiva pelo fisioterapeuta até ser percebida uma limitação.

O fisioterapeuta dá o comando para o paciente realizar uma contração isotônica por meio do padrão agonista. O fisioterapeuta realiza o alongamento passivo em direção ao padrão agonista até a limitação.[2,10]

FNP com manutenção-relaxamento: o segmento córporeo é movimentado de forma passiva pelo fisioterapeuta em direção ao padrão agonista até a limitação. O paciente realiza uma contração isométrica em direção ao padrão antagonista. O fisioterapeuta aplica um alongamento passivo para o padrão agonista até a limitação.[2,10]

Apesar de considerar mais importantes os já citados, ainda conhecemos a contração relaxamento e a contração agonista. Na prática clínica, os resultados são relacionados à habilidade do fisioterapeuta em dar a voz de comando.

Comparação de alongamento X FNP

Alongamento e flexibilidade sempre foi um assunto muito polêmico, e a controvérsia de autores emblemáticos ainda não elucidou todas as dúvidas sobre intensidade, duração, frequência e outras.

Estudiosos[3] usaram metodologias com 15, 30 e 60 segundos e encontraram melhores resultados com tempo de 30 segundos. Portanto, Grady e Saxena[13] concordaram que o tempo de 30 segundos surtiu melhores resultados no alongamento de isquiostibiais.

Wallin et al.[16] estudaram os métodos convencionais de alongamento comparados ao FNP na técnica *contrai/relaxa*. Utilizaram o alongamento balístico em adutores e perceberam melhor resultado com o método FNP.

Godges et al.[12] foram mais longe, acrescentando massagem miofascial à técnica FNP, comparando com alongamento estático em músculos posteriores da coxa, e perceberam igualdade nos resultados de Wallin et al.

Nossa metodologia visa ao melhor para o paciente e, em nossa prática clínica, conferimos que o uso da FNP associado com o alongamento passivo para ciatalgia teve resultados satisfatórios. Vale ressaltar que nem sempre o uso de uma técnica é capaz de solucionar a raiz do problema, sendo necessário, talvez, um envolvimento de mais recursos terapêuticos para a cura definitiva.

Conhecendo mais FNP

A teoria que explica a FNP é simples e muito interessante. A inibição neurológica é o caminho para a elucidação da eficiência dessa técnica e tem ação na atividade reflexa, produzindo alto grau de relaxamento e diminuindo a resistência, com consequente ganho de amplitude sem agressão.[2,14]

As atividades reflexas são o principal objetivo da estimulação proprioceptiva. Alguns autores acreditam que a resistência máxima seja o caminho ideal para estimular os proprioceptores; podemos afirmar ainda que as técnicas associadas com sua aplicação a padrões de movimento de massa são básicas. Para os desequilíbrios serem corrigidos, usamos as *técnicas de ênfase*.[2,14]

Técnicas básicas

- *Padrões de facilitação*

Toda atividade motora tem como característica o movimento de massa. Usamos padrões de movimento em espiral e diagonal, que são uma forte ligação ao movimento funcional.[2,14]

Para os movimentos funcionais, existe uma explicação básica para cada segmento córporeo principal: *parte superior* – cabeça e pescoço; *parte inferior* – braço e perna.[2,14]

- *Contatos manuais*

São um meio importante, pela pressão do contato manual, de impor uma resistência máxima com padrões de facilitação.[2,14]

- *Reflexo estiramento*

Existe um proprioceptor intramuscular, conhecido como fuso, que é normalmente acionado pelo aumento da tensão muscular. Quando o arco reflexo está íntegro, a estimulação do fuso provoca contração reflexa do músculo.[2,14]

- *Tração e compressão*

Os estímulos proprioceptivos com essas características podem ser efetivos nas estruturas articulares.[2,14]

Distribuição normal nos padrões de facilitação

A FNP distribui os padrões de facilitação de distal para proximal priorizando a rotação do movimento, assim como ocorre num movimento de um indivíduo normal. As articulações vão se harmonizando com o movimento das articulações adjacentes, de tal forma que as articulações distais se completam primeiro até a articulação proximal. A contração isotônica é a responsável pela harmonia dessas articulações, e, finalmente, a contração isométrica é realizada até que todo o movimento seja finalizado.[2,14]

É importantíssimo salientar que, quando a distribuição normal não é bem-sucedida por completo, utilizamos a técnica de ênfase a fim de permitir a correção de desequilíbrios.

Reforço

A vida diária nos requer movimentos complexos e simples. Acordamos e já praticamos uma gama deles. Cada um requer um grande esforço de partes adjacentes. O esporte é um grande exemplo disso, em que a harmonia da propriocepção e a força são essenciais para o atleta.

Um simples movimento de um padrão reforça outro movimento de acordo com as forças de resistência aplicadas. Pelo processo de irradiação, o sistema nervoso central recebe uma demanda enorme de informações, e isso é possível por meio da propriocepção.[2,14]

O objetivo do processo de irradiação é buscar o auxílio de músculos auxiliares, que, dessa maneira, agindo como sinergistas, aperfeiçoam a eficácia do movimento.[2,14]

Técnicas de ênfase

São usadas com a finalidade de facilitar a correção dos desequilíbrios musculares e otimizar ou reorganizar movimentos coordenados e eficientes.[2,14]

- *Contração isométrica*

Uma técnica simples e de fácil execução, além de ser indolor e muito eficiente. Tem por objetivo a reação de alongamento muscular; a ação é antagonista ao movimento limitado em determinada amplitude.[2,14]

- *Reversões lentas*

O princípio de Sherrington menciona que, após uma contração muscular, segue-se um relaxamento de mesma intensidade que o provocou. É fácil de entender que, quando o reflexo flexor é ativado, o reflexo extensor é aumentado.

Assim, utilizamos a contração de músculos antagonistas ou padrões fortes para estimularmos padrões antagonistas mais fracos.[2,14]

- *Estabilização rítmica*

Estabiliza-se a articulação com uma técnica de facilitação neuromuscular proprioceptiva, com a contração isométrica alternando músculos antagonistas e agonistas. Essa técnica envolve a ação do fuso muscular, restabelecendo a integridade muscular.[2,14]

- *Contrações repetidas*

Utilizam-se músculos mais fortes aliados reforçando músculos mais fracos com contração isométrica máxima ou isotônica.

Alongamento passivo

Alongamento de membros superiores

Peitoral: paciente em abdução horizontal, rotação externa e mãos apoiadas atrás da cabeça. O fisioterapeuta segura os cotovelos do paciente e levemente os traciona para trás.

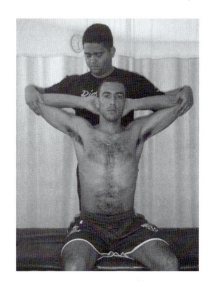

Bíceps: paciente em abdução horizontal do ombro e extensão do cotovelo. O fisioterapeuta o segura pelo punho, tracionando para trás todo o seu braço.

Tríceps: com o cotovelo flexionado, o paciente eleva o braço para cima em rotação externa de ombro e o posiciona para trás da cabeça. O fisioterapeuta, a partir dessa posição, imprime uma leve força para flexionar ainda mais um pouco o cotovelo do paciente.

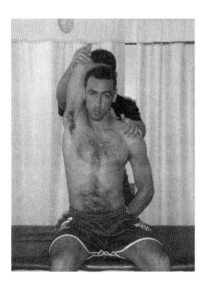

Tríceps (cross body): estabiliza-se o ombro do tríceps a ser alongado, realizando adução horizontal do braço; leva-se o cotovelo em direção ao ombro oposto, tracionando para fora o cotovelo do paciente.

Flexores de punho: o paciente faz flexão de ombro, extensão de cotovelo e supinação de punho. O fisioterapeuta estende o punho do paciente passivamente, segurando-o pela mão.

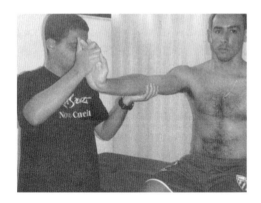

Extensores de punho: o paciente faz flexão de ombro, extensão de cotovelo e pronação do punho. O fisioterapeuta realizará, então, uma flexão de punho, segurando a região dorsal da mão.

Rotadores internos: o paciente faz rotação externa de ombro, com o cotovelo flexionado em 90°. O fisioterapeuta estabiliza seu braço junto do corpo e promove a rotação externa passivamente.

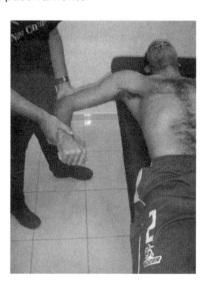

Rotadores internos: paciente com o braço ao longo do corpo e o cotovelo fletido a 90° em posição neutra. O fisioterapeuta, posicionado atrás do paciente, estabiliza o ombro que está sendo alongado, realizando uma rotação externa desse antebraço.

Rotadores externos: o paciente faz rotação interna de ombro, com o cotovelo flexionado em 0°. O fisioterapeuta estabiliza seu braço junto do corpo e promove a rotação interna passivamente.

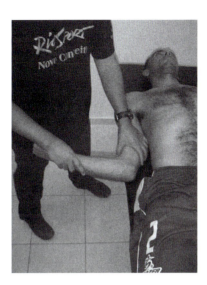

Alongamento de membros inferiores

Posicionamento do paciente: decúbito dorsal, cintura pélvica e escapular alinhadas, coluna lombar apoiada no chão.

Posicionamento do fisioterapeuta: o fisioterapeuta deverá ficar de frente para o paciente, agachado ou ajoelhado no chão, de modo que o deslocamento para frente e para o lado seja fácil.

Sempre que houver necessidade de sustentar um segmento, ele o fará com as mãos. Para sustentar a perna do paciente, o fisioterapeuta deverá utilizar a força do tronco, sempre alavancada pelos braços, evitando ao máximo uma proximidade maior entre o corpo do paciente e o seu. O alongamento deverá ocorrer na medida do rebate elástico sentido ao se levar o segmento ao alongamento ou da permissividade do paciente, que pode se manifestar negativamente, queixando-se de dor.

Ísquios tibiais (perna estendida): a partir da posição inicial, o fisioterapeuta deverá elevar a perna do paciente com a mão contralateral e sustentar o joelho em extensão com a outra mão. Os joelhos do fisioterapeuta (flexionados no chão, cruzando o segmento em repouso do paciente) deverão sustentar a perna e a pelve que permaneceu no chão para que as compensações sejam minimizadas.

Ísquios tibiais (perna flexionada): a partir da posição inicial, o fisioterapeuta deverá flexionar uma das pernas do paciente e elevar a outra com a mão contralateral. Com a outra mão, sustentar o joelho alongado em extensão. Os joelhos do fisioterapeuta (flexionados no chão, cruzando o segmento em repouso do paciente) deverão sustentar a pelve que permaneceu no chão, para que as compensações sejam minimizadas.

Banda iliotibial (perna estendida): a partir da posição inicial, o fisioterapeuta deverá elevar a perna do paciente com a mão contralateral e cruzá-la, passando-a para o outro lado. Com a mão ipsilateral à perna alongada, apoiar o TFL para baixo. Manter o joelho em extensão. Os joelhos do fisioterapeuta (flexionados no chão, cruzando o segmento em repouso do paciente) deverão sustentar a perna e a pelve que permaneceram no chão, para que as compensações sejam minimizadas.

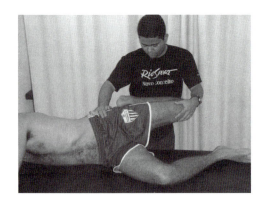

Banda iliotibial (perna flexionada): a partir da posição inicial, o fisioterapeuta deverá flexionar uma das pernas do paciente e elevar a outra com a mão contralateral. Cruzar para o outro lado a perna que será alongada e mantê-la sustentada com a mão ipsilateral. Sustentar o joelho alongado em extensão. Os joelhos do fisioterapeuta (flexionados no chão, cruzando o segmento em repouso do paciente) deverão sustentar a pelve que permaneceu no chão, para que as compensações sejam minimizadas.

Quadríceps: decúbito lateral. A perna que não será alongada deverá ser mantida em flexão, sustentada pelo próprio paciente. O fisioterapeuta, de frente para as costas do paciente, apoia-lhe com uma das mãos o ilíaco, mantendo uma força constante empurrando-o, enquanto a outra mão traciona o segmento paralelo ao chão, com a perna livre.

Adutores ("pata de ganso"): a partir da posição inicial, o fisioterapeuta flexiona a perna que não será alongada. O segmento a ser alongado deverá ser conduzido em abdução e ligeira rotação externa, 15° (aproximados) distante do solo. A mão contralateral ao segmento a ser alongado tem a função de apoiar o ventre quadricipital do paciente, de modo que minimize compensações.

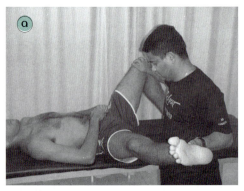

Adutores (adutor magno): a partir da posição inicial, o fisioterapeuta flexiona a perna que não será alongada. O segmento a ser alongado deverá ser conduzido em abdução e ligeira rotação interna. Deverá estar o mais próximo possível do solo. A mão contralateral ao segmento a ser alongado tem a função de apoiar o ventre quadricipital do paciente, de modo que minimize compensações.

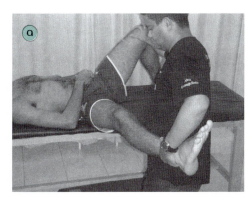

Pelvetrocanterianos: a partir da posição inicial, o fisioterapeuta flexiona, a 90°, o joelho da perna alongada e roda externamente a coxofemoral do indivíduo. Para imprimir o alongamento, o fisioterapeuta apoia seu cotovelo contralateral à perna alongada em sua EIAS ipsilateral ao seu cotovelo. Com esse braço em pronação, sustentando o tornozelo do paciente, o fisioterapeuta projeta seu corpo ou empurra o cotovelo em direção ao paciente.

Piriforme: o paciente encontra-se em decúbito ventral. O fisioterapeuta realizará uma flexão de joelho a 90° e promoverá em seguida uma rotação interna da coxofemoral.

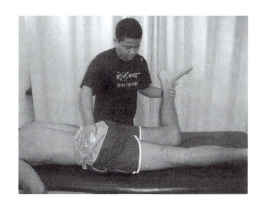

Psoas: o paciente encontra-se em decúbito ventral. O fisioterapeuta realizará uma flexão de joelho a 90° e promoverá, em seguida, uma extensão da coxofemoral com uma das mãos. A outra mão encarrega-se de estabilizar o quadril do paciente, apoiada no sacro, no bordo lateral, contrário ao lado que está sendo alongado.

Referências

1. Achour Júnior A. Bases para Exercícios de Alongamento: Relacionado com a Saúde e no Desempenho Atlético. Londrina: Midiograf; 1996.

2. Adler SS, Beckers D, Buck M. FNP: facilitação neuromuscular proprioceptiva. São Paulo: Manole; 1999.

3. Bandy WD, Irion JM, Briggler M. The Effect of Time and Frequency os Static Stretching on Flexibility of the Hamstring Muscles. Phys Ther. 1997 Oct;77(10):1.090-6.

4. Benseñor IM, Atta JA, Martins MA. Semiologia clínica. São Paulo: Sarvier; 2002.

5. Bienfait M. As bases da fisiologia da terapia manual. São Paulo: Summus; 2000. p. 29.

6. Black JD Stevens ED. Passive Stretching Does not Protect Against Acute Contraction-induced Injury in Mouse EDL Muscle. J Muscle Res Cell Motil. 2001;22(4): 301-10.

7. Buckwalter JA, Editor. Ortopedia de Turek: princípios e sua aplicação. 5. ed. São Paulo: Manole; 2000.

8. Cornelius WL, Rauschuber MR. The Relationship between Isometric Contraction Durations and Improvement in Acute Hip Joint Flexibility. J Appl Sport Sci Res. 1987;1:39-41.

9. Dantas EHM. Flexibilidade, Alongamento e Flexionamento. 4. ed. São Paulo: Shape; 1999.

10. Downie PA. CASH: Fisioterapia em ortopedia e traumatologia. São Paulo: Panamericana; 1987.

11. Durigon OFS. Alongamento muscular. Rev Fisioter Univ São Paulo. 1995 ago/dez;2(2):72-8.

12. Godges JJ, MacRae H, Longdon C, Tinberg C, MacRae P. The Effects of Two Stretching Procedures on Hip Range of motion and Gait Economy. J Orthop Sports Phys Ther. 1989 mar; 10(9):350-7.

13. Grady J, Saxena A. Effects of Stretching the Gastrocnemius Muscle. J. Foot Surg. 1991 Sep/Oct;30(5)465-9. Apud: Frontera WR, Danson DM, Slovik DM. Exercício Físico e Reabilitação. Porto Alegre: Artmed; 2001.

14. Noël-Ducret F. Méthode Kabat. Facilitation Neuromusculaire par la Proprioception. Encycl Méd Chir, Kinésithérapie-Médicine physique-Réadaptation, 26-060-C-10, p. 18, 2001.

15. Sady SP, Wortman M, Blanke D. Flexibility Training: Ballistic, Static or Proprioceptive Neuromuscular Facilitation? Arch Phys Med Rehabil. 1982;63:261-3

16. Wallin D, Ekblom B, Grahn R, Nordenborg T. Improvement of Muscle Flexibility: A Comparison between Two Techniques. Am J Sports Med. 1985 Jul/Aug;13(4):263-8. Apud: Frontera WR, Danson DM, Slovik DM. Exercício Físico e Reabilitação. Porto Alegre: Artmed; 2001.

Seção 3

Energia potencial elástica (*theraband*)

Alex Evangelista

Conceitos

Propriedades físicas

Define-se como *energia potencial elástica* a energia potencial de uma corda ou mola que possui elasticidade.

Uma mola helicoidal, tendo como matéria o aço temperado, é caracterizada fisicamente pela constante elástica k. A deformação x da mola é elástica e a ação da força F atua no sentido contrário ao da determinação agindo para voltar à posição nula. A lei Hooke se apresenta da seguinte forma:[1]

$$F = -kx$$

Reparemos que x mede a deformação linear do material em formato de mola a partir do seu tamanho original (sem força). A unidade de força elástica *F* é proporcional à deformação, e a unidade constante elástica da mola SI (sistema internacional) é N/cm (Newtons por centímetro). De modo prático, sabemos que *k* mede a resistência do elástico. Portanto, a grandeza do valor de *k* determina a dificuldade de deformação; quanto mais alto seu valor, maior será a dificuldade de deformação.

Em um elástico com uma estrutura íntegra, isto é, capaz de deformar toda a energia que acumula, definimos então que existe uma energia potencial armazenada, e pode ser descrito assim:[1]

$$E_{el} = \frac{kx^2}{2}$$

Já descrevemos que *x* é o dado da contração ou distensão que ocorre no elástico. A constante elástica é representada por *k*.

Levemos as fórmulas físicas para as nossas necessidades de tratamento. Como recurso terapêutico, a energia potencial elástica é um fundamento no treinamento de força. Portanto, elásticos com *k* (constante elástica) baixa são elásticos mais frágeis que distendem facilmente. No caso dos elásticos *gold*, com valor alto de constante elástica, é necessário uso de mais força para sua deformação.

No entanto, quanto maior a força usada para causar deformação e quanto maior o grau de dificuldade para o elástico, maior será a quantidade de energia potencial elástica armazenada.[1]

O organismo do ser humano possui uma proteína conhecida como elastina. Essa proteína é hidrofóbica e se envolve em filamentos e lâminas por ligações cruzadas. Tem uma função primordial nas fibras elásticas, com uma estrutura que permite ser estirada a partir do estado de repouso e voltar ao estado de relaxamento.[3]

Basta que testemos em nossa pele: ao apertarmos com o dedo, perceberemos que iremos deformar o tecido e ele voltará ao estado de repouso. Sem elastina, aquele tecido ficaria deformado para sempre.

Resultante vetorial da ação muscular

a) Componente perpendicular → vetor de deslocamento ou movimento.
b) Componente paralelo → vetor de compressão articular ou estabilidade.
c) Xy Resultante Vetorial → vetor da ação muscular.

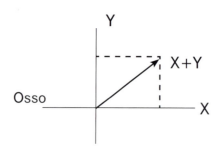

Ângulo de 90°: só deslizamento, sem compressão.

Ângulo de 0°: só compressão, sem deslizamento.

A força de um músculo varia com o ângulo articular.[1]

Ossos sesamóideos: ↑ o ângulo de inserção.

Aumentando os vetores da força muscular.

Facilita o desempenho dos músculos.

Relação comprimento x tensão

Um maior torque de potência é produzido quando os músculos estão estirados (alongados) antes de se contraírem.

Pré-estiramento máximo do músculo → maior recrutamento de fibras musculares → melhor qualidade de contração muscular.

Relação velocidade de contração x tensão

A força de um músculo também está relacionada ao tempo de ativação, à velocidade de encurtamento e também ao comprimento. A ciência estuda minuciosamente a Física aplicada a esse recurso terapêutico para que possamos usar com o máximo de aproveitamento.[2]

Relação força x tempo[2,4]

Um músculo, antes de entrar em contração máxima, necessita de um breve tempo antes que desenvolva tensão. Esse episódio, conhecido como REM (retardo eletromecânico),[4] auxilia para que o músculo tenha tempo necessário para a estrutura contrátil do músculo produzir estiramento do comprimento elástico em série. Quando o REM ocorre, diminui o estado de relaxamento do músculo, aumentando o estado de tensão. Não existe um valor estipulado do REM: ele varia de pessoa para pessoa e de acordo com o estado de treinamento. Estimam-se valores entre 20 e 100 ms. Fibras musculares com alto percentual de fibras tônicas têm o REM maior que os músculos predominantemente com fibras glicolíticas. Nesse caso, é importante conhecer as caractrísticas do atleta.

Resumindo, quanto maior a velocidade de contração, menor a tensão produzida pelos músculos.

Relação força x velocidade[2,4]

A utilização de carga elevada promove uma tensão concêntrica que indica uma velocidade de encurtamento mais baixa, porém a relação força x velocidade não determina a incapacidade de promover uma velocidade alta com uma resistência alta. Mas, para determinada carga associada a uma força muscular desejada, existe uma velocidade máxima de encurtamento possível. É fundamental esse conceito para estipular trabalhos de força.

Relação força x comprimento[2,4]

O comprimento do músculo é responsável, em parte, pela força isométrica máxima que um músculo pode produzir.

Em preparações de músculo isolado, a geração de força está em seu pico quando o músculo encontra-se pré-estirado.

Principais exercícios

Não existe protocolo de tratamento com *theraband*, e não é isso que estamos dispostos a colocar aqui neste livro. A partir dos fundamentos básicos das leis físicas é que montaremos exercícios eficazes para o fortalecimento desejado. Seguem algumas sugestões:

Exercício 1: paciente em pé ou sentado, de frente para o ponto de fixação do elástico. O paciente realiza o movimento de flexão e extensão do ombro, com o cotovelo em ligeira flexão e pronação, segurando o tensor com o punho em extensão. A observação deve estar voltada para o vetor de força.

Exercício 2: paciente em pé, de costas para o ponto de fixação do elástico. O paciente realiza o movimento de flexão e extensão do ombro, com o cotovelo em ligeira flexão e pronação, segurando o elástico com o punho em extensão.

Exercício 3: paciente em pé, de frente para o ponto de fixação do elástico, com leve rotação externa de coxofemoral e joelho em semiflexão. O paciente realiza o movimento de extensão do ombro com pronação e supinação do cotovelo, estando o cotovelo em flexão de 90°, e o punho, em extensão.

Exercício 4: paciente em pé, de lado para o ponto de fixação do elástico, com leve rotação externa de coxofemoral e joelho em semiflexão. O paciente realiza o movimento de rotação interna e externa do ombro, estando o cotovelo em flexão de 90°, e o punho, em extensão.

Exercício 5: paciente deitado, decúbito dorsal; para a fixação do elástico no pé, o paciente realiza movimentos de rotação externa do pé. O paciente realiza os movimentos de rotação externa com a perna em extensão.

Exercício 6: paciente deitado, decúbito dorsal; para a fixação do elástico no pé, o paciente realiza movimentos de rotação interna do pé. O paciente realiza os movimentos de rotação externa com a perna em extensão.

Exercício 7: paciente deitado, decúbito dorsal; para a fixação do elástico no pé, o paciente realiza movimentos de dorsiflexão do pé. O paciente realiza os movimentos de rotação externa com a perna em extensão.

Exercício 8: paciente deitado, decúbito dorsal; para a fixação do elástico no pé, o paciente realiza movimentos de flexão plantar do pé. O paciente realiza os movimentos de rotação externa com a perna em extensão.

Todos os movimentos devem respeitar a resultante vetorial, segundo as leis físicas aplicadas à Biomecânica.

Referências

1. Eisberg RM, Lerner LS. Física: Fundamentos e Aplicações. São Paulo: MacGraw-Hill; 1990.

2. Hall CM, Brody LT, Taranto G. Exercício terapêutico: na busca da função. São Paulo: Guanabara Koogan; 2001.

3. McArdle WD, Katch FI, Katch VL. Fisiologia do exercício: Energia, Nutrição e Desempenho Humano. 3. ed. Rio de Janeiro: Guanabara Koogan; 1992.

4. Zatsiorsky V. Biomecânica no Esporte: Performance do Desempenho e Prevenção de Lesão. 1. ed. Rio de Janeiro: Guanabara Koogan; 2004.

Seção 4

Conceitos sobre crioterapia

Alex Evangelista
Eduardo Yujiro Abe

Conceitos

A terapia fria é largamente utilizada com o intuito principal de redução do tempo de recuperação como parte integrante no programa de tratamento de lesões tanto na fase aguda quanto na crônica. Autores emblemáticos citam a eficácia da crioterapia não só nas contusões mais simples, mas também após intervenções cirúrgicas reparadoras e/ou reconstrutivas (fazendo uso da ação analgésica, reduzindo a sensação dolorosa, principalmente).

É incalculável o benefício que o esporte proporciona à sociedade. O impressionante crescimento do interesse da mídia trouxe consigo investimentos milionários para o setor de esportes. A par das evidências de que o homem contemporâneo utiliza-se cada vez mais dos recursos aplicados no esporte, seja na atividade física ou nos tratamentos fisioterapêuticos, as pesquisas e os resultados da prática clínica nas diferentes modalidades esportivas são transmitidos à sociedade visando a incorporar-se em seu cotidiano. O descobrimento de procedimentos eficazes traz à tona discussões científicas, com a finalidade de disponibilização para as pessoas comuns. A crioterapia se desdobra a cada ano em sua forma de aplicação; ledo engano pensar que só existe a aplicação sobre a pele em sacos plásticos ou bolsas de gelo. Novamente se observa que a ação vasoconstritora oferecida pela crioterapia gera, automaticamente, muitos assuntos polêmicos. A seguir, veremos alguns temas que corroboram o uso adequado da terapia fria.

Este capítulo tem o objetivo de estudar os principais conceitos sobre os benefícios da terapia fria no tratamento desportivo e/ou no tráumato-ortopédico. A revisão bibliográfica exposta aqui visa a colaborar na elaboração de tratamentos nos quais o gelo possa influenciar positivamente. Nosso livro não tem a pretensão de englobar todos os assuntos referentes a essa terapia; simplesmente estudamos os principais autores do assunto e disponibilizamos temas que estão no cotidiano da prática dos autores desta obra.

Efeitos metabólicos e lesão muscular

O exercício físico também pode trazer resultados indesejados, tais como lesões espontâneas em momentos em que a equipe mais espera pelo atleta. Afinal, o supertreinamento é sempre administrado buscando os melhores resultados de absorção do jogador, e um percentual pequeno do grupo pode responder com lesões, o que é absolutamente normal. Na verdade, ao analisar as formas de treinamento, nos depararemos com uma diferença muito grande do passado, portanto não há como manter os tratamentos com a mesma referência.[1-4]

Facilmente explicamos que se um atleta corre hoje 50% a mais numa partida de futebol[4] do que há 30 anos, imaginamos que houve significativa mudança no metabolismo dos jogadores hoje em dia. Assim, acredita-se que atletas desse perfil podem responder com mais eficiência a um tratamento, salvo algumas individualidades e respectivas peculiaridades, as quais sempre respeitaremos durante todo o nosso discurso.

Estudiosos vêm aumentando os recursos adotados na prevenção de lesões no desporto. Uma teoria muito discutida hoje em dia está relacionada à oxidação da célula e aos seus efeitos danosos ao sistema musculoesquelético[5] (estudar "Miologia").

O aumento no consumo de oxigênio é proveniente de atividades físicas, e a atenção a esse detalhe pode proporcionar uma grande diferença. Tal fato pode, por exemplo, ocasionar danos ao tecido muscular a partir de *espécies reativas de oxigênio*, que trataremos de EROs: sua concentração excessiva reage com estruturas celulares, oxidando-as. Mas o grande problema é que altos níveis podem alterar a função celular e também desorganizar a homeostase.

As últimas décadas foram marcadas pelo avanço da tecnologia na preparação física, incorrendo no aumento significativo da intensidade dos trabalhos físicos para os atletas. O objetivo de aumentar a capacidade física dos atletas também os torna suscetíveis ao ataque oxidativo das EROs. O lado bom é que o treinamento também age no sistema antioxidante intracelular, aumentando a capacidade de remover espécies reativas de oxigênio.[8]

O sistema de defesa lança marcadores no sangue, os quais facilitam o trabalho de pesquisadores que buscam marcadores de antioxidantes. As enzimas antioxidantes, principalmente glutationa redutase e catalase, que agem no pico de atividades de alta intensidade, foram relatadas por Ji (2002),[28] o qual observou que tais enzimas agem uma complementando a outra em períodos diferentes. Acreditamos que a crioterapia (imersão no gelo) possa auxiliar no tamponamento contra uma possível ação de EROs.

Crioterapia e Bioquímica

Astrand e Rodahl[3] relataram que a atividade física pode aumentar vinte vezes o volume de oxigênio total consumido (VO_2). Jenkins e Gold[27] consideraram que 2% a 5% do oxigênio consumido dão origem às espécies reativas. Alessio[2] afirmou que a alta produção de EROs é responsável por ações indesejadas, principalmente aumento da peroxidação de lipídios de membranas. Radak et al.[47] afirmaram que altas intensidades de atividade física provocam aumento na carbonilação de proteínas, causando, inclusive, danos ao DNA intracelular. Essa alteração pode provocar prejuízos ao metabolismo intracelular. O vilão EROs pode estar relacionado com a instalação da fadiga e com lesões musculares.

É fato que o sistema de defesa possui mecanismos de combate a essas ações antioxidantes que colaboram na desintoxicação das espécies reativas de oxigênio de formas distintas. Yu[60] sugeriu que o sistema enzimático antioxidante parece ser o principal meio de remoção de EROs formadas durante o metabolismo intracelular.

No futebol, o desempenho dos jogadores mostrou melhoras nos últimos vinte anos, em que a distância percorrida durante uma partida sofreu aumento superior a 50% quando comparado aos dados referentes à década de 1970.[4] Esse aumento, provavelmente, decorra da revisão e do desenvolvimento do treinamento dos atletas em nível quantitativo e qualitativo das cargas aplicadas durante o treinamento físico, os quais sofreram aumentos significativos. Já é de conhecimento que o aumento da intensidade do treinamento físico tem relação direta tanto com os níveis de produção de EROs quanto com a adaptação das enzimas antioxidantes.[46] Assim, a resposta adaptativa ao treinamento eficiente traz, em conjunto, níveis eficazes de defesa antioxidante, redução do estresse oxidativo e consequente prevenção contra a instalação de processos de fadiga e lesões musculares ao longo da temporada de competição.

A ação da terapia fria pode reduzir o fluxo sanguíneo em virtude de vasoconstrição e, consequentemente, agir nas perturbações circulatórias, além de combater a inflamação, o edema e a dor.[32]

Knight[32] relatou que a ação vasoconstritora da crioterapia é dependente de fatores como a região em que foi aplicada, podendo levar até duas horas para voltar ao calibre fisiológico do vaso. Esses efeitos podem combater os indesejáveis reativos pós-treinos, reduzindo a resposta corporal de contração muscular para regulação da temperatura, diminuindo concentrações de metabólitos capazes de aumentar as chances de lesão muscular.

O H_2O_2, também conhecido por peróxido de hidrogênio, apesar de não apresentar elevado potencial oxidante, pode reagir com metais de transição, como o Fe (ferro) ligado ou não às hemácias, originando o radical OH (hidroxila), que é um poderoso oxidante.[60] Percebemos então que é de extrema importância que as taxas de H_2O_2 sejam mantidas baixas para a manutenção das funções subcelulares. É sabido que a enzima responsável pela desidratação do peróxido de oxigênio (em H_2O e O_2) é a CAT (catalase), e a detoxificação do H_2O_2 é feita pela GPX (glutationa peroxidase), que tem menor especificidade para o substrato, porém apresenta a propriedade de redução de substâncias como hiperóxidos a álcool.[64]

Embora a literatura seja carente com relação a estudos conduzidos em jogadores de futebol, alguns trabalhos relataram aumento na atividade das enzimas antioxidantes em eritrócitos após treinamento aeróbio. Brites et al.[8] mostraram que jogadores de futebol possuíam capacidade antioxidante plasmática total e atividade da enzima antioxidante superóxido dismutase aumentada em relação a sujeitos sedentários.

Durante uma competição, ocorrem variações do comportamento bioquímico no organismo, e isso interfere diretamente na capacidade física: sob o ponto de vista da "tabela do campeonato", o atleta torna-se fundamental nos últimos jogos, justamente quando apresenta maior fadiga. A atividade da enzima GR tem um pico no início das competições, enquanto a enzima CAT ainda não se apresenta em atividade máxima, atingindo seu pico, justamente, nas fases finais da competição, quando a GR já apresentava queda de cerca de 40% em sua atividade. Em suma, essa integração enzimática é observada principalmente nos eritrócitos,[62] que são células anucleadas e, portanto, não realizam a síntese proteica (pela ausência de material genético necessário). Ainda não estão claras as razões pelas quais as alterações enzimáticas entre GR e CAT ocorrem, porém alguns autores atribuem o fenômeno a interações diretas com a estrutura proteica enzimática.[56] Em recente proposta, Kosenko et al.[34] sugerem que o H_2O_2 produz efeito estimulador sobre outra enzima antioxidante, conhecida como superóxido dismutase, que, por sua vez, estimula o CAT com seu radical ânion. Já o CAT parece atuar no processo de redução dos íons Fe^{3+} para Fe^{2+}, que se faz presente no grupamento molecular heme,[23] tornando-se mais ativa após o processo redutivo.

Com relação à queda na ação do GR na fase final do período competitivo, esta é atribuída à diminuição da concentração da enzima catalisadora NADPH[58] demonstrada em estudos realizados com esforços de alta intensidade (como ocorre no futebol), quando se observaram aumento da lactacidemia e diminuição da NADPH.

Os processos anteriormente mencionados ainda não são conhecidos em sua totalidade e merecem estudos mais detalhados.

Trabalhos realizados durante a temporada competitiva (Rosell et al.)[51] relacionados aos marcadores de estresse oxidativo e lesão muscular demonstraram a ausência de alterações significativas durante esse período. Outros estudos foram realizados com base na análise da concentração plasmática do urato, que se mostrou um eficiente indicador tanto para a verificação da capacidade antioxidante nesse meio quanto para os danos oxidativos em decorrência dos ataques radicalares. Mikami et al.[39] demonstraram, em seus estudos, que a concentração plasmática do ácido úrico tem relação inversa se comparada aos níveis de peroxidação lipídica. Análises comparativas entre atletas do futebol e sedentários (Brites et al.[8] comprovaram que o primeiro grupo possuía maior capacidade antioxidante, enquanto o segundo demonstrou aumento em alguns dos marcadores de estresse oxidativo. Outros estudos semelhantes mostraram que o treinamento físico[47] induz estruturas intracelulares (lipídios de membrana, proteínas e DNA, entre outras) no combate radicalar.

Estudos acerca da concentração plasmática da CK (creatina quinase), em análise comparativa, demonstraram que os níveis desse elemento nos atletas apresentavam-se sempre acima dos valores referenciais para indivíduos sedentários, demonstrando que existe maior alteração das estruturas em nível muscular ou, ao menos, maior permeabilidade de membrana do sarcolema. Portanto, pode-se afirmar que a CK é um importante indicador para o estado de estresse muscular.

Uma concepção moderna surge a partir de uma visão transdisciplinar, e todos os recursos devem ser disponibilizados para uma reação metabólica positiva do atleta.

A Bioquímica explica como reage a célula após atividades extenuantes. Com base na fisiologia da terapia fria, podemos intervir e prevenir lesões espontâneas com grande sucesso.

A Fisioterapia, a preparação física, a Nutrição e a Medicina podem preparar trabalhos eficientes no combate à oxidação celular. Em nível fisioterápico, a crioterapia torna-se uma importante aliada nesse processo.

Podemos citar o sucesso dos trabalhos realizados no Clube Al Ahli (Qatar) e, recentemente, no Kashima Antlers (Japão) em 2007, 2008 e 2009, com uma catalogação de 5 lesões musculares em aproximadamente 140 jogos. Tendo um relato, somente, de lesão muscular que tenha passado o período de 8 dias de recuperação, mostra-se que, além de preventiva, a crioterapia também facilita a recuperação, reduzindo o tempo do atleta no departamento médico.

Uso da crioterapia nos mais diversos objetivos

Knight[32] relatou que a ação da terapia fria pode interferir na fisiologia dos nervos sensoriais, aumentando a duração do potencial de ação e, consequentemente, o período refratário. Esse fenômeno ocasionará diminuição da transmissão dos impulsos nervosos.

O objetivo principal do uso da crioterapia é o de retirar calor do corpo.

A ação da crioterapia tem por objetivo resfriar a temperatura corpórea, provocando hipotermia e redução da taxa metabólica basal, respectivamente. Assim, a célula diminui sua necessidade de oxigênio, permitindo-lhe que possa ser recuperada sem lhe adicionar maiores danos do que os já instalados pela célula.

A grande importância da crioterapia se dá pelo fato de proteger a célula do tecido lesado, possibilitando a recuperação acelerada com menos danos.[32] A literatura descreve que o exercício induz microlesões no tecido muscular esquelético. A ideia deste capítulo é mostrar que esse recurso possibilita uma ação de reparação mais rápida do tecido lesionado e deve ser usado imediatamente pós-trauma. Mas inserimos, nesse estudo, um dos assuntos mais comentados da atualidade, que se trata da prevenção de lesões em equipes de desporto profissional, atualmente em voga na NBA (liga de basquete norte-americano) e no futebol brasileiro. A contração muscular produz tensões que podem levar a microrrupturas no sarcolema e na lâmina basal, seja na fase concêntrica ou na excêntrica, e a fase excêntrica tem maior poder de gerar essas microrrupturas.[61,62] Autores emblemáticos verificaram tais ocorrências diretamente, por meio da microscopia, ou indiretamente, utilizando marcadores de lesão tecidual.[25,42] Nosaka e Newton[42] referenciaram que a ruptura do sarcolema permite o extravasamento do conteúdo intracelular, causando o aparecimento de enzimas, proteínas e fragmentos de proteína no sangue. Entre esses marcadores de lesão tecidual destacam-se, além da CK (creatina quinase) descrita anteriormente, a LDH (lactato desidrogenase), a mioglobina, a troponina I e fragmentos de miosina. Assim, verificar o aparecimento dessas enzimas no sangue serve como indicador de lesão tecidual.

Para que um músculo atinja sua atividade máxima sem a interferência de qualquer sinal de dor, é necessário que ele seja reparado (ver seção "Miologia") e esteja totalmente íntegro. Rupturas teciduais sofrem reparação em decorrência do estímulo dos íons Ca^{++} do retículo sarcoplasmático para que se inicie o processo de síntese de hormônios IGF-I, por exemplo. Esses hormônios, por sua vez, enviam sinais para que o núcleo da fibra muscular realize a síntese proteica, tanto de seu citoesqueleto quanto de novas proteínas, como as da MHC (cadeia pesada de miosina).[59] Dessa maneira, a célula muscular reconstituída irá adaptar-se ao exercício sintetizando um número maior de proteínas, promovendo, assim, o processo de hipertrofia muscular.[11,61]

A crioterapia tem a competência de reduzir o espasmo, promovendo a analgesia. Com sua capacidade vasoconstritora, permite uma ação anti-inflamatória e antiedematosa. Espera-se que essas respostas fisiológicas restaurem as condições normais do tecido lesionado.[5,8]

Autores emblemáticos[64] verificaram que a atividade física aumenta os marcadores séricos de estresse oxidativo e consequentes lesões musculoesqueléticas durante o período de competição em atletas de futebol. A sequência de jogos em uma competição leva os atletas a seguidos estresses mecânicos (microlesões) e metabólicos (estresse oxidativo) que, se não forem recuperados rapidamente, podem levá-los a um futuro estado de *overtraining*.[10]

É sabido que equipes das mais variadas modalidades esportivas lançam mão da técnica crioterápica de imersão fria, buscando o aumento na velocidade do processo regenerativo tecidual.

A grande preocupação dos treinadores está associada à necessidade de se fornecer treinamento intenso com o mínimo de riscos de lesões; há alguns anos, essa seria uma afirmativa irônica. Com base na necessidade de manter íntegra a saúde do atleta, buscamos meios comprovados cientificamente para prevenção de lesões e maximização da capacidade de treino da equipe de forma geral.

Pode-se também levar esse processo para o paciente comum, desde que aplicado com os fundamentos físicos que interessam ao paciente sedentário ou aos atletas amadores.

A aplicação do gelo parece ser um ato simples, para muitos. Porém, a crioterapia requer conhecimento aprofundado sobre sua ação no organismo: o que representa cada minuto de aplicação, a relação entre o ambiente e a temperatura da água e outros fatores que estão diretamente relacionados ao sucesso da técnica.

A seguir, estudaremos os mecanismos fundamentais para a escolha da terapia fria e seu uso.

Sistema nervoso central em resposta ao ambiente frio

Aspectos fisiológicos da regulação térmica corporal diante da baixa temperatura ambiental

O organismo é capaz de reagir às condições ambientais, e a perda de calor por radiação está relacionada a esse fenômeno. Todo esse processo ocorre de acordo com o gradiente térmico gerado entre a temperatura da pele e a temperatura ambiente.[14,36]

A temperatura periférica tem uma variabilidade maior e, em diversas situações, seu valor muda como em um processo de conservação da temperatura central. Pequenas variações térmicas ambientes são relevantes apenas para a temperatura periférica (da pele, por exemplo).[7]

A temperatura central decresce com a idade, como consequência da diminuição do metabolismo e da perda do estrato córneo (*stratum corneum*) da pele; é maior no início do dia; aumenta com o metabolismo e a ingestão de alimentos (efeito termogênico dos alimentos).[7]

Tais eventos decorrem de acordo com o estímulo aplicado na pele: a quantidade de impulsos recebidos pelo sistema nervoso central é diretamente proporcional ao estímulo cutâneo, pela transmissão das vias aferentes sensitivas.[36]

A produção de calor pode se dar por duas formas: com ou sem tremor. A produção sem tremor, ou química, é subdividida em termogênese obrigatória (o calor liberado é proveniente da taxa metabólica basal durante o repouso em condições termoneutras) e termogênese adaptativa (aumento da taxa metabólica em resposta a baixas temperaturas ambientais). No frio, o aumento da secreção de tiroxina pela glândula tireoide é responsável pelo aumento global do metabolismo basal. Em recém-nascidos, o tecido adiposo marrom é responsável pela geração de grande quantidade de calor. Esse tecido possui mitocôndrias especiais, portadoras de termogenina, uma proteína capaz de desviar o fluxo de prótons da cadeia respiratória para a geração de calor.[21]

Ação hipotalâmica x temperatura ambiente

A temperatura central (37 °C, aproximadamente) é consequência da temperatura periférica, que se refere à pele e à sua capacidade de perda de calor e isolamento térmico, do metabolismo e da perda de calor, por exemplo, pela evaporação de água no trato respiratório. A temperatura central varia aproximadamente 0,6 °C para uma variação ambiental entre 13 °C e 54 °C.[9]

O hipotálamo exerce uma importante função no controle do sistema endócrino, por ser responsável pela secreção de hormônios pela hipófise, que, por sua vez, tem influência direta sobre o metabolismo (produzindo a sensação de bem-estar e relaxamento após as refeições), o sistema reprodutor (sensação de prazer sexual), resposta a estímulos agressivos (raiva e medo) e o sistema urinário. Também apresenta um valor de temperatura pré-estipulado pelo sistema nervoso central adequado para o corpo humano. O ponto de ajuste, em condições normais, é, em média, de 36 °C a 37 °C; dessa maneira, será identificada qualquer alteração caso seja aferido outro valor. O próprio hipotálamo pode ajustar o ponto crítico de segurança para desencadear respostas de perda ou ganho de calor antecipadamente, prevenindo assim grandes variações de temperatura interna.[7,21]

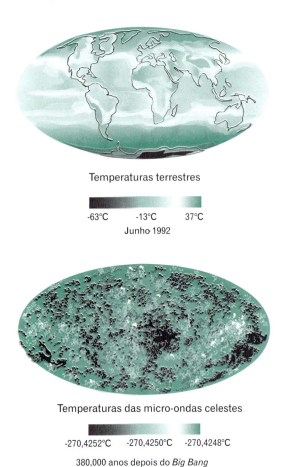

Temperaturas terrestres
-63°C   -13°C   37°C
Junho 1992

Temperaturas das micro-ondas celestes
-270,4252°C   -270,4250°C   -270,4248°C
380,000 anos depois do Big Bang

Variação da temperatura ambiente.

O hipotálamo posterior é responsável por desencadear mecanismos efetores de controle de temperatura a partir de um balanço entre a temperatura externa e a interna. Se a temperatura interna ultrapassar o ponto de ajuste, alguns mecanismos serão desencadeados: a) vasodilatação periférica, via inibição dos centros simpáticos do hipotálamo posterior que causariam vasoconstrição; b) sudorese, em que a APO (área pré-óptica) manda impulsos através das vias autonômicas para a medula espinhal, da qual partem fibras simpáticas colinérgicas para glândulas sudoríparas de todo o corpo; c) ofegação, em que a APO detecta o aumento da temperatura e estimula o centro da respiração ofegante, associado ao centro respiratório pneumotáxico, na ponte do tronco encefálico.[21,26]

Quando a temperatura do sangue aumenta, a frequência da descarga dessas células aumenta na mesma proporção, e, quando a temperatura diminui, a resposta dessas células é a diminuição da frequência das descargas.[21]

O metabolismo corporal é a intensidade de produção de calor no corpo. A temperatura corporal é controlada pelo balanço entre a produção e a perda de calor. Os fatores que influenciam a produção de calor são: efeito da epinefrina, da norepinefrina e da estimulação simpática; atividade muscular; efeito da tiroxina e de outros hormônios; intensidade basal do metabolismo; e atividade química celular. A velocidade com a qual o calor é transferido do interior do corpo para a pele determina a perda de calor.

O SNS (sistema nervoso simpático) regula a temperatura corporal pela sua ação sobre o metabolismo e sobre os efetores cutâneos. A epinefrina liberada pela medula adrenal aumenta a intensidade do metabolismo em todo o corpo. Na pele, os sinais do SNS controlam o calibre dos vasos sanguíneos, a secreção das glândulas sudoríparas e a ereção dos pelos. O fluxo sanguíneo para a pele é controlado por receptores α-adrenérgicos no músculo liso das arteríolas. Essa fixação da norepinefrina aos receptores α-adrenérgicos das arteríolas também estimula os esfíncteres pré-capilares a se contrair, impedindo o sangue de cursar pelos capilares, diminuindo, dessa forma, a radiação de calor pela pele. A sudorese, ativada quando a acetilcolina se fixa a receptores muscarínicos nas glândulas sudoríparas, ajuda a dissipar calor. A piloereção pouco contribui para a retenção de calor nos humanos.[21,26] Conforme citamos, no núcleo pré-óptico está localizado o ponto de ajuste termorregulador, isto é, a referência do sistema termorregulador. Na derme, localiza-se o fluxo sensorial aferente informativo.[7,21]

Ao se proporcionar o frio, determina-se um fluxo de saída de valor negativo (-Δ t °C) que age sobre os núcleos hipotalâmicos (concernentes à termorregulação) e estabelece-se o erro entre o fluxo de referência (37 °C) e o fluxo sensorial.[7] Esse é um dado precioso para se calcular, inclusive, temperaturas ideais para determinados tipos de tratamento com crioterapia.

Receptores sensoriais[21]

Mecanoceptores que respondem à pressão e ao estiramento estão localizados nos átrios, nos ventrículos, nas artérias carótidas e nos pulmões.

Quimioceptores ficam localizados nos corpos carotídeos e aórticos (respondem ao oxigênio), no bulbo (respondem ao íon hidrogênio e ao dióxido de carbono) e no hipotálamo (respondem aos níveis sanguíneos de glicose e às concentrações eletrolíticas). Outros quimioceptores estão no estômago, nos brotamentos gustativos e no bulbo olfativo e também respondem a compostos químicos.

Nociceptores são encontrados em todas as vísceras e nas paredes arteriais. São responsivos ao estiramento e à hipóxia, assim como a substâncias químicas irritantes.

Termoceptores no hipotálamo são sensíveis a variações muito pequenas da temperatura do sangue circulante. Os cutâneos respondem às variações da temperatura externa.

Respostas fisiológicas ao frio

O efeito do resfriamento em tecido vivo, com fins terapêuticos, tem sido empregado na Fisioterapia em uma série de afecções. O controle de edemas, da inflamação e a redução da dor são as indicações mais comuns para a aplicação da crioterapia. A temperatura da pele deve cair para aproximadamente 13,8 °C para obter diminuição do fluxo sanguíneo e 14,4 °C para analgesia.[37,54]

A divergência entre autores criou controvérsias quanto ao uso da crioterapia. A depender da aplicação, essa modalidade terapêutica pode contribuir para a redução da dor, do espasmo muscular, da hipóxia secundária, da espasticidade e do edema.[1,10,40] De fato, o principal efeito da crioterapia está na redução da taxa de metabolismo.[38] A redução no metabolismo diminui a necessidade de oxigênio e seu consumo pelas células. Isso aumenta sua sobrevida durante o período de isquemia, contribui para reduzir os efeitos da hipóxia secundária e uma quantidade menor de mediadores inflamatórios é liberada na área, diminuindo a extensão do tecido lesado.[19,40,52,54]

Vasodilatação ou vasoconstrição – Pós-crioterapia

Até os dias de hoje, nenhum estudo realizado mostra que a temperatura de recuperação (após a crioterapia) foi superior à temperatura de pré-imersão, em condições normais. Clarke, Hellon e Lind[12] relataram que a vasodilatação fria pode também ocorrer sem o componente de caça. Eles esfriaram antebraços humanos a uma temperatura de 1 °C. Um aumento acentuado na corrente sanguínea de três a quatro vezes os valores de antes do esfriamento ocorreu depois de 15 minutos de imersão. Apenas um pequeno aumento na corrente sanguínea foi notado com temperatura de 10 °C.[38]

Pensava-se que essa vasodilatação fria fosse uma resposta profunda, provavelmente em músculo esquelético, e foi assumido ser local, porque não foi notada nenhuma mudança reflexiva na extremidade contralateral.[38]

Diante da inexistência de estudos (até a presente data) relatando o aumento do diâmetro fisiológico dos vasos, pode-se afirmar que não existe vasodilatação pós-imersão em temperaturas baixas.

Segundo Collins,[13] a vasodilatação induzida pelo frio é causada por um reflexo axonal neurogênico local ou pela liberação local de hormônios vasodilatadores nos tecidos. Vale ressaltar que Rodrigues[49] contesta com seus resultados que haja vasodilatação. Segundo o autor, não há vasodilatação durante ou após aplicações do frio; só há vasoconstrição, que ocorre durante a aplicação do frio e tem por objetivo conservar o calor do corpo.

A literatura mostra que é maior o fluxo sanguíneo induzido por exercício do que por frio ou calor.[21]

O efeito da vasoconstrição é a resposta inicial que ocorre durante a aplicação da crioterapia, e seu objetivo é manter o calor do corpo como uma resposta fisiológica da regulação da temperatura corporal.[49,14]

Para Pedrinelli et al.[44] a vasoconstrição é produzida reflexamente nas fibras simpáticas e por ação direta sobre os vasos, por redução da temperatura.

Guirro et al.[19] mencionaram que a vasoconstrição pelo frio pode ser causada pela diminuição da concentração de CO_2 que levará a um aumento do tônus vascular. Para eles, outros fatores também concorrem para a vasoconstrição: o estímulo nas fibras simpáticas, a diminuição da pressão oncótica e a diminuição do efeito da histamina na membrana vascular podem estar envolvidos.[19]

Diante do mecanismo neuromuscular

Kim[30] relata que o aumento do limiar da dor e a diminuição da velocidade de condução nervosa beneficiam o alongamento muscular; em contrapartida, a diminuição da extensibilidade do tecido conectivo atua reduzindo a flexibilidade muscular. A aplicação da crioterapia por trinta minutos, em forma de banho de imersão entre 10 °C e 15 °C, diminui o torque muscular em 60% e 80%. Portanto, vale ressaltar que o resfriamento reduz a elasticidade do tecido conectivo e do muscular.

A crioterapia apresenta também efeitos fisiológicos relevantes sobre patologias neurológicas, quando aplicada no sistema musculoesquelético.

Knight[31] mencionou a alteração na célula com aumento da duração do potencial de ação dos nervos sensoriais, consequentemente, um aumento do período refratário, levando a uma diminuição do número de fibras nervosas que despolarizarão no mesmo período de tempo, e, em razão disso, ocorrerá uma redução dos impulsos nervosos e consequente redução do gasto calórico.

A queda da temperatura produz efeitos inibitórios em nível muscular, mais propriamente na região do fuso, na qual a diminuição da força muscular pela redução da sensibilidade fusal e do reflexo tendinoso produz relaxamento e consequente redução da espasticidade. A limitação da velocidade de condução nervosa das fibras Ia e II e dos motoneurônios gama, porporcionada pelo resfriamento, é o fator primordial da ação da terapia fria no arco reflexo miotático. A crioterapia se faz eficaz principalmente nas doenças ortopédicas, pois atua aumentando o limiar doloroso e diminuindo a velocidade de condução do impulso nervoso, o que também é conhecido como bloqueio no ciclo espasmo-isquemia-dor. Tais eventos trazem benefícios ao alongamento muscular pela diminuição da dor, e, em contrapartida, há redução da extensibilidade do tecido conectivo, diminuindo a flexibilidade muscular, e redução da elasticidade dos tecidos conectivo e muscular.

A aplicação da crioterapia por trinta minutos, em forma de banho de imersão entre 10 °C e 15 °C, diminui o torque muscular em 60% e 80%.[31,32,49,50]

Diante da dor

O uso clássico da crioterapia está intimamente ligado à dor. Basta que prestemos atenção no leigo que imediatamente busca um saco de gelo quando toma uma pancada.

O frio, reduzindo a dor, reduz o vasoespasmo simpático, que, por conseguinte, melhora a circulação profunda, colaborando com o processo anti-inflamatório.

Knight[32] relatou o aumento do limiar de excitabilidade nervosa de acordo com o tempo de aplicação, ou seja, quanto maior o tempo, menor será a transmissão dos impulsos relacionados à temperatura, o que poderá gerar a diminuição da sensibilidade dolorosa.

A sensação de dor observada nos primeiros minutos após a aplicação da crioterapia é atribuída principalmente à vasoconstrição.

A hipotermia local e a redução da dor são consideradas fatores importantes da dor por dois mecanismos:

- *Direto*

  - Pela elevação do limiar de dor.
  - Pela liberação de endorfinas.
  - Pela diminuição do metabolismo.

- *Indireto*

  - Pela eliminação da causa (edema ou espasmo muscular).

Diante do metabolismo celular

Uma abordagem aprofundada sobre este tópico, com a ênfase que merece, torná-lo-ia extremamente extenso, o que desvia nosso objetivo. Associando cada tópico da ação da terapia fria, talvez tenhamos a principal resposta sobre o metabolismo celular.

A redução do metabolismo é o principal efeito fisiológico das aplicações do frio. À redução da temperatura e do metabolismo dá-se o nome de hipotermia.

O objetivo principal da hipotermia é reduzir a atividade metabólica dos tecidos envolvidos para que aqueles que estejam lesados ou recebendo pouco oxigênio tenham uma melhor condição de sobrevivência.

Autores emblemáticos[19,20] relataram que a 37 °C uma célula apresenta um consumo máximo de oxigênio (100%), e a 15 °C a sua necessidade se reduz a 10%.

O frio inibe a proporção de crescimento e reprodução das bactérias, tornando-as mais suscetíveis ao ataque do sistema imunológico do corpo e aos antibióticos. O frio reduz a produção de toxinas bacterianas e substâncias metabólicas como a *penicilinase*.

Diante do edema[31,32,49]

A permeabilidade da membrana diminui, o que é extremamente importante para o trauma agudo, pois diminui o extravasamento de líquido para o interstício.

Principais técnicas terapêuticas[43]

Durante toda a evolução da crioterapia, diversas técnicas de resfriamento foram se somando àquelas já existentes, fazendo que inúmeras opções terapêuticas fossem colocadas em disponibilidade para que nós tivéssemos uma melhor condição de escolha.

Banho de contraste[35,56,57]

Este debate incidirá sobre o uso terapêutico de calor associado ao frio. A terapêutica fria e quente tem quatro principais efeitos sobre os tecidos do corpo, incluindo dor (analgésico), relaxamento muscular, alterações dos vasos sanguíneos e mudanças do tecido conjuntivo.

O uso da terapia fria também pode ser associado ao calor, mas é fundamental que entendamos alguns fatores para o uso correto e sem margens de erro. Entendamos o seguinte:

A água quente tem por objetivo aumentar o fluxo sanguíneo, inicialmente. O tempo deve ser estipulado segundo alguns fatores relacionados a seguir. Em seguida, deve ser usado o frio, que provocará queda imediata da temperatura subcutânea e profunda.

Uma preocupação constante nesse tratamento é a manutenção da temperatura da água para que os efeitos sejam uniformes. Pode-se inclusive controlar a temperatura com termômetros digitais apropriados.

Outra preocupação que devemos ter é quando o paciente apresenta dificuldades de realização da prática com imersão. Havendo esse problema, pode-se realizar a técnica com criomassagem associada à compressa quente, conforme fotos a seguir.

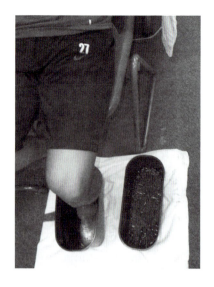

> Caso o segmento corpóreo dificulte a técnica e não se possa realizar o contraste convencional, utilizar da seguinte maneira:

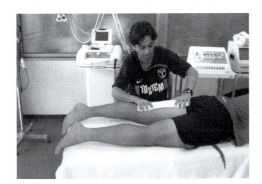

Compressa quente.

Vale ressaltar que a compressa quente possui ação mais superficial, sendo necessário um tempo maior de aplicação.

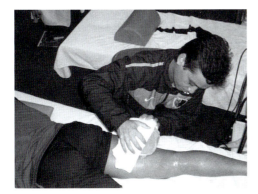

Criomassagem

O contraste promove um treinamento vasomotor, ou seja, alterações circulatórias que o quente e o frio promovem nos tecidos, sem reduzir o tônus muscular e o vascular.

As principais indicações para o uso do contraste devem estar relacionadas com alguns fatores, mas, antes disso, deve-se considerar que as técnicas de aplicação dependem da profundidade e do estágio da lesão.[56,57]

- *Profundidade da lesão*

A profundidade da lesão é um fator muito importante, pois a determinação do tempo total de tratamento está diretamente ligada a essa informação, que pode ser seguramente obtida por meio de exames complementares. Quando desejamos obter resultados em um nível superficial, aplicamos a técnica por 15 minutos, em média. Níveis de lesão mais profundos requerem a aplicação da técnica por 30 minutos, em média.

Porém, vale a observação de que, na lesão profunda, a compressa quente não agirá com eficácia.

- *Estágio da lesão*

É o segundo fator mais importante a ser analisado. Considerando que o calor não deve ser administrado em lesões agudas, o contraste passa a ser contraindicado em lesões agudas em nível articular, muscular e circulatório.

Portanto, não existe protocolo pré-estipulado, mas este livro vem trazer todas as informações necessárias para o fiel cumprimento das normas fisiológicas e um tratamento ideal, em uma fase em que o calor possa ser usado.

Indicações para o uso do banho de contraste[35,56,57]

Existem variedades de indicações para o banho de contraste, mas nos baseamos num detalhe fisiológico muito importante para indicá-lo: o treinamento vasomotor e a alternância entre a vasodilatação e a vasoconstrição. Essa mudança de calibre dos vasos sanguíneos estimula a circulação. Mais sangue significa que mais oxigênio e mais nutrientes são levados à área afetada. Também é acelerado o processo de remoção de toxinas e desperdícios. Resultado: a cura é acelerada. É necessário estarmos muito atentos a cada detalhe. Para que os efeitos do banho de contraste sejam eficazes, necessita-se da retirada de proteínas livres de pequena densidade molecular do local lesado que ocorre via sistema linfático. Nesse caso, a alternância entre os exercícios físicos e o gelo é mais indicada, por ter uma interferência significativa nos sistema linfático, pela contração muscular.

Exemplo: vinte minutos pedalando bicicleta / crioterapia.

Quadro 4.1 – Classificação das temperaturas da água

	°C
Gelo	0
Água gelada	1 a 10
Água muito fria	10 a 12
Água fria	12 a 30
Água tépida	30 a 34
Água morna	34 a 38
Água quente	38 a 40
Água muito quente	40 a 45

Banho de imersão

O banho de imersão é realizado em água gelada, com a imersão de um segmento corporal. Normalmente se usa uma banheira (foto a seguir) que possa conter o segmento a ser tratado, cheia de água, e onde são adicionadas pedras de gelo, até que chegue à temperatura desejada para a terapia.

Protocolo que utilizamos no futebol (Kashima Antlers, Japão - 2007, 2008 e 2009 / Al Ahli, Qatar - 2005)

Tempo: sete minutos.
Temperatura: depende da temperatura ambiente e do paciente.
Altura: linha da cintura.

Quando: após jogos e treinos (de acordo com os treinamentos e a sequência de jogos).

Massagem com gelo (criomassagem)[57,65]

A criomassagem é um tipo de massagem realizada com gelo. Constitui uma popular e eficaz técnica. Reativa o sistema imunológico, o sistema endócrino e o neuro-humoral, combatendo sinais de fadiga. Executam-se com o gelo movimentos de "vai e vem" sobre a pele, paralelos às fibras musculares. Todo movimento deve aumentar a extensão da área coberta pelo movimento anterior.

Sugere-se colocar copos descartáveis com água para congelar e fazer a técnica conforme sugerido.

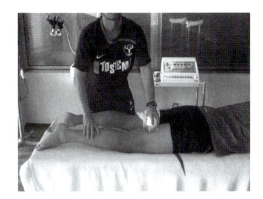

A criomassagem colabora para a regeneração e o reparo dos tecidos, eliminando os resíduos metabólicos e a hipóxia secundária. Tem o efeito físico de anestesia, homeostase e anti-inflamatório.

Deve-se interromper o tratamento caso o paciente relate sensação de dormência ou apresente sinais de cianose cutânea (pele com coloração branca ou azul), os quais representam congelamento da pele.

Em áreas reduzidas, pode-se utilizar a técnica da criomassagem como estimulante ou inibidor, ou seja, realizando-se movimentos curtos e breves, obtém-se estimulação de mecanorreceptores; movimentos lentos e prolongados produzem inibição neural.

Momento ideal de se aplicar o frio[12,32]

Esta pergunta é bem fácil de responder. Toda lesão deve ser socorrida nos seus primeiros cinco minutos após o trauma. É necessário que entendamos a ação efetiva do gelo nesse período. Vale ressaltar que a terapia fria não tem ação sobre a lesão primária, mas atua no metabolismo celular reduzindo sua necessidade de O_2 e permitindo que as células sobrevivam ao período de hipóxia causado pelos danos vasculares. Essa ação imediata resulta em menos tecidos lesados, hematoma menor e menos inibições reflexas, e a reparação é feita em área menor e mais precocemente.

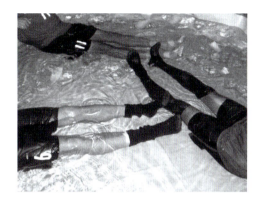

Como já citamos, a hipotermia não apresenta interferência sobre a lesão primária, mas é fundamental para a prevenção do aparecimento da hipóxia secundária e do edema.

Quando executamos um trabalho de prevenção, a primeira coisa em que pensamos é iniciar a terapia fria por imersão, tentando inibir a fadiga e o estresse muscular segundo sua ação.

Entretanto, Knight[32] alertou que a compressão e a elevação somente por vinte minutos em casos de lesões agudas não são suficientes, pois esse tempo não é ideal para que ocorra a diminuição do fluxo sanguíneo, da hemorragia e da hipóxia secundária. A aplicação deve ser, segundo Knight, intermitente por 30 minutos em qualquer segmento corpóreo e por 45 minutos em musculatura de grande seção transversal, num intervalo de uma a duas horas, sobre a pele, nas primeiras 12 a 24 horas após a lesão. Dessa maneira se torna impossível um trabalho em grupo e principalmente a atuação da técnica em segmentos que interessam ao esporte, no caso de prevenção.

No caso do uso da terapia fria por imersão, esse tempo torna-se bem reduzido e aumenta a área de atuação da terapia.

Na prática clínica da crioterapia, está evidente que o uso do gelo traz a vantagem do seu baixo custo, do grande espectro de ação e da fácil aplicação técnica.

A terapia fria parece ser eficaz e inofensiva, e poucas complicações ou efeitos colaterais após o uso da terapia fria são relatados. A seguir, relacionamos as indicações e contraindicações clássicas.

Indicações

- Edemas em geral.
- Síndromes dolorosas em geral.
- Trauma agudo.
- Síndrome ombro-mão.
- Coto de amputados traumáticos.
- Bursite/tendinite/capsulite.
- Herpes zóster.
- Artrose.
- Artrite reumatoide.
- Espasticidade.

Contraindicações

- Hipersensibilidade ao frio.
- Urticária ao frio.
- Acrocianoses.
- Alterações cardiovasculares.
- Hipertensão arterial e não local.
- Alterações circulatórias.

Referências

1. Airaksinen OV, Kyrklund N, Latvala K, Kouri JP, Grönblad M, Kolari P. Efficacy of cold Gel for Soft Tissue Injuries: A Prospective Randomized Double-Blinded Trial. Am J Sports Med. 2003; 31(5):680-4.

2. Alessio HM. Exercise-induced Oxidative Stress. Med Sci Sports Exerc. 1993;25(2):218-24.

3. Astrand PO, Rodahl K. Textbook of Work Physiology. New York: McGraw Hill; 1986.

4. Bangsbo J. The Physiology of Soccer. Acta Physiol Scand. 1994;619(Suppl):1-155.

5. Barclay JK, Hansel M. Free Radicals May Contribute to Oxidative Muscle Fatigue. Can J Physiol Pharmacol. 1991 Feb;69(2):279-84.

6. Beutler E. Red Cell Metabolism: A Manual of Biochemical Methods. 2. ed. London: Grune & Stratton; 1975.

7. Branco LGS, Steiner AA, Bícego KC. Regulação Neuroendócrina da Temperatura Corporal. In: Rodrigues JA, Moreira AC, Elias LLK, Castro M (Org.) Neuroendocrinologia Básica e Aplicada. Rio de Janeiro: 2004. p. 64-80.

8. Brites FD, Evelson PA, Christiansen MG, Nicol MF, Basílico MJ, Wikinski RW, et al. Soccer Players under Regular Training Show Oxidative Stress but an Improved Plasma Antioxidant Status. Clin Sci. 1999 Apr;96(4):381-85.

9. Boulant JA. Hipotalamic Neurons: Mechanisms of Sensitivity to temperature. Ann NY Acad Sci. 1998 Sep 29;856:108-15

10. Budgett R, Newsholme E, Lehmann M, Sharp C, Jones D, Peto T, et al. Redefining the Overtraining Syndrome as the Unexplained Underperformance Syndrome. Br J Sports Med. 2000 Feb;34(1):67-8.

11. Chevion S, Moran DS, Heled Y, Shani Y, Regev G, Abbou B. Plasma Antioxidant Status and Cell Injury after Severe Physical Exercise. PNAS. 2003 Apr 29;100(9):5119-23.

12. Clarke RSJ, Hellon RE, Lind AR. Vascular Reaction of the Human Forearm to Cold. Clin Sci. 1958;17:165-79.

13. Collins K. Efeitos térmicos. In: Kitchen S, Bazin S. Eletroterapia de Clayton. 10. ed. São Paulo: Manole; 1998.

14. Douglas CR. Tratado de Fisiologia Aplicada às Ciências da Saúde. 1. ed. São Paulo: Robe Editorial; 1994. p. 219-48; 775-98; 1315-43.

15. Faure P, Lafond JL. Measurement of Plasma Sulphydryl and Carbonyl Groups as a Possible Indicator Of Protein Oxidation. In: Favier AE et al. (Ed.). Analysis of Free Radicals in Biological Systems. Basel: Birkhäuser Verlag; 1995. p. 237-48.

16. Frankiewicz-Jozko A, Faff J, Sieradzangabelska B. Changes in Concentration of Tissue Free Radical Marker and Serum Creatine Kinase during the Post-exercise Period in Rats. Eur J Appl Physiol. 1996;74(5):470-74.

17. Golding DN. Reumatologia em Medicina e Reabilitação. São Paulo: Atheneu; 1998.

18. Gould JA. Fisioterapia na Ortopedia e na Medicina do Esporte. 2. ed. São Paulo: Manole; 1993. p. 188-9; 152-3; 382-3.

19. Guirro E, Guirro R. Fisioterapia Dermato-funcional: Fundamentos, Recursos, Patologias. 3. ed. São Paulo: Manole; 2004.

20. _____. Fisioterapia Dermato-Funcional. 3. ed. São Paulo: Manole; 2002. p. 75-7.

21. Guyton AC. Fisiologia Humana. 6. ed. Rio de Janeiro: Guanabara Koogan; 1988. p. 443 -53.

22. Harrelson GL, Weber MD, Leaver-Dunn D. Uso das modalidades na reabilitação In: Andrews JR, Harrelson GL, Wilk KE (Ed.). Reabilitação física das lesões desportivas. 2. ed. Rio de Janeiro: Guanabara Koogan; 2000. p. 61-105.

23. Hawkins PT, Poyner DR, Jackson TR, Letcher AJ, Lander DA, Irvine RF. Inhibition of Iron-catalysed Hydroxyl Radical Formation by Inositol Polyphosphates: A Possible Physiological Function for Myo-Inositol Hexakisphosphate. Biochem J. 1993 Sep; 15 294(Pt 3):929-34.

24. Hellsten Y. Xanthine Dehydrogenase And Purine Metabolism in Man. With special reference to exercise. Acta Physiol Scand. 1994;621(Suppl)1-73.

25. Hortobàgyi T, Houmard J, Fraser D, Dudek R, Lambert J, Tracy J. Normal Forces and Myofibrillar Disruption after Repeated Eccentric Exercise. J Appl Physiol. 1998 Feb;84(2):492-8.

26. Iserhard AL, Weissheimer KV. Crioterapia. Fisioter Mov. 1993;6(1):92-9.

27. Jenkins RR, Goldfarb A. Introduction: Oxidant Stress, Aging and Exercise. Med Sci Sports Exerc. 1993;25:210-2.

28. Ji LL. Exercise Induced Modulation of Antioxidant Defense. Ann N Y Acad Sci. 2002;959:82-92.

29. Ji, LL.; Dillon, D.; Wu, E. Alteration of antioxidant enzymes with aging in rat skeletal muscle and liver. Am J Physiol 1990;258:R918-23.

30. Kim HS, Chung SC, Kim YK, Lee SW. Pain-Pressure Threshold in the Head and Neck Region of Episodic Tension-type Headache Patients. J Orofac Pain. 1995 Fall;9(4):357-64.

31. Knight KL. Cryotherapy Theory, Technique and Physiology. 1. ed. Indiana: Chattanooga Corporaton; 1985

32. _____. Cryotherapy in Sport Injury Management. Indiana: Human Kinetics; 1995. p. 301.

33. Kitchen S. Eletroterapia: prática baseada em evidências. 11. ed. São Paulo: Manole; 2003.

34. Kosenko EA, Kaminsky YG, Stavrovskaya IG, Sirota TV, Kondrashova MN. The Stimulatory Effect of Negative Air Ions and Hydrogen Peroxide on the Activity of Superoxide Dismutase. FEBS Lett. 1997 Jun 30;410(2-3):309-12.

35. Lehmann JF, DeLauter BJ. Therapeutic Heat and Cold. 3. ed. Baltimore; 1982. p. 563-602.

36. Machado A. Neuroanatomia Funcional. 2. ed. São Paulo: Atheneu; 1993. p. 233.

37. Martin SS, Spindler KP, Tarter JW, Detwiler K, Petersen HA. Cryotherapy: An Effective Modality for Decreasing Intraarticular Temperature after Knee Arthroscopy. Am J Sports Med. 2001 May/Jun;29(3):288-91.

38. Michlovitz SL. Thermal in Rehabilitation. 3. ed. Philadelphia: F.A Davis Company; 1996. p. 78-105.

39. Mikami T, Yoshino Y, Ito A. Does a Relationship Exist between the Urate Pool in the Body and Lipid Peroxidation during Exercise? Free Radic Res. 2000 Jan;32(1):31-9.

40. Nagler W. Manual de Fisioterapia. São Paulo: Atheneu; 1976.

41. Newhan DJ, Jones DA, Edwards RHT. Plasma Creatine Kinase Changes after Concentric and Eccentric Muscle Contractions. Muscle Nerve. 1986 Jan;9(1):59-63.

42. Nosaka K, Clarkson PM. Muscle Damage Following Repeated Bouts of High Force Eccentric Exercise. Med Sci Sports Exerc. 1995 Sep;27(9):1263-9.

43. Núñez A, Sitt E. Crioterapia como tratamiento de las lesiones agudas del deportista. Rev Mex Ortop Traumatol. 1997 ene/febr;11(1):50-3.

44. Pedrinelli A, Rodrigues RL. Uso de gelo nas lesões traumáticas do Esporte. Rev Paul Educ Fís.1993 jul/dez;7(2):66-75.

45. Powers SK, Criswell D, Lawler J, Ji LL, Martin D, Herb RA et al. Influence of Exercise and Fiber Type on Antioxidant Enzyme Activity in Rat Skeletal Muscle. Am J Physiol. 1994 Feb;266(2 Pt 2):R375-80.

46. Powers SK, Ji LL, Leeuwenburgh C. Exercise Training-induced Alterations in Skeletal Muscle Antioxidant Capacity: A Brief Review. Med Sci Sports Exerc. 1999 Jul;31(7):987-97.

47. Radak Z, Kaneko T, Tahara S, Nakamoto H, Pucsok J, Sasvari M et al. The Effect of Exercise Training on Oxidative Damage of Lipids, Proteins, and Dna in Rat Skeletal Muscle: Evidence for Beneficial Outcomes. Free Radic Biol Med. 1999 Jul;27(1-2):69-74.

48. Robbins SL, Cotran RS, Kumar V. Fundamentos de Patologia Estrutural e Funcional. 5. ed. Rio de Janeiro: Guanabara Koogan; 1996.

49. Rodrigues A. Crioterapia. 1. ed. São Paulo: Cefespar; 1995. p. 3-19; 29-43; 53-61; 65-111; 125- 241.

50. Rohen JW, Yokochi C. Anatomia Humana. 3. ed. São Paulo: Manole; 1993. p. 106.

51. Rosell M, Regnstrom J, Kallner A, Hellenius ML. Serum Urate Determines Antioxidant Capacity in Middle-aged Men: A Controlled, Randomized Diet and Exercise Intervention Study. J Intern Med. 1999 Aug;246(2):219-26.

52. Shestack R. Fisioterapia prática. 3. ed. São Paulo: Manole; 1987.

53. Smith IK, Vierheller TL, Thorne CA. Assay of Glutathione Reductase in Crude Tissue Homogenates Using 5,5'-dithiobis(2-nitrobenzoic Acid). Anal Biochem. 1988 Dec;175(2):408-13.

54. Starkey C. Recursos Terapêuticos em Fisioterapia. São Paulo: Manole; 2001.

55. Stupka N, Tarnopolsky MA, Yardley NJ, Phillipss M. Cellular Adaptation to Repeated Accentric Exercise-induced Muscle Damage. J Appl Physiol. 2001 Oct;91(4):1669-78.

56. Kaul MP, Hering SA. Superficial Heat and Cold: How to Maximize the Benefits. Phys Sportsmed. 1994 Dec;22(12):65-74.

57. Swenson C, Sward L, Karisson J: Cryotherapy in Sports Medicine. Scand J Med Sci Sports. 1996 Aug; 6(4):193-200.

58. Tauler P, Gimeno I, Aguiló A, Guix MP, Pons A. Regulation of Erythrocyte Antioxidant Enzymes during Competition and Short-term Recovery. Pflugers Arch – Eur J Physiol. 1999 Nov;438(6):782-7.

59. Town MH, Gehm S, Hammer B. A Sensitive Colorimetric Method for the Enzymatic Determination of Uric Acid. J Clin Chem Clin Biol, 1985.; 23(9):951.

60. Yu BP. Cellular Defenses Against Damage from Reactive Oxygen Species. Physiol Rev 1994 Jan;74(1):139-62.

61. Willoughby DS, Pelsue S. Effects of High-intensity Strength Training on Steady-state Myosin Heavy Chain Isoform mRNA Expression. J Exerc Physiol. 2000 Oct;3(4):13-2, 2000.

62. Willoughby DS, Vanenk C, Taylor L. Effects of Concentric and Eccentric Contractions on Exercise Induced Muscle Injury, Inflammation, and Serum IL-6. J Exerc Physiol. 2003; 6: 8-15.

63. Vasconcellos LPWC. Noções de Crioterapia. Perspect Médicas. 1998 jan/dez;9:29-31

64. Zoppi CC et al. Alterações em Biomarcadores de Estresse Oxidativo, Defesa Antioxidante e Lesão Muscular em Jogadores de Futebol Durante uma Temporada Competitiva. Rev. Paul. Educ. Fís. 2003 jul/dez;17(2):119-30.

65. Curkovié B, Vituvilé D, Naglié B, Durrigl T. The Influence of Heat and Cold on the Pain Threshold in Rheumatoid Arthritis. Z. Rheumatol. 1993 Sep/Oct;52(5):289-91.

Seção 5

Recuperação física e funcional (propriocepção)

Alex Evangelista
Marcio da Cruz Saldanha

Conceitos

O que temos de considerar para trabalhar com propriocepção?

As atividades neuromusculares sao fundamentais para a recuperação funcional. No caso da Fisioterapia, dedicamos esse estudo aos exercícios conhecidos como propriocepção. Esse recurso é uma ferramenta fundamental para recuperar integralmente o atleta e até mesmo o paciente não atleta.

A qualidade de qualquer atividade está relacionada ao tipo de piso em que é aplicada. Caso tenha dúvida sobre isso, experimente caminhar sobre a areia e depois sobre o asfalto, percebendo quanto sua marcha foi afetada.

Nossa intenção é torná-lo familiarizado com o tipo de trabalho que você irá realizar. Saber o tipo de terreno em que vai trabalhar pode ser a grande diferença para o sucesso do seu objetivo.

Em "Posturologia e sua complexidade", estudaremos as funções dos mecanorreceptores e entenderemos que mudar a velocidade da movimentação articular poderá treinar tais estruturas. A mudança da estrutura física do material proprioceptivo ou do piso em que será desenvolvido o trabalho de percepção consciente e inconsciente do posicionamento articular ajudará o treinamento dos mecanorreceptores.

Portanto, aconselhamos a inspeção do terreno e das superfícies antes de iniciar o trabalho, pois alguns objetos podem parecer sólidos, mas, quando pisar, essa impressão poderá mudar.

Nossa preocupação não é meramente colocar os cones na areia e começar o trabalho, mas é aqui que nosso estudo começa a ficar interessante. Então, nosso passo inicial baseia-se em conhecer tudo sobre as características das superfícies a serem trabalhadas, por exemplo: elas propiciam possibilidade de trabalho de tração? São escorregadias? São fofas? São duras? São ásperas?

Você não terá de estudar Engenharia para conhecer sobre um piso duro, mas, antes de interagir com a superfície, é necessário saber as limitações que serão impostas ao trabalho.

Nós possuímos a inata e não utilizada propriocepção. Com a atenção redobrada no aperfeiçoamento desse sentido, aumentaremos as chances de ganho de força, além da redução de chances de lesões. Ao longo de seis anos executando o treinamento da propriocepção em três equipes distintas de nacionalidades diferentes, percebemos a redução nas lesões espontâneas e um grau altíssimo de tolerância nas lesões traumáticas.

Sinais proprioceptivos

É muito comum só falarmos em exercício quando pensamos em propriocepção. Mas temos de pensar no sistema se reajustando e propiciando a melhora do movimento do aparelho locomotor.

Se aperfeiçoarmos a percepção consciente e a inconsciente da condição articular, as chances de uma lesão articular poderão diminuir. A cinestesia é a sensação do movimento ou da aceleração articular.

O córtex cerebral processa as informações desencadeando respostas pela medula espinhal por meio das vias sensoriais eferentes, iniciando os sinais proprioceptivos e cinestésicos. Essa resposta conhecemos como controle neuromuscular.[1-5]

Após a adaptação do atleta ao piso com grama utilizando tênis, por exemplo, são necessários trabalhos específicos para a devolução do atleta à atividade-fim.

A propriocepção é um coletivo de informações armazenadas no sistema nervoso central oriundas das articulações, dos músculos e dos tendões[5,6] (ver seção "Fisiologia e suas respostas bioelétricas"). A propriocepção não processa informação, mas é um poderoso coletor de dados. Apesar de ser o melhor coletor de informações, não a usamos sempre.[5,6] Assim como a visão, a propriocepção é um *sentido*.[5,6]

Na seção "Posturologia e sua complexidade", estudamos o equilíbrio relativo à postura. Compreendemos que a propriocepção é a maneira como se enxerga o mundo. É o equilíbrio relativo à postura e à estabilidade das articulações (estudar seção "Posturologia e sua complexidade").[5,6]

Sensores

A propriocepção é uma forma de recuperação funcional e tem total influência nos sentidos.

As dificuldades impostas pela falta de visão fazem um cego superá-las com o aprimoramento do tato. Com a reeducação dos receptores, superam-se obstáculos.

Receptores

- Corpúsculo de Vater Paccini – Percepção de pressão.
- Corpúsculo de Meissner – Percepção do tato leve quando passamos a mão em alguma superfície levemente e experimentamos algo.
- Discos de Merkel – Também responsável pelos toques leves.
- Corpúsculo de Krause – Sensação do frio.
- Corpúsculo de Ruffini – Estiramento.

Terminações nervosas livres (nociceptores)

Os nociceptores são sensíveis aos estímulos mecânicos, aos dolorosos e aos térmicos. Lembre-se de que dor é uma sensação idêntica tanto numa fratura de um osso quanto num beliscão; a diferença reside somente na intensidade[5,6] (ver seção "Conceitos sobre crioterapia").

Os critérios funcionais do sistema nervoso central

Sistema Nervoso Somático: sua composição com sistema aferente e eferente tem a responsabilidade de relacionar o organismo com o meio externo. Sua responsabilidade é conduzir aos centros nervosos os impulsos dos receptores periféricos; o sistema aferente informa as condições do meio ambiente. Imediatamente ao receber a informação, o componente eferente se encarrega de levá-la ao tecido a que ela diz respeito, os músculos estriados, possibilitando os movimentos voluntários.[5,6]

Sistema Nervoso Visceral: tem controle sobre as vísceras e inter-relaciona-as. Por meio da aferência, conduz impulsos dos receptores viscerais até o sistema nervoso. Sua eferência leva impulsos até as vísceras, as glândulas e a musculatura lisa ou cardíaca (ver seção "Miologia"). A composição do elemento eferente é analisada como sistema nervoso autônomo, subdividido em simpático e parassimpático.[5,6]

Atividade elétrica

Alguns anos os autores têm dedicado ao estudo da Bioeletricidade (ver seções "Fisiologia e suas respostas bioelétricas" e "Bioeletricidade – Eletricidade do tecido vivo"), e esse tem sido um grande investimento para os tratamentos que têm sido propostos aos seus pacientes.

A postura tem influência das extremidades do corpo (ver seção "Posturologia e sua complexidade"); dos pés por meio dos receptores plantares e da cabeça pela visão e pela audição, e temos a tendência de confiar nesses sentidos como primários na informação. Vale ressaltar que, se tivermos uma alteração na coluna, teremos de realinhar por meio da acuidade visual para ajustarmos à linha do horizonte e podemos estar enganados quanto aos nossos movimentos.

Enquanto a propriocepção provoca uma atividade elétrica que se expande pelo cérebro com muita intensidade, os receptores na periferia recebem a informação e a conduzem ao *talo do cerébro* antes das informações enviadas dos olhos e dos ouvidos. Sendo assim, é fundamental aprender a aprimorar as condições proprioceptivas, e isso implica ser um pouco mais rápido quando necessitar reagir às mudanças do meio.[7]

Os olhos e os ouvidos são fontes de equilíbrio, mas são sempre alertados de possíveis erros pela nossa condição proprioceptiva.[5-7]

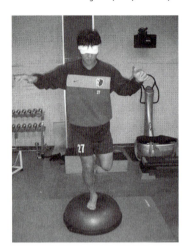

Observação: esse tipo de atividade requer treinamento e só é indicado após o paciente estar completamente recuperado.

Repare na sequência:

Lesão – *deficit* proprioceptivo – controle neuromuscular alterado – instabilidade funcional – lesão repetitiva.

Objetivos

O maior objetivo da propriocepção é recondicionar a capacidade sensorial das estruturas ligamentares e das cápsulas lesionadas e aprimorar a sensibilidade dos nervos aferentes, que levam dados sensoriais para o córtex cerebral.

Restabelecimento da função neuromuscular

1. Ativar os receptores articulares estimulando por meio dos exercícios em cadeia cinética fechada.

2. Para estimularmos os receptores cutâneos, utilizamos bandagens elásticas compressivas com o objetivo de fornecer informações proprioceptivas e cinetésicas.

3. A manipulação articular melhora a capacidade proprioceptiva e cinestésica consciente.

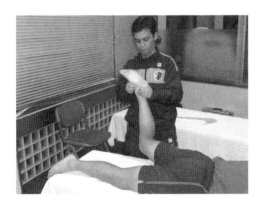

4. Exercícios que incluem estabilização dinâmica: colocando o equilíbrio em situações de instabilidade e aumentando a dificuldade somente depois de completamente hábil no referido exercício, com pliometria, por exemplo.

5. Controle neuromuscular reativo: provocando situações inesperadas para as articulações.

6. Elaborar atividades funcionais com o objetivo de readaptar o atleta às condições de antes da lesão. O maior objetivo é restabelecer a estabilidade funcional e aumentar a confiança do atleta para reintegração às suas atividades, minimizando o risco de nova lesão.

Reabilitação acelerada

7. Finalmente testar o paciente recuperado para devolvê-lo às atividades-fins. Executar movimentos que instabilizam a articulação adaptando-o com atividades próximas do gestual utilizado em sua função.

A recuperação funcional deve ser considerada fundamental na recuperação fisioterapêutica. A eficiência biomecânica do movimento fica comprometida após as lesões, e um retorno às atividades sem o devido preparo pode incorrer em recidiva.

Protocolo utilizado no futebol

- Quatro vezes por semana na pré-temporada.
- Duas vezes por semana com jogos aos finais de semana.
- Uma vez por semana quando há jogo no meio da semana ou atividade desportiva intensa na semana.
- Uma vez por semana a partir da 25ª rodada.

Sequência de propriocepção de rotina

1. *Jump*

2. Corrida na espuma

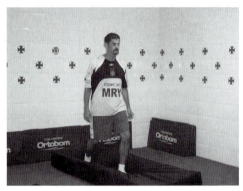

Recuperação física e funcional (proprioceção)

3. Excêntrica de posterior

4. Balancim

5. Bozo unipodal

6. Equilíbrio de tronco na bola de Bobath

7. Coordenação de adutores e cintura pélvica

8. Fortalecimento dos músculos do tornozelo com elástico

9. Nesse exercício, atenção para os vetores [ver seção "Energia potencial elástica (*theraband*)"].

10. Ação proprioceptiva com vibração mecânica [ver seções "Vibração mecânica – um conceito novo de treinamento e tratamento" e "Recuperação física e funcional (propriocepção)"].

11. Alongamento ativo durante as atividades que estiver executando

Desde a pré-temporada até o fim da competição, deve-se avaliar a continuidade do uso desse protocolo. Ele evolui à medida que o atleta aumenta sua capacidade de equilíbrio e consequente melhora no desempenho, isto é, reduzindo os riscos de lesões espontâneas.

Modelo de propriocepção em caixa de areia

A. *Dois passos em zigue-zague:* o paciente executará de forma semelhante na hidroterapia, sendo dois passos para um lado e dois para o outro, passando o pé no chão. Na areia, a velocidade precisa ser muito superior à empregada na série inicial.

B. *Um passo em zigue-zague*: o paciente executará um passo para cada lado, passando o pé no chão de forma acelerada.

Recuperação física e funcional (propriocepção)

D. Saltos: inicia-se a série com os cones deitados e pede-se ao paciente que salte sobre eles de modo que ocorra uma flexão de joelho (em torno de 90°) e coxofemoral. Como comando para o paciente, solicita-se que ele levante o joelho e leve-o em direção ao peito, sem jogar o tronco para frente. Dependendo da altura e do gestual do paciente, em um estágio mais avançado pode-se pedir a ele que realize o movimento de salto, mas com os cones na vertical, aumentando assim o grau de dificuldade.

C. Aceleração e desaceleração: o paciente correrá para frente, desacelerará no cone e voltará de costas; só depois de voltar é que ele contornará o cone executando o mesmo movimento até o final da fileira de cones.

E. *Corrida*: corrida acelerada tendo os cones como obstáculo. Corrigir o paciente para que dobre o joelho e alertar para que só um pé toque o solo entre um cone e outro, e é importante que haja dissociação das cinturas, corrigindo sempre a coordenação dos membros inferiores e dos superiores.

F. *Dois passos em zigue-zague com corrida*: é a associação do primeiro exercício com o quinto, ou seja, do movimento de dois passos para um lado e dois para o outro (arrastando o pé), com o movimento de corrida logo em seguida.

G. *Um passo em zigue-zague com corrida*: agora será a união do exercício de número um, em que o paciente em velocidade dará um passo para cada lado desviando dos cones, com o quinto exercício, em que realizará o movimento de corrida.

H. *Suicídio*: agora o paciente correrá até o primeiro cone e voltará à linha inicial de costas, e irá até o segundo retornando à linha inicial novamente, repetindo essa ação até atingir todos os cones; quando isso acontecer, ele deverá retornar à linha inicial de costas e acelerar o máximo até o final.

Recuperação Física e Funcional (propriocepção)

l. Oito: são dois cones paralelos. Solicita-se ao paciente que ele se posicione do lado direito de um cone e inicie o exercício correndo para o lado esquerdo do outro cone e logo em seguida contorne-o mantendo o ritmo da corrida e retorne para a posição de partida. É importante que haja uma distância boa para um bom desempenho; sugere-se dez metros.

Referências

1. Denegar CR. Modalidades terapêuticas. São Paulo: Manole; 2003.

2. Gabriel MRS, Petit JD, Carril MLS. Fisioterapia em Traumatologia, Ortopedia e Reumatologia. Rio de Janeiro: Revinter; 2001.

3. Haal CM, Brody LT. Exercício terapêutico na busca da função. Rio de Janeiro: Guanabara Koogan; 2001.

4. Prentice WE. Modalidades terapêuticas para fisioterapeutas. 2. ed. São Paulo: Artmed; 2004.

5. Riemann BL, Guskiewicz KM. Contibution of Peripheral Somatosensory System to Balance and Postural Equilibrium. In: Lephart SM, Fu FH. (Ed). Proprioception and Neuromuscular Control in Joint Stability. Champaign: Human Kinetics; 2000.

6. Robles-De-La-Torre G, Hayward V. Force can Overcome Object Geometry in the Perception of Shape Through Active Touch. Nature 2001;412(6845): 445–8.

7. Sherrington C S. The Integrative Action of the Nervous System. New York: C Scribner's Sons; 1906.

Seção 6

Hidroterapia em Ortopedia
Alex Evangelista

Conceitos

A hidroterapia tem benefícios e respostas muito relevantes, que merecem toda a atenção teórica para uma aplicação prática proveitosa. Essa técnica promove a homeostase ao sistema; as respostas podem ser tardias ou imediatas, mas sempre são positivas.

Leis Físicas aplicadas à água

Flutuação

É uma força oposta à força da gravidade; essa força é um empuxo para cima.[5]

De acordo com os exercícios aplicados, os braços de força e o braço de resistência se modificam (ver seção "Biomecânica").

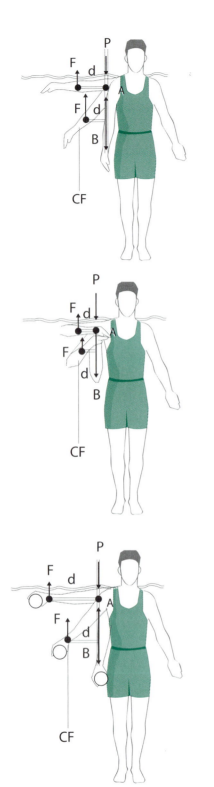

FIGURA 6.1 – Modificação dos braços de força e de resistência de acordo com o exercício aplicado.

Durante o exercício aplicado, mesmo com o braço de resistência modificado, cha-

mamos de *flutuação*, porém as forças que atuam modificam esse estado. Reparem nas modificações de resistência e braço de resistência.

> P = *pressão hidrostática* é definida como a força;
> F = exercida por unidade de área;
> A = força suposta.

Lembrando que, dada a profundidade do corpo imerso, as forças atuarão de forma diferente. Mas essa força é exercida em igualdade sobre toda a área de superfície.

Resistência

De superfície

Quando projetamos um objeto plano na água, cria-se uma resistência em razão do atrito perpendicular das moléculas da água. Esse fenômeno possibilita o trabalho de fortalecimento muscular sem descarga de peso do paciente.

De gravidade reversa

Princípio contrário à gravidade atmosférica, isto é, um objeto de isopor, quando colocado na água, cria uma resistência para cima em razão da gravidade reversa.

Considere um volume de água em repouso. A pressão pode ser expressa da seguinte maneira:

> P = ρgh;
> P = pressão hidro (em pascais);
> ρ = massa específica da água (em quilogramas por metro cúbico);
> g = aceleração da gravidade (em metros por segundo ao quadrado);
> h = altura do líquido por cima do ponto (em metros).

Quando tomamos por necessária a pressão atmosférica, acrescentamos o valor de sua pressão, ganhando a expressão a seguinte forma:

$$P = p_0 + \rho g h$$

Princípio de Arquimedes

Um corpo imerso na água sofre a ação de uma força impulsionada para cima igual ao peso do fluido deslocado.

$$F_E = W_{fluido} = \rho_{fluido} \cdot V_{deslocado} \cdot g$$

A explicação decorre do fato de a pressão hidrostática estar no fluido.

Vantagens do tratamento na água

- Facilita o movimento na água.
- Diminui a descarga de peso.
- EIAS – 50% descarga de peso.
- Xifoide – 30% descarga de peso.
- C7 – 10% descarga de peso.

Ilustração de Arquimedes

O rei Hierão, de Siracusa, mandou fazer uma coroa de ouro. Escolheu o melhor artesão de seu reino para confeccioná-la. Ao recebê-la, o rei desconfiou que a coroa não fora confeccionada com o ouro dado ao artesão. Nessa ocasião Arquimedes, homem demasiado inteligente da época, foi convidado pelo rei para averiguação da confecção da coroa, se realmente havia sido construída com 100% de ouro.

Muito pensativo, Arquimedes, enquanto se banhava com o corpo mergulhado na banheira, percebeu que o nível da água subia com seu corpo dentro.

Com esse episódio, Arquimedes tentara fazer o teste com a coroa, mergulhando um pedaço de ouro em uma vasilha e um pedaço de prata com o mesmo peso em outra vasilha. Nesse experimento, Arquimedes descobriu que o ouro não fez o nível da água subir tanto quanto a prata. Por fim, ele imergiu a coroa e verificou que a água subiu mais que o ouro e menos que a prata, concluindo que a coroa havia sido confeccionada com mistura de ouro e prata.

Entendemos que corpos com o mesmo peso possuem densidade relativa diferente, e isso podemos aplicar no tratamento no momento em que nos decidimos pela hidroterapia.

Densidade relativa

Massa por unidade de volume: r=m/V (kg/m^3 ou g/cm^3) é a definição de densidade.

Com as experiências de Pascal, foi possível entender que a massa de determinado volume de substância e o mesmo volume d'água definem a densidade relativa de uma substância. Os números são:

1. Densidade relativa para água pura a 4 °C é igual a 1,0.
2. O corpo humano, constituído por água, tem DR (densidade relativa) de aproximadamente 1,0.

Vale ressaltar que esses números se modificam de acordo com a gordura corporal; mulheres têm DR menor que a dos homens. Especificamente ossos, músculos, tecido conjuntivo e órgãos possuem DR de 0,9, isto é, a gordura pode definir o valor total da DR para pessoas do mesmo peso.[1]

Lembrem-se da história do rei Hierão, que usou Arquimedes para descobrir se a coroa tinha sido confeccionada toda em ouro por ele concedido. Portanto, a quantidade de matéria define a massa de uma substância. P = m . a define com que força ela é atraída para o centro da Terra.[1]

Fixar-se simplesmente com a densidade relativa 1. Qualquer objeto com a densidade maior que 1 afundará. Qualquer objeto com densidade menor que 1 flutuará:[2]

- criança: 0,86 DR;
- adulto jovem: 0,97 DR;
- adulto: 0,86 DR.

Ação fisiológica da pressão hidrostática

Na água não existe posição de descanso, portanto, para um corpo buscar a estabilidade, os músculos estabilizadores precisam estar em constante ação.[4]

Na superfície, o número da pressão hidrostática é de 7 kg por 6 cm². Poderá ser aumentada para aproximadamente 200 kg para cada pé de profundidade.

É importante sabermos que uma pessoa de altura aproximada de 1,70 m com a água no nível da cervical experimentará a pressão de 7 kg por polegada quadrada na panturrilha. Portanto, uma bandagem pode provocar pressão de 500 gramas por polegada quadrada ao redor da panturrilha.[3]

É importantíssimo considerarmos que a pressão hidrostática tem influência significativa nos músculos inspiratórios. A resistência provocada pela água influencia na expansão do tórax, sendo, assim, contraindicada para pacientes com capacidade vital menor que 1.400 Ml.[5]

Outro dado importante é que, com um paciente na água, temos de conhecer que a hidroterapia promove o aumento do volume sanguíneo dos membros inferiores para o tórax, ocasionando diurese ou urgência urinária.[5]

Viscosidade

Segundo autores emblemáticos,[3,4] viscosidade é um tipo de resistência que ocorre entre as moléculas de um líquido, afetando sua maneira de fluir:

- água é 790 vezes maior que o ar, portanto a resistência é obviamente muito maior na água;
- a grande vantagem da viscosidade da água é a ação da resistência tridimensional, experimentada por meio de todos os braços de alavanca, ao contrário da resistência comum das técnicas em terra;
- é importante atentar para os detalhes da temperatura, pois a viscosidade da água diminui com o aumento da temperatura, ou seja, para impor maior resistência é necessário diminuir o aquecimento da água.

Leis de Newton

Quando estamos em sala de aula e ouvimos que estudar Física é secundário, pergunto-me como seria um tratamento eficiente sem a relevância das leis físicas. Nossas escolhas terapêuticas estão voltadas para a Física a todo instante, e, quando bem-observada, alcançamos sucesso em nosso tratamento isolando o empirismo.

Quando nos deparamos com o paciente, temos de analisar todos os meios disponíveis e, quando optamos por quaisquer que sejam, nosso preparo evitará o uso idêntico do mesmo recurso para patologias iguais, mas com indivíduos completamente diferentes.

Lei da inércia

Fundamentalmente, para vencer a inércia é necessário aplicar uma força, pois a tendência da massa é resistir às mudanças de movimento. Resumindo, um corpo em movimento tende a se manter em movimento numa mesma velocidade, exceto se aplicada uma força externa.

▪ Para a execução de um trabalho de força durante um período de imobilização, a hidroterapia é fundamental. Podemos intensificar por meio de mudanças contínuas de direção para vencer a força da inércia.
▪ Inércia estacionária é a força utilizada pelo paciente para sair da posição estática.
▪ Inércia móvel (*momentum*) é quando o paciente precisa vencer dada resistência para continuar se movimentando.
▪ Retardo da inércia é uma perda do *momentum* que obriga o paciente a empregar um esforço para continuar se movimentando.

Lei da aceleração

A aceleração de um objeto é diretamente proporcional à força que age sobre um objeto, inversamente proporcional à massa e tem a mesma direção da força resultante.

▪ Sendo a aceleração proporcional à massa, indivíduos de menor estatura ganharão mais velocidade que um indivíduo maior, pois uma pessoa maior terá de empregar mais força muscular para ganhar velocidade.

Lei da ação/reação

A toda ação corresponde uma reação igual e contrária, ou seja, as ações mútuas de dois corpos um sobre o outro são sempre iguais e dirigidas em sentidos opostos.

▪ Com essa lei, aprendemos o mais importante para reabilitar qualquer segmento instável. O uso adequado é fundamental, pois muita resistência aplicada ao paciente pode resultar em desconforto.

Lei da alavanca

O produto da força vezes o comprimento do braço de força é igual ao produto da resistência vezes o comprimento do braço de resistência.

▪ Resumindo: coisas pequenas gastam menos energia que coisas grandes para serem movimentadas numa mesma distância. Essa lei engloba uma ideia de progressão completa para hidroterapia.

Vantagens da água x terra

Restrições para recuperar o tecido:

- Piso duro na marcha provoca uma vibração que promove uma força de reação da terra, por exemplo, em superfície de densidade alta (cimento), é de 2 a 6 vezes o peso corpóreo no calcanhar durante a fase de apoio. Já na corrida, a força experimentada pode chegar a 12 vezes o peso corpóreo.
- A gravidade libera em forma de compressão uma descarga de peso vertical constante sobre o corpo de 9,8 libras.
- Torque é o produto de um movimento rotacional. O sistema de reabilitação na água mantém um mecanismo linear multiplano durante todas as fases em que se requer segurança. Esse procedimento confirma um nível alto de segurança e resultado.

Indicações e contraindicações[3-5]

Indicações

- Entorse/contusões.
- Tendinites/bursites/fraturas.
- Pré-operatório/pós-operatório.
- *Deficit* proprioceptivo.
- Patologias degenerativas.
- Baixo *endurance*.

Do ponto de vista fisiológico, inúmeras respostas são desencadeadas pela ação das forças físicas agindo sobre o corpo imerso na água, como as de reajuste dos sistemas circulatório, respiratório, renal e a ativação dos mecanismos de termorregulação.

Contraindicações

- Fraqueza severa/escara aberta.
- Erupção contagiosa.
- Fixadores externos/infecção urinária.
- Alergias a químicos.

Recomendações básicas

Devemos principalmente cuidar para que haja total concentração nos exercícios de reabilitação na água. A verdadeira sintonia entre o centro de gravidade e o centro de flutuação é a chave para uma recuperação perfeita. Esse detalhe permite criarmos um pivô quando alinhamos esses dois centros, sendo um centro gravitacional e o outro, de flutuação. Se for realizado um trabalho perfeito com esses itens, alcançaremos o objetivo de estabilizarmos o tronco. Essa técnica usamos tanto como facilitadora quanto como inibitória.

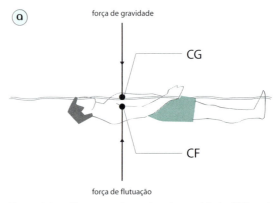

Figura 6.2a – Esquema do centro de gravidade (CG) e do centro de flutuação (CF).

Hidroterapia em Ortopedia

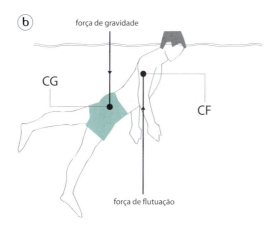

FIGURA 6.2b – Esquema do centro de gravidade (CG) e do centro de flutuação (CF).

O tratamento na piscina consta de movimentos e gestual esportivo para fortalecimento dos grupamentos musculares envolvidos na lesão, que serão distribuídos em função da individualidade biológica de cada paciente. Os exercícios para membros superiores podem ser realizados com equipamentos para aumentar a resistência, e os exercícios para membros inferiores podem ser realizados com pé de pato ou hidrotônico, que possibilitam aumentar a resistência da água.

Tipos de equilíbrio

• *Equilíbrio estável*: é o equilíbrio em que um corpo modifica a posição do centro de gravidade, mas consegue trazê-lo de volta ao posicionamento anterior. Não muda o posicionamento.

• *Equilíbrio instável*: é o equilíbrio em que ocorre o movimento do centro de gravidade e este não consegue a posição anterior, com o corpo assumindo uma posição no espaço.

Observação: desequilíbrio é a perda de equilíbrios instáveis contra a vontade. Sucessão de equilíbrios instáveis.

• *Equilíbrio neutro*: durante o movimento do corpo, o centro de gravidade não se movimenta dentro desse corpo.

Série de membros superiores

Posicionamento inicial do paciente

Paciente em pé na piscina, ombros submersos, articulação coxofemoral em ligeira rotação externa, joelhos semifletidos, procurando manter o equilíbrio do corpo durante a atividade fisioterapêutica. As atividades para membro superior podem ser executadas com equipamentos que aumentam a resistência da água.

Observação: evitar as compensações que surgem durante a execução do movimento, verificando se são provocadas por limitação funcional.

Exercício 1: o paciente realiza abdução e adução horizontal do ombro, com o cotovelo semiflexionado, iniciando o movimento a partir de aproximadamente 80° de abdução.

Exercício 2: o paciente realiza flexão e extensão do ombro, com o cotovelo em semiflexão e pronação. O movimento de flexão e extensão dos ombros esquerdo e direito deve ser alternado. Os braços não devem ultrapassar a superfície da água. Os ombros não devem realizar hiperextensão.

Exercício 3: movimento de abdução e adução horizontal com rotação interna do ombro. Os cotovelos devem estar semiflexionados, e a amplitude de abdução lateral não deve ultrapassar 80°.

Exercício 4: movimento de abdução e adução lateral do ombro. Cotovelos em semiflexão e pronação. Todos os ângulos de movimento devem respeitar as respectivas leis da Física.

Exercício 5: movimento de rotação interna e externa do ombro, com o cotovelo em ângulo reto. Um dos braços posiciona-se inicialmente em rotação externa, enquanto o outro braço posiciona-se em rotação interna, mantendo o cotovelo paralelo ao corpo. Essa atividade terapêutica pode ser incluída em esportes como: voleibol, basquetebol, natação, polo aquático e handebol.

Série inicial de membros inferiores (MMII)

Ao contrário da primeira série de membros superiores, esta série preconiza o treinamento e o tratamento da marcha do paciente. Consiste em quatro distintos exercícios que têm por finalidade trabalhar e tratar os grupamentos musculares, principalmente dos membros inferiores.

Posição inicial do paciente

Paciente em pé, submerso até a linha torácica, ombros mantidos fora da água, em abdução de ombro e leve flexão de cotovelo, joelhos em extensão, coluna vertebral com curvaturas fisiológicas mantidas.

Exercício 1 (joelhos e coluna vertebral): simulação da marcha normal acentuando bastante a flexão da coxofemoral em até 90°. O paciente desloca-se para frente de um extremo ao outro da piscina, retornando de costas, preocupando-se com a hiperextensão da coxofemoral. No retorno (de costas), o apoio do pé inicia-se no antepé e termina no calcanhar. O paciente não deverá usar os braços para ajudar sua locomoção dentro d'água, mantendo-os sempre em abdução de ombro e flexão de cotovelo.

> É importante a manutenção da postura ereta do paciente durante o exercício; cuidar para que não haja compensação com o objetivo de vencer a resistência da água.

Exercício 2 (joelhos e coluna lombar): o paciente deambula de uma borda a outra na piscina, mantendo seu joelho em extensão e evitando a flexão. Na subida do segmento inferior, o pé deverá partir de flexão plantar convertendo para dorsiflexão até o limite máximo da flexão da coxofemoral, sem flexão do joelho contralateral ou projeção do corpo para frente. Na descida do segmento inferior, o pé deverá partir da dorsiflexão para a flexão plantar total, mantendo o joelho em extensão até o contato do antepé com o solo.

Lembre-se de levar o paciente a conscientizar-se de sua postura. Cuide sempre da amplitude do movimento, pois, nessa atividade, poderá ocorrer uma retração da musculatura posterior.

Exercício 3 (musculatura abdutora e adutora): o paciente desloca seu corpo lateralmente por meio dos movimentos de abdução da coxa e adução da coxa contralateral. O paciente deve permanecer com o tronco ereto, sem rotações nem compensações, e manter os joelhos em extensão durante a série.

Exercício 4 (equilíbrio e coordenação do paciente – propriocepção): o paciente desloca-se lateralmente revezando a cada dois passos o sentido (direção) do movimento. A cabeça e o tronco do paciente devem estar orientados para frente, e o deslocamento dos segmentos inferiores é realizado em diagonal.

Exercício 5 (corrida): o paciente simula uma corrida com velocidade reduzida, acentuando a flexão de coxofemoral e mantendo o tronco ereto (trote). O paciente deverá realizar dissociação entre a cintura pélvica e a escapular. O paciente desloca-se para frente de um extremo ao outro da piscina, nesse caso com ação da musculatura anterior, retornando de costas e preocupando-se com a hiperextensão da coxofemoral, nesse caso com ação da musculatura posterior.

Borda da piscina

Posição inicial do paciente

O paciente apoia a região dorsal no canto da piscina e os braços na borda, mantendo o corpo suspenso na água. A adução das escápulas, o trabalho ativo dos músculos periescapulares e o trabalho do grande dorsal evitam a sobrecarga na porção superior das fibras do trapézio e na coluna cervical.

Exercício 1 (adução e abdução de coxofemoral – coluna lombar): o paciente mantém flexão da coxofemoral paralela ao piso da piscina, extensão máxima do joelho e flexão plantar. O paciente realiza o movimento de abdução e adução do segmento inferior simultaneamente aproveitando a resistência oferecida pela água. Movimento realizado para fortalecimento da musculatura abdutora e adutora.

A cada momento, deve ser avaliada a dificuldade do paciente e aumentá-la de acordo com a possibilidade de cada um.

Exercício 2 (flexão e extensão de coxofemoral): o paciente mantém extensão máxima do joelho e dorsiflexão do tornozelo, realizando o movimento alternado de flexão e extensão da coxofemoral. O movimento deve ser realizado em amplitude reduzida alternando a flexão de um dos segmentos inferiores com a extensão do outro. Movimento realizado para fortalecimento da musculatura anterior e posterior da coxa.

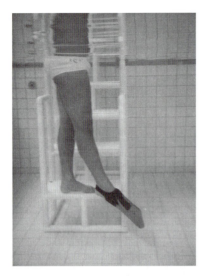

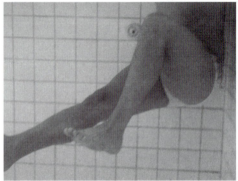

Exercício 4 (bicicleta para trás): o paciente simula o movimento de pedalar para trás.

Exercícios com resistência podálica

Posição inicial do paciente

Paciente lateralmente à borda da piscina, apoiando os braços, mantendo as curvaturas fisiológicas da coluna. O ombro do braço de apoio deve estar em abdução, com o cotovelo pronado e semifletido e a palma da mão pronada.

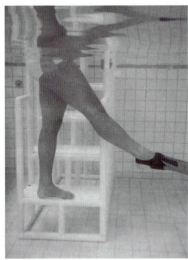

Exercício 3 (bicicleta para frente): o paciente simula movimento de pedalar para frente, com os tornozelos em dorsiflexão na flexão do joelho e flexão plantar na extensão.

Exercício 1 (flexão de coxofemoral com pé de pato): o paciente realiza flexão máxima de coxofemoral, com o joelho em extensão. O movimento inicia com o pé em flexão plantar, sendo convertido para a dorsiflexão durante a amplitude do movimento. É importante que, no limite máximo da flexão de coxofemoral, o pé esteja também em seu limite máximo de dorsiflexão, iniciando, a partir desse ponto, o retorno à posição inicial, na flexão da coxofemoral com ação da musculatura anterior e, na extensão, com a ação da musculatura posterior.

Exercício 2 (chute hidrotônico): o paciente simula um chute, fazendo uma extensão da coxofemoral associada à flexão do joelho e flexão plantar do pé, sem apoiar o pé no chão. Para facilitar a execução do movimento, pode ser usado um *step*, dentro da água, para o segmento inferior de apoio, com o objetivo de aumentar a distância entre o solo e o segmento que está realizando o exercício.

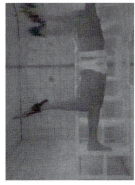

Primeiro, adapta-se o paciente sem o pé de pato para conscientização dos movimentos:

Exercício 3 (borda): o posicionamento do paciente é sentado na borda, com os joelhos em flexão e as pernas mergulhadas na água.

O paciente realiza extensão do joelho, mantendo contração isométrica do abdômen. O movimento inicia-se com o pé em flexão plantar, sendo convertido para a dorsiflexão durante a amplitude do movimento.

Série de tornozelo com pé de pato

Posição inicial do paciente

O paciente senta-se na borda com o segmento a ser trabalhado submerso. A água deverá atingir o meio da coxa do paciente, que deverá manter a extensão do joelho. Para se equilibrar dessa forma, é necessário o apoio com os braços na borda da piscina, em sustentação do peso do corpo.

Exercício 1 (movimento de flexão plantar e dorsiflexão): nesse movimento, o paciente realiza dorsiflexão e flexão plantar com o pé de pato.

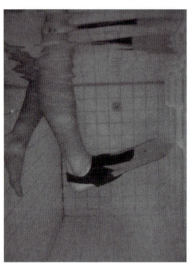

Referências

1. Becker BE, Cole AJ. Comprehensive Aquatic Therapy. Boston: Butterworth-Heinemann; 1997. p. 16-28.

2. Campion MR. Hidrocinesioterapia: Princípios e Prática. 1. ed. São Paulo: Manole; 2000.

3. Davis BC, Harrison R.A.Hidrotherapy in Practice. Melbourne: Churchill Livingstone; 1988. p. 158-9.

4. Genuario SE, Vegso JJ .The Use of a Swimming Pool in the Rehabilitation and Reconditioning of Athletic Injuries. Contemp Ortoph. 1990 Apr;20(4):381-7.

5. Skinner A, Thomson AM. Duffield: Exercícios na água. Tradução Nelson Gomes de Oliveira. 3. ed. São Paulo: Manole; 1985. 210 p.

Seção 7

Mecanoterapia
Alex Evangelista

Conceitos

O esporte profissional requer o menor índice de erros, principalmente durante a recuperação, porém, quando nos planejamos e buscamos dados numéricos com avaliações periódicas, esses erros são minimizados.

O pensamento atual nos direciona a trabalhos de manutenção de força durante o período de recuperação. Não é ideologia pessoal nem defesa de própria tese, mas um conceito com base na Física. É claro que esbarramos em uma série de variáveis, e é exatamente com elas que estamos preocupados. Um esporte de alta *performance* requer um gasto energético enorme; o modelo que propomos é de força útil.

O músculo esquelético (ver seção "Miologia") é capaz de desenvolver estiramento, isto é, de se estirar sem perder sua propriedade elástica. A tensão envolvida pelo músculo esquelético é uma propriedade fisiológica que se adapta facilmente às solicitações externas, tanto às criadas propositalmente como às que devem ser enfrentadas naturalmente. Um aspecto altamente crítico é a padronização de treinamentos, desrespeitando a individualidade biológica. Portanto, mesmo que fosse possível encontrar e estudar uma metodologia perfeita, esta poderia ser ideal para um indivíduo e ser um equívoco aplicá-la em outro.

Entretanto, metodologias que visam à melhora da força máxima, da força explosiva, da resistência à força rápida, de resistência muscular e ao aumento da massa muscular, por meio de processos de hipertrofia (ver seção "Fisiologia e suas respostas bioelétricas") baseiam-se somente na quantidade de carga a ser levantada. Os princípios fundamentais do treinamento da força, em todas as suas manifestações e expressões, levam em consideração apenas um aspecto das propriedades fisiológicas do músculo, isto é, a força, negligenciando de maneira gritante outro aspecto fundamental, que é a velocidade com que a força é exteriorizada.

De fato, o critério mais importante a ser observado, constituído pela especificidade individual das cargas de trabalho, até agora não encontrou justa colocação na metodologia para a melhora da força. A propósito disso, é preciso evidenciar que o planejamento das cargas de trabalho não é realizado de acordo com as necessidades ou as características individuais que existem em cada um de nós.

Fenômenos associados ao surgimento da fadiga, aos equilíbrios hormonais, às condições metabólicas, às adaptações fisiológicas gerais e periféricas e às características morfológicas musculares diferenciam-se fortemente entre indivíduos. Atletas que praticam a mesma especialidade esportiva dificilmente conseguem realizar o mesmo tipo de trabalho muscular respeitando as mesmas pausas entre uma carga e outra.

Quando se usa o conceito de força, precisamos distingui-la como grandeza física e como capacidade de executar movimentos esportivos, por exemplo. Como grandeza física, segundo a Lei de Newton, ela é produto da massa vezes a aceleração ($F = m \cdot a$).

No capítulo de Biomecânica, estudamos as leis de Newton associadas aos padrões do movimento. A Biomecânica mostra a relação da força interna com a força externa, fatores que interferem diferentemente no gestual esportivo.

Força

O ser humano desenvolve força como capacidade de reação a uma resistência muscular. Pressupõe-se que força seja uma valência imprescindível no rendimento desportivo. Vale ressaltar que toda recuperação depende do equilíbrio da força, pois quanto maior a força, melhor a capacidade de vencer a resistência. Mas, se o assunto é desporto, surge uma diferença na terminologia entre capacidade força máxima, capacidade força rápida e capacidade de resistência de força (ver seção "Biomecânica").

Conceitos de força máxima

A contração voluntária máxima pode ajudar a definir força máxima. Dependendo das condições da contração voluntária máxima, separaremos *força estática* de *força dinâmica*.[8]

Quanto ao movimento

- *Força estática*: quando não há movimento articular em que não existe alteração no comprimento das fibras musculares, podendo ser chamado também de isométrico (*iso* = igual e *métrico* = medida).[8]

Força dinâmica: ao contrário da força estática, existe uma alteração no comprimento das fibras musculares, também conhecido como isotônico (*iso* = igual e *tônico* = força contrátil), também conhecida como contração dinâmica.[8]

Quanto à natureza

- *Força pura*: alcançada com cargas muito elevadas, comumente em halterofilistas.
- *Força latente*: força potencial que poderá ser aprimorada.
- *Força útil*: é um conceito presente em todos os indivíduos e encontrado em qualquer atividade de vida diária.

Muitas pesquisas apresentaram resultados que trouxeram soluções e contribuíram para um trabalho racional na elaboração de cargas de trabalho, com atenção voltada para as características musculares de cada indivíduo.

Trabalho muscular ideal

A busca de um trabalho perfeito tem sido a tônica de profissionais de outros países, a fim de tornar seus atletas "supermáquinas", pois, se dependesse da habilidade, os brasileiros ganhariam todas as competições.

Fisioterapeutas se especializam com conceitos modernos de avaliação e emprego do trabalho de força. Com uma função cada vez mais conjunta com a preparação física, a Fisioterapia atende às necessidades de atletas de alto rendimento.

Com um olhar clínico, fisioterapeutas no mundo inteiro utilizam *software* que define cargas individualizadas e evitam excessos para alguns e trabalhos ineficientes para outros. Um *software* conhecido elaborado por Bosco na década de 1990 é constituído de sensores conectados a aparelhos de musculação que, ligados a microprocessadores, indicam e sugerem o tipo de trabalho que deve ser executado para cada atleta separadamente.

Um trabalho perfeito de ganho de massa muscular não pode se basear em noções unicamente teóricas. Portanto, a condição dos grupos musculares é que determina o trabalho a ser realizado naquele momento.

A grande vantagem do *software* está relacionada com a intensidade do exercício e com o número de repetições, que não podem ser elaboradas no achismo; um trabalho mal-elaborado pode trazer danos irreparáveis ao atleta ou ao paciente comum.

O desconhecimento da velocidade de execução representa um obstáculo intransponível para as adaptações específicas e concretas, já que é justamente a velocidade com que é realizado o movimento que favorece a melhora, e, portanto, a adaptação de um processo biológico em específico, e não de outro.

Isocinético

O isocinético tem várias opções de aplicações, mas a principal aplicação do dinamômetro está relacionada a testes monoarticulares em diversas articulações do corpo humano.[4,6] Esses dados fornecem informações preciosas sobre a função muscular, dentre elas:

- torque;
- potência;
- trabalho.

Outra grande atividade do isocinético é a avaliação do torque máximo produzido pelos músculos durante toda amplitude de movimento.[4]

Porém, uma gama de profissionais do esporte acredita que o desenvolvimento da força máxima pelo isocinético seja essencial para aumento da elevação do centro de gravidade no salto vertical.[2,3,4,6]

O princípio do isocinético mantém velocidade angular constante, com resistência acomodativa ao esforço. Os aparelhos podem ser com dinamômetros hidráulicos ou eletromecânicos. O mecanismo que mantém a velocidade constante recebe a força e devolve-a num nível adequado para preservar essa força constante.[2,3,4,6]

Vantagens[2,3]

- Contração máxima em toda ADM (amplitude de movimento).
- Não haverá carga se não for atingida a velocidade.
- Mensuração precisa.
- Contrações em velocidades funcionais.
- Desenvolvimento de potência – melhor *performance*.

Desvantagens[2,3]

- Aparelho de altíssimo custo.
- Apenas um ângulo realiza exercício por vez (demora no posicionamento do paciente).

Posicionamento na mecanoterapia

Membros inferiores (MMII)

Leg press: o joelho do paciente deverá estar flexionado a 30° ou 90°, de acordo com o trabalho daquele momento. O critério da escolha dessa angulação varia de acordo com a lesão e o quadro clínico do momento. Quando quiser alcançar um trabalho para o solear e o gastrocnêmio, deve posicionar-se no aparelho com extensão total de joelho e, com a ponta dos dedos, elevar o corpo contra a resistência.

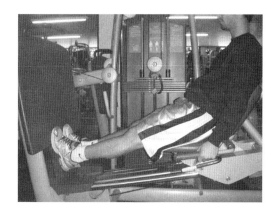

Aparelho para glúteo – extensor de coxofemoral: o anteparo contra o qual será realizada a força deve estar localizado logo acima da região poplítea. Já o anteparo que funcionará como apoio para a coxofemoral estará posicionado abaixo da crista ilíaca. Deve-se executar o exercício a partir de uma pequena flexão da coxofemoral.

Cadeira extensora: o paciente deverá estar sentado de modo que o apoio de tornozelo, contra o qual ele realizará a força, esteja acima do maléolo, permitindo que ele realize a flexão dorsal com liberdade. É necessário que o eixo de movimento do aparelho esteja alinhado com o joelho do paciente, devendo este estar na altura dos côndilos. O encosto do aparelho, a princípio, será utilizado em ângulo reto, ou seja, a 90°, salvo alguma exceção a qual estará especificada.

Aparelho flexor em posição ortostática (ísquios): a plataforma do pé deve estar em uma altura na qual a articulação do joelho esteja alinhada com o eixo de movimento do aparelho. Esse aparelho é mais indicado para a realização do trabalho unilateral.

Cadeira flexora: para a realização desse exercício, é necessário que o paciente esteja sentado nas tuberosidades isquiáticas, sendo o anteparo ajustado de forma que o joelho do paciente fique alinhado ao eixo de movimento do aparelho. O pé do paciente deverá estar em dorsiflexão.

Cadeira abdutora: para a realização deste exercício, é necessário que o paciente esteja sentado nas tuberosidades isquiáticas.

Membros superiores (MMSS)

Pulley: o paciente, sentado com os pés apoiados no solo e o joelho a 90°, fará uma pegada aberta (mãos afastadas – região granulada, indicado no equipamento) pela frente; dessa forma, estará trabalhando o grande dorsal.

Agora o paciente está em posição ortostática, de frente para o aparelho, mãos em pronação, e a pegada será mais fechada (conforme indicado no equipamento), sendo realizada uma extensão de cotovelo. Dessa forma, o trabalho será efetivo para o tríceps.

Cadeira adutora: para a realização deste exercício, é necessário que o paciente esteja sentado nas tuberosidades isquiáticas.

Mecanoterapia 191

Bíceps: região do oco axilar encaixada no apoio, de forma que os braços fiquem sobre o apoio, imóvel durante a realização do exercício. O paciente sairá de uma pronação avançando para uma supinação.

Peitoral no Smith: o paciente, deitado sobre um banco horizontal e segurando a barra com as mãos pronadas, a uma distância superior à da largura dos ombros, solicitará todo o peitoral maior, o peitoral menor, a porção longa do tríceps, o feixe anterior do deltoide e parte do coracobraquial.

No supino com as mãos aproximadas: o paciente estará deitado em um banco horizontal com as mãos pronadas a uma distância entre 10 e 40 cm, intensificando o trabalho na porção esternal do peitoral maior e no tríceps. Se o movimento for executado com os cotovelos abertos, enfatizará mais ainda o tríceps; se o movimento for realizado com o braço ao longo do corpo, será dada maior atenção ao feixe anterior do deltoide.

No supino inclinado: o paciente estará deitado sobre um banco inclinado entre 45° e 60°, mãos em pronação com uma distância superior à dos ombros, solicitando assim o peitoral maior, sobretudo seu feixe clavicular. Solicitação do feixe anterior do deltoide e da porção longa do tríceps.

Quadro 7.1 – Mecanoterapia associada com eletroestimulação

	Músculos envolvidos	Nº sessões semanais	Frequência (Hz)	Tempo on e off	Duração	Tipo de contração
Futebol (Método isolado)	Quadríceps Tríceps sural Glúteo	3	50-70	9" contração 9" repouso	20'	Isometria pura
	Posições de treinamento					
	Músculos envolvidos	Nº sessões semanais	Frequência (Hz)	Tempo on e off	Duração	Tipo de contração
Futebol (Método combinado)	Quadríceps Tríceps sural Glúteo	3	70-80	9" contração 15" repouso	20'	–
	Posição de treinamento					

Continua

Mecanoterapia 193

Continuação

Futebol (Método combinado)

Músculos envolvidos	Nº sessões semanais	Frequência (Hz)	Tempo on e off	Duração	Tipo de contração
Quadríceps Tríceps sural Glúteo	3	50	6" contração 12" repouso	12'	Concêntrica e excêntrica

Posição de treinamento

Basquetebol (Método clássico)

Músculos envolvidos	Nº sessões semanais	Frequência (Hz)	Tempo on e off	Duração	Tipo de contração
Quadríceps Tríceps sural Glúteo	3	50-70	9" contração 9" repouso	20'	Isometria pura

Posição de treinamento

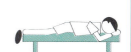

Basquete (Método combinado)

Músculos envolvidos	Nº sessões semanais	Frequência (Hz)	Tempo on e off	Duração	Tipo de contração
Quadríceps Tríceps sural Glúteo	3	60-80	6" contração 12" repouso	20'	–

Posição de treinamento

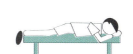

Continua

Continuação

Basquetebol (Método combinado)

Músculos envolvidos	Nº sessões semanais	Frequência (Hz)	Tempo on e off	Duração	Tipo de contração
Quadríceps Tríceps sural Glúteo	3	50-70	6" contração 15" repouso	12'	Concêntrica e excêntrica

Posição de treinamento

Voleibol – MI (Método clássico)

Músculos envolvidos	Nº sessões semanais	Frequência (Hz)	Tempo on e off	Duração	Tipo de contração
Quadríceps Glúteo	2	50	6" contração 12" repouso	15'	Isometria pura

Posição de treinamento

Voleibol – MI (Método combinado)

Músculos envolvidos	Nº sessões semanais	Frequência (Hz)	Tempo on e off	Duração	Tipo de contração
Quadríceps Glúteo	2	50-60	6" contração 12" repouso	12'	---

Posição de treinamento

Continua

Continuação

	Músculos envolvidos	Nº sessões semanais	Frequência (Hz)	Tempo on e off	Duração	Tipo de contração
Voleibol – MI (Método combinado)	Quadríceps Glúteo	2	70-80	6" contração 12" repouso	10'	Concêntrica e excêntrica
	Posição de treinamento					

	Músculos envolvidos	Nº sessões semanais	Frequência (Hz)	Tempo on e off	Duração	Tipo de contração
Voleibol – MS (Método clássico)	Peitoral Tríceps braquial	2	90-100	6" contração 20" repouso	12'	Isometria pura
	Posição de treinamento					

	Músculos envolvidos	Nº sessões semanais	Frequência (Hz)	Tempo on e off	Duração	Tipo de contração
Voleibol – MS (Método combinado)	Peitoral Tríceps braquial	2	80	6" contração 20" repouso	12'	–
	Posição de treinamento					

Continua

Continuação

<table>
<tr><th rowspan="3">Voleibol – MS (Método combinado)</th><th>Músculos envolvidos</th><th>Nº sessões semanais</th><th>Frequência (Hz)</th><th>Tempo on e off</th><th>Duração</th><th>Tipo de contração</th></tr>
<tr><td>Peitoral
Tríceps braquial</td><td>2</td><td>80</td><td>6" contração
20" repouso</td><td>10'</td><td>Concêntrica e excêntrica</td></tr>
<tr><td colspan="6">Posição de treinamento</td></tr>
</table>

  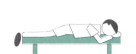

<table>
<tr><th rowspan="3">Corrida (sprint) (Método clássico)</th><th>Músculos envolvidos</th><th>Nº sessões semanais</th><th>Frequência (Hz)</th><th>Tempo on e off</th><th>Duração</th><th>Tipo de contração</th></tr>
<tr><td>Quadríceps
Tríceps sural
Glúteo</td><td>3</td><td>50</td><td>9" contração
12" repouso</td><td>18'-20'</td><td>Isometria pura</td></tr>
<tr><td colspan="6">Posição de treinamento</td></tr>
</table>

<table>
<tr><th rowspan="3">Corrida (sprint) (Método combinado)</th><th>Músculos envolvidos</th><th>Nº sessões semanais</th><th>Frequência (Hz)</th><th>Tempo on e off</th><th>Duração</th><th>Tipo de contração</th></tr>
<tr><td>Quadríceps
Tríceps sural
Glúteo</td><td>3</td><td>50</td><td>9" contração
12" repouso</td><td>15'</td><td>–</td></tr>
<tr><td colspan="6">Posição de treinamento</td></tr>
</table>

Continua

Continuação

Corrida (sprint) Método combinado

Músculos envolvidos	Nº sessões semanais	Frequência (Hz)	Tempo on e off	Duração	Tipo de contração
Quadríceps Tríceps sural Glúteo	3	50	9" contração 20" repouso	15'	Concêntrica e excêntrica

Posição de treinamento

Ciclismo – triatlo (Método clássico)

Músculos envolvidos	Nº sessões semanais	Frequência (Hz)	Tempo on e off	Duração	Tipo de contração
Quadríceps Tríceps sural	4	30-50	9" contração 9" repouso	30'-35'	Isometria pura

Posição de treinamento

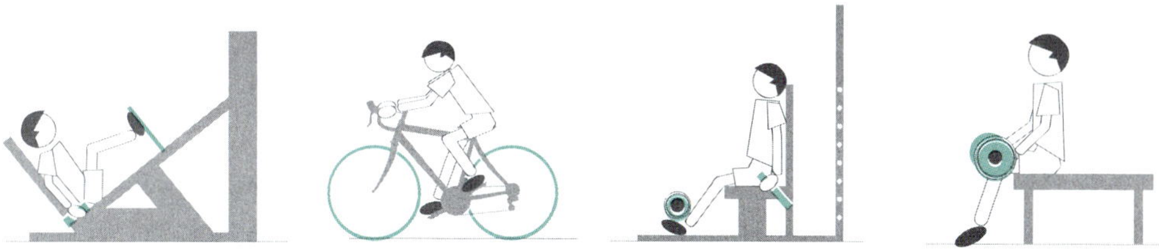

Ciclismo – triatlo (Método combinado)

Músculos envolvidos	Nº sessões semanais	Frequência (Hz)	Tempo on e off	Duração	Tipo de contração
Quadríceps Tríceps sural	3	30	9" contração 9" repouso	25'-30'	–

Posição de treinamento

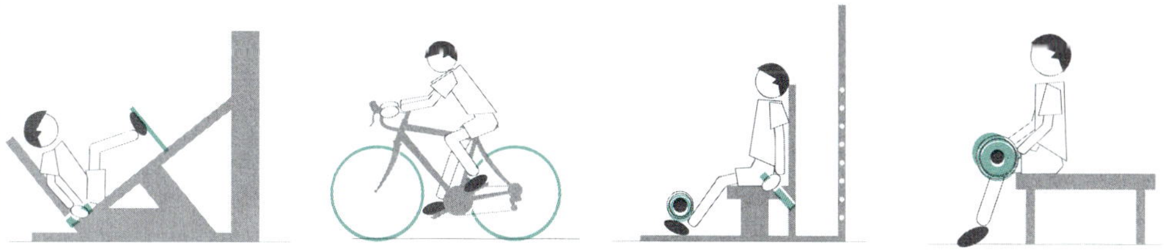

Continua

Continuação

Ciclismo – triatlo (Método combinado)

Músculos envolvidos	N° sessões semanais	Frequência (Hz)	Tempo on e off	Duração	Tipo de contração
Quadríceps Tríceps sural	2	50	9" contração 12" repouso	18'-20'	Concêntrica e excêntrica

Posição de treinamento

Tênis – MS (Método clássico)

Músculos envolvidos	N° sessões semanais	Frequência (Hz)	Tempo on e off	Duração	Tipo de contração
Peitoral	2	60	9" contração 15" repouso	12'	Isometria pura

Posição de treinamento

Tênis – MS (Método combinado)

Músculos envolvidos	N° sessões semanais	Frequência (Hz)	Tempo on e off	Duração	Tipo de contração
Peitoral	2	60	9" contração 20" repouso	12'-15'	–

Posição de treinamento

Continua

Continuação

Tênis – MS (Método combinado)

Músculos envolvidos	N° sessões semanais	Frequência (Hz)	Tempo on e off	Duração	Tipo de contração
Peitoral	2	60	9" contração 15" repouso	10'	Concêntrica e excêntrica

Posição de treinamento

Tênis – MI (Método clássico)

Músculos envolvidos	N° sessões semanais	Frequência (Hz)	Tempo on e off	Duração	Tipo de contração
Quadríceps Tríceps sural Glúteo	3	80-90	9" contração 12" repouso	20'	Isometria pura

Posição de treinamento

Tênis – MI (Método combinado)

Músculos envolvidos	N° sessões semanais	Frequência (Hz)	Tempo on e off	Duração	Tipo de contração
Quadríceps Tríceps sural Glúteo	3	80-90	9" contração 12" repouso	15'	–

Posição de treinamento

Continua

Continuação

Tênis – MI (Método combinado)

Músculos envolvidos	Nº sessões semanais	Frequência (Hz)	Tempo "on" e "off"	Duração	Tipo de contração
Quadríceps Tríceps sural Glúteo	3	90-100	9" contração 12" repouso	12'	Concêntrica e excêntrica

Posição de treinamento

Lutas (Método clássico)

Músculos envolvidos	Nº sessões semanais	Frequência (Hz)	Tempo "on" e "off"	Duração	Tipo de contração
Quadríceps Peitoral Tríceps braquial	3	60	9" contração 15" repouso	20'	Isometria pura

Posição de treinamento

Lutas (Método combinado)

Músculos envolvidos	Nº sessões semanais	Frequência (Hz)	Tempo "on" e "off"	Duração	Tipo de contração
Quadríceps Peitoral Tríceps braquial	3	60	9" contração 15" repouso	15'	–

Posição de treinamento

Continua

Continuação

Lutas (Método combinado)

Músculos envolvidos	N° sessões semanais	Frequência (Hz)	Tempo "on" e "off"	Duração	Tipo de contração
Quadríceps Peitoral Tríceps braquial	3	60	9" contração 20" repouso	12'	Concêntrica e excêntrica

Posição de treinamento

Remo (Método clássico)

Músculos envolvidos	N° sessões semanais	Frequência (Hz)	Tempo "on" e "off"	Duração	Tipo de contração
Grande dorsal Quadríceps Glúteo	3	65-70	9" contração 9" repouso	20'	Isometria pura

Posição de treinamento

Remo (Método combinado)

Músculos envolvidos	N° sessões semanais	Frequência (Hz)	Tempo "on" e "off"	Duração	Tipo de contração
Grande dorsal Quadríceps Glúteo	3	70-75	9" contração 9" repouso	20'	---

Posição de treinamento

Continua

Reabilitação acelerada

Continuação

	Músculos envolvidos	Nº sessões semanais	Frequência (Hz)	Tempo "on" e "off"	Duração	Tipo de contração
Remo (Método combinado)	Grande dorsal Quadríceps Glúteo	3	75-80	9" contração 12" repouso	16'-18'	Concêntrica e excêntrica
	Posição de treinamento					

Este quadro visa ao trabalho de reabilitação de atletas de esportes diferentes; o protocolo de mecanoterapia foi elaborado em conjunto com um fisiologista (João Carlos Telles Travassos).

Referências

1. Abernethy P, Wilson G, Logan P. Strength and power assessment. Issues, controversies and challenges. Sports Med 1995 Jun;19(6):401-17.

2. Gaines JM, Talbot LA. Isokinetic strength testing in research and practice. Biol Res Nurs 1999 Jul;1(1):57-64.

3. Gleeson NP, Mercer TH. The utility of isokinetic dynamometry in the assessment of human muscle function. Sports Med 1996 Jan;21(1):18-34.

4. O'Shea K, Kenny P, Donovan J, Condon F, McElwain JP. Outcomes following quadriceps tendon ruptures. Injury 2002 Apr; 33(3):257-60.

5. Reid DC, Oedekoven G, Kramer JF, Saboe LA. Isokinetic muscle strength parameters for shoulder movement. Clin Biomech 1989 May;4(2):97-104.

6. Ugrinowitsch C, Barbanti VJ, Gonçalves A, Peres BA. Capacidade dos testes isocinéticos em predizer a "performance" no salto vertical em jogadores de voleibol. Rev Paul Educ Fís 2000;14:172-83.

7. Van Meeteren J, Roebroeck ME, Stam HJ. Test-retest reliability in isokinetic muscle strength measurement of the shoulder. J Rehabil Med. 2002; 34: 91-5.

8. Zatsiorsky, VM. Ciência e Prática do Treinamento de Força. Phorte; 1999.

Seção 8

Posturologia e sua complexidade

Alex Evangelista
Fábio de Souza Lima Antonucci
Leila Márcia Medeiros Martins

Conceitos

Já nos perguntamos várias vezes se está faltando algo no tratamento que estamos realizando no paciente, pois, por mais dedicação que dispensemos a ele, às vezes volta à clínica com dor. Se formos detalhar o problema, pode ser que a resposta não esteja na dor, mas em um problema postural difícil de avaliarmos a olho nu. Com uma equipe transdisciplinar, essas avaliações passam a ter mais sentido e aumentam as chances de sucesso do tratamento.

Diante da modernidade do mundo globalizado, a Fisioterapia também reorganiza suas metodologias de avaliação buscando recursos informatizados para auxiliar no diagnóstico cinesiológico funcional. A consulta com profissionais de outra formação também é aconselhável para o diagnóstico diferencial e a associação de conceitos de tratamento.

A Fisioterapia atualmente utiliza recursos especializados que aumentam as chances de precisão. Sistemas Especialistas são sistemas de computação que realizam funções semelhantes àquelas normalmente executadas por um especialista humano.

O fisioterapeuta passou a dominar cada mínimo detalhe da cinesiologia funcional, e, nas últimas décadas, tem aumentado a massa crítica com relação às avaliações. Atualmente, equipamentos de precisão têm sido mais utilizados no dia a dia da prática clínica, por exemplo, o baropodômetro. Com os registros de imagens posturográficas, por meio da avaliação da pressão plantar, podemos destacar os pontos de pressão exercidos pelo corpo.

É importante frisar que a postura pode ser avaliada de forma informatizada, mas é fundamental o componente humano especializado. Essa é a verdadeira cinesiologia funcional (Estudar Parte 1 – "Avaliações e anatomia funcional").

A seguir, vamos abordar temas para elucidação de pontos fundamentais na avaliação e no tratamento de prováveis alterações posturais.

Avaliação

A pelve (Figura 8.1), quando está desnivelada, provoca encurtamento adaptativo dos membros inferiores. De forma equivocada, esse encurtamento foi tratado com calços ou saltos.

Essa atitude pode produzir adaptações na postura, por exemplo, a pelve pode sofrer desnivelamento caso não seja um encurtamento verdadeiro do membro inferior. Tal situação compromete a mobilidade entre as vértebras e o sacro, além de causar escoliose acentuada. Mas o problema pode se acentuar e comprometer a articulação occipitocervical em razão da assimetria do tônus da musculatura paravertebral.

Alterações em anterioridade e posterioridade do ilíaco podem ser identificadas pelo teste de Downing. Esse teste pode identificar, também, a diferença entre o *deficit* total e o parcial de mobilidade dos ílios sobre o sacro.[3]

Teste de Downing

Para o teste de Downing, devemos colocar em tensão os ligamentos do quadril e da cápsula articular; mobilizamos tanto para frente quanto para trás as articulações sacroilíacas. Essas limitações de movimento darão informações importantes para a continuidade do tratamento.[3]

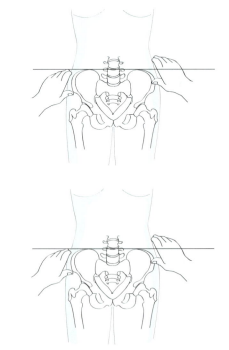

Figura 8.1 – Mobilização da pelve.

Teste de alongamento

O objetivo é anteriorizar a asa ilíaca evidenciando um possível bloqueio em posterioridade.

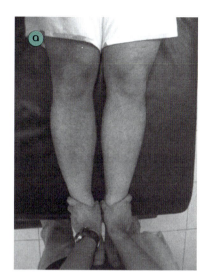

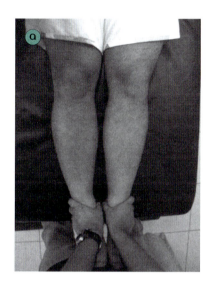

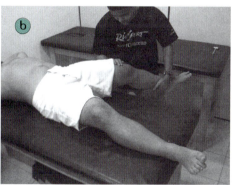

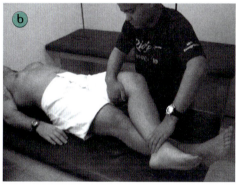

Modo de execução: adução e rotação externa.

Modo de execução: abdução e rotação interna.

A cada teste realizado, deve-se executar uma flexão máxima da perna sobre a coxa e da coxa sobre o tronco para anular os efeitos produzidos. Para que seja feito um diagnóstico diferencial entre os ilíacos, os testes deverão ser executados bilateralmente.[3]

Teste de encurtamento

O objetivo é posteriorizar a asa ilíaca evidenciando um possível bloqueio em anterioridade.

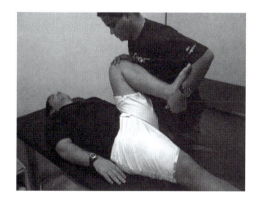

Conclusões sobre as desigualdades dos membros:[4]

- O falso membro curto = ilíaco posterior + fechamento.
- O falso membro longo = ilíaco anterior + abertura.
- O verdadeiro membro curto = ilíaco anterior + abertura.
- O verdadeiro membro longo = ilíaco posterior + fechamento.

Teste de Gillet[33]

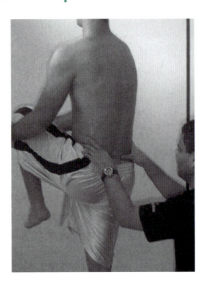

É um teste útil para determinar lesões sacroilíacas e iliossacras, mais utilizado para lesões iliossacras de anterioridade ou posterioridade.

É um teste que utiliza a flexão de quadril (mais de 110° a 120°) para induzir movimentos do ilíaco e do sacro.

O teste é dividido em duas fases.

1ª Fase

Colocam-se os polegares nas duas EIPS (espinhas ilíacas posterossuperiores), o que determinará um exame global.

Solicita-se ao paciente que flexione um lado do quadril (+ de 110°) e logo em seguida o outro. Se o polegar descende, indica-nos que o ilíaco não apresenta fixação. Se não descende, determina a presença de lesão, mas não nos especifica de que tipo.

2ª Fase

Colocam-se os polegares um ao nível da EIPS (espinha ilíaca posterossuperior) e o outro ao lado, sobre o sacro. Solicita-se ao paciente que flexione o membro inferior desse lado para avaliar o ilíaco e que flexione o oposto para avaliar o sacro.

O teste será positivo se o polegar não descer, mas somente foi avaliado o istmo articular, o que nos indica a existência de uma lesão em rotação anterior ou posterior do ilíaco. Para definir as lesões de rotação, avaliaremos o braço menor e o braço maior articular da seguinte maneira:

- *Braço menor*

Colocam-se os contatos dos polegares por cima da EIPS; a fixação desse braço indica-nos a existência de uma lesão de rotação posterior do ilíaco.

- *Braço maior*

Colocam-se os contatos dos polegares dois dedos por debaixo da EIPS. A fixação desse braço indica-nos a existência de uma lesão de rotação anterior do ilíaco.

Teste dos polegares ascendentes[33]

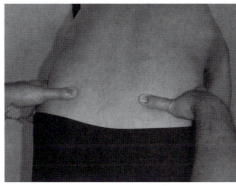
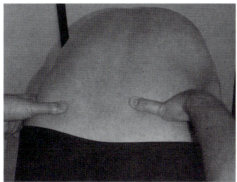

Polegares na parte inferior das EIPS. Nesse momento, pode-se detectar uma diferença de altura entre as EIPS, que pode ou não indicar lesão ilíaca (esta pode ser unilateral ou bilateral). O polegar que mais ascende é o que indica a presença de lesão.

Postura corporal

A postura é uma resposta da interação do corpo com o meio ambiente associada aos sistemas de organização postural.[1]

Os polos sensoriais localizados nas extremidades são responsáveis pela postura ereta. O sistema postural é complexo e tem fundamentação em sua relação com outros sistemas, além do equilíbrio e do sistema neuromuscular.

As vias aferentes e auditivas, por meio do nervo craniano (*vestibulococlear*), têm íntima relação com o equilíbrio e a audição, primordiais na reeducação postural.[1]

A complexidade do controle da postura recebe influência da interação entre o estímulo aferente e a resposta eferente.[14,15]

O sistema motor tem ingerência na postura e, a partir dessa informação, iniciamos estudos sobre os fatores neuromusculares fundamentais no controle do equilíbrio.[20,21]

A postura sofre influência multifatorial, que nos impulsiona a um capítulo abrangente para maior elucidação. É claro para todos os profissionais que a posição ortostática, quando sofre alteração, afeta imediatamente a inclinação postural e a linha da gravidade.[20,21]

Os calcâneos recebem distribuição de 25% do peso do corpo na posição ortostática, e a cabeça dos cinco metatarsos recebe outros 25% cada pé. A informação mais importante está no papel dos ligamentos plantares que suportam a maior parte da tensão no arco longitudinal. Cerca de 12% a 22% dessa tensão são imputados aos músculos tibial posterior e fibulares. Lembrem-se de que, quando estamos na ponta do pé, essa tensão é aumentada em até quatro vezes.[17]

O sistema postural é complexo e estruturado, completo com uma variedade de entradas sensoriais e com funções importantíssimas no simples ato de ficar de pé.[5,14,34] Os sistemas vestibular, visual e da oclusão associados aos sistemas de receptores nervosos situados nas articulações podem organizar e harmonizar os movimentos mais complexos.[5,16,38]

O controle do tônus postural depende de informações advindas do sistema visual, do vestibular, do oculomotor, da oclusão e proprioceptivas. Mas o pé tem íntima ligação com esses sistemas, portanto tem interferência no controle da postura a partir dos neurorreceptores sensoriais e mecânicos.[6]

As células de Shwann revestem as terminações nervosas presentes em quase todas as partes do corpo. As terminações nervosas livres se pronunciam a partir do conjunto neural subepitelial. Sua ação em tecidos profundos tem ramificação com as células epiteliais.[6]

Os discos de Merkel, em contato com fibras amielínicas, penetram a membrana basal em forma de discos, como são conhecidos. São terminações nervosas livres especializadas encontradas em grande número na pele glabra das partes distais das extremidades.[6]

É importante sabermos sobre os corpúsculos de Vater-Pacini, mecanorreceptores abundantes em regiões palmares e plantares, além de outras estruturas, muito presentes na camada subcutânea da pele, nos ligamentos com a função da percepção da pressão.

Os corpúsculos de Meissner, responsáveis pela percepção do tato leve, são numerosos nos dedos das mãos e dos pés.[20,21]

Os corpúsculos de Ruffini têm estrutura arredondada, com até 1 mm de comprimento. Parecendo-se com os bulbos terminais de Krause, porém mais achatados. Uma fibra mielinizada ganha ramificações não mielinizadas. Sua principal função é a sensação térmica do calor, e são muito presentes nas articulações, responsabilizando-se também pela posição corporal.[20,21]

Saad et al. (1997)[35] corroboraram em seus estudos a importância ressaltada dos receptores sensitivos internos e externos, dando ênfase aos pés e aos olhos. Desmistificaram a evidência dada exclusivamente ao ouvido interno. Esses estudos mudaram o rumo dos tratamentos da postura. Nesse mesmo estudo, relataram haver possibilidade na reprogramação dos receptores sensitivos por meio de técnicas e manipulação manual, restaurando o equilíbrio corporal [Estudar seção "Recuperação física e funcional (propriocepção)"].

Em 1998, Johnston et al.[23] estudaram a influência da atividade física no equilíbrio, principalmente o efeito da fadiga sobre a condição de controle motor dos membros inferiores.

Johnston et al.[23] apresentaram dados alarmantes mostrando grande diferença do controle motor após atividade física intensa, reduzindo a capacidade do controle motor e causando consequente piora na postura.

Nossa conduta se baseia na contínua investigação para aprimoramento dos recursos aplicados. Bricott[5] demonstrou que uma modificação na assimetria da pressão dos molares desencadeia uma resposta de hipotonia dos extensores das mãos, provocando alteração postural.

Influência da articulação temporomandibular na postura

A ATM (articulação temporomandibular) é uma articulação capaz biomecanicamente de movimentos em rotação e translação simultaneamente. Sua complexidade é única,[8] sendo apenas a ATM dotada de duas articulações independentes.

Sua característica morfofuncional atribui-lhe a qualidade de articulação bilateral.[30]

A DTM (disfunção temporomandibular) associada à musculatura mastigatória e a outras estruturas podem representar um conjunto de desordens clínicas que alteram a postura.[9]

Autores emblemáticos citaram a ATM como um complexo craniocervicomandibular.[25] A complexidade anatômica dessa articulação pode influenciar demasiadamente a postura. A trama de músculos, fáscias e ligamentos pode explicar facilmente essa questão.

A coluna cervical, os dentes e a ATM podem estabelecer alterações posturais com base na Biomecânica desse complexo.[25]

A Fisioterapia associada a especialidades de outras áreas estão se dedicando a estudos sobre DTM e recursos que podem cooperar na reabilitação desse mal.

Um recurso que atualmente vem sendo fundamentado é o dispositivo intraoclusal, que vem sendo utilizado com grande sucesso no Brasil.[29,30]

Alguns sintomas são relacionados com a indicação de DTM:[19,29-31]

- cefaleia;
- otalgias;
- zumbidos;
- mialgias;
- fadigas musculares excessivas;
- ruídos articulares.

Aparelho locomotor

São muito pouco divulgadas para o público, de um modo geral, as relações entre as alterações da ATM e o aparelho locomotor. A postura é um assunto sem definição e tem variação de pessoa para pessoa, segundo sua hereditariedade, atividade profissional, atividade física de rotina etc.[15]

A coluna, quando alterada e provocando dor, desencadeia o uso inadequado da postura, sendo o sedentarismo o principal responsável por isso.[24]

A coluna vertebral sofre consequências da desorganização da linha espondileia em razão do sedentarismo, mas o modismo na postura também tem relevância no estudo.[22]

Um valioso dado que temos de considerar é que, na segunda e na terceira vértebra cervical, pode provocar disfonias e alterações na ATM e consequentes zumbidos no ouvido. Essas alterações podem ocorrer na postura corporal após a remoção de contatos precoces. Em oposição, alterações artificiais da oclusão em pessoas saudáveis podem não influenciar a postura corporal.[7]

Ação de dispositivos intraoclusais

Uma das características principais do aparelho intraoclusal é a oclusão funcional que potencializa a reorganização da atividade neuromuscular, de tal forma que reduz a atividade anormal do músculo esquelético, possibilitando a atividade normal.[27]

De um ponto de vista clínico, a Odontologia aumentou os estudos sobre ATM, que mudaram o conceito de cadeias musculares. As placas oclusais de encaixe no maxilar e na mandíbula encobrem todos os dentes anteriores e laterais. Esse encaixe tem o objetivo de propiciar um contato homogêneo no mesmo espaço de tempo na região dos molares e pré-molares.[27]

Além das ações descritas, a placa oclusal protege os dentes e as estruturas de apoio das forças anormais que podem danificar os dentes.[27]

Com os estudos avançados, somos capazes de diagnosticar com muito mais precisão, portanto, acreditamos na ação interdisciplinar para um tratamento definitivo e eficaz.

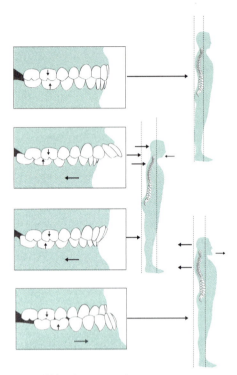

Figura 8.2 – Má-oclusão e postura.

Placas oclusais e miorrelaxantes

- Placa de estabilização.[29]
- Aparelho de posicionamento anterior.[29]
- Placa de mordida anterior.[29]
- Placa de mordida posterior.[29]
- Placas de Michigan ou placa total com desoclusão pelo canino.[8,29]
- Placas de reposicionamento mandibular.[8]

Palmilhas e sua ação postural

Este capítulo tenta levar à conscientização para a ação interdisciplinar conjunta. Somos infinitamente mais competentes quando integramos uma comunidade interdisciplinar. Nosso conhecimento é ampliado e aumentam as chances de um tratamento bem-sucedido no menor espaço de tempo.

Estamos dando ênfase à influência dos pés na postura, além, claro, de outros fatores aqui relacionados que precisam sempre estar em pauta. O pé é uma região rica em receptores de pressão e tem forte influência na coordenação e na regulação da postura (dinâmica e estática).[16] Os mecanorreceptores são a explicação para a influência do pé na postura.[13]

Estudar o pé é ótimo conselho para um ajuste perfeito da postura. Os mecanorreceptores têm importante função na posição ortostática. Os órgãos tendinosos de Golgi, sensíveis ao alongamento, respondem às variações de tensão. Por meio do fuso muscular, fornecem informação pelo reflexo miotático[6] (Estudar seção "Fisiologia e suas respostas bioelétricas").

As reações dos músculos plantares são respostas da integração neurossensorial com os estímulos barorreceptores plantares, e as variações na postura podem mudar de acordo com a natureza do estímulo.[5]

Fisiologia e Biomecânica devem ser aplicadas de forma harmônica, com a devida importância do pé para o aparelho locomotor. O pé, com sua vital importância biomecânica, é dependente da sua capacidade de agir como absorvedor de choque e adaptador, além, claro, de ser um conversor de torque e braço rígido durante o ciclo de marcha.[12]

Olhemos com calma uma pessoa com desequilíbrio em anterioridade. A região do antepé, por meio dos barorreceptores, ativa de forma reflexa a musculatura paravertebral e os músculos extensores dos membros inferiores, a fim de tornar o corpo equilibrado tracionando-o para trás. Nesse caso, a palmilha transfere o solo até a superfície plantar.

Exemplo

Vamos usar um exemplo do pé plano que provoca o genuvalgo. Utilizaremos elementos (barra calcânea) de 1 mm para crianças e 2 mm para adultos. Com essa barra, iremos interferir no tônus muscular através dos fusos musculares. Essa barra será posicionada no corpo muscular do primeiro e do quinto metatarso. Com os elementos proprioceptivos da palmilha posicionado nessas terminações, pode-se produzir facilitação reflexa do músculo sob alongamento, pois são sensíveis às alterações de duração e velocidade dos músculos. Esse procedimento sustentado recruta tanto motoneurônios alfa quanto gama, possibilitando tanto a contração muscular extrafusal quanto a intrafusal.

Indicação

As palmilhas podem ser ajustadas de pessoa para pessoa de acordo com a condição clínica. As indicações vão desde dores no quadril e dores lombares até as síndromes musculares.[12,36]

Mas nosso objetivo não está nos sintomas, mas na origem do problema. As dores que surgem podem estar relacionadas ao pé (Figura 8.3). Vale ressaltar que isso não se aplica todos os pacientes, mas é um conceito importantíssimo e que deve estar presente em nossas avaliações.

A inadequada modificação de postura pode estar relacionada a partir das imposições da sensibilidade profunda, das alterações articulares e do equilíbrio musculoligamentar partindo das informações dos barorreceptores plantares.[39,40]

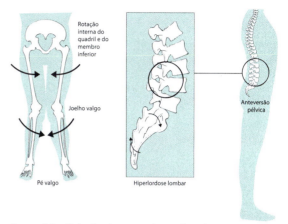

Figura 8.3 – Relação do genuvalgo e da coluna lombar.

Confecção de palmilhas

A confecção de palmilhas proprioceptivas ou posturais tem uma função muito específica. É necessária muita atenção em sua confecção, pois essa prática tem influência vital no aparelho locomotor. Além da confecção perfeita, a indicação deve ser muito estudada para o sucesso dos resultados.

As palmilhas posturais recebem elementos fixados na palmilha. O sistema postural fino recebe informações do ajuste pelos elementos fixos na palmilha, permitindo ao corpo adaptações com reações reflexas tônicas musculares.

É muito importante saber que as palmilhas comerciais vendidas no mercado comum não possuem as especificidades proprioceptivas ideais, podendo trazer transtornos irreversíveis ao paciente.

A indústria dessas palmilhas desconhece a ação modificadora da postura, e seus interesses são unicamente comerciais.

No Brasil, o Prof. Dr. Wilson Przysiezny é um conceituado fisioterapeuta que, além de ministrar cursos no Brasil, é um estudioso na área de Podoposturologia. Sua preocupação tem sido a orientação dos profissionais especialistas em Podoposturologia para aperfeiçoarem a técnica, além de reconhecerem todos os fundamentos necessários para a indicação 100% correta da palmilha para o paciente. Essa preocupação tem dado um destaque ao Brasil na qualidade dos profissionais atuantes nesse mercado.

Portanto, tenho a concepção de que um paciente não pode ser observado com o foco no problema local, mas com uma visão global. Uma avaliação completa pode solucionar o problema de forma definitiva e bem mais rápida. Acelerar a recuperação do paciente não é liberá-lo do tratamento antes ou em poucos dias, mas tratá-lo de forma definitiva, eliminando as chances de recidiva e aumentando os recursos de tratamento para que a lesão seja limitada, e não o contrário.

Referências

1. Bankoff ADP. Postura corporal: fatores biológicos da postura ereta: causas e conseqüências. Brasília: Ministério da Saúde: Ministério da Educação e do Desporto; 1996.

2. Bekedorf RG. Análise do equilíbrio estático através de um baropodômetro eletrônico. Campinas. Monografia [Trabalho de Conclusão de Curso de Educação Física] - Faculdade de Educação Física, Universidade Estadual de Campinas; 2003.

3. Busquet L. As cadeias musculares: A pubalgia. Belo Horizonte: Busquet; 2001. v. 3.

4. _____. As cadeias musculares: Membros Inferiores. Belo Horizonte: Busquet; 2001. v. 4

5. Bricot B. Posturologia. São Paulo: Ícone; 1999.

6. Brodal P. The central nervous system: structure and function. 2. ed. New York: Oxford University; 1998.

7. Bumann A., Lotzmann U. Disfunção têmporomandibular: diagnóstico funcional e princípios terapêuticos. Porto Alegre: Artmed; 2002.

8. Cardoso AC. Oclusão: para você e para mim. São Paulo: Santos; 2003.

9. Chiaoy L, Jesuíno F. Estudo das alterações posturais nos indivíduos com disfunção da articulação têmporo mandibular. Reabilitar. 2003 jan/mar;(18):37-9.

10. Di Grazia RC. Alterações posturais relacionadas com a disfunção da articulação temporomandibular e seu tratamento. Dissertação (Mestrado em Educação Física) - Faculdade de Educação Física, Universidade Estadual de Campinas. Conexões 2004;2(2).

11. Di Grazia RC, Bankoff ADP. Alterações posturais relacionadas com a disfunção da articulação temporomandibular e seu tratamento. EF Deportes: revista digital. Disponível em: <http://www.efdeportes.com>, 2005.

12. Donatelli RA. The biomechanics of the foot and ankle. 2. ed. Philadelphia: F. A. Davis Co; 1996.

13. Enjalbert M, Rabischong P, Micallef JP, Peruchon E, Pelissier J. Sensibilité plantaire et équilibre. In: Villeneuve P (Ed.). Pied, équilibre et posture. Paris: Frison-Roche; 1996. p. 61-5.

14. Enoka MR. Bases Neuromechanical of Kinesiology. 2. ed. Champaign: Human Kinetics; 1995.

15. Fracarolli JL. Biomecânica: análise dos movimentos. Rio de Janeiro: Cultura médica; 1981.

16. Gagey PM, Weber B. Posturologia: regulação e distúrbios da posição ortostática. 2. ed. São Paulo: Manole; 2000.

17. Gehlsen GM, Seger A. Selected Measures of Angular Displacement, Strength and Flexibility in Subjects with and without Skin Splints. Res Q.1980;51(3):478-85.

18. Gerthoffert J. Cartographie du seuil de perception de la pression de la plante des pieds. Ann Kinesth 1982;9:469-74.

19. Gould III JA. Fisioterapia na Ortopedia e na Medicina do Esporte. 2. ed. São Paulo: Manole; 1993.

20. Hall SJ. Biomecânica básica. Rio de Janeiro: Guanabara Koogan; 1993.

21. Hamill J, Knutzen KM. Bases do movimento humano. São Paulo: Manole; 1999.

22. Iluffi MC. La educación física y las enfermidades de la coluna. Archivos de la Sociedad Chilena de Medicina del deporte. 1977;22:13-6.

23. Johnston RB. et al. Effect of Lower Extremity Muscular Fatigue on Motor Control Performance. Med Sci Sports Exerc. 1998;30(12):1703-7.

24. Kendal F, Boynton DA. Posture and Pain. New York: Krieger; 1977.

25. Maciel RN. ATM e dores craniofaciais: fisiopatologia básica. São Paulo: Santos; 2003.

26. Mcpoil Jr, Brocato TG, Brocato RS. Pé e Tornozelo: Avaliação e tratamento. In: Gould III JA. Fisioterapia na ortopedia e na medicina do esporte. 2 ed. São Paulo: Manole; 1993. p. 293-321.

27. Molina OF. Fisiopatologia craniomandibular: oclusão e ATM. 2. ed. São Paulo: Pancast; 1995.

28. Nahmani L, Amiel M., Casteyde JP, Cucchi G, Dubois JM, Hartmann F et al. Kinésiologie: théorie et pratique. Paris: Comedent; 1990. Tome I.

29. Okeson JP. Dor orofacial: guia de avaliação, diagnóstico e tratamento. São Paulo: Quintessence; 1998.

30. Okeson JP. Tratamento das desordens temporomandibulares e oclusão. 4. ed. São Paulo: Artes Médicas; 2000.

31. Oliveira W. Disfunções temporomandibulares. São Paulo: Artes Médicas; 2002.

32. Rasch PJ, Burke RK. Cinesiologia e anatomia aplicada. 5. ed. Rio de Janeiro: Guanabara Koogan; 1977.

33. Ricard F. Tratamento Osteopático da Lombalgia e Ciáticas. Rio de Janeiro: Atlântica; 2001.

34. Rowinski MJ. Neurobiologia aferente da articulação. In: Gould III JA. Fisioterapia na ortopedia e na medicina do esporte. 2. ed. São Paulo: Manole; 1993.

35. Saad M et al. Sinais clínicos associados a prognóstico de marcha em paralisia cerebral espástica. Revista Brasileira de Postura e Movimento. 1997; 1(1):5-12.

36. Steenks MH, Wijer A. Disfunções da articulação temporomandibular do ponto de vista da fisioterapia e da odontologia: diagnóstico e tratamento. São Paulo: Santos; 1996.

37. Tidswell M. Ortopedia para fisioterapeutas. São Paulo: Premier; 2001.

38. Tribastone F. Tratado de exercícios corretivos: aplicados à reeducação motora postural. São Paulo: Manole; 2001. Conexões 2004;2(2).

39. Villeneuve PH. L'épreuve posturo-dynamique. In: Gagey PM, Weber B (Org.). Entrées du Système Postural Fin. France: Masson; 1996. (Col Critique de la Posturologie tome 1).

40. Villeneuve PS. Validation d'une épreuve clinique mettant en évidence la stratégie d'équilibration posturale le test d'antépulsion passive. Mémoire D.I.U de posturologie Clinique Paris VI 2000/2001. 43 p.

Seção 9

Vibração mecânica – Um conceito novo de treinamento e tratamento

Alex Evangelista
Richard Goslin Kowarick
Simone Buonacorso

Conceitos

É desde a Grécia antiga que a humanidade exercita o seu corpo de acordo com o "princípio da sobrecarga". Até hoje, esse conceito de fortalecimento muscular por meio de um aumento gradual de carga sobre o corpo, princípio da sobrecarga, tem sido o método de treino mais utilizado para o aumento de força. Com a evolução dos conceitos de treinamento de força e o avanço da tecnologia, novas metodologias e equipamentos estão sendo criados. A vibração mecânica é uma dessas evoluções e revoluções no campo de treinamento de força e reabilitação.

Os primeiros estudos e pesquisas feitos sobre os efeitos positivos da vibração mecânica na área de reabilitação e de treinamento começaram em 1917, com a Dra. Mary Lydia Hastings Arnold Snow. Em 1960, o Dr. Biermann, no leste europeu, aprofundou o estudo dos benefícios do treinamento à base de vibração. Em 1975, os cientistas russos Insurin e Nasarov começaram a utilizar a tecnologia vibratória em seus cosmonautas para fortalecer seus músculos e ossos. Com a adaptação do uso da vibração nas missões espaciais, os cosmonautas russos conseguiram ficar no espaço por um período incrível de 420 dias (é importante ressaltar que os astronautas americanos nunca conseguiram ultrapassar 120 dias no espaço). Com os resultados positivos atingidos nos estudos com os cosmonautas, em 1976, Insurin e Nasarov começaram a aplicar a tecnologia vibratória nos atletas olímpicos.

Em 1985, o Dr. Carmelo Bosco iniciou suas pesquisas com a tecnologia da vibração e ajudou a desenvolver as primeiras plataformas vibratórias para estudo, o NEMES (NEural-muscular MEchanical Stimulation).

Em 1998, após vários anos utilizando as placas vibratórias NEMES e Galileo 2000 para treinamento de força da equipe olímpica holandesa, Guus van der Meer começou a desenvolver uma nova plataforma. O intuito era desenvolver um equipamento que pudesse ser utilizado tanto para atletas quanto para sedentários e pessoas da terceira idade. Em 2000, a vibração mecânica foi introduzida nos mercados de *fitness*, reabilitação e estética.

Vibração mecânica

Estudos clínicos e experiência prática têm provado que é possível obter resultados melhores ou equivalentes no ganho de força com a vibração mecânica comparado aos treinos convencionais de resistência e força. *Whole Body Vibration* (Vibração Total do Corpo) é hoje um conceito amplamente usado na Europa como treinamento complementar.[1,7,13]

A vibração mecânica pode ser utilizada para a melhora de *performance* e para reabilitação. O treino com a vibração mecânica é seguro, simples, rápido e pode ser usado por uma gama maior de pessoas do que os equipamentos convencionais.[6,14,16]

O *Power Plate*, por exemplo, produz uma vibração senoidal de sua plataforma que auxilia no aumento da contração muscular durante o exercício. O efeito da vibração no corpo ou em partes do corpo é conhecido como VCI – vibração do corpo inteiro (*whole body vibration* – WBV) e VMB – vibração de mãos e braços (*hands and arms vibration* – HAV). A VCI é o termo utilizado para descrever um estímulo vibratório que afeta o corpo todo; já o termo VMB limita-se aos estímulos somente de mãos e braços.[1,8,9,11]

A VCI e a VMB e seus efeitos começaram a ser estudados no final do século XIX e começo do século XX. Os efeitos da vibração no corpo, especialmente nas mãos e nos braços, foram constatados pela primeira vez pelo médico francês Maurice Raynaud, em 1862. A aplicação do estímulo vibratório utilizado durante o exercício e a reabilitação foram publicados pela primeira vez em 1917 pela Dra. Mary Lydia Hastings Arnold Snow. Em 1930, a Dra. Snow publicou o estudo sobre o efeito da vibração no reflexo medular.

O princípio da vibração e a contração muscular

Apesar de existirem vários estudos dos efeitos da VCI que datam entre 100 e quase 150 anos atrás, o treinamento neuromuscular é relativamente novo. Como já foi comentado antes, os russos foram os precursores da utilização do estímulo vibratório para preparação e reabilitação de cosmonautas e atletas. Hoje em dia, os equipamentos mais utilizados para o treinamento de VCI são plataformas vibratórias, como o *Power Plate*. No treinamento de VCI, é preciso ter um ponto de apoio com os pés, as mãos ou lombar em cima da plataforma. Essa plataforma gera uma vibração senoidal vertical e horizontal nas frequências entre 30 e 50 Hz. Esses estímulos mecânicos são transmitidos pelo corpo, onde estimulam os receptores sensoriais, como os receptores tendinosos de Golgi e os fusos neuromusculares (Figura 9.1). Isso leva à ativação dos motoneurônios alfa e inicia a contração muscular denominada de RVT – Reflexo Vibratório Tônico (*Tonic Vibration Reflex* – TVR). Inicialmente, as plataformas vibratórias eram utilizadas para tratamentos fisioterapêuticos, como o fortalecimento e o relaxamento muscular. Em razão do grande sucesso na reabilitação de atletas, o treinamento de VCI foi incorporado à preparação de atletas para a melhora de *performance*, força, explosão e velocidade. Recentemente, o VCI tem se tornado extremamente popular nas academias de ginástica e nos estúdios de *personal* na Europa e nos Estados Unidos como um método alternativo de treinamento. Mas esta deve ser a preocupação dos novos usuários: apesar de uma técnica aparentemente fácil, a aplicação deve obedecer a critérios fisiológicos fundamentais para se alcançar o objetivo.[3,4,15]

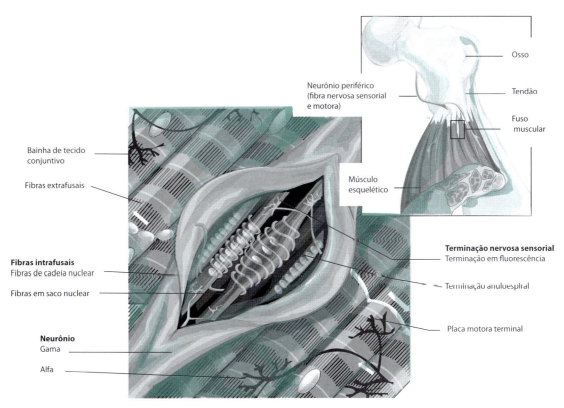

Figura 9.1 – Apresentação anatômica das estruturas envolvidas na contração muscular voluntária e/ou involuntária.

Contração muscular voluntária e reflexa

O músculo se contrai por meio de um estímulo neural de comando voluntário, com origem em um estímulo interno do cérebro, e reflexo, com origem em um estímulo externo como o do VCI. O reflexo é um mecanismo neural que produz movimentos automáticos e involuntários no corpo humano por meio de uma resposta ao estímulo externo. O mecanismo desse reflexo é definido como arco reflexo ou reflexo miotático. A contração muscular esquelética involuntária, que é o resultado do arco reflexo, dá-se por meio de um estímulo externo que envia um sinal para o SNC (sistema nervoso central), que, em seguida, envia um sinal ao músculo para se contrair. Um exemplo de arco reflexo é o "reflexo patelar", em que a contração muscular e a extensão da perna se dão por meio de um estímulo direcionado ao tendão patelar do joelho.[12]

Mecanismo do arco reflexo

1. O toque com o martelo no tendão patelar cria um estiramento do órgão tendinoso de Golgi e dos receptores do fuso neuromuscular, gerando um sinal nervoso.
2. Esse sinal percorre uma via nervosa aferente até a medula espinhal.
3. Na medula espinhal, o sinal é transmitido do nervo sensorial ao nervo motor.
4. O nervo motor envia o sinal de volta ao músculo ao longo de uma via nervosa eferente.
5. O músculo se contrai.

Os fusos musculares são organizados paralelamente às fibras do músculo; são receptores responsáveis pelo início do arco reflexo ou reflexo miotático. Quando o músculo é estirado, o fuso é também estirado. Cada fuso contém fibras próprias em cada extremidade, chamadas fibras intrafusais. Essas fibras são inervadas por motoneurônios gama, originados no corno anterior da medula. Os impulsos enviados pelas vias aferentes Ib e II, vindos do fuso, excitam os motoneurônios alfa. Assim, quando um músculo é estirado bruscamente, o fuso é estirado e, por via reflexa, o músculo se protege, contraindo-se. Ao contrário, o encurtamento do músculo diminui a descarga aferente e reduz a excitação dos motoneurônios alfa, favorecendo, assim, o relaxamento do músculo.[12,17,18]

Os receptores tendinosos de Golgi (órgão tendinoso de Golgi – OTG) estão situados nos tendões (próximo à junção tendinomuscular); são sensíveis à variação de força e de tensão.[12,17,18]

A vibração mecânica e o reflexo vibratório tônico

A contração muscular reflexa contínua causada pela VCI da vibração mecânica é denominada RVT (reflexo da vibração tônica – TVR – *tonic vibration reflex*). O circuito neural envolvido no RVT é considerado similar ao arco reflexo medular, mas o estímulo se difere pela sua frequência e pelo seu efeito de contração. O RVT é um estímulo contínuo, e não isolado, como o arco reflexo. A vibração causa um efeito contínuo de contração e estiramento alternado no músculo, que ajuda a tonificar a musculatura afetada. A contração muscular do arco reflexo ativa as unidades motoras agonistas e inibe os motoneurônios que inervam os músculos antagônicos pelo circuito inibidor recíproco. Os estímulos causados pelo RVT percorrem a mesma rota que os do arco reflexo, com a diferença de que o RVT coativa tanto unidades motoras agonistas quanto as antagonistas, fazendo que se tenha uma contração muscular reflexa mais eficaz.[9]

A vibração mecânica e a propriocepção

O Treinamento Funcional com o *Power Plate* é capaz de melhorar qualidades físicas como equilíbrio, força, coordenação motora, resistência cardiovascular e muscular, lateralidade, flexibilidade e propriocepção, qualidades estas necessárias e indispensáveis para uma eficiente atividade diária[6] [estudar seção "Recuperação física e funcional (propriocepção)"].

A propriocepção é a capacidade que temos de reconhecer a noção espacial de uma articulação. São os proprioceptores, isto é, os receptores sensíveis às modificações de comprimento, de tensões, de pressão etc., situados nos músculos e no tecido conjuntivo organizado (tendão, ligamento, fáscia). Os proprioceptores são receptores sensitivos que informam o SNC das modificações mecânicas dos tecidos musculoesqueléticos. A propriocepção é medida por fibras nervosas chamadas proprioceptivas, que atuam por meio de receptores instalados em músculos (fusos neuromusculares), ligamentos e tendões (órgão tendinoso de Golgi – OTG), que mandam informações para o córtex.[6,17]

A vibração da placa cria um piso instável, desequilibrando o corpo; isso faz o corpo ter de recrutar mais fibras musculares e uni-

dades motoras para fazer o exercício. Essa supercompensação causa um aumento de força, massa muscular e uma melhora na propriocepção. O grau de contração muscular é proporcional ao número de neurônios motores e à quantidade média de impulsos/segundo levados até o músculo.[6,17]

Assim, é possível atingir de 95% a 97% de contração de fibras musculares treinando no *Power Plate* por contração ativa e contração reflexa. A eletromiografia a seguir ilustra o aumento de atividade muscular durante o treino com o *Power Plate*.[2]

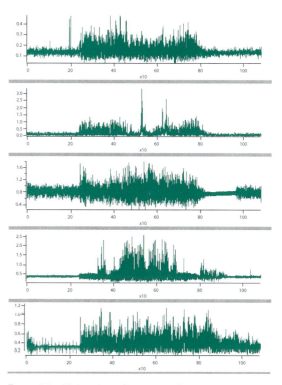

FIGURA 9.2 – Eletromiografia mostrando o aumento da atividade muscular durante o treino com o *Power Plate*. (Fonte: Universidade de Leuven, na Bélgica).

Modelo de propriocepção adequado

Vibração mecânica – Um conceito novo de treinamento e tratamento

223

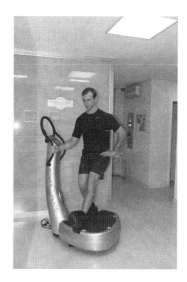

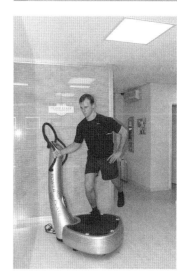

224 Reabilitação acelerada

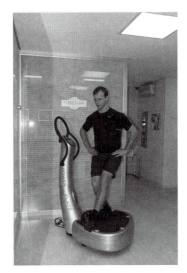

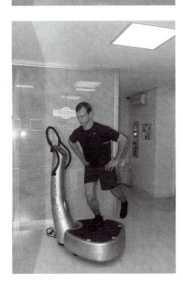

Ressonância do corpo

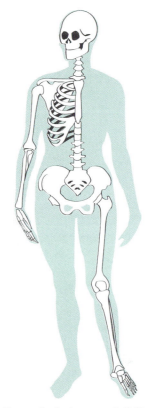

Figura 9.3 – Ressonância do corpo: 5,15 Hz.

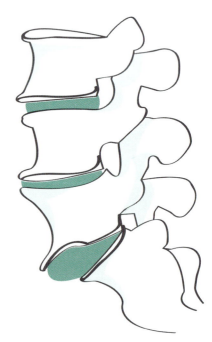

Figura 9.4 – Vértebras e músculos: 8 Hz.

Vibração mecânica – Um conceito novo de treinamento e tratamento

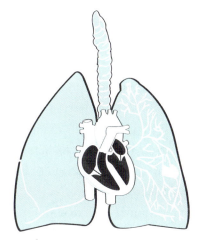

Figura 9.5 – Órgãos internos: 8 Hz.

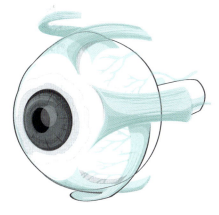

Figura 9.6 – Olhos e cabeça: 18-20 Hz.

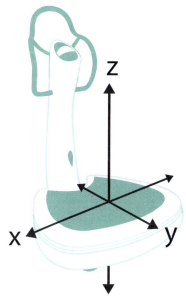

Figura 9.7 – Os aparelhos mais modernos do mundo exibem esses vetores de vibração.

Observação: As frequências estipuladas pelo *Power Plate* estão fora da faixa de ressonância do corpo humano, sendo segura a aplicação com as respectivas indicações.[1]

O que é vibração mecânica?

Uma vibração mecânica (também chamada de oscilação) é uma inversão da direção do movimento repetida periodicamente. Elas devem ser harmônicas e multidirecionais.

A vibração mecânica e o treinamento de força

Inicialmente, as plataformas vibratórias eram utilizadas para tratamentos fisioterapêuticos, como o fortalecimento e o relaxamento muscular. Em razão do grande sucesso na reabilitação de atletas no ganho de força e flexibilidade, o treinamento de VCI foi incorporado na preparação de atletas para a melhora de desempenho, força, explosão e velocidade. Recentemente, a VCI tem se tornado extremamente popular em clínicas de Fisioterapia, academias de ginástica e estúdios de treinamento personalizado na Europa e nos Estados Unidos como um método alternativo de fortalecimento. Com o rápido crescimento dessa nova modalidade de treinamento, cria-se uma preocupação com os novos usuários; apesar de o uso do equipamento ser aparentemente fácil, os protocolos de treinamento devem obedecer a critérios fisiológicos fundamentais para que sejam alcançados os objetivos desejados.[3,4,15]

Por ser uma plataforma, o *Power Plate* (forma de vibração mecânica) permite uma infinidade de exercícios de membros inferiores, superiores e abdômen, alongamentos e massagens.[1,13]

Formas de treinamentos com a plataforma vibratória

O foco desse treino é fortalecimento muscular, hipertrofia e ganho de agilidade. Os exercícios podem ser executados de forma isométrica, isotônica, autotônica (combinação dos dois primeiros) ou pliométrica. É importante frisar que, para obter o melhor resultado com o treino de VCI, todos os exercícios devem ser executados utilizando o esforço máximo de contração em toda a amplitude do movimento e concentrando a contração muscular ativa no grupo muscular que está sendo trabalhado.[1,13]

Treinamento isométrico

No treinamento isométrico, não há movimento articular. A execução estática faz o músculo ser mantido na fase concêntrica da contração. O exercício deve ser mantido na fase de flexão ou extensão da articulação. O exercício deve ser feito em estado de esforço máximo para manter o músculo contraído e, assim, ter o maior benefício do estímulo do RVT (reflexo vibratório tônico).

Treinamento isotônico

A execução dinâmica faz o músculo passar pelas fases concêntrica e excêntrica da contração. O exercício deve ser feito em estado de esforço máximo para manter o músculo contraído em toda a sua ADM (amplitude de movimento) e, assim, ter o maior benefício do estímulo do RVT.

Há três formas eficazes de se treinar com uma plataforma vibratória de forma isotônica: lenta e contínua, autotônica e repetição parcial.

A. Lenta e contínua:

- a execução do movimento deve ser de forma lenta e contínua;
- o tempo de execução de um movimento completo deve ser, no mínimo, de cinco segundos.

B. Autotônica:

- combinação de isométrico e isotônico; a execução deve ser iniciada de forma isométrica em fase concêntrica, com o músculo em estado de contração máxima de três a cinco segundos, seguido de um movimento isotônico até o retorno à fase concêntrica; repetir esse ciclo até o final do tempo do exercício;
- o tempo de execução de um exercício completo deve ser, no mínimo, de seis segundos.

C. Repetição curta:

- o exercício deve ser realizado apenas em determinados graus da ADM, iniciado na fase de flexão ou extensão da articulação; o músculo trabalhado deve estar sempre em estado de contração máxima;

- a execução deve ser de forma curta e repetitiva, utilizando uma redução na ADM;
- o exercício deve ser executado de forma repetitiva iniciando com duas repetições, evoluindo até o tempo total do exercício.

Treinamento pliométrico

No treinamento pliométrico, há movimento articular em alta velocidade. O exercício deve ser iniciado na fase de flexão da articulação, sempre em estado de contração máxima. A execução do exercício explosivo faz que haja um estiramento maior do músculo quando este passa pela fase excêntrica, antes do início da fase concêntrica da contração muscular. Esse ciclo de estiramento-encurtamento é potencializado pelo RVT.

Métodos de treinamento

Método alternado por segmento

Os exercícios desse método são divididos por segmento: MMII (membros inferiores), tronco e MMSS (membros superiores). Em uma sessão, todos os segmentos (músculos anteriores e posteriores) são treinados de forma alternada. Esse método proporciona o tempo de descanso do membro para não causar fadiga muscular daquele segmento. Enquanto um segmento está em descanso, outro está sendo treinado. O treinamento pode ser feito até três vezes por semana, respeitando um descanso mínimo de 48 horas entre as sessões.

Método de série dividida

Os exercícios desse método são agrupados de forma que o treinamento possa ser dividido permitindo trabalhar os grupos musculares de forma mais frequente e focada. As sessões dos exercícios podem ser divididas nas seguintes séries: a) MMII ou Tronco e MMSS; b) posterior ou anterior; e c) *Push-Pull* (empurrar ou puxar). Essa forma de treinamento permite uma maior aplicação de volume e carga nos grupos musculares trabalhados. O treinamento pode ser feito duas a seis vezes por semana, respeitando um descanso no mínimo de 24 horas entre as sessões.

Classificação dos exercícios

Para poder desenvolver protocolos de treinamento com a plataforma vibratória, é preciso evoluir o grau de dificuldade (complexidade da execução) do exercício, aumentando a demanda neural causada por essa dificuldade.

Exercícios nível 1 (básico)

A. Exercícios de fácil execução, em que o aluno está com pontos de apoio fixo nas mãos e nos pés e bem-equilibrado.
B. Exercícios bilaterais e unilaterais devem ser executados em cadeia cinética fechada, de forma estática ou dinâmica, com pré-tensão muscular.
C. Posição anatômica dos exercícios nos planos:
• Medial/sagital (exercícios de extensão e flexão).

D. Nível de demanda neural: baixa.
E. Exercícios de força e flexibilidade.

Exercícios nível 2 (intermediário)

A. Exercícios de dificuldade média para execução, em que o aluno está com no mínimo três pontos de apoio do corpo, causando pouco desequilíbrio.
B. Exercícios bilaterais e unilaterais devem ser executados em cadeia cinética fechada, de forma estática ou dinâmica, com pré-tensão muscular.
C. Posição anatômica dos exercícios nos planos:
• medial/sagital (exercícios de extensão e flexão);
• frontal/coronal (adução e abdução);
• horizontal/transverso (rotação).
D. Nível de demanda neural: média.
E. Exercícios de força, flexibilidade e equilíbrio.

Exercícios nível 3 (avançado)

A. Exercícios de alta dificuldade para execução, em que o aluno está com um ou nenhum ponto de apoio fixo nas mãos ou nos pés, causando um alto nível de desequilíbrio.
B. Exercícios bilaterais e unilaterais devem ser executados em cadeia cinética fechada, de forma estática ou dinâmica, com pré-tensão muscular.
C. Posição anatômica dos exercícios nos planos:
• medial/sagital (exercícios de extensão e flexão);
• frontal/coronal (adução e abdução);
• horizontal/transverso (rotação).
D. Nível de demanda neural: alta.
E. Exercícios de força, flexibilidade, equilíbrio e coordenação.

Exercícios nível 4 (sobrecarga/pliometria)

A. Exercícios de alta dificuldade para execução, em que o aluno está treinando de forma pliométrica ou usando uma sobrecarga de peso, com ou sem um ponto fixo de apoio para as mãos ou os pés, causando um alto nível de desequilíbrio.
B. Exercícios podem ser executados em cadeia cinética fechada ou aberta, de forma dinâmica ou pliométrica, com pré-tensão muscular.
C. Posição anatômica dos exercícios nos planos:
• medial/sagital (exercícios de extensão e flexão);

- frontal/coronal (adução e abdução);
- horizontal/transverso (rotação).
D. Nível de demanda neural: alta.
E. Exercícios de explosão, força, resistência, flexibilidade, equilíbrio e coordenação.

Evolução dos exercícios

Existem várias formas para evoluir o grau de dificuldade dos exercícios na plataforma vibratória. Cada uma dessas formas citadas a seguir pode ser utilizada individualmente ou em conjunto com outras formas para aumentar a demanda neural e a complexidade do treino.

Evolução das formas de treinamento

A. Isométrico
B. Isotônico
- Lento e contínuo
- Autotônico
- Repetição parcial
C. Isotônico com sobrecarga
- Lento e contínuo
- Autotônico
- Repetição parcial
D. Pliométrico

Evolução dos planos anatômicos dos exercícios

A. Medial/sagital – MMII/tronco/MMSS
B. Frontal/coronal (adução e abdução) – MMII/tronco/MMSS;
C. Horizontal/transverso (rotação) – tronco

Evolução da execução dos exercícios

A. MMII e MMSS
- Bilateral

  - *Com desequilíbrio*
  - *Com sobrecarga*
  - *Com sobrecarga e desequilíbrio*

- Unilateral

  - *Com desequilíbrio*
  - *Com sobrecarga*
  - *Com sobrecarga e desequilíbrio*

B. Tronco
- Flexão e extensão

  - *Com ponto de apoio*
  - *Sem ponto de apoio*
  - *Com sobrecarga*

- Flexão e extensão lateral

  - *Com ponto de apoio*
  - *Sem ponto de apoio*
  - *Com sobrecarga*

- Rotação/transverso com ponto de apoio

  - *Com ponto de apoio*
  - *Sem ponto de apoio*
  - *Com sobrecarga*

Evolução do agrupamento de exercícios por segmento

A. Dividir um exercício por segmento: MMII, tronco e MMSS.
B. Agrupar dois exercícios por segmento alternando entre anterior e posterior.
C. Agrupar três exercícios por segmento alternando entre anterior e posterior.
D. Agrupar todos os exercícios por segmento alternando entre anterior e posterior.
E. Agrupar todos os exercícios por segmento.

Evolução dos parâmetros da placa vibratória

As tabelas a seguir demonstram a evolução da sobrecarga progressiva da placa vibratória (*Power Plate*) com os parâmetros de tempo, frequência e amplitude.

A Tabela 9.1 demonstra a evolução dos parâmetros por exercício em dez fases. Os parâmetros desta tabela demonstram como deve ser evoluída a sobrecarga de estímulo vibratório para somente um exercício (ex. agachamento dinâmico).

A Tabela 9.2 demonstra um exemplo de evolução por agrupamento em dez fases. Esse protocolo leva em consideração o aumento de sobrecarga de estímulo vibratório e o aumento do grau de dificuldade de execução dos exercícios, utilizando as formas das progressões citadas nos itens 1 a 4.

Tabela 9.1 – Evolução por exercício

F	Tempo	Frequência	Amplitude
1	30 s	30 Hz	*Low*
2	45 s	30 Hz	*Low*
3	30 s	35 Hz	*Low*
4	45 s	35 Hz	*Low*
5	30 s	40 Hz	*Low*
6	45 s	40 Hz	*Low*
7	30 s	30 Hz	*High*
8	45 s	30 Hz	*High*
9	30 s	35 Hz	*High*
10	45 s	35 Hz	*High*

Tabela 9.2 – Evolução por agrupamento

	Tempo	Frequência	Amplitude
1	30 s	30 Hz	*Low*
2	45 s	30 Hz	*Low*
3	45 s	35 Hz	*Low*
4	45 s	40 Hz	*Low*
5	30 s	30 Hz	*High*
6	45 s	30 Hz	*High*
7	45 s	35 Hz	*High*
8	45 s	40 Hz	*High*
9	60 s	30 Hz	*High*
10	60 s	35 Hz	*High*

A evolução da sobrecarga progressiva com a plataforma vibratória deve respeitar o seguinte critério

1. Iniciar os exercícios de forma isométrica com 30 s/30 Hz/*Low* – aumentar os parâmetros de tempo e frequência de acordo com o ganho de força.
2. Reduzir os parâmetros de tempo e frequência quando evoluir a execução do exercício para forma isotônica.
3. Evoluir os exercícios de forma isotônica da seguinte forma: 1. Lento e contínuo, 2. Autotônico e 3. Repetição curta.
4. Adicionar exercícios de maior grau de dificuldade em cada segmento.
5. Diminuir o tempo de descanso entre um exercício e outro, agrupando um ou mais exercícios dos mesmos segmentos: MMII/tronco/MMSS.
6. Aumentar o tempo do exercício (30-45 s ou 45-60 s) e desmembrar os exercícios por segmento; evoluir os exercícios de acordo com o item 5.
7. Aumentar a frequência do exercício (30-35 Hz ou de 35-40 Hz) e desmembrar os exercícios por segmento; reduzir o tempo (45-30 s; 60-45 s) e evoluir os exercícios de acordo com os itens 5 e 6.
8. Aumentar a amplitude de *Low* para *High*; desmembrar os exercícios por segmento; reduzir o tempo (45-30 s; 60-45 s); reduzir a frequência do exercício (35-30 Hz; 40-35 Hz) e evoluir os exercícios de acordo com os itens 5-7.
9. Realizar o exercício de forma isotônica com sobrecarga, reduzir o tempo, a frequência e a amplitude, aumentar o tempo de descanso e evoluir os exercícios de acordo com os itens 5-8.
10. Realizar o exercício de forma pliométrica e reduzir o tempo, a frequência e a amplitude; aumentar o tempo de descanso e evoluir os exercícios de acordo com os itens 5-8.

Forma de progressão dos exercícios: sobrecarga progressiva.

Frequência de treino alternado por segmento: 1 a 3 vezes por semana.

Frequência de treino por série dividida: 2 a 6 vezes por semana.

Evolução: manter o treino no mínimo de 4 a 12 sessões. Evoluir o treino somente quando o aluno conseguir efetuar o exercício corretamente e com facilidade.

Aquecimento

1. Realizar o aquecimento por segmento MMII, tronco e MMSS com exercícios, alongamento ou massagem para preparar o corpo para execução do movimento.
2. Utilizar somente 25 a 30 Hz/30 s/*Low*.

Fase de adaptação: 4 a 12 aulas

1. Realizar somente os exercícios de forma isométrica no plano sagital 30 Hz/30 s/*Low*.
2. Executar um exercício por grupo muscular e por segmento de MMII, tronco e MMSS.
3. Alternar os exercícios entre músculos anteriores e posteriores.

4. Progredir para 45 s de treino e realizar todos os exercícios por 30 s de forma isométrica e 15 s de forma isotônica no plano sagital: 30 Hz/45 s/*Low*.

5. Evoluir para a próxima fase somente quando o aluno estiver executando os exercícios de forma correta e com facilidade.

Tabela 9.3 – Modelo de treino com vibração mecânica

Parâmetros de treinamento de força isométrica				
Treino isométrico	Condicionamento	Força	*Endurance*	Queima de gordura
Tempo	30 – 45 s	30 – 45 s	30 – 45 – 60 s	20 – 30 s
Frequência	30 – 35 Hz	30 – 40 Hz	30 – 40 Hz	30 – 40 Hz
Amplitude	*Low*	*Low*	*Low*	*Low*
Execução	Estática	Estática	Estática	Estática
Número de repetições	1	1	1	1
Séries por exercício	1	1 – 2	1 – 2	1 – 2 – 3
Treino: descanso	1:2 – 1:1	1:2	1:1	1:2 – 1:1
Parâmetros de Treinamento de Resistência Progressiva				
Treino isotônico	Condicionamento	Força	Endurance	Queima de gordura
Tempo	30 – 45 – 60 s	30 – 45 s	45 – 60 – 75 s	30 – 45 s
Frequência	30 – 40 Hz	30 – 40 Hz	30 – 40 Hz	30 – 40 Hz
Amplitude	*Low – High*	*Low – High*	*Low – High*	*Low – High*
Execução	Dinâmica	Dinâmica	Dinâmica	Dinâmica
Número de repetições	3-6 / 5-9 / 7-12	3-5 / 5-7	7-9 / 10-12 / 13-16	4-6 / 7-9
Séries por exercício	1 – 2	1 – 2 – 3	1 – 2	1 – 2 – 3
Treino: descanso	1:2 – 1:1	1:2 – 1:3 – 1:4	1:1 – 2:1 – 3:1	1:2 – 1:1 – 2:1
Exemplo de progressão de exercícios pelo método alternado por segmento				
Nível 1	MMII	Dorso		MMSS
1	Panturrilhas – pés paralelos Agachamento – pés paralelos	Abdominal curto – pés no *step*		Peito – flexão de braço
2	Panturrilhas – pés a 45° Agachamento – pés a 45°	Abdominal curto – pés no chão		Costas – remada
3	Ponte pélvica Tibial	Abdominal curto – pés altos no apoiador		Tríceps – banco

Continua

Continuação

Exemplo de progressão de exercícios pelo método alternado por segmento			
Nível 1	**MMII**	**Dorso**	**MMSS**
4	Panturrilha unilateral; Agachamento unilateral (afundo) com o pé apoiado	Abdominal oblíquo lateral – pés no *step*	Bíceps – em pé
Nível 2	**MMII**	**Dorso**	**MMSS**
5	Ponte pélvica unilateral	Abdominal prancha	Peito / ombro – flexão de ombro
6	Agachamento adutor (aro ou bola)	Abdominal oblíquo cruzado – um pé no *step*	Ombro – elevação lateral
7	Ponte pélvica abdutor (aro)	Extensão lombar em pé	Bíceps – apoio na placa
8	Agachamento unilateral (afundo)	Abdominal – prancha unilateral	Tríceps – braço estendido em pé
9	Agachamento abdutor (aro)	Abdominal completo	Costas – ponte invertida
10	Ponte pélvica adutor (aro ou bola)	Abdominal oblíquo cruzado – um pé no chão	Ombro – elevação frontal
Nível 3	**MMII**	**Dorso**	**MMSS**
11	Panturrilha unilateral – sem as mãos Agachamento – sem as mãos	Abdominal – pés elevados	Peito – flexão de braço unilateral
12	Ponte pélvica – com bola	Abdominal oblíquo lateral – flexão e extensão do corpo	Costas – remada unilateral
13	Agachamento unilateral (afundo) sem as mãos	Extensão lombar deitado	Tríceps banco – unilateral
14	Ponte pélvica unilateral – com bola	Abdominal com elevação do quadril	Bíceps – unilateral
15	Agachamento lateral – unilateral	Rotação de tronco – joelhos flexionados	Ombro – prancha braços estendidos

Continua

Continuação

| Exemplo de progressão de exercícios pelo método alternado por segmento ||||
Nível 4	MMII	Dorso	MMSS
16	Panturrilhas – pés paralelos – com barra de 5-10 kg Agachamento – pés paralelos – com barra de 5-10 kg	Abdominal curto – pés no *step* com anilha de 3-6 kg	Peito – flexão de braço com colete de 5-10 kg
17	Panturrilhas–pés a 45 graus – com barra de 5 – 10 kg Agachamento pés a 45 graus – com barra de 5-10 kg	Abdominal curto – pés no chão com anilha de 3-6 kg	Costas – remada em pé com barra de 3-7 kg
18	Ponte pélvica na bola com tração Tibial com tira	Abdominal curto – pés altos no apoiador com anilha de 3-6 kg	Tríceps banco com colete de 5-10 kg
19	Panturrilha unilateral com anilha de 3-6 kg Agachamento unilateral (afundo) com o pé apoiado Barra de 5-10 kg	Abdominal oblíquo lateral – pés no *step* com anilha de 3-6 kg	Bíceps – em pé com barra de 3-7 kg
20	Salto com dois pés – chão/placa	Rotação lateral do tronco	Peito – flexão de braço pliométrica

| Exemplo de progressão de exercícios pelo método de série dividida |||
Nível 1	Anterior	Posterior / Lateral
1	Agachamento – pés paralelos Abdominal curto – pés no *step* Peito – flexão de braço	Panturrilhas – pés paralelos Ponte pélvica Tríceps banco
2	Agachamento – pés a 45 graus Abdominal curto – pés no chão Bíceps – em pé	Panturrilhas – pés a 45 graus Costas – remada
3	Tibial Agachamento unilateral (afundo) com o pé apoiado Abdominal curto – pés altos no apoiador	Panturrilha unilateral; Abdominal oblíquo lateral – pés no *step*

Continua

Continuação

Nível 2	Anterior	Posterior / Lateral
4	Agachamento unilateral (afundo) Peito/ombro – flexão de ombro Abdominal prancha	Ponte pélvica unilateral Ombro – elevação lateral
5	Agachamento adutor (aro ou bola) Abdominal oblíquo cruzado – um pé no *step* Bíceps – apoio na placa	Ponte pélvica abdutor (aro) Tríceps – braço estendido em pé
6	Agachamento abdutor (aro) Abdominal completo Ombro – elevação frontal	Ponte pélvica adutor (aro ou bola) Extensão lombar em pé Costas – ponte invertida
7	Abdominal oblíquo cruzado – um pé no chão	Abdominal – prancha unilateral

Nível 3	Anterior	Posterior / Lateral
8	Agachamento – sem as mãos Abdominal – pés elevados Peito – flexão de braço unilateral	Panturrilha unilateral – sem as mãos Abdominal oblíquo lateral – flexão e extensão do corpo Costas – remada unilateral
9	Agachamento unilateral (afundo) sem as mãos Abdominal com elevação do quadril Bíceps – unilateral	Ponte pélvica – com bola Rotação de tronco – joelhos flexionados Tríceps banco – unilateral
10	Agachamento lateral – unilateral Ombro – prancha braços estendidos	Ponte pélvica unilateral – com bola extensão Lombar – deitado

Nível 4	Anterior	Posterior / Lateral
11	Agachamento pés paralelos – com barra de 5-10 kg Abdominal curto – pés no *step* com anilha de 3-6 kg Peito – flexão de braço com colete de 5-10 kg	Panturrilhas pés paralelos – com barra de 5-10 kg Costas – remada em pé com barra de 3-7 kg
12	Agachamento pés a 15 graus – com barra de 5-10 kg Abdominal curto – pés no chão com anilha de 3-6 kg Bíceps – em pé com barra de 3-7 kg	Panturrilhas pés a 15 graus – com barra de 5-10 kg Abdominal oblíquo lateral – pés no *step* com anilha de 3-6 kg Tríceps banco com colete de 5-10 kg
13	Tibial com tira Agachamento unilateral (afundo) com o pé apoiado – barra de 5-10 kg Abdominal curto – pés altos no apoiador com anilha de 3-6 kg Peito – flexão de braço pliométrica	Ponte pélvica na bola com tração Rotação lateral do tronco
14	Salto com dois pés – chão/placa	Panturrilha unilateral com anilha de 3-6 kg

A vibração mecânica e o ganho de força

Uma universidade na Bélgica, a Universidade de Leuven, publicou a investigação comparativa do método de treinamento via *vibração mecânica* x métodos convencionais. Os resultados evidenciaram que um grupo de mulheres sedentárias obteve um ganho de aumento na força das pernas em dinâmica em 16,6%, isométrica em 9% e explosiva em 7,6% (ganho na altura do salto vertical) em apenas 12 semanas de treino. Esses números deram sinais de superioridade na capacidade de aumento de força de acordo com os resultados obtidos em grupos que realizaram, no mesmo período, um programa de treinamento convencional de resistência muscular e no grupo placebo, que não demonstraram o mesmo aumento significativo na força muscular.[20]

O ganho de força isotônica e isométrica do quadríceps foi de 16,6% e 9,0%; comparado com o ganho de força atingido com o mesmo número de treinos de resistência, foi de 14,4% e 7,0%. Adicionalmente, o ganho de força explosiva no grupo de estudo do VCI aumentou 7,6%, enquanto os outros grupos não apresentaram nenhum ganho significativo. A conclusão derivada desse estudo pelos pesquisadores é de que o treinamento de força de VCI com o *Power Plate* e as contrações musculares que ele desenvolve são um método eficiente para o ganho de força muscular. Os resultados desse estudo indicam que o ganho de força atingido com o grupo de estudo VCI foi um resultado de adaptações neurais e pode ser considerado um método mais eficaz no uso de informação sensorial para gerar força.[13]

Título: Strength Increase After Whole Body Vibration Compared with Resistance Training.
Publicação: Medicine and Science in Sports and Exercise, 2003.
Local: Universidade de Leuven.
Duração: 12 semanas.
Indivíduos: Mulheres.

Gráfico 9.1 - Demonstração dos resultados

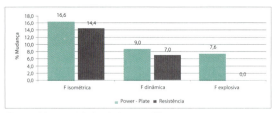

(Fonte: Universidade de Leuven)[20]

Aumento de produção hormonal

Além do ganho de massa muscular, a vibração mecânica também influi na produção do hGH (hormônio de crescimento) e da testosterona, hormônios importantes para a reparação de fibras musculares com microtraumas ou lesionadas. Com o perfeito funcionamento da cadeia humoral ocorre a liberação natural de hormônios associados ao bem-estar físico e mental, tais como: serotonina, endorfinas e neurotrofinas e o cortisol.[4]

Dr. Bosco, na Universidade de Roma, pesquisou que um treino com a vibração mecânica faz o corpo liberar até 460% do hGH e 7% de testosterona, auxiliando o aumento de massa muscular e uma absorção em até 32% de cortisol, hormônio conhecido por estar associado ao estresse. Ainda conhecemos que a vibração pode ser útil para:[4]

1. aumento da produção de testosterona;
2. aumento da produção do hGH;
3. redução do cortisol (hormônio associado ao estresse);
4. liberação natural de endorfinas, neurotrofinas e serotonina (hormônios associados ao bem-estar físico e mental).

Resistência por meio do fator da aceleração (Lei de Newton)

A teoria comum aplicada no ganho de força muscular continua sendo o princípio de sobrecarga, mas não podemos afirmar hoje que é o modo mais eficiente. As leis físicas estão o tempo todo fornecendo dados para modulação de trabalhos com o menor índice de erros e, principalmente, com maior índice de ganho. Newton, em sua segunda lei, descreve que "A aceleração produzida em um corpo por uma força é diretamente proporcional à intensidade da força e inversamente proporcional à massa do corpo".

> F = m x a
> F = força (N)
> m = massa (peso)
> a = aceleração (gravidade padrao = 9,8 m/s^2)

Se um indivíduo de 80 kg estiver exercendo uma força contra a gravidade praticando uma atividade, por exemplo, um agachamento, esse indivíduo estará exercendo uma força de 686 newtons:

> 80 kg durante o agachamento
> F = 80 x 9,8 = 784 N

No entanto, se esse indivíduo acrescentar uma carga de 60 kg, ele passará a exercer uma força de 1.372 newtons:

> Indivíduo 80 kg + carga 60 kg durante o agachamento
> F = (80 + 60) x 9,8 = 1.372 N

Um coisa um tanto quanto óbvia é que o princípio da sobrecarga tem excelentes resultados e, até então, dominava o mercado *fitness* em todo o mundo. Mas a sobrecarga nas articulações pode deixar qualquer treinador muito preocupado, pois esse modelo de treino gera uma sobrecarga muito grande nas articulações, causando desgaste articular e risco de lesões. A vibração mecânica tem contribuído muito no esporte de forma que aumente a velocidade gravitacional, e não a sobrecarga em qualquer articulação (cálculo anterior). Nos cálculos a seguir, observaremos pesquisas emblemáticas do efeito gravitacional da aceleração medida por um acelerômetro na Universidade de Leuven, na Bélgica.[20]

Consideremos ainda a segunda Lei de Isaac Newton: se um indivíduo de 80 kg praticar um exercício de agachamento com os dois pés fixos na plataforma de vibração mecânica (*Power Plate*) a 35Hz/*High*, esse indivíduo estará fazendo uma força de 3.065 newtons:

> Pessoa de 80 kg, agachamento com os dois pés fixos no *Power Plate*
> F = 80 x (3,91 x 9,8) = 3.065 N

Esse cálculo apresenta, de forma substancial, que a vibração mecânica da placa do *Power Plate* faz o indivíduo treinar aumentando a carga gravitacional no músculo que está em ação.

Tabela 9.4 – Valores de amplitude, frequência, força da gravidade e aceleração no treinamento com *Power Plate*

Amplitude (mm)	Frequência (Hz)	Força da gravidade (g)	Aceleração (m/s²)
Low (2 mm)	30	1,83	18,00 m/s²
	35	2,32	22,80 m/s²
	40	2,76	27,10 m/s²
	50	3,48	34,10 m/s²
High (4 mm)	30	3,17	31,10 m/s²
	35	3,99	39,10 m/s²
	40	5,11	50,09 m/s²
	50	6,36	62,40 m/s²

(Fonte: Universidade de Leuven, Bélgica)[20]

Massagem com *Power Plate*

A vibração provocada pela placa do *Power Plate* provoca instabilidade, obrigando contrações musculares constantes e consequente maior recrutamento de fibras musculares. Esse fenômeno provoca o desencadeamento natural de hGH, entre outros fatores fundamentais para o aumento de força muscular e o desencadeamento do acesso da gordura como fonte energética.[21]

O conceituado Instituto de Dermatologia na Alemanha, o Sanaderm, conduziu um estudo dos efeitos do *Power Plate* em níveis diferentes de celulite. O estudo concentrou-se em 60 mulheres entre 25 e 45 anos que sofriam com níveis diferentes de celulite. O estudo durou 24 semanas, durante as quais um grupo de estudo treinou de 2 a 3 vezes por semana em uma média de 11 minutos de treino. Após 6 meses, o grupo de estudo que treinou 3 vezes por semana somente com o *Power Plate* por 11 minutos teve redução de 26% da celulite. O grupo de estudo que fez a mesma periodicidade e o mesmo treino no *Power Plate* e adicionou o treino de 40 minutos cardiovascular teve redução de 32%.[22]

Título: Influence of a Six-month Power Plate Vibration Training on the Cellulite-grade.
Local: Professional Clinic for Skin Illnesses and Allergies Sanaderm, Bad Mergentheim in Germany, 2003, unpublished.[22]
Indivíduos: Mulheres saudáveis.
Duração: 24 semanas.

Gráfico 9.2 – Resultados obtidos no estudo

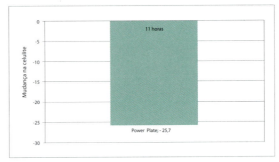

(Fonte: Professional Clinic for Skin Illnesses and Allergies Sanaderm)[22]

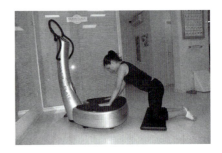

Vibração mecânica – Um conceito novo de treinamento e tratamento

239

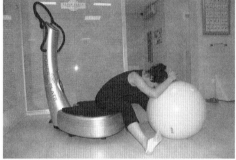
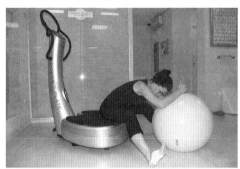

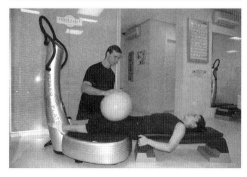
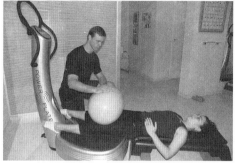
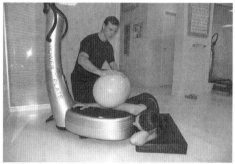

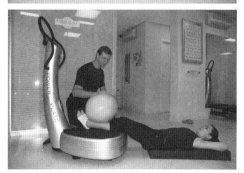

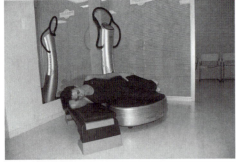
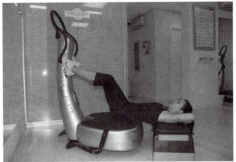

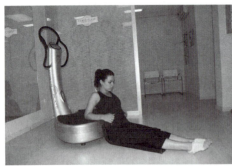
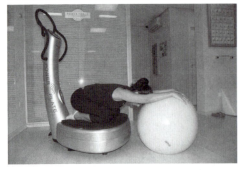

Circulação sanguínea e drenagem linfática

A vibração mecânica não é produzida por qualquer aparelho; alguns a simulam, e isso não alcança o verdadeiro resultado. O trabalho de vibração mecânica ajuda a melhorar a circulação sanguínea periférica, além de melhorar o retorno venoso por meio das contrações provocadas pela vibração. A vibração tem ação fisiológica eficaz na drenagem linfática agindo na linfa e evitando um acúmulo nocivo. Autores emblemáticos citaram a ativação de colágeno e elastina proporcionando melhora na qualidade dos tecidos vivos.[3,11]

O sistema linfático, que transporta, filtra, reabsorve e elimina a linfa, compõe-se de:

1. capilares linfáticos;
2. sistema de vasos linfáticos;
3. linfonodos ou gânglios linfáticos;
4. baço.

Aplicação do VCI na Fisioterapia

A aplicação da vibração mecânica pode enumerar uma série de vantagens consequentes desse modelo de treino. Estudamos anteriormente a lei de Newton e o coeficiente atribuído a cada frequência. Esse coeficiente nos mostra o aumento da aceleração da gravidade permitindo que a carga seja menor e evitando desgastes nas articulações. Outro dado valioso que precisa ser ressaltado é a estimulação das fibras musculares 40% a 60% mais eficaz que o treino convencional, além da redução do tempo de treinamento. Em até

30 minutos, é possível fazer um treino completo e equilibrado para cada indivíduo.[1,6,10,12]

O *Power Plate* possui muitas aplicações terapêuticas, e a sua função principal na área da Fisioterapia é prevenir o processo de degeneração óssea (osteoporose) e auxiliar no ganho de massa e força muscular, contribuindo também no processo da neuroplasticidade do sistema nervoso.[6,10,12]

Na prática clínica, os autores puderam observar inúmeras vantagens na aplicação da vibração mecânica e associam o sucesso dos tratamentos que realizaram à eficiência desse modelo de tratamento. Diversos estudos[6,10,12] apresentaram excelentes resultados, e isso encoraja-os na busca de mais respostas.

> *Título*: Impact of Vibration Training on Strength in Rehabilitation.
> *Local*: Academia de Fisioterapia, Hospital Graz District, 2003, não publicado.
> *Duração*: 5 semanas.

Gráfico 9.3 – Constatações decorrentes do estudo

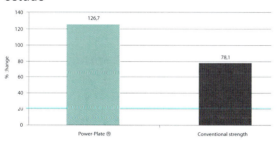

(Fonte: Academia de Fisioterapia, Hospital Graz District)[23]

Vibração mecânica no futebol

O futebol teve mudanças radicais em suas formas de treinamento desde a década de 1990. É possível perceber que alguns times de ponta tenham prestado atenção no detalhe precioso da prevenção de lesões, uma forma de manter uma equipe coesa e consequente evolução do aspecto físico e tático. Times que hoje estão sempre disputando as melhores posições em seus respectivos campeonatos apresentam um número reduzido de lesões e/ou evoluem rápido na recuperação.[19]

Em 2003, Alex Evangelista passou a usar a vibração mecânica como peça fundamental no conceito de prevenção e na reabilitação acelerada dos atletas que tratava. A vibração da placa cria um piso instável, desequilibrando o corpo; isso faz o corpo ter de recrutar mais fibras musculares e unidades motoras para fazer o exercício. Essa supercompensação causa um aumento de força, massa muscular e uma melhora na propriocepção. O grau de contração muscular é proporcional ao número de neurônios motores e à quantidade média de impulsos/segundo levados até o músculo.[6,17]

Protocolo no futebol

• *Treinos de força (estudar Tabelas 9.3 a 9.12 e evolução progressiva de cargas)*

1. Uso da vibração mecânica durante treinos de força (pliometria com elástico).
2. Melhora do retorno venoso após treinos.

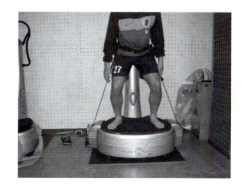

- *Antes de uma partida oficial: (10 minutos antes do aquecimento)*

Trabalho com bolinhas associado com *Power Plate* para ativação de unidades motoras com frequência respectiva do objetivo de cada atleta (esse trabalho consiste em aumento de concentração, melhora do retorno venoso e aumento agudo de *performance* do atleta naquela partida).[19]

- *No intervalo dos jogos:*

Posição 1 (adotada no protocolo de Alex Evangelista). Foi possível observar melhor adaptação do atleta. Essa posição, porém, pode ser explicada pelo processo de engrama sensorial por meio das funções cerebelares.

Principais funções cerebelares[10]

- *Manutenção do equilíbrio e da postura* [*(ver seções "Posturologia e sua complexidade" e "Treinamento físico e funcional (propriocepção)"*]

Quando estudamos o cerebelo, percebemos a real importância dessa estrutura anatômica antes só vista num centro de estudos universitário. Tanto o arquicerebelo quanto a zona medial permitem a contração adequada dos músculos, colaborando na manutenção do equilíbrio e da postura ideal. O cerebelo influencia os neurônios motores pelos tratos vestibuloespinhal e reticuloespinhal.

1. Controle do tônus muscular.
2. Controle dos movimentos voluntários.

Em duas etapas, o controle do movimento pode ser analisado:

1. planejamento do movimento (via corticopontocerebelar);
2. correção do movimento já em execução (via interpositotalamocortical).

- *Engrama do movimento (aprendizagem motora)*

Quando objetivamos um movimento para executar uma ação, imediatamente sentimos que ele aciona áreas sensoriais. Esse fenômeno chama-se "engrama sensorial do movimento". Quando desejamos repetir uma ação:

1. imediatamente as áreas sensoriais são acionadas para a área motora acionar os efetores;
2. cada movimento recebe auxílio das áreas sensoriais e desencadeia a análise das impressões proprioceptivas.

Esse processo depende do tipo de informação que as articulações já receberam; essas sensações são confrontadas com os engramas correspondentes, e a área motora é avisada se o movimento está correto ou necessita de correção. Portanto, treinar a propriocepção pode ser um recurso fundamental para atletas de alto nível.

- *Contraindicações*

Contraindicações para utilização da vibração mecânica:

- gravidez;
- trombose aguda;
- doenças cardiovasculares sérias;
- cortes cirúrgicos recentes;
- próteses nos quadris ou nos joelhos;
- hérnia de disco, discopatia ou espondilolistese;
- diabetes agudo;
- epilepsia;
- inflamações agudas;
- dores de cabeça agudas;
- portadores de marca-passo;
- implantação recente de placas e pinos;
- tumores.

Análises científicas demonstram que a tecnologia *Body Vibration* (R) é tão ou mais segura do que os métodos tradicionais de ginástica ou treinos com sobrecarga.[1]

Questões mais frequentes sobre a vibração mecânica

1. Qual a diferença entre as posições High *e* Low *no* Power Plate*?*

O *Power Plate* encontra-se equipado com a possibilidade de, com um simples toque num botão, tornar a vibração menos intensa. Isso permite um importante aumento das possibilidades de aplicação do equipamento. Em primeiro lugar, isso oferece mais possibilidades de treino, uma vez que o nível inicial se torna mais baixo, o que permite a intensificação do treino num número de etapas muito maior.

Além disso, a posição *Low* é muito mais confortável para, principalmente, pessoas mais leves, o que torna o treino mais agradável. Também as crianças a partir dos 12 anos, idosos e, por exemplo, pessoas doentes podem treinar de forma mais confortável e com menos esforço. A maior parte das pessoas acha os primeiros treinos com o *Power Plate* bastante pesados. Têm, inicialmente, de se adaptar à intensidade da vibração. Dessa forma, efetuando os primeiros treinos na posição *Low*, o treino no *Power Plate* torna-se mais agradável e a motivação se mantém.

Finalmente, mas não menos importante, todos os exercícios nos quais outras partes do corpo que não os pés têm de ser colocadas diretamente sobre o *Plate* tornam-se muito mais fáceis de efetuar, sem que o resultado seja influenciado negativamente.

Tudo isso faz da aplicação *High-Low* um desenvolvimento importante na procura de um aparelho de vibração o mais diverso e perfeito possível.

2. Podemos também nos posicionar no Power Plate *com os pés descalços?*

De forma que se possa utilizar o aparelho da forma mais correta e responsável possível, dever-se-á assegurar que a vibração mecânica seja transmitida de maneira correta para o corpo. Quando duas superfícies rígidas entram em contato uma com a outra, existe fricção entre elas. Dever-se-á criar uma situação na qual o corpo se torne uma só unidade com a superfície vibrante. Nunca deverá existir fricção entre o corpo e a superfície vibrante.

Por isso, aconselhamos a utilização de calçado com sola de borracha flexível durante os seus treinos. Não precisa necessariamente ser calçado de desporto (mas é aconselhável).

Se, apesar disso, desejar treinar com os pés descalços, ou se quiser efetuar exercícios nos quais haja contato direto da placa com outras partes do corpo, aconselhamos veementemente a utilizar o tapete de borracha que recebe juntamente com o aparelho.

3. Por que é que no início se fazem tão poucos exercícios?

Tal como acontece com todas as formas de desporto ou esforço físico e, portanto, também com o treino com vibração, devemos cumprir alguns princípios fisiológicos básicos. Antes de poder submeter o corpo a um grande esforço, é necessário dar-lhe algum tempo para que este se habitue ao chamado estímulo de treino. Por isso, é muito importante que, na fase inicial, fatores como a diversidade, o esforço, o tempo de duração e a intensidade sejam lentamente aumentados.

Graças à altíssima intensidade dos estímulos de treino que o *Power Plate* gera, mesmo uma pequena quantidade de exercícios permite um enorme efeito de treino.

4. Faço desporto há muitos anos de forma intensiva; não posso, então, começar de imediato com o programa avançado?

Também para você, como desportista experiente, o treino com vibração constitui um método de treino novo ao qual deverá deixar o seu corpo adaptar-se. Tal como em todas as outras formas de desporto e esforço físico, deverá permitir que o corpo se habitue lentamente ao esforço. Dessa forma, é muito importante que, principalmente nas duas primeiras semanas, siga claramente o programa de treino. Depois disso poderá, como desportista experiente, aumentar mais rapidamente o número de exercícios, o tempo de duração e, evidentemente, a intensidade.

5. Como é possível que os músculos se contraiam automaticamente?

Em razão das vibrações, o sensor do músculo registra uma alteração de altura e, em seguida, este transmite o sinal de que os músculos devem ser contraídos por meio de um reflexo.

6. A partir de que idade se pode iniciar o treino com vibração?

Nós aconselhamos a partir dos 12 anos, mas é evidente que deverá adaptar a frequência e que todos os exercícios devem ser feitos na posição Low.

7. Quando treino, fico com uma enorme coceira nas pernas e panturrilhas, isso é normal?

Sim. Quando os músculos se contraem, dá-se uma vasoconstrição (contração dos vasos sanguíneos) no músculo, pois a circulação sanguínea fica temporariamente limitada. Quando deixa o aparelho, dá-se a situação contrária, ou seja, vasodilatação (dilatação dos vasos sanguíneos). Esse princípio de contração para dilatação produz uma enorme circulação sanguínea e causa essa coceira nas pernas e panturrilhas. Isso tem também um efeito muito positivo em todos os tipos de problemas circulatórios.

8. Se após algumas semanas de treino parasse com a vibração mecânica, durante quanto tempo se manteriam os efeitos do treino?

Tal como com muitas formas de treino, muitos efeitos vão desaparecendo com o passar do tempo. Isso é, no entanto, muito pessoal e depende de muitos outros fatores. Uma boa circulação sanguínea, por exemplo, manter-se-á durante mais tempo do que força muscular, uma vez que esta começa a diminuir logo a partir do momento em que deixa de treinar regularmente.

9. Pessoas com 72 anos de idade podem usar a vibração mecânica?

Com o auxílio do *Power Plate* é possível, de forma simples e segura, ativar os músculos sem sobrecarregar muito as articulações, os ligamentos e os tendões. Além disso, os treinos de esforço e também o treino com vibração aumentam a densidade óssea, o que combate a osteoporose.

10. Terei também de fazer um treinamento cardiovascular?

Seria perfeito integrar treinos cardiovasculares num programa total de treino de vibração e outras formas de treino. O *Power Plate* funciona como uma espécie de catalisador e aumentará o efeito do treino de um estímulo cardiovascular.

11. Sofro de uma das queixas que constam da lista de contraindicações. Já não posso, por isso, utilizar o aparelho?

Não quer dizer que, no caso de ter uma das contraindicações, não possa utilizar o aparelho. Em alguns casos, quando se tem um quadro clínico específico, é mesmo aconselhável fazer treino com vibração. Aconselhamos apenas a que, antes de iniciar a utilização do aparelho, entre em contato com o seu médico de família ou especialista.

12. Fico com dores de cabeça depois de um treino. Como é que isso é possível?

Caso não haja a devida ingestão de líquidos. Aconselhamos, por isso, a ingestão de pelo menos 500 ml (de preferência de uma bebida com glicose) meia hora antes do início do treino.

Referências

1. Bosco C, Cardinale M, Colli R, Tihanyi J, Von Duvillard SP, Viru A. The Influence of Whole Body Vibration on Jumping Ability. Biol Sport.1998;15:157-64.

2. Bosco C, Cardinale M, Tsarpela O. The Influence of Vibration on Arm Flexors Mechanical Power and Emg Activity of Biceps Brachii. Eur J Appl Physiol. 1999;79:306-11.

3. Bosco C, Colli R, Introini E, Cardinale M, Madella A, Tihanyi J et al. Adaptive Responses Of Human Skeletal Muscle to Vibration Exposure. Clin Physiol. 1999;19:183-7.

4. Bosco C, Iacovelli M, Tsarpela O, Cardinale M, Bonifazi M, Tihanyi J et al. Hormonal Responses to Whole Body Vibrations in Man. Eur J Appl Physiol. 2000;81:449-54.

5. Burke JR, Rymer WZ, Walsh HV. Relative Strength of Synaptic Inputs from Short Latency Pathways to Motor Units of Defined Type in Cat Medial Gastrocnemious. Neurophysiology. 1976;39:447-58.

6. Campos MA, Coraucci Neto B. Treinamento Funcional Resistido: para Melhoria da Capacidade Funcional e Reabilitações e Lesões Musculoesqueléticas. Rio de Janeiro: Revinter; 2004.

7. Delecluse C, Roelants M Verschueren S. Strength Increase after Whole-Body Vibration Compared with Resistance Training. Med Sci Sports Exerc. 2003;35(6):1033-41.

8. De Ruiter CJ, Van Der Linden RM, Van Der Zijden MJ, Hollander AP, De Haan A. Short-term Effects of Whole-Body Vibration on Maximal Voluntary Isometric Knee Extensor Force and Rate of Force Rise. Eur J Appl Physiol. 2003;88:472-5.

9. Eklund G, Hagbarth KE. Normal variability of tonic vibration reflexes in humans. Exper Neurol. 1966 Sep;16(1):80-92

10. Hagbarth KE, Eklund G. Motor Effects of Vibratory Stimuli in Man. In: Granit R (Ed.). Muscular Afferent and Motor Control. Proc First Nobel Symp. Stockholm: Almqvist and Wiksell; 1965.

11. Kerschan-Schindl K, Grampp S, Henk C, Resch H, Preisinger E, Fialka-Moser V et al. Whole-body Vibration Exercise Leads to Alterations in Muscle Blood Volume. Clin Physiol. 2001;21:377-82.

12. Manuard P. Neurofisiologia da Lesão Osteopática. <www.osteopatia.com.br/paginas/artigos.html>.

13. Nigg BM, Wakeling JM. Impact Forces and Muscle Tuning: a New Paradigm. Exerc Sport Sci. Rev 2000;29: 37-41.

14. Roll JP, Vedel JP, Ribot E. Alteration of Proprioceptive Messages Induced by Tendon Vibration in Man: a Microneurographic Study. Exp Brain Res. 1989;76:213-22.

15. Romaiguere P, Vedel JP, Pagni S. Effects of Tonic Vibration Reflex on Motor Unit Recruitment in Human Wrist Extensor Muscles. Brain Res. 1993 Jan;602(1):32-40.

16. Verschueren SM, Roelants M, Delecluse C, Swinnen S, Vanderschueren D, Boonen S. Effect of 6-Month Whole Body Vibration Training on Hip Density, Muscle Strength, and Postural Control in Postmenopausal Women: A Randomized Controlled Pilot Study. J Bone Miner Res. 2004 Mar;19(3):352-9.

17. Carpinter A. Neuroanatomia funcional. 3. ed. Rio de Janeiro: Guanabara Koogan; 1992.

18. Chusid JG. Neuroanatomia correlativa e neurologia funcional. Rio de Janeiro: Guanabara Koogan; 1990.

19. Evangelista AR et al. Estudo da vibração mecânica no auxílio à prevenção de lesões musculares de atletas profissionais de futebol. Fisioterapia Ser. 2006 jul/ago/set;1(3).

20. Delecluse C, Roelants M, Verschueren S. Strength Increase after Whole-Body Vibration Compared with Resistance Training. Med Sci Sports Exerc. 2003 Jun;35(6):1033-41.

21. Professional Clinic for Skin Illnesses and Allergies Sanaderm. Influence of a six-month Power Plate Vibration Training on the Cellulite-grade. Bad Mergentheim in Germany. 2003; unpublished

22. Academia de Fisioterapia. Impact of Vibration training on Strength in Rehabilitation. Hospital Graz District. 2003. Não publicado

Seção 10

Microcorrentes

Alex Evangelista
Marcelle Vieira da Cunha

Conceitos

Uma corrente de baixíssima amperagem, subsensorial, na casa dos microamperes, que ocorre em picos (trilhões) e nano (bilhões) da amplitude de amperes.[3]

Em 1982, Cheng[6] iniciou um trabalho que elucidaria o mecanismo de ação das microcorrentes, utilizando pele de rato preparada rigorosamente *in vitro*.

A Medicina e a Fisioterapia têm recebido a grande ajuda do avanço tecnológico. Grandes ideias são fabricadas com base em tecnologia de ponta. A eletroterapia é a grande favorecida nesse contexto. Décadas atrás, não poderíamos imaginar que o tecido vivo tivesse forte influência de correntes elétricas terapêuticas na aceleração do processo cicatricial.[6,10] Na década de 1960, pesquisadores experimentaram correntes elétricas na cicatrização e perceberam aceleração na cicatrização, além, claro, do surgimento mais rápido do tecido lesado e de uma cicatrização com tecido mais forte e saudável.[1,5]

Um estudo publicado em 1968[1] investigou o uso da corrente elétrica direta na cicatrização de feridas. Nos EUA, em uma pesquisa com um modelo de microcorrente, foi detectada uma melhora de 92% da dor em até 48 horas após sua utilização.

Um gerador de microcorrente pode ser:[6,7,17]

- contínuo;
- alternado.

Ela possui proximidade com a nossa corrente biológica e realiza um trabalho em nível celular, aumentando o fluxo da corrente endógena.

O aspecto mais importante da microcorrente a ser levado em consideração é a proximidade da corrente exógena com a corrente endógena. É uma corrente que realiza um trabalho em nível celular, otimizando o fluxo da corrente endógena.

O tecido vivo lesado sofre uma interrupção do fluxo da corrente elétrica biológica, dificultando seu trajeto dentro do tecido danificado. Um tecido destruído tem suas reações químicas e elétricas completamente comprometidas. A ação da microcorrente pode interagir com um fluxo artificial acelerando o processo cicatricial.[6]

Em 1998, Craft, em seus estudos, afirmou que a terapia por microcorrentes rejuvenesce tecidos sem deixar cicatrizes e é a forma natural de curar mais rápida do mundo.[7]

Biofísica

Pulsos monofásicos retangulares, que revertem periodicamente a polaridade.[17]

Rampa de amplitude automática para uma série de pulsos distribuídos.[17,20]

Pulsos retangulares distribuídos de forma monofásica.

Trens de pulso distribuídos de forma monofásica.

Respostas fisiológicas

Reações químicas

A molécula de ATP é a grande responsável pela síntese proteica e pela regeneração tecidual. A microcorrente pode acelerar em 500% a produção de ATP.[2,6,11]

A molécula de ATP tem participação direta em todos os processos energéticos da célula. Vale ressaltar que cada gesto realizado, por menor que seja, tem um gasto energético. À medida que o calor aumenta, esse gasto torna-se maior. Portanto, a inflamação potencializa esse gasto.

A garantia do metabolismo regulado e dirigido é por meio dos transportes transmembranares que comandam tudo aquilo que pode passar entre as células e entre os compartimentos dentro de uma célula.[12,13]

Resumindo, tal funcionamento garante o controle de nossas usinas criando condições de armazenamento necessárias para a realização de muitos processos celulares.[13]

Aminoácidos

A célula é um complexo que explica a vida. Cada mecanismo extracelular e intracelular é fundamental para o pleno conhecimento da vida.

Temos de citar a membrana plasmática, que funciona como barreira seletivamente permeável entre os meios intracelular e extracelular.

Cheng (1982) afirmou que correntes entre 100 e 500 microamperes potencializam de 30% a 40% o transporte ativo de aminoácidos e a respectiva síntese de proteína.[6]

Resumindo, a produção de ATP é elementar no fornecimento de energia que os tecidos solicitam para a síntese de proteínas e a respectiva melhora no transporte iônico. Todo esse processo aprimora o desenvolvimento de tecidos saudáveis.[11]

Transporte de membranas

O aumento na produção de ATP intensifica o transporte ativo através da membrana.[3]

Sistema linfático

O sistema linfático está intimamente relacionado, anatômica e fisiologicamente, ao sistema cardiovascular. Tem papel fundamental no controle do líquido extracelular e das proteínas plasmáticas, devolvendo-as para a corrente circulatória e prevenindo a formação de edemas.[12]

A ação das microcorrentes acelera a movimentação das proteínas carregadas e também posiciona-as no interior dos tubos linfáticos. Em síntese, a pressão osmótica dos canais linfáticos é então aumentada, acelerando a absorção de fluido do espaço intersticial.[12]

Num tecido lesado, a bioimpedância é reduzida, afetando diretamente o potencial elétrico das membranas. O decréscimo do fluxo elétrico na área lesionada diminui a capacitância celular (estudar seção "Bioeletricidade – Eletricidade do tecido vivo"), resultando na inflamação dessa área. A microcorrente restabelece a bioeletricidade favorecendo a ativação do metabolismo celular.[12]

As células perineurais são semicondutoras que transmitem sinais não propagatórios de corrente contínua. A lei conhecida como *Lei do Tudo ou Nada* (estudar seção "Fisiologia e suas respostas bioelétricas") é bastante diferente desse sistema estudado por Becker.[3] Ele denominou o quanto o sistema nervoso análogo percebe as lesões e controla seu reparo.

Com seus estudos brilhantes, Becker[3] (1985) os baseou em conceitos oriundos da Física, da Eletrônica e da Biologia. Esse tripé tem uma afinidade essencial. A primeira dessa ordem é a teoria da capacidade do autorreparo das células vivas. Becker[3] incluiu em seus estudos que o organismo primitivo usava dados análogos e controle de sistema para reparo do tecido.

A ação da microcorrente tem uma influência nesse sistema de forma absoluta. Com suas características físicas, a microcorrente influenciou na resposta de crescimento máximo de fibroblastos nas proximidades do cátodo.[3]

Além desses dados, pesquisas indicaram que os fibroblastos em crescimento associados ao alinhamento das fibras de colágeno foram consideravelmente aumentados com o uso da microcorrente (corrente contínua de 20 e 100 microamperes).[8]

Durante nossos trabalhos de Fisioterapia desportiva, buscamos dados comparativos correlacionando pacientes tratados com a microcorrente e outros sem o uso desse recurso. A redução no prazo de recuperação foi de até um terço do tempo previsto.

Na cicatrização óssea, por exemplo, conhecemos que pequenas correntes elétricas são produzidas no osso quando se aplicam forças de compressão sobre ele. Esse é um conceito simples que levantou a possibilidade da aplicação externa de campos elétricos e eletromagnéticos na modificação do processo da cicatrização óssea.[18]

A microcorrente é capaz de restabelecer a bioeletricidade tecidual, aumentar a ressíntese de proteínas, aumentar a síntese de colágeno e aumentar a mitose osteoblástica de forma ordenada.[4]

Um resumo mais apropriado para a microcorrente é a definição sobre a capacidade da obtenção da homeostase interferindo diretamente nos processos inflamatórios.[15,17]

Além de todas as características citadas da microcorrente, ainda poderíamos enumerar a capacidade anti-inflamatória, bactericida e o combate ao edema.

A ação bactericida pode ser influenciada pelo polo negativo, e a ação do reparo, pelo polo positivo.[19]

Autores afirmaram que espasmo muscular provocado pelo trauma direto pode ser influência da escassez de fluxo sanguíneo induzindo uma hipóxia local. O acúmulo de lixos metabólicos provoca dor e a diminuição de ATP.[6,12]

Segundo Robinson e Snyder-Mackler,[17] o uso da microcorrente por 20 minutos pode colaborar com a integridade muscular e a redução do quadro de fadiga.

Morgareidge e Chipman[15] concluíram com muita propriedade que a aceleração da cura com a microcorrente está relacionada com o aumento na ressíntese de ATP.

Indicações

- Dor aguda e crônica – Segundo autores estudiosos,[11] frequências de 80 ou 100 Hz podem trazer resultados mais eficientes nessa indicação.
- Inflamação – Edema.
- Sinovites.
- Disfunções musculoesqueléticas (relaxamento muscular).
- Síndrome pré-menstrual.
- Luxações, rupturas musculares e contusões.
- Condições artríticas – OA (osteoartrite).
- Lombociatalgia.
- DTMs (disfunções temporomandibulares).
- FMS (fibromialgias) – Em pacientes de fibromialgia, foi detectada uma melhora de 92% da dor.
- Fasciite plantar.
- "Cotovelo de tenista".
- STC (síndrome do túnel do carpo).
- Fratura (favorece a osteogênese).
- Cicatrização de feridas – Úlceras isquêmicas.

Contraindicações[11,15]

- Síndromes dolorosas nas quais a etiologia não está estabelecida.
- Gravidez.
- Usuários de marca-passo.

- Diretamente sobre feridas infectadas.
- Sobre tumores malignos ou benignos.
- Sobre o globo ocular.
- Sobre o sino carotídeo.
- Osteomielite.
- Sobre a musculatura laríngea.
- Na presença de substâncias tópicas contendo íons metálicos.
- Feridas requerem uma lavagem completa com íons metálicos antes da eletroestimulação.

Modos de aplicação

A melhor forma de aplicar é com atenção, zelo e máxima dedicação.
Não usar como TENS.[11]

Referências

1. Assimacopoulos D. Low Intensity Negative Electric Current in Treatment of Ulcers of Leg Due to Chronic Venous Insufficiency: Preliminary Report of Three Cases. Am J Surg. 1968 May;115(5):683-7

2. Bauer W. Electrical treatment of Severe Head and Neck Cancer Pain. Arch Otolaryngol. 1983 Jun;109(6):382-3.

3. Becker R. The Body Electric. NY: William Morrow and Co, Inc.; 1985.

4. Brighton CT. The Treatment of Non-unions with Electricity. J Bone Joint Surg Am. 1981 Jun; 63(5):847-51.

5. Carey LC, Lepley D. Effect of Continuous Direct Electric Current on Healing Wounds. Surg Forum. 1962;13:33-5.

6. Cheng N, Van Hoff H, Bockx E. The Effect of Electric Currents on ATP Generation Protein Synthesis, and Membrane Transport in Rat Skin. Clin Orthop. 1982;171:264-72.

7. Craft J. Massage Your Horse with Health, Love, and Joy. Hawaii: Dr. Joy Craft; 1998.

8. Delitto A, Strube M, Shulman A. A Study of Discomfort with Electrical Stimulation. Phys Ther. 1992 Jun;72(6):410-21.

9. Fox EL. Sports Physiology. 2. ed. Tokyo: Sauders; 1984.

10. Goldin H et al. The Effects of Diapulse on the Healing of Wounds: A Double-blind Randomized Controlled Trial in Man. Br J Plast Surg. 1981;34:267-70.

11. Kirsch D, Lerner F. Electromedicine: The Other Side of Physiology. FA: St. Lucie Press; 1998.

12. Kirsch DL, Mercola JM. The Basis for Microcurrent Electrical Therapy in Conventional Medical Practice. J Adv Med. 1995;8(2):107-20

13. McArdle WD Katch FL, Katch VL. Exercise Physiology. 4. ed. Baltmore: Willians e Wilkins; 1996.

14. Micro-Current Therapy Ushers In A New Era. PA: ICNR Publications; 1989.

15. Morgareidge KR, Chipman RD. Microcurrent Therapy. Physical Therapy Today/Spring 1990; 50-3.

16. Mylon-Tech Research Results. <http://www.mylontech.ca>.

17. Robinson AJ, Snyder-Mackler L. Eletrofisiologia clínica: eletroterapia e teste eletrofisiológico. 2. ed. Porto Alegre: Artmed; 2001. p. 74.

18. Ottani V, De Pasquale V, Govoni P, Castellani PP, Ripani M, Gaudio E et al. Augmentation of Bone Repair by Pulsed Elf Magnetic Fields in Rats. Anat Anz. 1991;172(2):143-7.

19. Watson T. Estimulação elétrica para a cicatrização de feridas. In: Kitchen S, Bazin S. Eletroterapia de Clayton. 10. ed. São Paulo: Manole; 1998. p. 312-36.

20. Wing T. Modern Low Voltage Microcurrent Stimulation: A Comprehensive Overview. Chiropractic Economics. 1989;37: 265-71.

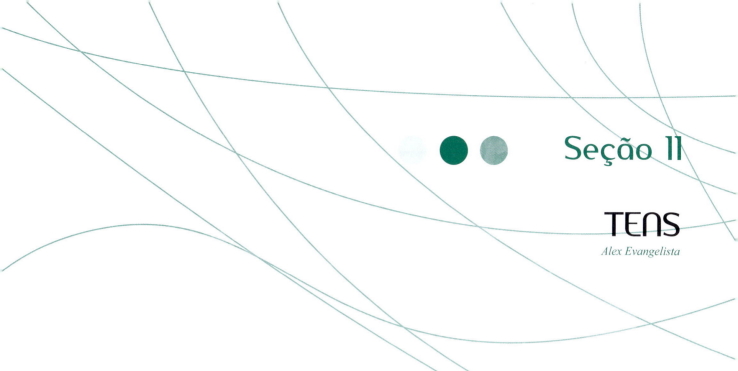

Seção 11

TENS
Alex Evangelista

Conceitos sobre a dor

De forma simples, esclarecemos os objetivos do TENS a fim de posicionar profissionais sobre sua principal indicação: *dor*.[12]

Obviamente, este capítulo visa a esclarecer de forma simplificada as teorias da dor. O estudo sobre dor é algo muito discutível e longe de estar completamente compreendido.

Didaticamente, citamos as dores agudas, as dores crônicas, as dores neurogênicas e, também, as dores psicogênicas.[12]

O sistema nervoso central pode modular ou alterar essas sensações. Com a explicação mais evidente, salientamos que a dor aguda tem por fim evitar danos maiores ao tecido sob o reflexo da reação logo que se percebe que algo o está colocando em risco. Quanto à dor crônica, a situação torna-se mais complexa, pois estudos[12] revelam que esse tipo de dor pode estar relacionado com danos aos tecidos.

A fisiologia do impulso nervoso relaciona a intimidade celular com o processo elétrico. Os impulsos nervosos normalmente se desencadeiam por meio de sinapses elétricas; os íons agem independentemente dos neurotransmissores.[1,3] Portanto, as sinapses elétricas podem ser encontradas em estruturas diferentes do tecido vivo (estudar seção "Bioeletricidade – Eletricidade do tecido vivo").

Quanto à dor muscular, a explicação pode ser desenvolvida pelas forças mecânicas elevadas ou por uma alteração estrutural do indivíduo (estudar "Posturologia e sua complexidade").

Mas é fato que contrações excêntricas causam lesões na estrutura da proteína encontrada na célula muscular e no tecido conectivo. Outras estruturas são comprometidas, por exemplo, a estrutura do sarcolema acompanhada de um derramamento de íons de cálcio no meio intracelular. Esse episódio deixa a mitocôndria com superconcentração de cálcio, tornando-a ineficiente na liberação de energia.[2]

A fase autogênica pode reagir pelo acúmulo de cálcio. Um indicador desse fenômeno é o aumento da ação de protease e fosfolipase, que provocará a degradação da membrana celular e das miofibrilas.

Outro dado importante é o acúmulo de histaminas quininas resultante da fagocitose e da destruição celular. Com a presença de edema e a respectiva pressão no tecido, automaticamente os receptores da dor são ativados.

Nossa escolha para tratamento da dor nem sempre é a eletroestimulação pelo TENS, mas nossa certeza do bom uso desses recursos aumenta quando percebemos que estudos de diferentes países cada vez mais os qualificam.

Conhecido como TENS (*Transcutaneous Electrical Nerve Stimulation*), é o mais usado no tratamento da dor,[1] neurogênica ou crônica,[12] com a finalidade de influenciar a condução nervosa da dor e em nível medular e da hipófise, liberando opioides endógenos.

Classificação de dor[12]

Estudos de autores emblemáticos[18] citaram a sequência de eventos numa lesão do tecido conectivo ou contrátil. A partir de um dano no tecido, neutrófilos migram para o foco lesionado. Após algumas horas (entre 6 e 12), os monócitos se transformam em macrófagos, que se responsabilizam por quantidades maiores de prostaglandinas.

Explicação neurofisiológica

A analgesia pode ser alcançada pela ativação do *portão espinhal da dor* ou *teoria das comportas medulares*. Essa teoria é embasada pela possibilidade do bloqueio dos impulsos da dor que vêm da periferia (lâminas II, III e V). Esse bloqueio na substância gelatinosa (II e III) tem ação na comporta que impulsos aferentes alcançam nas células T. As células T conduzem a sensação de dor para as diversas partes do cérebro.[20]

Teoria das comportas

Com o resumo da teoria das comportas, conseguimos explicar bem a ação do TENS. Com a frequência e a intensidade escolhidas, aplicamos estímulos elétricos bloqueando o sinal de dor, levando a uma saturação de estímulos aos canais aferentes (SNP/SNC), tornando as terminações nervosas livres suscetíveis aos estímulos externos, despolarizando as membranas e enviando ao SNC.[1,12,16]

O caminho da dor[1,12,16]

A dor ainda é um complexo ainda não compreendido totalmente. Vários caminhos são estudados para sua compreensão, tais como:

- fenômenos eletroquímicos;
- modificação da atividade elétrica no nível das terminações nervosas sensoriais.

Os neurônios das fibras nervosas dos tipos A delta e C, em grande parte, são responsáveis pelos impulsos de dor até a medula espinhal em relação à percepção da dor. A partir daí, gera-se uma modificação da atividade elétrica das terminações nervosas sensoriais.

O estudo desse complexo é muito profundo. Resumidamente, entendemos que cada fenômeno pode agir como um comunicador das informações captadas gerando respostas diferentes, como estímulos ou inibidores. Com regulagem da neurotransmissão, o sinal de dor é modulado para inibi-lo ou facilitá-lo, permitindo ao SNC o reconhecimento desses sinais.

Tipos de TENS

Convencional[12,16]

Frequência – de 50 a 100 Hz.
Tempo de pulso – (T) de 40 a 75 ms.
Percepção – um formigamento, e a analgesia é imediata ou após 20 minutos de aplicação.
Intensidade – (10 a 30 mA). O efeito analgésico dura de 20 minutos a 2 horas.[12,16]

Breve e intensa[12,16]

Frequência – de 100 a 150 Hz.
Tempo de pulso – 150 a 250 ms.
Percepção – fasciculação muscular, não rítmica.
Intensidade – de 30 a 80 mA, e a analgesia de 10 a 15 minutos dura enquanto a estimulação estiver presente.

Acupuntura[12,16]

Frequência – de 1 a 4 Hz.
Tempo de pulso – de 150 a 250 ms.
Percepção – contrações fortes, intensidade alta, no limite suportável, analgesia de 2 a 6 horas e tempo de 20 a 30 minutos.

TENS *Burst*[12,16]

A frequência de base da **TENS** *burst* equivale a 70 até 100 Hz.
Percepção – contração mais parestesia, intensidade variável de acordo com a tolerância do paciente, analgesia após 10 a 30 minutos.

Tipos de correntes

Autores estudiosos do assunto desenvolveram pesquisas em torno da eficácia do TENS. Após a cesariana, houve redução do uso de medicamentos em mulheres que usaram TENS.[8] Em outro estudo, Smith et al.[19] investigaram a redução da dor com TENS em 18 mulheres pós-parto cesariano e na dor superficial, e ao redor da sutura houve redução significativa, mas não houve redução da dor intra-abdominal. Relatos sobre a dor intra-abdominal atribuíam-na ao acúmulo de gases e à redução do peristaltismo dos órgãos, que são comuns após a administração de medicamentos durante a cirurgia.

Na prática, reconhecemos a grande influência do TENS na analgesia. Foi sempre de grande valia o uso do TENS. Mas ressaltamos que nenhum aparelho deve ser usado esperando-se que somente seu *software* resolva o problema, pois o aplicador deve estar apto e atento a todos os parâmetros de modulação e às suas respectivas indicações. Ferreira e Payno[6] citaram em seus estudos o favorecimento da facilidade do uso e o seu baixo custo, as soluções rápidas, além da redução da administração de fármacos no pós-parto.

Para Carrol et al.,[4] a técnica com TENS convencional é eficaz para o tratamento da menalgia, e concordam com Ferreira e Payno[6] sobre a utilidade do TENS como uma alternativa para mulheres que preferem evitar o uso de medicação. Por essa técnica existe a estimulação das fibras sensoriais *A-beta* e indução da analgesia por meio da ativação dos interneurônios inibitórios situados no corno dorsal da medula.

Autores entusiastas[10] no assunto realizaram um estudo com 61 pessoas do sexo feminino com diagnóstico de dismenorreia primária, com o propósito de descobrir a ação da TENS em sua dor, e perceberam que houve um alívio moderado da dor. Após a estimulação, 59% das mulheres descreveram sua dor como moderada, 31,2% relataram melhora significativa da dor e 10% relataram nenhuma influência em sua dor. Esses dados transformados em estatística sinalizam que a TENS reduziu a sintomatologia em 90% das pacientes.

Indicações

Dor aguda

Atuando na substância gelatinosa e com eletrodos tetrapolares.[17,21]

Dor crônica

Com a analgesia liberada pelos opiáceos e eletrodos aplicados em miótomos segmentares.[17,21]

- Dor de parto.
- Dor de cabeça.
- Bursites.
- Dores no coto de amputação.
- Contusões.
- Dor osteoartrítica de joelho.
- Dor abdominal.
- Pós-cesariana.
- Pós-laparotomia.
- Dor de dente.
- Dor lombar.
- Dor artrítica.
- Luxações.
- Dores ciatálgicas.
- Dores no tórax.
- Causalgias.

- Dores abdominais.
- Pós-operatório de cirurgias abdominais.
- Cirurgias altas.
- Cirurgias de joelho.
- Colecistectomias.
- Distensões musculares.
- Entorses.
- Dores cervicais.
- Dores de câncer.
- Neuropatias e neurites.
- Lesões de medula.

Contraindicações[17,21]

- Aplicação de eletrodos próximos ao tórax pode causar risco de fibrilações cardíacas.
- Não pode ser aplicado sobre regiões caróticas e globofaríngeas.
- Não pode ser utilizado por pacientes portadores de marca-passo ou outro dispositivo eletrônico transplantado.
- Pacientes com doenças cardíacas.
- Não deve ser aplicado sobre as pálpebras.
- Não deve ser utilizado em casos de dores não diagnosticadas, pois pode mascarar doenças graves.

Colocação dos eletrodos na dor

Bilateral – usando dois canais em ambos os lados da região.

Cruzada – quando dois canais cruzam a área de dor, concentrando a corrente na região da dor.

Unilateral – colocação de um eletrodo em um dos lados de uma articulação.

Linear – colocação dos eletrodos tanto da forma distal quanto da proximal.

Alternada – colocando os eletrodos de forma linear, alternando os canais.

Miótomos segmentalmente relacionados – colocação dos eletrodos em miótomos de mesma inervação que a região afetada pela dor; utilizada em casos de dores intoleráveis.

Transcranianas – eletrodos nas regiões temporais.

Referências

1. Amestoy RDF. Eletroterapia e Eletroacupuntura. 1. ed. Florianópolis: Edição do Autor; 1998.

2. Armstrong RB, Warren GL, Warren JA. Mechanisms of Exercise-induced Muscle Fibre Injury. Sports Med. 1991 Sep;12(3):184-207.

3. Berne RM, Levy MN. Fisiologia. 3. ed. Rio de Janeiro: Guanabara Koogan; 1996.

4. Carroll D, Tramèr M, McQuay H, Nye B, Moore A. Transcutaneous Electrical Nerve Stimulation in Labour Pain: A Systematic Review. Br J Obstet Gynaecol. 1997 Feb;104(2):169-75.

5. Diegoli MSC, Diegoli CA, Fonseca AM. Dismenorréia. Re. Bras Med Ginecol Obstet. 2004 jan/fev;61(1-2):15-26.

6. Ferreira CHJ, Payno SMA. Eletroestimulação nervosa transcutânea como recurso de alívio da dor no trabalho de parto. Femina. 2002.

7. Guyton AC. Tratado de Fisiologia Médica. 6. ed. Rio de Janeiro: 1984.

8. Hollinger JL. Transcutaneous Electrical Nerve Stimulation after Cesarean Birth. Phys Ther. 1986 Jan;66(1):36-8.

9. Johnson MI. Analgesic Effects of Frequencies of Transcutaneous Electrical Stimulation on Cold-Induced Pain in Normal Subjects. Pain. 1989 Nov;39(2):231-6.

10. Kaplan B, Rabinerson D, Lurie S, Peled Y, Royburt M, Neri A. Clinical Evaluation of a New Model of a Transcutaneous Electrical Nerve Stimulation Device for the Management Primary Dysmenorrhea. Gynecol Obstet Invest. 1997;44(4):255-9.

11. Lantsev EA, Smirnov AA. The Use of Transcutaneous Electric Neurostimulation for Postoperative Analgesia in Parturients Undergoing Cesarian Section. Anesteziol Reanimatol. 1990 Nov/Dec;(6):66-9.

12. Low J, Reed A. Eletrotherapy Explained: Principles and Practice. 2. ed. EUA: Butterworth-Heinemann Medical; 1995.

13. Navarro NC, Pacheco CM. Transcutaneous Electric Stimulation (TENS) to Reduce Pain After Cesarean Section. Ginecol Obstet Mex. 2000 Feb;68:60-3.

14. Polden M, Mantle J. Fisioterapia em Ginecologia e Obstetrícia. 2. ed. São Paulo: Santos; 1997.

15. Robinson AJ, Snyder-Mackler L. Clinical Electrophysiology: Electrotherapy and Electrophysiologic Testing. 2. ed. EUA: Williams & Wilkins; 1995.

16. Rodrigues EM, Guimarães CS. Manual de Recursos Terapêuticos. Rio de Janeiro: Revinter; 1998.

17. Smith CM, Guralnick MS, Gelfand MM, Jeans ME. The Effects of Transcutaneous Electrical Nerve Stimulation on Post-cesarean Pain. Pain. 1996 Nov;27(2):181-93.

18. Smith LL, Fulmer MG, Holbert D, McCammon MR, Houmard JA, Frazer DD et al. The Impact of Reapeated Bout of Eccentric Exercise on Muscular Strength, Muscle Soreness and Creatine Kinase. Br J Sports Med. 1994 Dec;28(4):267-71.

19. O'Sullivan SB, Scmitz TJ. Fisioterapia –Avaliação e Tratamento. 2. ed. São Paulo: Manole; 1993

20. Umphred DA. Fisioterapia Neurológica. 2. ed. São Paulo: Manole; 1994.

Seção 12

Eletroporação

Alex Evangelista
Estela Cardoso

Conceitos

É um novo conceito de sistema eletrônico, capaz de produzir e emitir uma onda eletromagnética de frequência hectométrica, pulsada, modulada e atérmica, produzida por correntes de alta voltagem, capaz de originar uma eletroporação reversível que nos permite introduzir substâncias através da pele.

A eletroporação é um recurso eletrotermofototerapêutico, que facilita a passagem de substâncias através das células da pele, por ação de um campo eletromagnético externo que produz formação de poros nas membranas celulares aumentando a permeabilidade delas.[2,12]

Essa técnica permite a veiculação de substâncias lipossomadas associadas a princípios ativos medicamentosos através da pele. Essa veiculação é feita através da via transcutânea, que é indolor, cômoda e uma eficiente via de administração, uma alternativa às vias oral e injetável.[1]

Eletroporação

Uma primeira definição foi publicada por Chang et al., em 1992:

> Eletroporação é um fenômeno onde a membrana da célula, exposta a um campo elétrico com pulsos de alta voltagem, pode ser temporariamente desestabilizada em regiões específicas da célula. Durante este período, a membrana celular encontra-se altamente permeável a substâncias exógenas.

Esse fenômeno, na forma definida na citação anterior, é até hoje utilizado em pesquisas com células em cultura.[11]

Em 1993, os pesquisadores Dr. Mackinnon e Dr. Agre mostraram que a incidência de uma irradiação eletromagnética de radiofrequência na superfície do tecido, ao penetrar, induz uma movimentação de íons existentes no interstício.[9]

A consequência dessa movimentação é um deslocamento das células do tecido, criando portas intercelulares por onde é possível permear ativos pequenos ou não, iônicos ou não, desde que lipossomados para tornarem-se imiscíveis em água (Peter Agre, *Nobel Prize Winner in Chemistry*)[9]

Em 2001, outro pesquisador, Dr. Prausnitz,[12] mostrou que a mesma irradiação eletromagnética, ao incidir na membrana celular, cria poros na bicamada lipídica, aumentando sua permeabilidade em até quatrocentas vezes. Além disso, o potencial de repouso se torna potencial de ação (ver seção "Fisiologia e suas respostas bioelétricas"), induzindo um aumento no metabolismo celular.[2,3,7,12,18]

A eletroporação é aplicada usando-se uma sonda transmissora de irradiações eletromagnéticas de radiofrequência. A sonda desliza sobre a pele, previamente higienizada, na qual é aplicado o ativo lipossomado, em movimentos lentos e suaves.

Como se utiliza eletroporação?

Devem ser executados os seguintes estágios:

1. deve-se primeiramente definir quais as regiões a serem trabalhadas com a eletroporação;
2. iniciar a colocação do manípulo ou dos bastões de aplicação próximos ao local de aplicação;
3. conectar o manípulo ou os bastões ao aparelho;
4. limpar a zona a trabalhar com *peeling* esfoliante para eliminar as células mortas e a sujeira da pele;
5. não usar produtos alcoólicos ou inflamáveis.

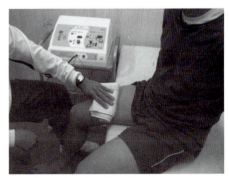

Limpeza adequada antes da aplicação

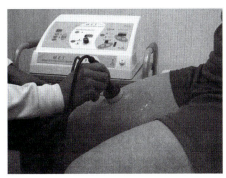
Aplicação da eletroporação

A eletroporação é capaz de carrear uma ampla variedade de moléculas: de íons a drogas, pigmentos, anticorpos e oligonucleotídeos para DNA e RNA. A compreensão do comportamento elétrico (voltagem, condutância e capacitância da membrana – ver seção "Bioeletricidade – Eletricidade do tecido vivo"), do comportamento mecânico (recuperação ou ruptura de membranas planares) e da compreensão do transporte molecular (número de moléculas que atravessam a membrana) tem progredido significativamente. Porém, tem havido um progresso relativamente pequeno sobre a compreensão da recuperação de membrana (restauração da barreira à medida que o tempo passa) e o destino final das células (sobrevivência ou morte).[15]

Prática clínica

Apesar de praticantes das atividades terapêuticas em especialidade desportiva, não permitimos que qualquer tratamento aplicado deixe de ter um embasamento teórico. As revisões bibliográficas disponibilizam os autores e seus conhecimentos por meio de pesquisas já publicadas, mas nem sempre os resultados práticos concordam com a teoria exposta. Sempre nos preocupamos com os resultados práticos; os pacientes precisam ser vistos sempre como prioridade. Desde 2006, vimos catalogando dados do uso da eletroporação no esporte. Concordando com autores emblemáticos,[8,10,15] utilizamos equipamentos de eletroporação com correntes do tipo alta voltagem, com enorme sucesso no futebol. Portanto, Sintov et al. (2003)[14] mencionaram o uso de equipamentos que utilizam ondas eletromagnéticas de radiofrequência.

No esporte, sempre existem momentos de apreensão quando algum atleta de ponta está em tratamento. Há uma prática rotineira de cobrança para devolução do atleta às atividades, mas a responsabilidade dos profissionais envolvidos na recuperação está intimamente ligada à saúde do atleta, e não aos anseios dos dirigentes. Mas também precisamos entender que nossa responsabilidade é a dedicação máxima para que ele volte à atividade em plenas condições de competir, se possível da forma mais rápida, segundo o que o tecido biológico permitir.

Os resultados do uso da eletroporação colhidos da prática são muito satisfatórios, principalmente quando a dor diagnosticada não tem comprometimento do tecido vivo.

Tratamentos propostos com eletroporação

Tabela 12.1 - Sugestão para tendinites

Ajustes	Sessões
	1ª a 5ª
Módulo	Eletroporação
Modo	Contínuo
Região	Corpo
Potência	80%
Forma de aplicação	Pequenos movimentos circulares
Tempo de aplicação	15 min

Tabela 12.2 - Sugestão para mialgia

Ajustes	Sessões
	1ª a 10ª
Módulo	Eletroporação
Modo	Contínuo
Região	Corpo
Potência	80%
Forma de aplicação	Pequenos movimentos circulares
Tempo de aplicação	20 min

Tabela 12.3 - Sugestão para *trigger points*

Ajustes	Sessões
	1
Módulo	Eletroporação
Modo	Contínuo
Região	Corpo
Potência	80%
Forma de aplicação	Pequenos movimentos circulares
Tempo de aplicação	10 min

Vantagens do uso da eletroporação

- As ondas são não ionizantes e atérmicas.
- Não existe contato elétrico com o paciente, o qual não corre o risco de queimaduras químicas, fasciculações musculares, dor e inflamação.
- Não há ionização molecular nas substâncias transportadas.
- Não é contraindicada em próteses.
- Não é invasivo.
- Introduz substâncias iônicas, não iônicas e lipídicas.
- A velocidade de introdução de produtos hidrolipídicos é de 1g entre 60 e 90 s.
- Não precisa de gel condutor.
- Prático e de fácil manejo.
- Permanência do efeito conseguido.
- A duração da sessão e o número de sessões estão limitados pela substância que introduzimos.

Indicações

- Algias.
- Artroses (cervical, dedos, joelhos, anca, lombar etc).
- Canal cárpico.
- Contraturas musculares.
- Pontos dolorosos.
- Entorses.
- Ciatalgia.
- Epicondilite.
- Osgood Schlatter.
- Osteoporose.
- Periartrite escapuloumeral.
- Pubalgia.
- Tendinites.

Contraindicações

- Cicatrizes recentes.
- Próteses metálicas.
- Marca-passos ou qualquer outro tipo de dispositivo eletrônico implantado.
- Gravidez.
- Cardiopatias/disritmias.
- Epilepsia.
- Câncer.
- Afecções dermatológicas na região de aplicação.
- Processos inflamatórios.
- Febre.
- Aplicação abdominal durante o período menstrual.
- Aplicação no escroto.

- Aplicação em indivíduos com menos de 30 kg.
- Aplicação em flebites e territórios varicosos.
- Alteração de sensibilidade.
- Aplicação direta sobre a área cardíaca.
- Aplicação abdominal em indivíduos portadores de úlcera péptica.

OBS.: É importante lembrar que nenhum tratamento que promova analgesia deve ser aplicado sem os exames diagnósticos, sob pena de mascarar uma lesão mais grave.

Referências

1. Aqil M, Sultana Y, Ali A. Transdermal Delivery of Beta-blockers. Expert Opin Drug Deliv. 2006 May;3(3):405-18. Review. PMID: 16640500 [PubMed - indexed for MEDLINE].

2. Canatella PJ, Prausnitz MR. Prediction and Optimization of Gene Transfection and Drug Delivery by Electroporation. Gene Ther. 2001 Oct;8(19):1464-9 PMID: 11593359 [PubMed - indexed for MEDLINE].

3. Canatella PJ, Black MM, Bonnichsen DM, McKenna C, Prausnitz MR. Tissue Electroporation: Quantification and Analysis of Heterogeneous Transport in Multicellular Environments. Biophys J. 2004 May;86(5):3260-8. PMID: 15111439 [PubMed - indexed for MEDLINE].

4. Chang DC, Chassy BM, Saunders JA, Sowers AE. Guide to Electroporation and Electrofusion. San Diego, California: Academic Press, Inc.; 1992. p. 1-10.

5. Chaitow L. Técnicas Neuromusculares Modernas. São Paulo: Manole; 2001. 157 p.

6. Ferrante FM, Bearn L, Rothrock R., King L. Evidence against Trigger Point Injection Technique for the Treatment of Cervicothoracic Myofascial Pain with Botulinum Toxin Type A. Anesthesiology. 2005 Aug;103(2):377-83.

7. Ghartey-Tagoe EB, Babbin BA, Nusrat A, Neish AS. Prausntiz, M. R. Plasmid DNA and siRNA Transfection of Intestinal Epithelial Monolayers by Eletroporation. Int J Pharm. 2006 Jun 6;315(1-2):122-33. Epub 2006 mar 6 [PubMed - indexed for MEDLINE].

8. Gehl J. Electroporation: Theory and Methods, Perspectives for Drug Delivery, Gene Therapy and Research. Acta Physiol Scand. 2003;177:437-47.

9. Knepper MA, Nielsen S. Peter Agre, 2003 Nobel Prize winner in Chemistry. J Am Soc Nephrol. 2004 Apr;15(4):1093-5.

10. Nickoloff JA (Ed.). Animal Cell Electroporation & Electrofusion Protocols. Totowa, NJ: Human Press, Inc.; 1995. p. 3-4; 9-10; 30. v. 48.

11. Olofsson J, Nolkrantz K, Ryttsen F, Lambie BA, Weber SG, Orwar O. Single-cell Electroporation. Curr Opin Biotechnol. 2003 Feb;14(1):29-34. Review. PMID: 12565999 [PubMed - indexed for MEDLINE].

12. Prausnitz MR, Mitragotri S, Langer R. Current Status and Future Potential of Transdermal Drug Delivery. Nat Rev Drug Discov. 2004 Feb;3(2):115-24. Review. PMID: 15040576 [PubMed - indexed for MEDLINE].

13. Simons TM, Travell J, Simons JK. Tratamento da Dor Miofascial. Barueri: Manole; 2005. 35 p.

14. Sintov AC, Krymberk I, Daniel D, Hannan T,Sohn Z, Levin G. Radiofrequency-driven Skin Microchanneling as a New Way for Electrically Assisted Transdermal Delivery of Hydrophilic Drugs. J Control Release. 2003 Apr 29; 89(2): 311-20.

15. Ugen KE, Heller R. Electroporation as a Method for the Efficient in Vivo Delivery of Therapeutic Genes. DNA Cell Biol. 2003 Dec; 22(12): 753.

16. Weaver JC. Divisão de Ciências da Saúde e Tecnologia da Harvard – MIT. Massachussetts: 1992.

17. Weissinger F et al. Gene Transfer in Purified Human Hematopoietic Peripheral-Blood Stem Cells by Means of Electroporation Without Prestimulation. J Lab Clin Med. 2003 Feb; 141(2): 138-49.

18. Zhang W, Prausnitz MR, Edwards A. Model of Transient Drug Diffusion Across Cornea. J Control Release. 2004 Sep 30;99(2):241-58. PMID: 15380634 [PubMed - indexed for MEDLINE].

Seção 13

Ultrassom terapêutico

Alex Evangelista
Abílio Cardoso

Conceitos

As vibrações no ar (compressão e descompressão) caracterizam o som. O ser humano consegue ouvir sons na faixa de frequência entre 20 Hz e 20.000 Hz. Valores acima são conceituados como ultrassom, e abaixo, como infrassom.

A remodelação do tecido vivo é um desafio aos grandes pesquisadores do mundo inteiro. Muitas questões não foram resolvidas quanto aos sinais que facilitariam ou controlariam o reparo tecidual. Além de conhecer esse fenômeno, é importante saber que frequências de estimulação são necessárias para ativar o processo. Colombo[1] descreveu de forma emblemática a respeito do estudo das frequências apropriadas de estimulação ultrassônica no osso. Em seu estudo, mostrou que intensidades baixas na ordem dos 19,5 mW/cm² estimulam a remodelagem óssea.

Alguns anos atrás, os recursos de avaliações e pesquisas eram muito menos eficazes. Alguns experimentos[41] feitos no Japão evidenciaram que quando ossos longos eram submetidos à flexão, cargas elétricas eram distribuídas nas faces ósseas submetidas à tração e à compressão. Fukada e Yasuda (1964)[14] concluíram que o efeito elétrico está associado ao colágeno e que sua maior atribuição está ligada às distorções nas pontes de hidrogênio próximas a resíduos peptídicos vizinhos da molécula de tropocolágeno. Anos difíceis de acesso às pesquisas se passaram e atualmente há uma fartura de trabalhos sobre a propriedade elétrica do tecido ósseo.[13]

Anderson e Ericksson[2] apresentaram estudos sobre o efeito piezoelétrico, e os resultados dirigiam-se para a crença de que esse efeito, em tese, era incapaz de explicar o sinal detectado no osso *in vivo*, passando este a receber a designação de *potencial gerado por tensão*. Atualmente, estudos nos levam a acreditar que sua origem seja por meio dos efeitos eletrolíticos *streaming potentials*.

Lavine et al.[30] apresentaram trabalhos clínicos outrora só analisados em laboratório. Utilizaram ultrassom como recurso na consolidação de fraturas e pseudoartroses.

A transdução mecanoelétrica, amplamente estudada para a remodelação óssea, foi apresentada por alguns pesquisadores,[7,8] com resultados muito interessantes.

Nos últimos anos, cientistas conciliaram tendências físicas já pesquisadas com novas descobertas da ciência biológica, à luz dos novos conceitos sobre mediadores químicos, mensageiros celulares e fatores de crescimento β.[9,39]

Biofísica do ultrassom

Ondas

Ultrassom, antes de um recurso terapêutico, é um fenômeno físico. A complexidade de seus fenômenos é esclarecida à luz da Física.

A energia mecânica com base em vibrações de alta frequência consideramos ultrassom. Suas ondas são longitudinais, e suas propriedades físicas estimulam oscilações nas moléculas do meio em que se propagam.[17]

Frequência ultrassônica

```
1 ciclo = 1 Hz
1 KHz = 1.000 Hz
1 MHz = 1.000.000 Hz
```

A frequência medida para diagnóstico de imagem varia de 5 a 20 MHz e, para fins terapêuticos, de 0,7 a 3 MHz.[15,25,36]

Atenuação e absorção

A atenuação é o fenômeno de redução das ondas sonoras à medida que atravessam o tecido. À medida que o som, sob sua forma de feixe, passa para um meio heterogêneo, sofre redução na intensidade pela reflexão e pela refração em cada interface. A absorção também reduz sua amplitude determinada pela distância a percorrer no tecido.

Segundo a tabela Half-Value (D/2), de acordo com a distância percorrida, sofre uma perda de 50% em seu feixe ultrassônico.[29,36]

Vale ressaltar que quanto maior a frequência, menor é o comprimento da onda e maior será sua absorção. Dessa forma, afirmamos que 3 MHz possuem maior absorção e um comprimento de onda menor que 1 MHz.[36]

Atenuação – reduz seu feixe à medida que atravessa o tecido segundo seu comprimento (pode ser considerada uma perda).

Absorção – a onda ultrassônica é absorvida pelo tecido em nível molecular (pode ser considerada aproveitamento).[12,25]

Dentre as partes mais envolvidas na resposta ao ultrassom, as proteínas são as que mais absorvem, em razão da presença de macromoleculares em sua estrutura.[17]

Tabela 13.1 – Tabela de redução (50%)

	1 MHz	3 MHz	Observações
Tecido ósseo	2,1 mm	-----	
Pele	11,1 mm	4 mm	
Cartilagem	6 mm	2 mm	
Ar	2,5 mm	0,8 mm	
Tecido tendinoso	6,2 mm	2 mm	
Tecido muscular	9 mm	3 mm	Feixe perpendicular ao tecido
	24,6 mm	8 mm	Feixe paralelo ao tecido
Tecido adiposo	50 mm	16,5 mm	
Água	11.500 mm	3833,3 mm	

(Fonte: Hoogland)[25]

Ultrassom tem uma resposta de absorção maior em:

- tendões com alta concentração de colágeno;
- proteína no músculo;
- hemoglobina;
- proteína em tecido nervoso;
- ligamentos;
- cápsulas intra-articulares;

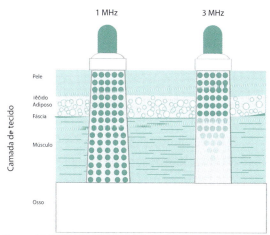

FIGURA 13.1 – Profundidade de acordo com a frequência.

Efeitos térmicos

Nenhuma teoria sem fundamento físico nos chama a atenção. Nossa compreensão vai ao encontro das leis físicas.

Alguns autores relataram que é aconselhável o resfriamento da área com crioterapia quando objetivar lesões mais profundas. Segundo autores emblemáticos no assunto, quanto maior a temperatura do tecido, menor a profundidade das ondas ultrassônicas.[15]

Essas afirmações discordam das de outros autores[2] que afirmaram o contrário, relatando que quanto mais denso o tecido, maior a propagação, melhorando a propagação das ondas sonoras e acarretando respectiva melhora na absorção, no entanto, com uma significativa redução em sua penetração.

O ultrassom é um recurso comumente usado na prática clínica. É necessário entender que, apesar da aparente facilidade em seu manejo, seus conceitos físicos são complexos e muito bem-fundamentados. É uma verdadeira ignorância chamá-lo de "perfumaria".

Cada caso deve ser analisado para sua respectiva modulação. É errado modular o ultrassom como se servisse para qualquer tratamento. É necessário saber como fazer para que o feixe ultrassônico chegue até o foco lesionado.

A quantidade de calor gerado pelo ultrassom depende de alguns parâmetros moduláveis no gerador de onda sônica terapêutica, por exemplo, o regime de emissão (pulsado ou contínuo).

O som tende a perdas em seu feixe à medida que atravessa o tecido ou diminui a intensidade durante esse trajeto. Na maior parte, essa atenuação decorre da conversão da energia em calor por absorção, e outra parte, da refração e da reflexão do feixe.[28,45]

Incansavelmente citamos a necessidade de se falar sobre eletrotermoterapia com apresentação de cálculos, portanto, quando falamos de absorção por meio do aquecimento do tecido, precisamos equacionar o seguinte:

- Taxa de aquecimento = $0{,}055\,\alpha I$ (Fórmula de Nyborg).
- Taxa de aquecimento = produção de calor em cal/cm3 no tecido exposto, por segundo.
- α = coeficiente de absorção em decibéis/cm (Db/cm), seu valor depende da frequência do tecido.
- I = intensidade em W/cm^2.

Quanto maior a intensidade, maior a produção de calor, portanto, poderemos equacionar da seguinte forma: taxa de aquecimento = 0,055 x 0,12 (coeficiente de absorção muscular a 1 Mhz) x 0,8 w/cm² = 0,32 cal/cm³/min = 1,6 grau/ 5 min.[15]

Podemos citar outras fórmulas capazes de fundamentar a taxa de aquecimento produzida pelo ultrassom.[31]

$2\alpha I = pCK\, dT/dt\ \&\ k\, d2T/dx2$

dT/dt = taxa de aquecimento (C/S)

I = intensidade acústica

α = coeficiente de absorção em Db/cm

pC = capacidade de aquecimento por unidade volume do meio (p é a densidade e C é a capacidade por unidade de massa por C)

K = equivalente mecânico do calor (4,2 J/cal)

k = condutividade do meio

Essas fórmulas não fundamentam o aquecimento das ondas transversais. Cada interface tem um coeficiente de produção diferente. Alguns autores fundamentaram que o coeficiente de absorção para ondas transversais é quase o dobro do coeficiente para ondas longitudinais.[15,31]

Informações físicas do som

Algo que talvez não seja percebido pela maioria das pessoas é que o ultrassom não é um fenômeno inventado pela Fisioterapia. A Engenharia inventou um aparelho que serve para a prática terapêutica. Sobremaneira passaremos adiante pelos fundamentos do som, que talvez não nos interessem, mas que apresentam uma sofisticada rede de cálculos para a Engenharia de um aparelho dentro das normas de utilização.

Uma onda sonora é distúrbio mecânico capaz de se manifestar no meio gasoso ou num meio sólido. Ao falarmos num alto-falante, usaremos a frequência f para demonstrar o comportamento do som. As vibrações causam distúrbios (compressão e decréscimos) locais.

Existe uma relação entre a frequência de vibração (f), o comprimento de onda (λ) e a velocidade (v); podem ser descritos assim:

$$v = \lambda \cdot f$$

A relação de 1.000 Hz para v = 344 m/s, no ar a 20 °C, λ é igual a 0,344 m.

A intensidade I de uma onda sonora é a energia que atravessa 1 m² em 1 segundo, ou watts por metro quadrado. Podemos afirmar que:

$$I = \frac{Potência}{Área} = \frac{Energia}{Área \cdot \Delta t} = \frac{Energia}{Área \cdot \frac{\Delta s}{v}} = \frac{E \cdot v}{Volume}$$

Numa onda plana e com máximo de harmonia, as moléculas sofrem uma vibração e oscilam em harmonia, e a energia em cada sinal é dada por:

$$E = \frac{1}{2} m \omega^2 A^2$$

Dizemos que

1
$$I = \left(\frac{1}{2}\right) \rho \, v \, A^2 \, (2\pi f)^2$$

em que ρ = densidade do meio;
v = velocidade do som;
f = frequência;
ω = frequência angular, que é igual a 2πf;
A = deslocamento máximo (amplitude) dos átomos ou moléculas da posição de equilíbrio.

A impedância acústica tem sua fórmula própria:

$$Z = \rho \cdot v$$

A equação anterior descreve-se da seguinte maneira:

$$I = \left(\frac{1}{2}\right) \rho \, v \, A^2 \, (2\pi f)^2 = \left(\frac{1}{2}\right) Z \, (A\omega)^2$$

Os valores conhecidos de ρ, v e Z podem ser observados na Tabela 13.2.

Tabela 13.2 – Valores de ρ, v e Z para as várias substâncias em Frequências Clínicas do Ultrassom

	ρ (Kg/m³)	v (m/s)	Z (Kg/m²s)
Ar	1,29	3,31 x 10²	430
Água	1,00 x 10³	14,8 x 10²	1,48 x 10⁶
Cérebro	1,02 x 10³	15,3 x 10²	1,56 x 10⁶
Músculo	1,04 x 10³	15,8 x 10²	1,64 x 10⁶
Gordura	0,92 x 10³	14,5 x 10²	1,33 x 10⁶
Osso	1,9 x 10³	40,4 x 10²	7,68 x 10⁶

A outra maneira de expressão para I (intensidade) é:

2
$$I = \frac{P_0^2}{2Z}$$

em que P_0 é a *máxima variação* na pressão.

- *Exemplo 1*

O ouvido humano pode tolerar até 1.000 Hz; em torno de 1.000 Hz é cerca de 1 W/m². Qual é o deslocamento máximo, no ar, correspondendo a essa intensidade?

- *Cálculo*

Da equação 1 e da Tabela 13.1, temos:

$$I = \left(\frac{1}{2}\right) \rho \upsilon A^2 (2\pi f)^2 \Rightarrow \frac{2I}{Z} A^2 (2\pi f)^2$$

ou

$$A = \frac{1}{2\pi f}\sqrt{\frac{2I}{Z}} = \frac{1}{6{,}28 \times 10^3}\sqrt{\frac{2 \times 1}{4{,}3 \times 10^2}} = 1{,}1 \times 10^{-5} m$$

ou 1,1 ×10⁻³ cm; ou, ainda, 0,011 mm.

Para um valor tão pequeno, é quase impossível ver tal deslocamento no ar (deslocamento menor que uma célula).

Informações técnicas

- Métodos de medição do campo ultrassônico:
  - pressão acústica: utiliza-se hidrofone;[4]
  - força de radiação: utilizam-se sensores térmicos.[18]

- Variação de intensidade

O grau de variação da intensidade avaliado no feixe sônico é medido com a relação de RNF (não uniformidade do feixe). Essa relação corresponde à maior intensidade que passa no feixe; isso significa intensidade média registrada no marcador de saída e intensidade de pico.[19]

A RNF ideal, porém impossível de ser obtida, é 1:1, e uma RNF maior que 8:1 é considerada inaceitável.[40]

Informações complementares

O ultrassom bem-aplicado pode ser a solução para muitas lesões, mas suas aplicações podem não ser tão simples como parecem. Cada detalhe é muito importante no momento da modulação dos parâmetros de tratamento para que o resultado seja um sucesso.

O fiel cumprimento de cada item é fundamental para o efeito desejado, por exemplo:

- o gel utilizado deve ser de excelente qualidade, com um aspecto homogêneo, sem bolhas (o som não se propaga no vácuo);
- o perfeito acoplamento do cabeçote na pele;
- utilizar o tempo adequado para a área de tratamento;
- eleger os parâmetros moduláveis de acordo com a lesão e sua fase.

Quanto à construção dos aparelhos nacionais, possuem, em sua maioria, características diferentes dos aparelhos montados no exterior.

Na compra do aparelho, temos de escolher as melhores características:

- baixa BNR;
- aparelhos com maior variedade de frequências com controles digitais;

- maior diâmetro de ERA;
- melhor assistência de manutenção e calibração.

Tempo de aplicação terapêutica[25]

É condenável usar o ultrassom com parâmetros pré-estipulados, o tempo, por exemplo. Não se usa o ultrassom com o mesmo tempo de aplicação para todas as lesões, pois a duração da aplicação depende da área lesionada e de outros fatores descritos a seguir.

Em 1986, Hoogland,[25] em seus estudos, investigou o tempo de aplicação para o ultrassom e utilizou um cálculo para descobrir o tempo de aplicação ideal para o ultrassom, da seguinte maneira: deve-se medir a área total a ser tratada em cm² e dividir pela ERA descrita no cabeçote do ultrassom, que resultará no tempo de aplicação.

Um dado importante é que o tempo máximo por área não deve ultrapassar o período de 15 minutos. Caso o resultado do cálculo ultrapasse esse período, deverá ser feita uma subdivisão da área.[25]

A fase inflamatória do reparo tem a ocupação em massa de macrófagos e mastócitos no local lesionado, entretanto, o ultrassom tem influência na migração aumentada desses micro-organismos, facilitando a ação anti-inflamatória[45] (estudar "Alterações inflamatórias"). O resultado desse fenômeno é uma aceleração no processo cicatricial. Esse fato explica-se por passar mais rapidamente da fase inflamatória do reparo para a fase proliferativa.[45]

O tempo de aplicação deverá ser calculado da seguinte forma:[25]

$$Tempo = Área / ERA$$

Exemplo 1: Área: largura = 5 cm; comprimento = 8 cm; área = 40 cm²
ERA: 4 cm²
Tempo = 40 / 3 = 13 min
Tempo máximo = 15 min por área

Exemplo 2: Área: 8 x 15 = 120
ERA = 5 cm
120/5 = 24 min

Hecox et al. (1994)[21] orientaram multiplicar o valor da ERA por valores relacionados à fase da doença:

- *Fase subaguda:*
  Tempo = Área / 1,5 x ERA
- *Fase crônica:*
  Tempo = Área / 1 x ERA
- *Máximo efeito térmico:*
  Tempo = Área / 0,8 x ERA

Ultrassom três cerâmicas[a]

Cardoso[5] relatou as propriedades do Ultrassom de três cerâmicas. Esse tipo de transdutor com três cerâmicas (3 MHz) é recente no mercado e, apesar de muito utilizado em equipamentos comerciais, não há trabalhos

---

[a] Observação: Este tópico completo foi retirado do trabalho "Caracterização do campo acústico de um transdutor ultra-sônico com três cerâmicas piezoelétricas de 3 MHz aplicado em Fisioterapia", publicado pelo próprio coautor deste capítulo. Esse trabalho foi publicado no 21º Congresso de Engenharia Biomédica. <www.sbeb.org.br> (Abílio Cardoso).

apresentando e discutindo suas características. Assim, alguns estudos concentraram-se em verificar a aplicabilidade da norma para o cálculo da ASTF(0) – área de secção transversal na face do transdutor. O valor dessa área é ponto crucial para se determinar a intensidade efetivamente aplicada ao paciente.

A norma internacional (e sua similar nacional) aplica-se a elemento único circular cujo feixe apresenta simetria em torno do eixo central de radiação. Nessa situação, a ERA é obtida a partir da multiplicação da área ASTF(0) por um fator de conversão. No caso dos transdutores com três cerâmicas, essa simetria do feixe não ocorre e, por isso, as comparações deveriam se restringir aos valores de ASTF(0), para o qual não há restrições.[26]

Em relação às áreas ASTF(0) entre ambos os tipos de transdutor, com uma e três cerâmicas, os resultados sugerem que a ASTF(0) do transdutor com três cerâmicas (8,69 cm^2) é aproximadamente o triplo daquela obtida com elemento único (3,40 cm^2).[22-24]

Na rotina clínica, para se determinar o tempo de aplicação, divide-se a área a ser tratada pela área do cabeçote, sendo o tempo máximo de aplicação de 15 minutos. Os cabeçotes aplicadores comerciais comuns possuem área em torno de 5 cm^2. Recentemente, surgiu no mercado um aparelho com cabeçote de área de cerca de 35 cm^2, com o propósito de reduzir o tempo de aplicação. O aumento da área da face de um transdutor implica a elaboração de uma estratégia de construção. Atualmente, a opção mais viável é a colocação de três cerâmicas, o que torna o procedimento de montagem mais facilmente manipulável do que quando se usa cerâmica única de maior diâmetro.[5]

O parâmetro essencial para segurança biológica é a intensidade. Esta é o resultado da relação entre a potência emitida pelo transdutor e a área de irradiação.[6] A norma brasileira para equipamentos de US para Fisioterapia (NBR-IEC 61689) define-a como uma "área de radiação efetiva" (ERA – *Effective Radiation Area*) e estabelece como deve ser estimada, no caso de transdutores monoelemento. Não há, entretanto, norma aplicável diretamente aos transdutores com três cerâmicas.[26]

Pode-se afirmar que a aplicação da Norma ABNT-NBR-IEC 61689 em transdutores com três cerâmicas é viável para o uso clinicoterapêutico.

Importância dos parâmetros de modulação

Perguntas que devemos fazer antes de aplicar o ultrassom: qual a profundidade da lesão? Qual a fase da lesão (crônica ou aguda)? Qual a extensão da lesão? Tem edema (mole ou duro)?

Continuamos advertindo para o uso do ultrassom como se fosse uma pílula mágica, atuando como se qualquer lesão fosse tratada com a mesma dose, com o mesmo tempo e o mesmo modo de aplicação.

Engano, erro grave! Reparem com muita atenção no quanto é importante estar atento para a modulação do aparelho.

O modo de aplicação pulsado pode atingir tecidos mais profundos, porque pode modular-se com intensidades mais altas, além de produzir menos calor. Não é uma opinião, mas uma característica física.

A absorção é uma grandeza física que se relaciona intimamente com o ultrassom. É a capacidade que determinado meio possui de reter a energia mecânica a ele submetida. Os meios que possuem elevado coeficiente de absorção retêm a maior parte da energia mecânica. A absorção é diretamente proporcional à frequência da onda mecânica, logo, quanto maior for a frequência, maior será a absorção, sendo mais efetiva para o tratamento de tecidos superficiais,[15,32] uma vez que seu poder de penetração diminui.

A partir de conhecimentos físicos, é possível conceber que um feixe ultrassônico com frequência de 3 Mhz é absorvido três vezes mais que um feixe com frequência de 1 Mhz.

Outro fator a ser considerado é a dose potência que é diretamente proporcional à profundidade, isto é, quanto maior a dose potência, maior será a penetrabilidade, mas será contraditório usar altas doses com o modo contínuo e/ou frequência de 3 Mhz.

Então, vejamos:

- modo contínuo – mais superficial;
- modo pulsado – mais profundo;
- intensidade – quanto maior a dose, maior a penetração;
- frequência – 1 MHz mais profundo, e quanto maior a frequência, menor a penetração.

É fundamental total atenção na eleição do tempo de aplicação, da escolha da dosimetria para aplicação da técnica ultrassônica:

- determinar a natureza do tecido e a fase da lesão;
- se o processo for crônico: terapêutica com efeito térmico dominante;
- se o processo for agudo: terapêutica com efeito mecânico dominante;
- determinar a profundidade da lesão;
- determinar a natureza e a espessura dos tecidos adjacentes;
- determinar a absorção dos tecidos adjacentes e, em seguida, fazer pré-seleção da intensidade desejada.

Tabela 13.3 – Coeficientes de absorção e as profundidades média e máxima dos diferentes tecidos nas frequências de 1 e 3 MHz

Meio	Coeficientes de absorção (cm⁻¹)		Profundidade média		Profundidade máxima	
	1 MHz	3 MHz	1 MHz	3 MHz	1 MHz	3 MHz
Ar (20 °C)	2,76	8,28	2,5	0,8	8,0	3,0
Cartilagem	1,16	3,48	6,0	2,0	20,0	7,0
Tendão	1,12	3,36	6,1	2,0	21,0	7,0
Pele	0,62	1,86	11,1	4,0	37,0	12,0
Músculo	0,76	2,28	9,0	3,0	30,0	10,0
Gordura	0,14	0,42	50,0	16,5	165,0	55,0
Água	0,0006	0,0018	11500,0	3833,3	38330,0	12770,0

Quanto maior o coeficiente de absorção, menor a penetração do feixe ultrassônico.[36]

- Calcular a intensidade que chega ao tecido:[36]

Dose = 1 cm/w² – tendão 1 cm de profundidade – coeficiente de absorção do tendão = 1,12

$a = 1{,}12$, $Io = 1$ W/cm 2, $e = 2{,}7$, $I\,(1\,cm) = ?$

Usando a fórmula I (x) = Io e^2 – ax, encontraremos

> I (1 cm) = 1. 2,72 -1,12.(1) = 0,32 W/cm2

Nesse caso, a intensidade no tendão a 1 cm é de 0,32 W/cm²

Reparem que não é tão simples assim usar o ultrassom, mas a partir daí já podemos nos preparar facilmente e aplicá-lo de forma correta. Também não é necessário que façamos esse cálculo para cada tratamento; a tabela de redução é bem mais simples de usar. Profissionais especializados na área vêm apresentando um rumo novo na área da eletrotermofototerapia. Isso agrega valores à nossa profissão e valoriza o profissional pelo simples fato de que, quando usamos os recursos disponíveis com precisão, nossos resultados aparecem e seremos requisitados e valorizados pelo fato de recuperarmos.

Técnicas de aplicação

Contato direto

Em vários trechos deste capítulo, estudamos os fenômenos físicos relacionados ao ultrassom e suas influências na prática clínica. Então, reafirmamos que uma simples falta de atenção na aplicação do ultrassom influencia diretamente os resultados.

Na técnica por contato direto, o transdutor deve ter um acoplamento perfeito na pele, visando à redução da reflexão. O meio de acoplamento deve ter uma impedância acústica próxima da impedância da pele.

Podemos dividir esta técnica em duas maneiras:

Dinâmica[25,34,37,44]

Para que a distribuição de energia seja uniforme, os movimentos devem ser lentos, com ritmo, de maneira longitudinal ou em círculos.[34] A velocidade foi estipulada por Kramer numa média de 4 cm/s, o que corresponde a 1 m a 0,85 m por minuto.[29]

As "variações de intensidade" do feixe ultrassônico devem ser evitadas com a técnica *dinâmica*, pois serão evitadas, também, mudanças na circulação sanguínea, já que o ultrassom pode causar estase venosa das células sanguíneas nos vasos paralelos ao feixe ultrassônico.[34,37]

Semiestacionária[34,37]

Sob a alegação da zona de Fresnel, Michlovitz[34] também desaconselha o uso do transdutor parado. A zona de Fresnel possui picos de intensidade que aumentam a dose estipulada no potenciômetro do ultrassom. Em 1978, Oakley[37] advertiu para o risco de coágulo sanguíneo com a forma estacionária.

Fotocontato direto

Subaquática

Com base nas informações sobre a zona de Fresnel (campo próximo) de que há pontos de alta e baixa intensidade facilitando a complacência dos tecidos, o campo distante deve ser evitado aproximando o cabeçote do segmento a ser tratado, pois pode trazer riscos de lesões.[33,40]

A água é um ótimo condutor de som e pode trazer ótimos resultados quando bem-aplicada. Cuidados como afastar o cabeçote somente até 1,5 cm do segmento devem ser adotados. Torna-se uma vantagem quando não é possível encostar o transdutor na pele. Outras medidas devem ser adotadas, como ferver a água que for utilizada para essa técnica e não agitá-la depois de fervida.[27]

Precauções

No caso de o fisioterapeuta necessitar submergir a mão num recipiente para a aplicação, sugerimos a colocação de uma luva cirúrgica para evitar as reflexões do ultrassom dentro d'água.

Evitar que o transdutor fique além da distância de 1,5 cm do segmento tratado e que o transdutor fique parcialmente fora d'água.

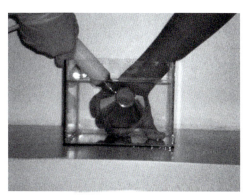

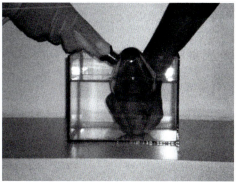

Bolsa d'água

Se prestarmos atenção, é uma técnica com desvantagens, pois as interfaces produzem intensa atenuação. Veja foto:

Somos de opinião de que essa técnica deve ser evitada em virtude das desvantagens conhecidas:

- água;
- interface plástica;
- substância de acoplamento;
- pele;
- além das interfaces até o tecido-alvo.

Fonoforese

A fonoforese é conhecida por ser muito parecida com a técnica de contato direto, portanto falaremos com mais ênfase sobre a substância de acoplamento.

Pouquíssimos estudos contribuem para a elucidação dessa técnica.

Fonoforese é a introdução de fármacos no tecido vivo por meio de onda sônica. Estudiosos registraram penetrações de medicamentos com fonoforese em animais com profundidade de até 6 cm.[2]

A taxa de transmissão do fármaco usado na fonoforese deve ser determinada antes do uso, pois ela deve ser maior que 80% da taxa de transmissão em relação à água.[34]

Indicações e contraindicações

Indicações

- Acidose tissular (reumatismo muscular).
- Artralgias.
- Artrose.
- Anquilose.
- Bursite (fase crônica).
- Braquialgia.
- Ciatalgia.
- Contusão muscular.
- Cervicalgia.
- Contratura de Dupuytren.
- Contraturas.
- Dorsalgia.
- Deficiência circulatória leve.
- Edema.
- Entorse.
- Epicondilite.
- Esporão de calcâneo.
- Fibrose.
- Fibromialgia.
- Lombalgia.
- Lipodistrofia geloide.
- Mialgia.
- Neuralgia.
- Neuroma de coto doloroso.
- Raynaud.
- Sudeck (fases I e III).
- Tendinites.
- Úlceras varicosas.

Contraindicações ou precauções

- Ouvido.
- Olhos.
- Ovários e testículos.
- Zonas de crescimento ósseo.
- Útero grávido.
- Neoplasias.
- Processo infeccioso.
- Cicatrizes em pós-operatório imediato e mediato: somente após dez dias.
- Tromboses, flebites.
- Área cardíaca.
- Áreas tratadas com radioterapia.

Referências

1. Alvarenga AV, Machado JC, Pereira WCA. Implementação do protocolo para obtenção de parâmetros do feixe acústico de transdutores ultrasônicos usados em medicina. Rev Bras Eng Biom. 2001;17(3)151-63.

2. Anderson J, Eriksson C. Piezoeletric properties of Dry and Wet Bone. Nature. 1970; 227:491-2.

3. Andrews R, Harrelson GL, Wilk KE. Reabilitação física das lesões desportivas. 2. ed. Rio de Janeiro: Guanabara Koogan; 2000. p. 61-95.

4. Bly SHP, Hussey RG, Kinsley JP, Dickson AW. Sensitivity of Effective Radiating Area Measurement for Therapeutic Ultrasound Transducers to Variations in Hydrophone Scanning Technique. Healthy Phys. 1989 Oct;57(4):637-43.

5. Cardoso AO, Alvarenga AV, Maggi LE, Von Kruger MA, Pereira WCA. Caracterização do campo acústico de um transdutor ultra-sônico com três cerâmicas piezelétricas de 3 MHz aplicado em Fisioterapia. Programa de Engenharia Biomédica – COPPE/UFRJ, Rio de Janeiro, Brasil.

6. Coakley WT. Biophysical Effects of Ultrasound at Therapeutic Intensities. Physiotherapy. 1978 Jun;64 (6:166-9).

7. Colombo SJM, Duarte LR, Silva Junior NF. Efeitos da variação da intensidade acústica na consolidação ultra-sônica de fraturas experimentais. Rev Ciênc Tecnol. 1991:73-81.

8. Duarte LR. Estimulação ultra-sônica do calo ósseo. Tese [livre-docência]. São Carlos – Escola de Engenharia de São Carlos, Universidade de São Paulo; 1977. p.109.

9. Duncan RL, Turner CH. Mechanotransduction and the Functional Response of Bone to Mechanical Strain. Calcif Tissue Int. 1995 Nov;57(5):344-58.

10. Dyson M, Pond JB, Joseph, J,Warwick R. The Stimulation of Tissue Regeneration by Means of Ultrasound. Clin Sci. 1968 Oct;35(2):273-85.

11. Dyson M, Suckling J. Stimulation of Tissue Repair by Ultrasound, a Survey of the Mechanisms Involved. Physioterapy. 1978 Apr;64(4):105-8.

12. Einhorn TA. Current Concepts Review – Enhancement of Fracture Healing. J Bone Joint Surg. 1995;77-a(6):940-56.

13. Fonseca JCP. Electrical Properties of Bone: a Composite Material Model. Thesis [ph.D.]. Pennsylvania - The Pennsylvania State University; 1984. p. 202.

14. Fukada E, Yasuda I. Piezoelectric Effects in Collagen. Jpn J Appl Phys. 1964;3:117-21.

15. Furini N, Longo GJ. Ultrassom. KLD biosistemas equipamentos eletrônicos. Amparo: 1996.

16. Gann N. Ultrasound Current Concepts. Clin Management. 1991;11:64-9.

17. Garcia EAC. Biofísica. Savier; 1998. p. 9-82

18. Guirro R. et al. As variáveis físicas do ultrassom terapêutico: uma revisão. Rev Ciênc Tecnol. 1996b:3l-4l.

19. Guirro E, Guirro R. Fisioterapia Dermato-funcional. 3. ed. São Paulo: Manole; 2002.

20. _____. Fisioterapia Dermato-funcional: fundamentos, recursos e patologias. 3. ed. São Paulo: Manole; 2004.

21. Hecox B, Mehreteab TA, Weisberg J. Physical Agents: A Comprehensive Text for Physical Therapists. Appleton & Lange; 1994.

22. Hekkenbeerg RT. Characterizing Ultrasonic Physiotherapy Systems by Performance and Safety Now Internationally Agreed. Ultrasonics. 1998;36:713-20.

23. Hekkenberg RT, Oosterbaan WA, Van Beekum WT. Evaluation of Ultrasound Therapy Devices. Physiotherapy. 1986;72(8):390-5.

24. Hekkenberg RT, Reibold R, Zeqiri B. Development of Standard Measurement Methods for Essential Properties of Ultrasound Therapy Equipment. Ultrasound Med Biol. 1994;20(1):83-98.

25. Hoogland R. Terapia Ultra-sônica. Delft, Holanda: Enraf-Nonius; 1986.

26. Ishikawa NM. Avaliação de equipamentos de ultrassom para fisioterapia segundo a norma NBR WC 1689 da Associação Brasileira de Normas Técnicas. Rio de Janeiro. Dissertação [M.Sc.] – COPPE/UFRJ; 2000.

27. Kitchen S, Bazin S. Terapia por Ultrassom. In: MRI assessoria editorial. Eletroterapia de Clayton. 10 ed. São Paulo: Manole; 1998. Cap. 15.

28. Kottke FJ, Lehamann JF. Tratado de Medicina Física e Reabilitação de Krussen. São Paulo: Manole; 1994.

29. Kramer JF. Ultrasound: Evaluation of its Mechanical and Thermal Effects. Arch Phys Med Rehabil. 1984 May;65(5):223-7.

30. Lavine SL, Lustrin IMH, Moss ML. The Influence of Eletrical Current on Bone Regenaration "in vivo". Acta Orthop Scand. 1971;42(4):305-14.

31. Lehmann JF. Diathermie. In: Krusen FH. em f. j. kottke em p.m. elwood jr. Handbook of Physical Medicine and Rehabilitation. Philadelphia: 1965.

32. Longo GJ. Ultrassom — um recurso muito valioso. Up to Date. 2001 out; ano 7(41):54-6.

33. Low J, Reed A. Eletroterapia explicada: princípios e práticas. São Paulo: Manole; 2001.

34. Michlovitz SL. Thermal Agents in Rehabilitation. 3. ed. Philadelphia: F. A. Davis Co; 1996.

35. Moreno E, Gonzalez G., Leija L. et al. Performance Analysis of Ultrasono-therapy Treatment Head with Contact Detection. IEEE Trans Ultrason Ferroelectr Freq Control. 2003 Jun;50(3):743-7.

36. NBR/IEC 61689. Ultrassom – Sistemas de Fisioterapia – prescrições para desempenho e métodos de medição na faixa de frequências de 0,5 MHz a 5 MHz. ABNT; 1998

37. Oakley EM. Dangers and Contra-indications of Therapeutic Ultrasound. Physiotherapy. 1978 Jun;64(6):173-4.

38. Olave IEA. 2004. Evaluación de la Calibración de los Equipos de Ultrasonido terapéuticos. de los Servicios de Salud Pública Metropolitana. Santiago. Dissertação de [M.Sc.] – Facultad de Medicina, Universidad de Chile; 2004.

39. Rodan GA, Bourret LA, Harvey A, Mensi T. Cyclic AMP and Cyclic GMP: Mediators of the Effects on Bone Remodeling. Science. 1975; 189:467-9.

40. Starkey C. Recursos terapêuticos em fisioterapia. 2. ed. São Paulo: Manole; 2001.

41. Yasuda I, Noguchi K, Sata T. Dynamic Callus and Electric Callus. J Bone Jt Surg. 1995:1292-3.

42. Young S. Terapia por Ultrassom. In: Eletroterapia de Clayton. 10. ed. 1. ed. brasileira. São Paulo: Manole; 1998. p. 235-58.

43. Wells PNT. Biomedical Ultrasonics. London: Academic Press; 1977.

44. Winter WR. Eletrocosmética. 3. ed. Rio de Janeiro: Vida estética; 2001. p. 129-33.

45. Zhang ZJ, Huckle J, Francomano CA, Spencer RGS. The Influence of Pulsed Lowintensity Ultrasound on Matrix Production of Chondrocytes at Different Stages of Differentiation: An Explant Study. Ultrasound Med Biol. 2002;28:1547-53.

46. Ziskin MC, Lewin PA. Ultrasonic Exposimetry. 1. ed. Boca Raton: CRC Press; 1993.

Seção 14

Corrente russa – Corrente bifásica simétrica senoidal

Alex Evangelista

Conceitos

Os programas de fortalecimento muscular são procedimentos importantes e muito utilizados na clínica fisioterapêutica. Surgem da necessidade de se restabelecerem as funções normais de um músculo quando apresenta sua força diminuída. Além da reabilitação muscular, existem outros motivos para se produzir uma hipertrofia muscular, como o fator estético, ou para a melhora no rendimento de determinado esporte.

Nossa preocupação é o desinteresse pela técnica sob a alegação de que estudar Física, Eletrônica e outras disciplinas similares são fatores pela escolha de outra prática terapêutica. Mas a Fisiologia Humana estuda o potencial de ação como um princípio elétrico e indica a influência da ação das correntes elétricas terapêuticas na Fisiologia Celular. Cumpre ressaltar que nenhuma prática isolada é suficientemente competente na reabilitação, isto é, nem a eletroterapia nem a cinesioterapia são especializações independentes. Acredito na interdisciplinaridade de qualquer método de tratamento.

O Brasil é um país que ainda persiste na falta de interesse pela técnica de eletroestimulação. Alguns profissionais da área de saúde não compreendem ou desconhecem o sucesso dessa técnica no exterior, principalmente na Itália, no Japão e na Holanda. Quando praticamos intercâmbio de nossos trabalhos, percebemos como somos bem-recebidos nesses países; isso prova que estamos no caminho certo. A cada ano, pesquisas são desenvolvidas para aprimorar a construção de aparelhos com tecnologia de ponta:

Robô utilizado para teste de resistência dos aparelhos para uso prolongado.

Câmara teste de resistência para temperatura e umidade.

Microscópio eletrônico para inspeção de placas e componentes.

Dispositivo para teste da potência acústica do ultrassom.

Dispositivo para vizualização e inspeção de componentes por raio x que possibilita inspecionar sem ter que desmontá-lo.

Neste livro, aprofundamos assuntos que se relacionam e aumentam as chances de sucesso no tratamento e enfatizamos o generalismo. Na seção sobre eletrotermoterapia, enfatizamos os minuciosos cuidados para que sejamos bem-sucedidos em seu uso. Especificamente sobre a corrente russa, recomendamos a leitura do livro *Eletroestimulação: o exercício do futuro*, que compreende estudos básicos da matéria, tais como princípios da eletricidade celular e anatomia da fibra nervosa, para que entendam a relação fantástica da bioeletricidade humana (estudar seção "Bioeletricidade – Eletricidade do tecido vivo") com a Engenharia Elétrica. Esses conceitos podem colaborar no entendimento da eficiência da corrente russa nos programas de fortalecimento muscular.

A NMES (estimulação elétrica neuromuscular) é a aplicação da corrente elétrica para eliciar uma contração muscular involuntária. A NMES tem sido, ao lado da mecanoterapia, um dos recursos mais amplamente utilizados em treinamentos para se produzir fortalecimento e hipertrofia muscular, especialmente a partir da metade dos anos 1970, após o Ocidente tomar conhecimento dos desenvolvidos pelo médico russo Yakov Kots. Na Universidade de Montreal, em 1976, os atletas da delegação russa foram observados usando NMES, além dos exercícios voluntários, como forma de fortalecimento muscular. Em 1977, Kots visitou a Concórdia University (Montreal), onde apresentou os resultados de suas pesquisas sobre os efeitos da estimulação elétrica no aumento de força muscular em atletas de elite. Ele relatou que a NMES podia produzir ganhos de força que eram de 30% a 40% maiores do que aqueles produzidos pela contração voluntária máxima do músculo.[1]

Embora os protocolos experimentais de Kots não fossem documentados e seus resultados nunca pudessem ser reproduzidos no Ocidente, seus relatos contribuíram para que os pesquisadores do mundo todo reconhecessem o potencial dessa técnica e ampliassem os estudos em relação à estimulação elétrica e ao fortalecimento muscular.[1-3] Os estudos desenvolvidos a partir de então parecem dar suporte à afirmação de que EENM (estimulação elétrica neuromuscular) pode fortalecer músculos normalmente inervados, tanto em sujeitos sadios quanto naqueles que sofrem de vários tipos de distúrbios em que estejam presentes fraqueza e atrofia muscular.[1-3] Com base em documentos fortemente armados de ciência e tecnologia, autores emblemáticos dão novo rumo à eletroterapia, mostrando a necessidade de nos aprofundarmos mais em pesquisas sobre o assunto. Sendo assim, sempre nos propusemos a investigações que colaborassem para o avanço na área e a consequente melhora no aspecto do conhecimento na disciplina de Fisioterapia Geral.

Tendo em vista a diversidade de relatos literários controvertidos quanto à utilização da eletroestimulação para uso terapêutico e o grande empirismo com relação à reação do tecido adiposo e muscular com a sua aplicação, *Eletroestimulação: o exercício do futuro* vem colaborar para a compreensão e a elucidação dos aspectos fisiológicos, histológicos, cinesiológicos, bioquímicos e da Engenharia dos geradores terapêuticos.[4]

Este livro nasceu de minha prática no meio desportivo. Com muito aproveitamento, foi possível desenvolver programas de fortalecimento muscular durante o período de imobilização pós-cirúrgico e prevenir atrofias durante competições de alto rendimento.

Vale ressaltar que o uso da técnica requer atenção nos detalhes dos parâmetros de modulação voltados para o objetivo terapêutico. Não haverá resultado positivo caso a aplicação não atenda à demanda fisiológica.

Referências

1. Kramer J, Mendryk SW. Electrical stimulation as a strength improvement technique. J Orthop Sports Phys Ther. 1982;4:91-8.

2. Guirro R, Nunes CV, Davini R. Comparação dos efeitos de dois protocolos de estimulação elétrica neuromuscular sobre a força muscular isométrica do quadríceps. Rev Fisioter Univ São Paulo. 2000;7:10-5.

3. Bax L, Staes F, Verhagen A. Does neuromuscular electrical stimulation strengthen the quadriceps femoris? A systematic review of randomised controlled trials. Sports Med. 2005;35:191-212.

4. Evangelista AR. Eletroestimulação o exercício do futuro. Phorte editora, São Paulo. 2006

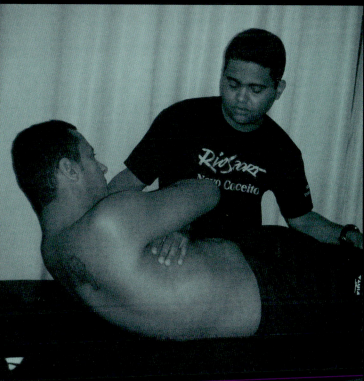
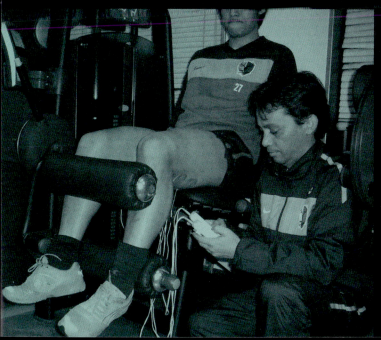

Parte 3

Fundamentos importantes

Seção 15

Bioeletricidade – Eletricidade do tecido vivo

Alex Evangelista

Conceitos

Por que conceitos físicos são importantes? Por que conhecer cálculos físicos? Qual a importância de colocar esses cálculos no livro?

Em sala de aula, assisti a diversos professores afirmarem categoricamente que a aplicação da eletroterapia é "perfumaria". Isso me deixava confuso como aluno, pois me indagava em que tipo de profissão eu estaria me formando se a própria universidade incluía na grade curricular matérias que seus professores não admitiam como um recurso de tratamento. Tive a feliz sorte de viajar o mundo a trabalho e conhecer profissionais de outras escolas, como a americana, a japonesa e a espanhola, que, em suas formações, apresentam a Física mecânica e a elétrica como fundamentais nos períodos básicos da graduação, além de levarem a sério a linha de produção de equipamentos para a área de saúde, tal como fazem com os medicamentos.

O objetivo deste capítulo é mostrar que existem trabalhos sérios além de nosso conhecimento na graduação que justificam o uso da eletrotermofototerapia.

Felizmente, conhecer *eletroterapia* não significa que você terá de procurar uma tonelada de livros de biblioteca sobre Física elétrica. Simplesmente porque você nem sempre terá tempo de checar os componentes físicos de um aparelho para simplesmente apertar a tecla ON e ligá-los para tratar um paciente. Mas quando escutamos profissionais desmotivando o uso da eletrotermoterapia alegando ser "perfumaria", entendemos que há total desconhecimento das leis físicas aplicadas à eletricidade. Quando experimentamos escolas de nacionalidades diferentes, percebemos o quanto estamos certos de continuar estudando *eletrotermofototerapia*. O Japão e os Estados Unidos hoje complementam a grade curricular da área de saúde com o estudo da bioeletricidade, que, além da comprovação científica, é hoje um projeto de cura de doenças para o futuro.

Centro tecnológico Ito – Japão.

Este livro tem a prioridade de apresentar, aos estudantes e profissionais, modelos de tratamentos que possam ser justificados por meio da Física. Na seção "Biomecânica", apresentamos teorias embasadas pela Física mecânica e, neste capítulo, teorizamos a Física elétrica envolvida com o tecido humano, justificando o sucesso das terapias por eletroestimulação. Durante anos, a eletroterapia esteve em baixa na Fisioterapia brasileira, e, à medida que a tecnologia cresceu, veio ganhando espaço novamente com um embasamento científico muito maior. Na era da TV digital, também cresce o mercado de aparelhos fisioterapêuticos de última geração, o que se traduz em tratamentos com respostas muito positivas.

A seguir, mostraremos de forma simples as teorias físicas que possam dar crédito à terapia por meio elétrico.

Eletricidade celular

O que dizer da eletroterapia? O que justifica usar a eletroterapia? O que será que a física elétrica pode ajudar a entender na afinidade de algumas correntes com o tecido humano?

Reparem como as teorias físicas se assemelham totalmente ao circuito orgânico vivo. Mesmo que você não tenha total compreensão física, entenderá que não podemos desprezar os tratamentos com eletrotermofototerapia, tamanha a sua afinidade com a bioeletricidade.

Com plenitude nos conhecimentos de eletrônica, profissionais ligados à área identificam que o tecido vivo pode ser esquematicamente equiparado a uma combinação de resistências e capacitâncias.

A fórmula (1) define o esquema da membrana de um axônio. Essa fórmula define matematicamente que existe uma pequena área despolarizada com a parte externa da membrana com relação à parte interna da membrana vizinha[1,2] (ver seção "Fisiologia e suas respostas bioelétricas").

Em nosso sistema nervoso, conhecemos a condução eletrônica, que, por meio das novas áreas de despolarização com seus fluxos locais de corrente, despolariza outros segmentos cada vez mais distantes do ponto inicial.[3]

A capacitância e a resistência determinam a velocidade de condução eletrônica por meio das propriedades elétricas das células biológicas.[3]

A morfologia da célula é percebida com a estrutura central, hidrofóbica, sendo em particular um bom isolante elétrico. Quanto aos melhores condutores elétricos, ficam as soluções eletrolíticas do citosol, as superfícies das membranas e o próprio líquido extracelular. Dessa maneira, a membrana plasmática tem a função de um capacitor, com valores de muita importância para a capacitância *(cerca de 1 µF/cm²)*.[3]

A capacitância da membrana é que determina a quantidade de carga a passar para despolarizar a membrana. Esses valores da capacitância são diretamente proporcionais, isto é, quanto maior a capacitância da membrana, maior será a quantidade de carga fluindo. Porém, a velocidade de condução eletrônica é reduzida.

A resistência a esse fluxo eletrônico depende diretamente da resistência ao fluxo, podendo-se assim dizer:

Através da membrana (*rm*)

Resistência ao fluxo longitudinal da corrente pelo citoplasma (*rin*) (1).

$$\boxed{\sqrt{rm\ rin}} \quad (1)$$

Então, quanto maior for (1), menor a velocidade do fluxo eletrotônico de corrente e a consequente redução de condução eletrônica.[3]

Explicando o que lemos desde o início neste capítulo, entendemos que com uma resposta menor (2), maior será a velocidade de condução eletrônica, porém, quanto maior for (2), menor será a velocidade:

$$\boxed{\sqrt{rm\ rin\ cm}} \quad (2)$$

Sabemos que a anatomia da fibra nervosa tem influência na velocidade de condução. O cálculo que pode definir isso considera o nervo uma estrutura cilíndrica; obviamente, a área de superfície da célula é proporcional ao raio desse cilindro (3). Portanto, a capacitância celular aumenta na mesma proporção da área da membrana. Ao contrário, a resistência interna é inversamente proporcional à área da secção reta. A área celular numa secção reta aumenta com o quadrado do raio (4).

Assim, dizemos:

$$\boxed{AS = 2\pi rl\ (As = 2\pi r\ l)} \quad (3)$$

$$\boxed{AX = \pi r^2\ (Ax = 2\pi r^2)} \quad (4)$$

É possível afirmar que a velocidade de condução tem relação com o diâmetro da fibra, por exemplo, as fibras motoras possuem maior velocidade de condução comparadas às fibras de dor.[3]

Mas a velocidade de condução também tem íntima relação com a mielinização das fibras condutoras.

As bainhas de mielina possuem capacitância que atua em série:

$$\boxed{1/CT = 1/C1 + 1/C2 + 1/C3 + \ldots + 1/Cn} \quad (5)$$

Não podemos nos esquecer de que, no início deste capítulo, falamos da afinidade do tecido vivo com a eletricidade. Vimos que a constante de tempo tem influência na velocidade da condução eletrônica e que quanto menor esse produto, fatalmente, maior será a velocidade de condução. Assim sendo, a bainha de mielina não tem influência sobre (rm), mas tem fator de redução no valor de cm por um fator 50, além de aumentar (rm) também pelo fator 50. Analisaremos da seguinte maneira:

$$\sqrt{rm \cdot 50 \cdot rm \cdot cm/50} \; (\sqrt{rm \cdot 50 \cdot rm/50}) \quad (6)$$

Isso dá o resultado de até sete vezes na velocidade de condução.

Estímulos elétricos no tecido vivo

Sempre me preocupei em como passar as informações sobre eletroterapia de forma didática e enfática sobre os efeitos das cargas elétricas nos tecidos. Os princípios da estimulação elétrica nos nervos e músculos, de modo geral, dependem da taxa de variação de carga dos pulsos elétricos nos tecidos sob três aspectos:[8]

A. Quando a corrente é dotada do aspecto físico unidirecional, mesmo com uma pequena variação ou sem variável, haverá uma troca permanente de íons nos tecidos, ocasionando os efeitos químicos desejáveis entre o tecido e o eletrodo.[1]

B. Para estimular nervos e músculos, é necessário um balanço iônico por meio das membranas celulares; isso pode ocorrer quando a taxa de variação é mais rápida e a duração do pulso é larga. Se a corrente for monofásica, sobretudo, ocorrerá uma mudança química, assim como já mencionamos, mas quando a corrente tem origem física alternada, a inversão da direção de pulso anula a carga aplicada anteriormente.[1,4]

C. Quanto maior a frequência, maior será a taxa de variação, isto é, a duração do pulso não será capaz de excitar as membranas celulares.[1] Dessa forma, precisamos estar atentos, inclusive, à fase da lesão. Para que haja excitação, é necessário o aumento da amplitude da corrente, o que pode provocar o aquecimento significativo dos tecidos.

A importância da amplitude é fundamental para que haja mudanças fisiológicas durante a contração; segundo Evangelista (2006),[6] para que a contração eliciada eletricamente seja eficiente, maiores intensidades de correntes devem ser aplicadas; consequentemente, mais unidades motoras serão afetadas, tornando possível alcançar 70% da contração isométrica voluntária máxima (ver livro *Eletroestimulação: o exercício do futuro*). O potencial de ação só gerará um impulso nervoso se a intensidade for suficiente. Portanto, a rampa de descida e subida e a taxa de duração do pulso devem ser necessariamente rápidos para provocar um estímulo no nervo a uma baixa intensidade de corrente, ou isso só seria possível com o aumento da intensidade do pulso.[1,2,8] Uma corrente com alta amplitude provoca maiores sinais de contração.

Correntes de baixa frequência e sua relação com os tecidos vivos

Os tecidos excitáveis são capazes de receber a corrente terapêutica e responder aos estímulos que geram efeitos indiretos ao organismo.

Sabemos que o TENS, por exemplo, pode diminuir ou extinguir a sensação de dor, enquanto a corrente russa com diferente propósito pode causar contração tetânica similar a uma contração voluntária. Outras correntes evidenciaram efeitos metabólicos que influenciam o crescimento ordenado, a microcorrente, por exemplo.[4]

Foi crucial iniciar um capítulo fundamentando a bioeletricidade para acompanharmos o raciocínio de que nervos periféricos são dotados da capacidade de processar estímulos sensoriais e estímulos motores.[5,6,9]

Os nervos sensoriais e motores no músculo esquelético estriado são condutores elétricos e possuem um diâmetro de grande calibre provido de bainha de mielina (isolante elétrico). Portanto, os nervos periféricos possuem o diâmetro menor, com velocidade de condução menor e não são recobertos pela bainha de mielina.[5,6,9]

O sistema nervoso é um grande evento elétrico, e cada sinal pode desencadear uma resposta no organismo. Uma corrente extrínseca pode ter uma afinidade com a corrente elétrica do organismo; basta que se apliquem corretamente correntes adequadas para o objetivo proposto. Partimos do princípio de um circuito elétrico fechado aplicando os eletrodos sobre a pele. Numa sequência ordenada, os nervos sensoriais cutâneos assimilam primeiro e, de acordo com a densidade da corrente, são estimulados nervos motores mais profundos.[5,6,9]

Estímulo elétrico x profundidade nos tecidos[1,2,8]

Os pontos motores precisam ser avaliados no momento da aplicação, pois a posição dos eletrodos determina quais nervos serão atingidos. Para maior conforto e segurança de um paciente, os eletrodos devem ser colocados exatamente sobre os pontos motores onde ocorre a contração tetânica do músculo. (Ver livro *Eletroestimulação: o exercício do futuro*.)

O ponto motor escolhido é o ponto de menor impedância do grupo muscular, sendo dessa maneira uma área de grande influência para estimular um número maior de fibras nervosas próximas a esta área (Figura 15.1).[1,9]

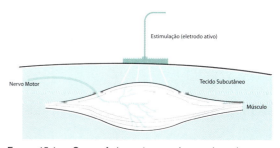

FIGURA 15.1 – O neurônio motor recebe um impulso nervoso, que é um estímulo elétrico, através dos dendritos que passa para o corpo celular do neurônio. Esse impulso segue para o axônio, local onde haverá a despolarização e gerará um potencial de ação na célula.

Pulsos de corrente elétrica terapêutica

É importantíssimo saber que, para estudar eletroterapia ou até mesmo propriocepção, é necessário conhecimento básico de Neurofisiologia. Vejamos o seguinte:

Quando uma fibra nervosa está em repouso, seu diferencial de potencial é em torno de -70 mV (ver seção "Fisiologia e suas respostas bioelétricas").

O desencadeamento do impulso nervoso é caracterizado por mudanças eletroquímicas contínuas que se difundem ao longo de toda a fibra; esse processo pode se iniciar por meio de um pulso elétrico.

O impulso nervoso pode ser propagado em ambas as direções, mas o efeito só será observado na direção do estímulo graças ao bloqueio influenciado pelas sinapses.[1,7,9]

O que é a sinapse?

É o movimento de íons através dos tecidos gerado por pulsos elétricos que os levam até as membranas das células nervosas.[1]

Lei do Tudo ou Nada

A intensidade do estímulo determinará o potencial de ação.[4] Após o estímulo suficientemente intenso, há uma propagação do impulso em ambas as direções.

É necessária determinada intensidade de corrente para produzir um impulso nervoso. O que realmente acontece é engatar no impulso nervoso com o mínimo de energia para que isso aconteça. Chamamos esse fenômeno de reobase.

Num trabalho de eletroestimulação neuromuscular, o objetivo é recrutar o maior número de unidades motoras por meio dos efeitos sensoriais, aumentando o número de fibras musculares em atividade intensa. Vale ressaltar que um pulso elétrico de longa duração pode não ser útil, pois a mesma corrente engata em pulsos de 1, 10, 30 ms.[1,9]

Estímulos e diferentes impulsos nervosos

A fórmula (3) nos dá a exata ideia de que as fibras que transmitem dor necessitam de maiores correntes do que as fibras motoras. Facílimo de entender que quanto maior o calibre da fibra, menor a amplitude necessária para o estímulo.[1,3]

No caso das fibras que desencadeiam dor, estas necessitam de correntes maiores, portanto, isso não ocorre em virtude da diferença do potencial de limiar, mas do calibre, que, quanto maior, possui menor resistência.

O limiar de sensibilidade entre os nervos motores e os sensoriais está na sua profundidade, entretanto, nervos sensoriais mais superficiais recebem mais densidades elétricas.[1,2]

O período refratário é fundamental em nossos estudos, pois os impulsos nervosos possuem valores que determinam a sequência de ordens desse impulso. Quando a membrana se apresenta com 30 mV, é sinal de que está ocorrendo um impulso nervoso, porém, quando a membrana volta ao seu estado de repouso, ela apresenta um valor aproximado de -70 mV. Chamamos esse período de refratário absoluto, e, uma vez alcançado esse valor, qualquer outro estímulo dado não terá resposta. A duração do período refratário absoluto está entre 0,4 e 2 ms, dependendo do tipo da fibra nervosa.[1-3]

Durante 10 a 15 ms posteriores, o estímulo nervoso será outra vez engatilhado, nesse caso com intensidades maiores, período este chamado de período refratário relativo. Com uma frequência de 1 Hz, poderá desencadear contrações musculares.[1,2]

Se experimentarmos aumentar essa frequência para 15 Hz, acontecerá uma fasciculação muscular correspondente a essa frequência, mas, se a frequência chegar ao número de cinquenta pulsos por segundo, poderemos alcançar contrações musculares tetânicas.[1,2]

Referências

1. American National Standard. Transcutaneous Electrical Nerve Stimulators, ANSI/AAMI NS4. EUA; 1997.

2. Amestoy RDF. Eletroterapia e eletroacupuntura. 1. ed. Florianópolis: Edição do Autor; 1998.

3. Berne RM, Levy MN. Fisiologia. 3. ed. Rio de Janeiro: Guanabara Koogan; 1996.

4. Chartered Society of Physiotherapy's. Standards for the Use of Electrophysical Modalities. UK; 1991.

5. Currier DP, Petrilli CR, Threlkeld AJ. Effects of Medium Frequency Electrical Stimulation on Blood Local Circulation of Healthy Muscle. Phys Ther EUA. 1986;66:937-43.

6. Evangelista AR. Eletroestimulação: o exercício do futuro. São Paulo: Phorte; 2006.

7. Low J, Reed A. Eletrotherapy Explained: Principles and Practice. 2. ed. EUA: Butterworth-Heinemann Medical; 1995.

8. Geddes LA, Baker LE. Principles of Applied Biomedical Instrumentation. 3. ed. New York: Wiley; 1989.

Seção 16

Fisiologia e suas respostas bioelétricas

Alex Evangelista
Roberta Coelho de Marco

Conceitos

Neste capítulo, associamos uma série de assuntos que combinam com o futuro da atividade física.

A maior parte dos nervos periféricos é mista, isto é, eles têm uma combinação de fibras motoras e sensitivas. Em nossos estudos, propomos que o músculo esquelético responda à sobrecarga tensional e também à sobrecarga metabólica. A ativação dos mecanismos contráteis pode ser eficiente tanto pela contração eliciada eletricamente quanto pela contração voluntária, muito embora seja mais eficaz com a ativação simultânea de ambas as modalidades. Consequentemente, quando aplicamos um estímulo elétrico, as características individuais dos componentes dessa fibra determinarão qual das fibras é estimulada. Sendo assim, podemos eleger um trabalho de força isoladamente com fibras essencialmente de alta potência (tipo IIb).[12,48]

É incontestável que o ganho de massa muscular dependa de questões multifatoriais. Os efeitos lesivos provenientes dos trabalhos de força e hipertrofia podem despertar o cuidado dos estudiosos para um trabalho mais efetivo e menos danoso. Uma das hipóteses viáveis pode ser a eletroestimulação, embora dependa de mais estudos.

Acreditamos que a corrente russa possa ser uma aliada no trabalho de *performance* muscular; basta que parâmetros de modulação estejam em total sintonia com a Fisiologia.

É importante salientar que força muscular pode ser desenvolvida muito mais rapidamente pelo uso de exercícios resistivos ou de exercícios isométricos fortes.[16,48]

Outra hipótese de nosso trabalho envolve, além de um ganho significativo de perimetria em músculos de membros superiores e inferiores, também uma redução de percentual de gordura, muito mais naqueles atletas que utilizaram a EENM na região abdominal associada à atividade física específica "abdominal" do que naqueles que só praticaram atividade física similar.

Nossa compreensão permite entender que os trabalhos de EENM podem ser altamente eficazes no período de imobilização, permitindo manutenção dos sinais elétricos neurais e consequente redução do tempo de reabilitação, isto é, o paciente, quando estiver com amplitude total de movimento, poderá recuperar o trofismo de forma mais rápida.

A EENM pode ativar maior número de fibras musculares durante uma contração, num percentual de 30% a 40% a mais de unidades motoras que a contração voluntária.[12,30] Portanto, para entendermos como agem os recursos que propomos neste livro, incluímos em nossos estudos a *Fisiologia do exercício* bem resumidamente.

Anatomia da fibra nervosa

Potencial de membrana

A maioria das células no corpo humano fica pouco tempo em seus potenciais de membrana, conhecidos como potencial elétrico. Podem ser medidos experimentalmente entre -60 e -90 milivolts.[4]

O potencial de membrana pode ser considerado como as diferenças nas concentrações iônicas. Um fator importante em nosso estudo é o conhecimento de que, no meio intracelular, a concentração de íons de potássio é alta, enquanto no líquido extracelular o íon é muito reduzido. Estudiosos em eletrofisiologia consideram fundamental o papel do potencial de membrana no desencadeamento dos sinais neurais; desde então, associamos essa teoria ao dado[30] de autores que comparam a contração voluntária associada à contração evocada eletricamente.[46] Para um entendimento mais profícuo, a seguir estudaremos detalhadamente o "Potencial de membrana".[4,11,16]

A maioria das células excitáveis no corpo humano fica pouco tempo em seus potenciais de membrana, denominados como potencial elétrico. Em repouso, esse potencial é negativo no interior da membrana. Pode ser medido experimentalmente entre -60 e -90 milivolts. Importante é o fato de que o líquido intracelular contém concentração muito elevada de íons potássio, enquanto no líquido extracelular a concentração desse íon é muito reduzida, exatamente o que acontece com o íon sódio: concentração muito elevada no líquido extracelular e muito reduzida no líquido intracelular.[4,11,16]

Os potenciais de membrana desempenham função fundamental na transmissão dos sinais elétricos neurais, bem como no controle da concentração muscular, da secreção glandular e, sem qualquer dúvida, em muitas outras funções celulares.[4]

Desenvolvimento do potencial de membrana

Como foi citado anteriormente, o potencial de repouso da membrana está entre -60 mV e -90 mV. Sendo assim, numa célula excitável em repouso, os íons K⁺ não estão em equilíbrio, e, nessa condição, mais K⁺ estará saindo passivamente da célula do que entrando. Uma explicação de que o potencial de repouso não consegue permanecer em -100 mV é que outros íons também estarão se movendo passivamente através da membrana.[4]

Para a definição de como inicia o potencial de membrana, é necessário que se explique que a *membrana do axônio em repouso é quase impermeável aos íons sódio, mas muito permeável aos íons potássio*. Sendo assim, o íon potássio, em concentração alta, no interior da membrana, tende sempre a passar para o meio extracelular do axônio. O íon potássio possui uma característica que lhe é peculiar, a carga positiva. O potencial de membrana de uma fibra nervosa comum, de grande calibre, nas condições de repouso, é cerca de -90 mV, com um valor no interior da fibra.[4]

A voltagem que é criada entre as duas faces da membrana, quando essa membrana é permeável a apenas um íon monovalente positivo, pode ser calculada da seguinte maneira:[4]

Equação de Nernst:

$$\text{Potencial de membrana (em mV)} = -61 \times \log \frac{\text{concentração interna}}{\text{concentração externa}}$$

Para o potássio:

$$\text{Potencial de membrana (em mV)} = -61 \times \log \frac{140}{4} = -94 \text{ mV}$$

O real valor, em torno de -90 milivolts, é um pouco menor que o valor calculado de -94 mV, por ser a membrana levemente permeável aos íons sódio, que carregam cargas positivas para o interior e neutralizam uma pequena parte da eletronegatividade nela vigente.

Potencial de ação

A capacidade de uma membrana em gerar um potencial de ação é a propriedade que define uma membrana excitável. Variações no potencial de membrana pelas quais a célula passa durante a transmissão ao longo da fibra nervosa também são chamadas de impulso elétrico ou nervoso. Para que ocorra um "Potencial de Ação" numa célula, vamos fazer a soma de todos os potenciais que atuam na célula naquele momento (ex: -59 mv disparam PA do tipo tudo ou nada; se não chega a esse valor se diz que o neurônio está facilitado).

Ao ser transmitido um sinal ao longo de uma fibra nervosa, o potencial de membrana passa por uma série de variações, que, no seu total, são chamadas de potencial de ação.[4,16,51]

Até que se inicie o potencial de ação, o meio intracelular é muito negativo; tão logo se inicie o potencial de ação, o meio intracelular torna-se positivo, abruptamente voltando ao estado inicial. Essa variação repentina da condição de negativo para positivo e ao mesmo tempo seu retorno ao potencial de membrana chama-se "impulso nervoso".

A propagação do potencial de ação ao longo da fibra nervosa transmite sinais com o objetivo de se comunicar com outra parte do organismo. Vale salientar que o aumento abrupto da permeabilidade da membrana aos íons sódio pode reduzir a capacidade de contração. Essa troca de íons causada pela ação da bomba não apenas mantém um gradiente de concentração, mas também ajuda a criar um potencial negativo intracelular no seu estado normal.[4]

Condução da onda de despolarização

A Figura 16.1.IV ilustra o estado normal de repouso de uma fibra nervosa com o interior eletronegativo. Nesse esquema, avaliaremos o que acontece quando essa fibra é estimulada em sua parte média.

Na Figura 16.1.I, em sua parte mais mediana, aparece uma característica que se apresentou com mais afinidade com os íons sódio, podendo sobremaneira difundir para o meio intracelular com muita facilidade. Os íons sódio, com carga positiva, fluem para o interior, deixando o meio positivo e o meio extra carregado negativamente.

Nas Figuras 16.1.II e 16.1.III, no setor de despolarização, na secção média da fibra nervosa, seguiu nos dois sentidos, bem como ficou de igual forma aumentada a área de permeabilidade.

A propagação da onda de despolarização é bidirecional na célula nervosa e unidirecional na via nervosa. Em neurônios mielinizados, a condução é dita saltatória, o que faz o estímulo se propagar mais rapidamente e com menos gasto de ATP.

Os neurônios não mielinizados são isolados pelos prolongamentos do citoplasma da célula de Schwann.

A repolarização de uma célula inicia sempre no mesmo local em que ela foi despolarizada.[4]

Onda de repolarização da fibra nervosa

A membrana se abre e permite a entrada de sódio na célula; assim, o meio intracelular passa a ficar muito positivo; tão logo essa situação se reverta, isto é, a célula volte a receber potássio em sua região interna, o meio se torna negativo e então repolariza, como visto na Figura 16.1.III. Sendo assim, a membrana permanece muito permeável aos íons potássio. Com a elevada concentração de potássio no interior da fibra, muitos íons potássio iniciam sua passagem para o exterior, trazendo consigo cargas positivas. Isso repetidamente cria uma eletronegatividade no interior da fibra e positividade em seu meio extracelular, processo chamado de *repolarização* por restabelecer a polaridade normal da membrana.[4,16]

É normal que a repolarização comece no mesmo ponto da fibra em que a despolarização iniciou originariamente e se propague ao longo dela. A repolarização ocorre alguns poucos décimos-milionésimos de segundos após a despolarização, sendo completa, em fibras nervosas de grande calibre, em menos de um milésimo de segundo, e a fibra fica apta a conduzir um novo impulso.[4,16]

Período refratário

A repolarização é imprescindível para a continuidade do processo de despolarização. O período em que a fibra não recebe estímulos é considerado "estado refratário". Esse fenômeno ocorre de 1/2.500 segundos para as fibras mais calibrosas e até 1/250 segundos para as mais delgadas. Surgem desse estudo características de fibras mais rápidas e lentas, respectivamente.[4,16]

- *Período refratário absoluto:* dura de 0,4 a 1 ms após a gênese do PA. Nesse período, a célula não apresenta a sua característica de excitabilidade, ou seja, não é capaz de responder a nenhum tipo de estímulo nervoso, mesmo que ele seja supralimiar.[4]
- *Período refratário relativo:* dura de 10 a 50 ms após a gênese do PA. Nesse período, as respostas somente poderão ser geradas quando da aplicação de estímulos supralimiares.[4]

Restabelecimento das diferenças das contrações iônicas após a condução de impulsos nervosos[4]

Após o período de repolarização, os íons são devolvidos aos seus locais de origem. A bomba transporta os íons sódio que estão em excesso no interior da fibra para o meio externo e os íons potássio, na direção oposta. Dessa forma, esse fenômeno restabelece as diferenças iônicas, repondo as concentrações em seus valores iniciais.

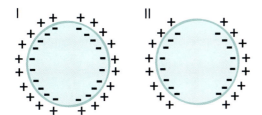
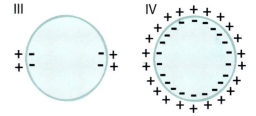

Figura 16.1 – Transmissão da onda de propagação.

Diferentes tipos de fibras musculares

Para estudarmos e aplicarmos um tipo de treinamento, é fundamental observar as características morfofuncionais das fibras musculares. Nesse caso, seria melhor termos total conhecimento sobre a atividade das unidades motoras no mecanismo contrátil.

Janda, em 1975, publicou um de seus trabalhos mais importantes descrevendo as características funcionais das fibras musculares.[34]

Apesar das discordâncias[8,9,27] das interpretações de Janda,[34] outros autores se utilizaram de seus estudos para uma evolução importante na área da Fisiologia Humana. Com a evolução dos estudos, percebemos algumas falhas que nos permitem a melhora no conceito de tratamento muscular. A musculatura postural tipicamente conhecida, por exemplo, o trapézio pertence à musculatura fásica. Anteriormente, afirmava-se que músculos posturais eram tipicamente tônicos e tendiam ao encurtamento, mas a prática nos mostra que a musculatura fásica também tende ao encurtamento. Johnson,[35] na autópsia desenvolvida em seus estudos, apresentou resultados consideráveis quanto à tipologia entre as fibras musculares e que o homem possui fibras musculares com estruturas diferentes entre si (Quadro 16.1).

Princípio do tamanho de Henneman[13]

O recrutamento fisiológico de unidades motoras seguirá de unidades do tipo lenta para unidades do tipo intermediária e, finalmente, para unidades do tipo rápida com o aumento do nível de contração.

Salgado[53] referenciou autores favoráveis à opinião de que as fibras musculares de uma unidade motora não ficam todas agrupadas num mesmo músculo, mas que, pelo contrário, dispersam-se por todo o músculo em microfeixes de três a quinze fibras, o que levaria à interdigitação de microfeixes de diversas unidades motoras. Essa escala permite que as unidades motoras distintas se contraiam, apoiando-se umas às outras não de forma total, como se fossem segmentos isolados, fazendo não ser possível ativar somente fibras musculares de contração lenta sem ativar também algumas fibras de contração rápida.[11] Dessa maneira, estudiosos afirmam que o trabalho de contração voluntária tende a um recrutamento assíncrono, o que nos leva ao entendimento da dificuldade do trabalho de contração voluntária; isso reside no padrão de acionamento e disparo das unidades motoras.[3,52]

O estudo mais recente[30,36,37] classifica as fibras musculares com base na miosina ATPase e inclusive estabelecem-se subdivisões nas fibras fásicas.

Quadro 16.1 – Atividades de algumas enzimas glicolíticas e oxidativas em diferentes tipos de fibras no músculo humano esquelético (μmoles min^{-1} g peso líquido^{-1})[a]

Características	Tipos de fibras musculares		
	Tônicas	Intermediárias	Fásicas
	Tipo I	Tipo IIa	Tipo IIb
	SO	FOG	FG
	LO	ROG	RG
- Diâmetro da fibra muscular	26 mm	28 mm	46 mm
- Tipo de contração	Tônica	Tônica	Fásica
- Suprimento vascular	Rico	Rico	Escasso
- Atividades de enzimas oxidativas	Alta	Média-alta	Baixa
- Conteúdo mitocondrial	Alto	Alto	Baixo
- Atividades de enzimas glicolíticas	Baixa	Alta	Alta
- Conteúdo de glicogênio	Baixo	Alto	Alto
- Conteúdo de mioglobina	Alto	Alto	Baixo
- Resistência à fadiga	Muito alta	Alta	Baixa
- Tensão tetânica	Baixa	Intermediária	Alta
- Número de fibras / unidade	Pequeno	Intermediário	Grande
- Frequência de uso	Alta	Intermediária	Baixa
- Ordem de recrutamento	Primeira	Intermediária	Última
- Tamanho da unidade do corpo celular	Pequeno	Intermediário	Grande
- Velocidade de condução do impulso nervoso	Baixa (AK$_2$)	Intermediária	Alta (AK$_1$)
- Cor predominante	Vermelha (escura)	Vermelha	Branca
- Filogênese	Velha	Intermediária	Jovem

Continua

Continuação

Características	Tipos de fibras musculares		
	Tônicas	Intermediárias	Fásicas
	Tipo I	Tipo IIa	Tipo IIb
	SO	FOG	FG
	LO	ROG	RG
- Frequência tetânica	20-30 Hz	Intermediária	50-150 Hz
- Comportamento funcional	Estático	Dinâmico	Dinâmico
- Produção de força	Baixa	Relativ. alta	Alta

Segundo Enoka,[13] cada músculo humano contém uma mistura dos três tipos de fibras musculares. E os dois mecanismos que determinam a proporção de tipos de fibras no músculo são a hereditariedade e o uso.

Johnson, em um trabalho específico, demonstra que o percentual reflete a porcentagem média real do tipo de fibra muscular.[35]

As estruturas das fibras musculares de músculos individuais são separadas em percentuais:

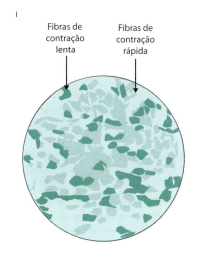
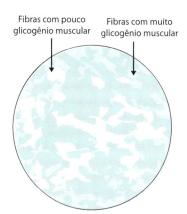

FIGURA 16.2 – Microscopicamente, fatias finas do tecido congelado são realizadas em um criostato. Seções seriadas desse tecido são colocadas em solução contendo substâncias químicas que favorecem determinada reação, ou desnaturam enzimas selecionadas de um determinado tipo de fibra muscular. Por exemplo, o corante de Schiff produz uma cor rósea proporcional ao carboidrato muscular (gligogênio).[5]

Tabela 16.1 – As porcentagens dos tipos de fibras com referência anatômica

Tronco		
Músculos	Percentual (%)	Tipo de função de fibras
Deltoide	57,1	Tônico
Supraespinhoso	59,3	Tônico
Frontal	64,1	Tônico
Trapézio	53,7	Tônico
Grande dorsal	50,5	Tônico
Glúteo máximo	52,4	Tônico
Infraespinhoso	45,3	Tônico
Reto abdominal	46,1	Fásico
Temporal	46,4	Fásico
Orbicular do olho	12,8	Fásico
Romboides	44,6	Fásico

Continua

Continuação

Membros superiores		
Músculos	**Percentual (%)**	**Tipo de função de fibras**
Bíceps braquial	46.5	Fásico
Flexor dos dedos prof.	47,3	Fásico
Braquiorradial	39,8	Fásico
Tríceps	32,6	Fásico
Membros inferiores		
Músculos	**Percentual (%)**	**Tipo de função de fibras**
Adutor magno	58,2	Tônico
Bíceps femoral	66,9	Tônico
Fibular longo	62,6	Tônico
Solear	87,7	Tônico
Tibial anterior	73,0	Tônico
Vasto medial oblíquo	52,1	Tônico
Sartório	49,6	Fásico
Vasto lateral	42,3	Fásico
Gastrocnêmio (cabeça lateral)	50,5	Tônico
Gastrocnêmio (cabeça medial)	43,5	Fásico
Reto femoral	35,4	Fásico

Orbicular dos olhos e músculos de solear contêm as mais baixas e as mais altas porcentagens de tipo de fibras, com 12,8% e 87,7%, respectivamente.
(Fonte: Johnson et al.;[35] Kuzon et al.;[39] Gollnick et al.)[21]

As fibras superficiais estão dispostas em maior quantidade que as fibras profundas. Uma explicação para isso é que, funcionalmente, as fibras superficiais têm uma origem com maior distância do ponto de inserção, quando comparadas às fibras profundas do mesmo músculo. Assim como os músculos se contraem, as fibras superficiais têm de trabalhar a uma taxa mais rápida para encurtar, ao contrário das fibras profundas, que precisam cobrir a mesma distância; como resultado, uma tensão igual é levada ao longo das fibras profundas e superficiais.[50]

Este trabalho também tem o interesse na atividade dos jogadores de futebol. Esse é o único grupo que comprovadamente está em um esporte de verdadeira natureza de resistência com explosão de corridas de curta distância. Não surpreendentemente então, a porcentagem das fibras tipo I era de aproximadamente 50% (atual 52,9%).[39]

O neurônio motor

Já que nossos estudos repassam a todo momento pelas unidades motoras, estudemos mais detalhadamente o neurônio motor.

O neurônio motor é a unidade funcional do sistema nervoso que consiste em um corpo celular e dois tipos de prolongamentos, que são: dendritos e axônios.

Conjuntos do mesmo tipo de fibra muscular estão unidos pela conexão com o mesmo neurônio motor. Cada loja é denominada unidade motora e varia de acordo com o tipo de fibra individual de que é constituído: alguns grupos, em torno de 50 fibras, e outros, acima de 1.700 fibras. Os músculos que realizam movimentos finos e graduados (como os dos olhos e os das mãos) em geral têm pequenas unidades motoras; aqueles que envolvem movimentos bruscos das massas maiores (por exemplo, os das pernas) possuem unidades motoras maiores.[45]

Fisiologia e suas respostas bioelétricas

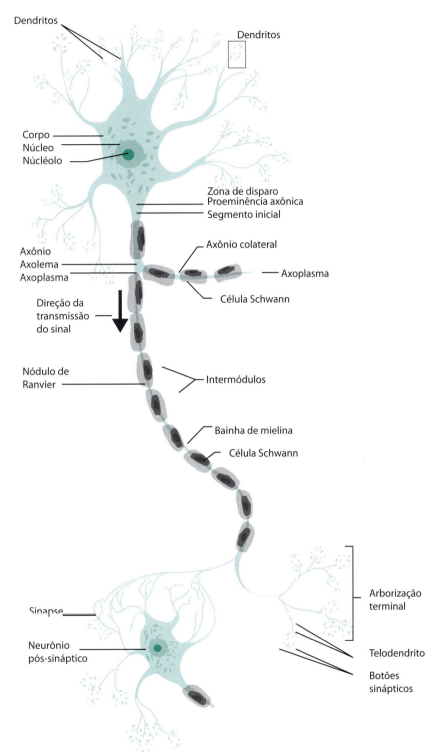

FIGURA 16.3 – Neurônio eferente.

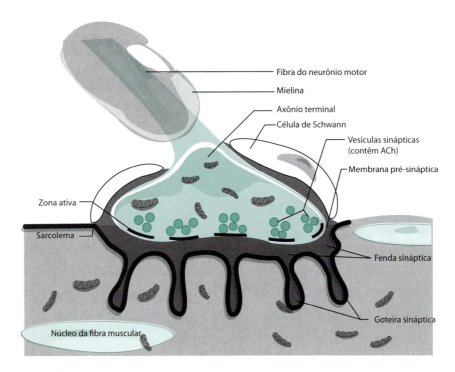

Figura 16.4 – Ilustração da secção transversa da junção neuromuscular.

A base da condução neuronal é eletroquímica e depende da passagem de íons através da membrana semipermeável (sódio, potássio, cloro).

Estímulos únicos podem desencadear respostas neuromusculares, de intensidade suficiente, com uma contração rápida (e relaxamento) que dura em torno de 30 ms. Estímulos repetidos acima do nível de resposta causam a soma se forem suficientemente próximos, e estímulos em frequências acima de 60 por segundo (60 Hz) produzem uma fusão de contrações (*tetanus*) com uma tensão maior que uma simples contração.[45]

Evangelista et al.[12] perceberam, na prática de suas atividades com a corrente russa, que frequências entre 30 Hz e 75 Hz podem produzir contrações volumosas de baixa e alta energia, respectivamente. Um aumento na tensão gerada por uma contração total do músculo pode desencadear os seguintes efeitos:

- Aumento da frequência de estímulos das atividades motoras e recrutamento de um número crescente de unidades motoras.
- Durante exercício de intensidade constante, algumas unidades motoras falham quando cansadas, mas sua contribuição para a geração de energia será substituída imediatamente pela de outra, até que as unidades motoras tenham sido recrutadas. Durante a intensidade máxima do exercício, o recrutamento inicial total de quase todas as unidades motoras é seguido da perda gradual de algumas unidades fatigadas.[28]

Estudamos também que, para a atividade elétrica ser contínua de um neurônio para outro, necessita da presença de uma substância química que é liberada pelo processo de despolarização no nível terminal de um nervo ativo. Essa substância transmissora atravessa um espaço estreito do neurônio, levando à despolarização do outro neurônio da cadeia, dando continuidade ao impulso nervoso.

O estímulo do neurônio motor Aα resulta na propagação do potencial de ação para a fibra muscular esquelética recrutado para contrair durante determinado movimento. As ramificações do neurônio motor Aα resultam de muitas junções entre o neurônio e a fibra do músculo esquelético. Essas junções são sinapses especiais, sendo denominadas junções neuromusculares.[11,16]

Qual a relação das unidades motoras com a eletroestimulação para fortalecimento muscular?

Os neurônios motores demonstram propriedades que são funcionais em relação às fibras musculares as quais eles inervam. O neurônio a_2 é menor que o neurônio a. Além disso, neurônios geralmente seguem o chamado princípio de tamanho (Henneman),[28] e os menores neurônios são ativados antes dos maiores. Uma das razões para isso é que o potencial transmembrâneo dos neurônios menores é aproximadamente -70mV, enquanto para os neurônios maiores é -90mV (ver anatomia da fibra nervosa). Na musculatura, isso significa que as fibras musculares tônicas são ativadas antes das fibras de musculatura fásicas. Já que, ao mesmo tempo, a frequência de fusão tetânica dessa unidade motora é baixa[41] e a exaustividade é alta (Tabela 16.1), a musculatura pode se adaptar fácil e rapidamente a condições alteradas. Nessa conexão, as unidades motoras são conhecidas como posturais.

Um neurônio grande possui um axônio mais grosso e, assim, uma velocidade de condução mais alta. Isso se adequou melhor às fibras musculares fásicas, já que elas precisam fornecer força explosiva de curta duração ou, de alguma forma, uma força adicional de duração mais longa. A movimentação do componente fásico é de alguma forma mais rude porque a unidade motora é maior. Esse fato deve ser visto comparativamente dentro do mesmo músculo.[11]

Como conhecemos, uma unidade motora obedece à Lei do Tudo ou Nada. Conclui-se que a força de um músculo pode ser graduada na dependência de se contrair apenas uma unidade motora ou várias delas simultaneamente.[4,16]

Na verdade, para determinar a tensão ou força final desenvolvida por um músculo, é importante tanto o número de unidades motoras que se contraem em determinado período de tempo quanto o tamanho ou o número de fibras musculares dentro de cada unidade.[52]

A grande expectativa deste estudo baseia-se nos estudos de Robinson et al.,[52] que alertaram para a ativação das unidades motoras assíncronas numa contração voluntária, isto é, unidades motoras não são todas ativadas no mesmo instante no tempo.

Portanto, Andrews et al.[3] explicaram que uma razão para a EENM ser mais eficaz aos pacientes do que apenas exercícios reside na diferença nos padrões de recrutamento e de acionamento (disparo) entre a eletroestimulação e as contrações musculares voluntárias. Já no início de uma reabilitação, o treinamento típico com exercícios normalmente envolve um peso mais baixo para evitar o estresse excessivo da articulação lesionada.[3] Hoogland[30] confirma a importância da estimulação elétrica no ganho de força quando define alguns benefícios extras:

- Existe a ativação de um percentual maior (de 30% a 40%) mais unidades motoras com a corrente de média frequência que nas atividades voluntárias, pois, com a estimulação de média frequência simétrica, estimula a modulação do nervo motor alfa e não despolarização do neurônio, tal como no movimento voluntário, sendo uma característica de despolarização artificial, tornando possível ativar todas as unidades motoras simultaneamente.[12,30]

- Facilitar o aumento de força em curto prazo, mesmo durante o período de imobilização.[12,30]
- Proteger a articulação durante a estabilidade na fase de imobilização.[30,53]

Os estudos de Hoogland[30] e Evangelista[12,30] podem encaminhar para pesquisas que fundamentem mais o uso da eletroestimulação e seu verdadeiro efeito no ganho de força.[12,30] Mas o aumento de força é percebido na prática, se pelo aumento da secção transversa ou por mecanismos neurais ainda não está completamente resolvido. Na recuperação, essa teoria acaba reforçada quando o paciente não é capaz de tensionar seletivamente os músculos que são, em princípio, saudáveis, pois a corrente elétrica auxilia no processo de ativação de unidades motoras em tese desativadas.[3,9]

Fisiologia da contração muscular

Sequência de eventos durante a contração muscular esquelética

Retículo sarcoplasmático – Contém uma organização importantíssima para o controle da contração, por exemplo, as fibras de contração rápida possuem um retículo extenso, indicando que essa estrutura é importante para contração rápida.[4]

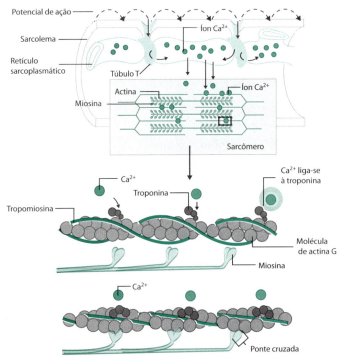

FIGURA 16.5 – Esquema da sequência da descarga do potencial de ação.

Sarcoplasma – As miofribilas se dispõem no interior da fibra muscular em suspensão numa matriz chamada sarcoplasma. O líquido do sarcoplasma contém grandes quantidades de potássio, de fosfato e de enzimas proteicas, uma condição que indica a grande necessidade das fibrilas contráteis de quantidades imensas de ATP formadas nas mitocôndrias.

Sarcolema – O sarcolema é a membrana celular da fibra muscular. É formado por uma membrana plasmática.

Pontes cruzadas – Elas proeminam da superfície dos filamentos em toda a sua extensão, exceto em sua porção central. É a interação entre as pontes cruzadas e os filamentos de actina que elicia a contração.

Túbulos T – Liberam cálcio do retículo sarcoplasmático pela propagação vinda da despolarização do sarcolema.

Actina e miosina – A interação de actina com miosina é provocada pela ligação do cálcio, a troponina que expõe o sítio de ligação da unidade S^1 actina-miosina. Essa ligação provoca deslocamento da actina e da miosina, causando a contração.

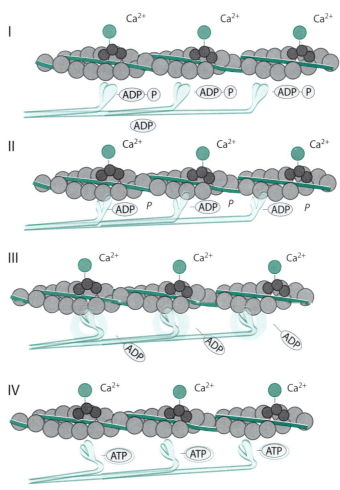

FIGURA 16.6 – Sequência da propagação do potencial de ação.

Fisiologia da fadiga

Estudiosos definem a fadiga como a incompetência de manter determinada produção de energia que é imprescindível ao exercício exaustivo. Na EENM, quando percebemos o início de uma fasciculação (provável fadiga), aumentamos a intensidade (carga) com o objetivo de eleger mais fibras e melhorar a qualidade de contração. Nos capítulos anteriores, citamos que o aumento da intensidade aciona outras unidades motoras, e essa pode ser a explicação para um trabalho na magnitude da fibra muscular com EENM, enquanto a contração voluntária encontraria dificuldades para eleger novas unidades motoras numa contração máxima.

Em geral, a perda de energia na produção de energia e na produção de força ocorre em torno de 40% a 60% do máximo durante 30 segundos de exercício máximo.[14,15,55]

O declínio da produção de energia ou a perda de força no decorrer de períodos mais longos de exercício não são tão drásticos, mas, indubitavelmente, a fadiga ocorrerá dentro dos cinco minutos a partir do início do exercício. Ao que tudo indica, a fadiga é um processo complexo multifatorial; por isso, se o exercício for continuado durante vários períodos, é provável que o desenvolvimento da fadiga torne-se mais complexo.[14,15]

Discussão sobre fadiga muscular

Um grupo muscular possui um complexo inteligente que ativa mecanismos neuromusculares envolvidos na contração voluntária. Apesar de desconhecida a sua causa principal, podemos dizer que a representação da falha de um ou mais desses mecanismos chama-se *fadiga*.[11,14,15,55]

Os pesquisadores avaliam a fadiga muscular com um foco em três setores separadamente: a junção neuromuscular, o mecanismo contrátil e o sistema nervoso central. A possibilidade do nervo motor como local e causa da fadiga não é muito grande. Estudos recentes viabilizam a fadiga ocorrendo dentro da própria célula muscular e, em sua maior parte, não tem envolvimento com o sistema nervoso central. A opinião de estudiosos é que as principais hipóteses para a fadiga enfatizam debilidade funcional na superfície da membrana, na acoplagem excitação-contração ou em eventos metabólicos. A seguir, estudaremos fatos isolados ou em conjunto que corroboram a fadiga muscular:[14-16,55]

O sistema nervoso central – A fadiga neural central durante o exercício estabelece uma diminuição na força muscular que pode ser propiciada por uma queda no rendimento dos motoneurônios. Essa fadiga central surge durante a prática de exercício e pode ter vários mecanismos que contribuem para a sua instalação.[4,14-16,55]

O córtex motor pode render muito menos que o ideal. É de conhecimento comum que atletas treinados ou não podem diminuir o ritmo de contrações; essa hipótese pode corresponder a um ciclo de descargas nos motoneurônios alfa menor que no início da competição. Essa relação íntima de diminuição de descarga de motoneurônios alfa e a geração de força da contração denominam-se "engrama motora". Essa memória motora equivale a impulsos elétricos para os músculos esqueléticos suficientes para gerar força muscular, além de funcionar como gatilho de retardamento da fadiga plenamente desenvolvida. Nossa hipótese ressalva essa teoria, com base na prática clínica de que atletas eletroestimulados desenvolvem aptidões de *performance* em períodos mais curtos que os grupos que não praticaram eletroestimulação neuromuscular. Sustentamos a tese de que a EENM pode envolver um número maior de unidades motoras no processo de eleição de fibras. A pergunta mais comum fica por conta de como a musculatura responderia a esse treinamento. Como seria possível a melhora de *performance* sem o treinamento específico?[4,14-16,55]

A fadiga na junção neuromuscular ainda não foi completamente definida; está em debate por conhecedores do assunto. A teoria sobre esse tipo de fadiga parece mais comum nas fibras tipo IIb, comparadas com as fibras do tipo I. Os autores responsabilizam a incapacidade de retransmitir impulsos nervosos para as fibras musculares por uma menor liberação de transmissores químicos acetilcolina.

Fatores múltiplos implicam a fadiga intrínseca do mecanismo contrátil.

Uma das atenções dos pesquisadores estava direcionada à depleção de reservas musculares de glicogênio; pesquisadores afirmaram[14,15,55] que, durante atividades de muito esforço, as fibras do tipo I causam depleção às reservas de glicogênio muito mais rápido que as fibras do tipo II. Esse fenômeno provavelmente se explique pela maior concentração nas fibras de contração rápida. Admite-se a hipótese da fadiga pelo processo da depleção de glicogênio.

A teoria da fadiga relacionada com o "esgotamento das reservas de ATP-PC" pode não ser definitiva, haja vista estudos em seres humanos[14] conclusivos de que a exaustão não pode ser atribuída a concentrações criticamente baixas de fosfagênios no músculo. Outras teorias bem menos compreendidas podem estar relacionadas com esse processo, por exemplo, a diminuição do fluxo sanguíneo e a consequente redução de O_2 para a célula muscular. É muito claro que, sem suprimentos para a geração de energia química, jamais ocorrerá energia mecânica.

Fisiologia do aumento da massa muscular

O trabalho de força é sinônimo de aumento de carga. E o aumento de carga é fundamental para a adaptação biológica muscular e o consequente aumento de massa muscular.

Portanto, hipertrofia pode não ser a única maneira para o aumento da massa muscular.[16] Estudiosos continuam pesquisando se a hiperplasia pode ser uma forma de aumento da massa muscular. Por isso, alguns desses pesquisadores demonstraram que algumas fibras musculares de animais treinados sofrem um processo de divisão longitudinal[23] que corresponde ao aparecimento de novas fibras musculares a partir das células-satélites.[54]

Autores emblemáticos citam as pesquisas em animais como referência no avanço de informações sobre o assunto. Um dos problemas frequentes com a pesquisa animal consiste em generalizar os resultados para os seres humanos. Uma prova disso é que a maioria dos animais não sofre a hipertrofia maciça observada nos seres humanos com o treinamento de resistência.[16]

Algumas pesquisas não mostraram evidências de aumento na secção transversa dos músculos de um fisiculturista.[44] Isso pode colaborar para a possibilidade de ter ocorrido hiperplasia.

É importantíssimo colocar em evidência a questão hereditária e que as células musculares podem adaptar-se de maneira diferente ao treinamento.[4,16,30]

A hipertrofia, portanto, parece ser a maneira mais confiável de estudar o aumento na massa muscular, pois a maior contribuição para a dimensão muscular observada no treinamento com sobrecarga é feita pelo aumento nas dimensões das células existentes.[44]

Em nossa prática clínica em atletas profissionais de futebol, catalogamos aumento no perímetro do quadríceps de 35 voluntários numa população de 40 jogadores eletroestimulados, com idade entre 30 e 33 anos; o gerador utilizado foi uma "corrente russa", corrente bifásica simétrica senoidal.

A sobrecarga tensional é o grau de tensão que ocorre no músculo durante a contração e é proporcional à resistência oposta ao movimento; a corrente elétrica tem sua função potencializada associada à contração voluntária, mas cumpre bem seu papel quando alcança 65% da "contração isométrica voluntária máxima". A sobrecarga tensional estimula o aumento das miofibrilas, e esse é o principal mecanismo da hipertrofia muscular. A sobrecarga metabólica estimula o aumento da rede proteica estrutural, das mitocôndrias e também o acúmulo de glicogênio e água dentro da célula; um relato importante nos trabalhos de Evangelista et al.[12] é a hipótese de haver divisão mitocondrial mediante treinamento crônico com eletroestimulação.

O desencadeamento de hipertrofia muscular baseia-se no aumento da tensão ou força que o músculo pode gerar. Portanto, entendemos que no treinamento de resistência são observados, também, aumentos significativos nas reservas locais de ATP, CP e glicogênio.

Dentre todos os aspectos estudados, seria muito interessante acrescentar trabalho de resistência tensional com eletroestimulação, haja vista que a EENM pode ser considerada de 30% a 40% mais eficaz que a contração voluntária na ativação de unidades motoras,[12,30] o que representa uma carga tensional significativa. As vantagens podem ser maiores quando usamos uma das características da corrente elétrica, que, segundo Currier,[8] pode aumentar o fluxo sanguíneo durante a contração. Isso pode colaborar para a nutrição de tecido e a potencialização da hipertrofia.[8,46] (ver livro *Eletroestimulação: o exercício do futuro*).

Hipertrofia

O tecido muscular esquelético é sensível a modificações agudas e crônicas induzidas por exercícios. As CS (células-satélites) estão diretamente envolvidas nas respostas de caráter regenerador e nos processos de hipertrofia e hiperplasia no músculo adulto. Elas representam células quiescentes, localizam-se entre a lâmina basal e a membrana plasmática da fibra muscular e são estimuladas por fatores de crescimento liberados pelos leucócitos e pelas próprias fibras musculares lesadas. No processo de hipertrofia muscular, de acordo com a teoria dos domínios nucleares, novos núcleos das células-satélites devem ser acrescentados às fibras adultas. As fibras do tipo II parecem ser mais suscetíveis a essas modificações tróficas em treinamentos de resistência. No processo de hiperplasia, uma importante relação pode ser estabelecida entre o desenvolvimento de lesão celular e a regeneração. Dois tipos morfológicos podem ser identificados e classificados como "novas fibras": fragmentações de células originais, às vezes apresentando núcleos centralizados, e grupos de fibras pequenas no interstício, com núcleos periféricos. O aspecto histológico singular das células musculares permite que, nos processos de lesão e regeneração, apenas a porção danificada da fibra seja remodelada. Essa condição é dependente da migração e da incorporação de CS à região danificada, ainda que a resolução total do processo seja dependente da extensão da lesão e da integridade da lâmina basal da fibra muscular. De maneira genérica, no período entre 7 e 21 dias tem-se a resolução total do processo. São comentados aqui os principais mecanismos envolvidos nesses processos e os fatores indutores, podendo subsidiar conceitos para a prática fisioterapêutica e entender melhor esse processo pela eletroestimulação.[21,22,32,41]

Hipertrofia é o crescimento do músculo em área seccional transversa, com respeito ao treinamento de sobrecarga que acontece, principalmente, como uma amplificação das fibras individuais.[21,22,32,41] Como resultado, pode ser relacionada à força gerada pelo músculo à área secional transversa.[21,41] Estudos mostraram que, no estado destreinado, as porcentagens de tipos de fibra são semelhantes às de atletas treinados, porém, estes exibiram um hipertrofia preferencial de fibras do tipo II.[1,21,44] O aumento da hipertrofia é dependente da hereditariedade e do treinamento,[54] e, como resultado, muitos estudos têm mostrado discrepâncias para o trabalho de hipertrofia.

Por exemplo, Mac Dougall[43] demonstrou um aumento de 11% na circunferência do braço em cinco meses de treinamento, e foi demonstrado[20] um aumento de 9,3% na área seccional transversa do músculo quadríceps dos homens depois de 12 semanas de treinamento.

A fibra hipertrofiada é mesmo decorrente do exercício específico mostrado por Gollnick[21] por meio de um programa de treinamento de força, e a área seccional transversa das fibras do tipo II foram aumentadas em 23%.

Atletas com 25 dias após ligamentoplastia podem executar trabalhos de eletroestimulação com resistência objetivando hipertrofia de quadríceps. Cumpre ressaltar que os ângulos de movimento são estudados criteriosamente para a proteção da integridade articular.

Essa é uma demonstração de que o treinamento é imprescindível para o fenômeno da hipertrofia. A força muscular é proporcional à área de secção transversa de um músculo.

Nas células permanentes, o processo de proliferação celular está impedido por impossibilidade de duplicação do DNA celular. Portanto, dependendo do estímulo, essas células deveriam sofrer modificações de volume que são identificáveis ao microscópio de luz por aumento da área de secção transversal das fibras. Sabe-se que essa resposta é dependente de um balanço positivo entre síntese de degradação proteica dado por aumento da síntese e redução (ou não modificação) da degradação proteica.[7]

Plasticidade do músculo esquelético

O músculo esquelético é capaz de sofrer o fenômeno plástico, pois possui considerável capacidade para se adaptar à resposta de diferentes formas de treinamento ou sedentarismo. A adaptação pode tornar a forma de alteração no tamanho do músculo, na capacidade metabólica e na composição das fibras. Essas alterações se processam em respostas ao treinamento pela prática de exercícios de resistência e força, podendo ocorrer muito facilmente pela eletroestimulação (ver livro *Eletroestimulação: o exercício do futuro – Estudo de caso III*). É fácil entender que, à medida que o ser humano envelhece, perde seu potencial no desporto, haja vista a perda de fibras do tipo II particularmente. A idade afeta diretamente o tamanho dos músculos e suas funções.[11,16] A força máxima de homens e mulheres está entre 20 e 30 anos. A redução da massa muscular é um fator primário para perda de força associada à idade e decorre da redução do tamanho da fibra muscular, principalmente das fibras do tipo II. Também deve haver uma redução no número total de fibras causada pela perda de neurônios motores durante a maturidade. A inervação de fibras musculares é necessária para a sua manutenção; esse acontecimento possivelmente seja explicado em consequência da produção crônica de nervos derivados do crescimento. A desinervação leva à atrofia das fibras musculares e à eventual recolocação pelo tecido fino conectivo. A perda de massa muscular associada à idade pode ser causada pelo próprio envelhecimento, pela falta de atividade ou por ambos. No entanto, está claro que, durante a maturidade, o músculo ainda possui capacidade de se adaptar em resposta a um intenso treinamento e que melhoras significativas nas características fisiológicas, estruturais e de desempenho podem ser obtidas com programas vigorosos de treinamento.[11,16] Nossa opinião, porém, concorda com um trabalho específico associado com o fato de a eletroestimulação poder potencializar e acelerar o processo.[12]

Evangelista et al.[12] experimentaram em atletas do exército brasileiro o uso de corrente russa com frequência de 4.000 Hz com o objetivo de melhorar índices de provas de 100 m. Comparado ao grupo de apoio que não fez EENM com o mesmo nível de treinamento específico, o resultado foi otimizado naqueles que usaram esse método.

Estímulos elétricos sobre os motoneurônios mudaram as características de algumas fibras fásicas que passaram a agir como fibras tônicas, ou vice-versa. Em geral, a transformação de fibras musculares fásicas em tônicas transcorre com maior facilidade do que o inverso[30,16] (estudar livro *Eletroestimulação: o exercício do futuro*).

Existe uma série ilimitada de estudos demonstrando que o tecido muscular esquelético é bastante plástico e, consequentemente, suscetível aos exercícios de resistência. Porém, cuidados gerais devem ser tomados considerando os objetivos do treinamento e as características intrínsecas dos indivíduos.

Atividade física, em si, é modulada por fatores como: duração, frequência, carga e modalidade do estímulo. Esses fatores determinam um nível habitual de atividade e criam estímulos de treinamento de intensidade e aspectos variados. A capacidade adaptativa das fibras musculares ocorrerá somente quando a magnitude e a duração do estímulo exceder o limiar adaptativo preexistente daquelas fibras.[4,16,18]

Relação entre força e massa muscular

Os fatores cognitivos e psicológicos podem intervir nas manifestações individuais de força muscular, porém, o consenso definitivo para força é determinado pela Anatomia e pela Fisiologia dentro do próprio músculo.

Um grupamento muscular hipertrofiado possui um conjunto maior de fibras musculares, além, claro, de essas fibras serem mais calibrosas. É uma característica do músculo hipertrofiado o melhor desempenho, cujo sistema metabólico intracelular tende à eficácia.

A força de um músculo, em sua maior parte, é determinada pela massa muscular, com uma força compreendida entre 2,5 e 3,5 kg/cm² de área de secção reta de um músculo.[4]

A resultante de força muscular pode ser equacionada com uma relação força/volume.

É complexo comentar cálculos num assunto que envolve Fisiologia, mas fica muito clara essa relação quando analisamos na prática. Por exemplo:

Um atleta com 80 cm² de área de secção reta do quadríceps; o total de sua força contrátil é de 280 kg. Sendo assim, a força exercida sobre o tendão patelar terá aproximadamente o mesmo valor. Isso confere que forças desse nível podem ocasionar danos estruturais às articulações.

O que nos preocupa é que forças muito superiores são exercidas para estirarem um músculo contraído. A força de resistência e a força de tensão é cerca de 40% maior que a contrátil. Se antes eram necessários 280 kg para contrair, agora são fundamentais 398 kg para estirá-lo; isso, portanto, agrava a condição fisiológica dos músculos e das articulações.

A eletroestimulação sozinha não é capaz de resolver o problema de ganho de massa muscular, exceto naqueles que possuem debilidade, mas, associada a um programa mecanoterápico (musculação), pode ser forte aliada num protocolo de hipertrofia. Em nossa atividade no futebol, temos acompanhado os resultados, que, em sua maioria, têm sido satisfatórios.

A força é proporcional à secção transversa de um músculo. É importante lembrar que um aumento no tamanho do músculo não constitui, necessariamente, um pré-requisito para aquisição de força e potência.[39,50] Seria interessante associarmos, também, fatores neurológicos que estejam envolvidos na expressão humana. Vários mecanismos neurais foram propostos para a consideração do ganho de força com EENM; um deles é a ativação aumentada das "piscinas" dos neurônios motores da coluna, que regulam a força da contração muscular em virtude da estimulação dos neurônios aferentes. O recrutamento seletivo das fibras calibrosas (fásicas) em detrimento das fibras de disparo lento também pode ser mencionado.[40]

Dessa forma, conhecemos que a massa muscular pode ser fator predisponente para aprimorar a força, embora não seja o único.[4,16]

A diferença sexual básica pode ser uma resposta para hipertrofia muscular. Apesar de aprimoramentos de força semelhantes, os aumentos na circunferência muscular costumam ser menores nas mulheres. Os pesquisadores especularam que isso era decorrente de diferenças nos níveis hormonais entre os sexos, especialmente o nível de testosterona, de vinte a trinta vezes mais alto em homens, que exerce um poderoso efeito anabólico ou de crescimento tecidual.[16]

Hipertrofia e *performance* muscular

Conforme abordamos nos tópicos precedentes, um aumento no tamanho do músculo não constitui necessariamente pré-requisito para o aprimoramento de força, pois fatores neurológicos também se envolvem no processo. Ambas as sobrecargas contribuem para o aumento de volume dos músculos esqueléticos, por diferentes mecanismos.[39]

Associado à hipertrofia muscular existe, normalmente, o aumento da eficiência da força de contração. Do ponto de vista funcional, a qualidade de aptidão paralelamente estimulada é a força, ou seja, a capacidade contrátil dos músculos. A sobrecarga metabólica dos exercícios também contribui para a hipertrofia da fibra muscular, principalmente em razão do estímulo para o aumento do volume e do número das mitocôndrias e do acúmulo de glicogênio e água.[46] Além disso, o número de miofibrilas contráteis também aumenta. Todas essas alterações fazem a competência do processo contrátil também aumentar. Paralelamente aumenta a resistência, aeróbia ou anaeróbia, dependendo do tipo de esforço envolvido no treinamento. A quantidade de glicogênio pode triplicar nos músculos adequadamente treinados, e considerando-se que, por razões de hidratação molecular, cada grama de glicogênio carreia quase três gramas de água, compreende-se o grande aumento do conteúdo de água intracelular resultante do processo. Por razões diversas, a sobrecarga metabólica anaeróbia associa-se com maior grau de hipertrofia muscular do que a aeróbia. As mitocôndrias e a vascularização aumentam na sobrecarga metabólica anaeróbia em função da ativação paralela do metabolismo aeróbio. A consistência do músculo aumenta proporcionalmente ao grau de sobrecarga metabólica, em função da saturação de glicogênio e água. Esse é um processo popularmente definido como "tonificação", mas que, na verdade, não apresenta aumento do grau de contração em repouso.[7]

Os intervalos de descanso costumam ser menores do que um minuto. A hipertrofia ocorre mais rapidamente porque o acúmulo de glicogênio é um processo relativamente rápido.[39] A magnitude da hipertrofia, no entanto, é menor, pelo menos no curto prazo, visto que o processo é limitado pela saturação do glicogênio intracelular em torno de 4,5 gr %.[46,49] A perda de volume muscular com o destreinamento é rápida em razão do caráter não estrutural do glicogênio e da água. Em todas as formas de atividade física ocorrem as sobrecargas tensional e metabólica no músculo esquelético.[23] No caso dos exercícios contínuos, tais como corrida, natação e ciclismo, quanto maior a velocidade dos movimentos, maior a sobrecarga tensional e maior o grau de anaerobiose do esforço.

Por essa razão, a força muscular pode ser desenvolvida muito mais rapidamente pelo uso de exercícios resistivos ou exercícios isométricos fortes do que por exercícios moderados prolongados.

Sequência fisiológica no desenvolvimento de força

Para uma fibra muscular exercer força, um impulso do nervo motor que a inerva deve resultar na propagação de uma ação potencial ao longo do sarcolema. Chegando à placa motora final, essa ação potencial provoca a liberação do neurotransmissor de acetilcolina, que atravessa a sinapse específica entre o nervo terminal e a fibra muscular (a junção neuromuscular) e liga os receptores de acetilcolina ao sarcolema. Isso provoca a abertura dos canais de sódio e, consequentemente, influxo de sódio abaixo de seu gradiente de concentração na fibra do músculo, despolarização da membrana e início de uma ação potencial, que é então conduzida ao longo da fibra muscular do sarcolema em ambas as direções e para baixo dos túbulos T, resultando na ativação completa da fibra muscular.[7]

Lembramos que quando a frequência de pulso é alta, os íons de cálcio continuam a ser liberados do retículo sarcoplasmático, e a concentração de cálcio no sarcoplasma, ao redor dos miofilamentos, aumenta consideravelmente. Nessa situação, as fibras musculares não relaxam completamente entre estímulos sucessivos e a tensão é mais forte e mais intensa, de ponta a ponta, até que o estímulo nervoso cesse.[4,45,49]

Acreditamos, a partir daí, que a regulação da força muscular dependa do número de unidades motoras ativadas, da frequência em que cada unidade motora é disparada e do processo bioquímico ressaltado nos parágrafos anteriores neste capítulo. A ativação voluntária das unidades motoras ocorre num padrão de recrutamento fixo e ordenado segundo o princípio do tamanho de Henemman.[13,28,52] Durante a contração voluntária, as unidades motoras são recrutadas de uma forma dessincronizada. Sendo assim, unidades motoras não são ativadas no mesmo instante no tempo.

Referências

1. Alway SE, Macdougall JD, Sale DG, Sutton JR, Mccomas AJ. Functional and Structural Adaptations in Skeletal Muscle of Trained Athletes. J Appl Physiol. 1988 Mar;64(3):1114-20.

2. Alway SE, Grumbt WH, Gonyea WJ, Stray-Gundersen J. Contrasts in Muscle and Myofibers of Elite Male and Female Bodybuilders. J Appl Physiol. 1989;67(1):24-31.

3. Andrews R, Harrelson GL, Wilk KE. Reabilitação física das lesões desportivas. 2. ed. Rio de Janeiro: Guanabara Koogan; 2000. p. 61-95.

4. Arthur C, Guyton MD. Fisiologia humana. Rio de Janeiro: Guanabara Koogan; 1996.

5. Casey A et al. Glycogen Resynthesis in Human Muscle Fibre Types Following Exercise Induced Glycigen Depletion. J Physiol. 1995;483:265-71.

6. Cayle EF et al. Specificity of Power Improvements Trough Slow and Fast Isokinetic Training. J Appl Physiol. 1981;51:1437.

7. Champe PC, Harvey RA. Bioquímica Ilustrada. In: Metabolismo Intermediário. 2. ed. Porto Alegre: Artes Médicas;1997.

8. Currier DP, Petrilli CR, Threlkeld AJ. Effects of Medium Frequency Eletrical Stimulation on Local Blood Circulation to Healthy Muscle. Phys Ther. 1986;66:937-43.

9. Currier DP, Mann R. Muscular Strength Development by Eletrical Stimulation in Healthy Individuals. Phys Ther. 1983;63(6):915-21.

10. Delitto A, Snyder-Mackler L. Two Theories of Muscle Strength Augmentation Using Percutaneous Electrical Stimulation. Phys Ther. 1990;70:158-64.

11. Edstrom L, Grimby L. Effects of Exercise on the Motor Unit. Muscle nerve. 1986;9:104.

12. Evangelista AR et al. Adaptação das fibras musculares por meio de eletroestimulação. Revista Fisioterapia Brasil. 2003;4(5):326-34.

13. Enoka R. Eletrofisioterapia – Manual Clínico. Muscle Strenght And It's Development. New Perspectives. Sport Med. 1988;6:146-68.

14. Fitts RH. Cellular Mechanisms of Muscle Fatigue. Physiol Rev. 1994;74:49-94.

15. Fitts RH et al. Contractile Propeties of Rat Soleous Muscle: Effects of Training and Fatigue. Am J Physiol. 1977;233(3):c86-c91.

16. Foss ML, Keteyian SI. Bases Fisiológicas do Exercício e do Esporte. 6. ed. Rio de Janeiro: Guanabara Koogan; 2000.

17. Franklin B et al. Effects of Physical Conditioning on Cardio Respiratory Function, Body Composition and Serum Lipids in Relatively Normal-weight and Obese Middle-aged Woman. Int J Obesity. 1979;3:97-100

18. Francesconi RP. Endocrinological Responses to Exercise in Stressful Environments. In: Pandolf KB (ed.). Exercise and Sport Science Reviews. New York: MacMillan; 1988. p. 255-84. (Vol. 16).

19. Frontera WR, Meredith CN, O'Reilly KP, Evans WJ. Strength Conditioning in the Older Men: Skeletal Muscle Hipertrophy and Improved Function. J Appl Physiol. 1988; 64:483-8.

20. Galbo H, Holst NJ, Cristensen H, Hilsted J. Glucagon and Plasma Catecholamines During Beta-Receptor Blockade In Exercising Man. J Appl Physiol. 1976;40(6):855-63.

21. Gollnick PD, Armstrong RB, Saltin B, Saubert IV CW, Sembrowich WL et al. Effect of Training on Enzyme Activity and Fiber Composition of Human Skeletal Muscle. J Appl Physiol. 1973;34(1):107-11.

22. Gollnick PD, Timson BF, Moore RL, Reidy M. Muscular Enlargement and Number of Fibers in Skeletal Muscle of Rats. J Appl Physiol. 1981;50:936-43.

23. Gonyea WJ. Role of Exercise in Inducing Increases in Skeletal Muscle Fiber. J Appl Physiol. 1980;48:421-6.

24. Gonyea WJ, Erickson GC. Experimental Model for Study of Exercise.in Induced Skeletal Muscle Hypertrophy. J Appl Physiol. 1976;40:630-3.

25. Gonyea WJ. Role of Exercise in Inducing in Creases in Skeletal Muscle Fiber Number. Eur J Appl Physiol. 1986;55:137.

26. Grimby And Saltim, B. The Ageind Muscle. Clin Physiol.1983;3:209-81.

27. Grove LC et al. Effectiveness of Exercise Alone Versus Exercise Plus Electrical Stimulation in Strengthening The Quadriceps Muscle. Physiother Can. 1983;35(1):5-11.

28. Henneman E, Somjen G, Carpenter DO. Functional Significance of Cell Size in Spinal Motoneurons. J Neurophysiol. 1965;28:560-80.

29. Henson DA, Utter A, Davis JM, Williams F, Butterworth DE et al. Influence of Mode and Carbohydrate on the Cytokine Response to Heavy Exertion. Med Sci Sports Exerc.1998 May;30(5):671-8.

30. Hoogland R. Strenghening and Stretching of Muscles Using Eletrical Current. Rotterdam: B.V. Enraf-Nonius Delft; 1988.

31. Hoppeler H. Structural Changes in Skeletal Muscle Tissue With Heavy Resistance Exercise. Int J Sports Med. 1986;7:123-7.

32. Howald H. Training-induced Morphological and Functional Changes in Skeletal Muscle. Int J Sports Med. 1982;3:1-12.

33. Howard H. et al. Influences of Endurance Training on the Ultrastructural Composition of the Different Muscle Fiber Types in Humans. Pflugers Arch. 1985 Apr;403(4):369-76.

34. Janda V. Muskel Functions Diagnostik, Muskeltest Untersuxhung verkürzter Muskein, Untersuchung Hipermobilitat. Leuven, België: Verlag Acco; 1979.

35. Johnson MA, Polgar J, Weightman D, Appleton D. Data on the Distribution of Fibre Types in Thirty-six Human Muscles: An Autopsy Study. J Neurol Sci. 1973;18:111-29.

36. Katch FI, Katch VL. The Body Composition Profile: Techniques of Measurement and Applications. Clin Sports Med. 1984;3:31.

37. _____. The Underweigth Female. Phys Sportsmed. 1980;8:55.

38. Kotz Y. Electrostimulation. Babkin I, Timentsko N (tr). Paper presented at Symposium on Electroestimulation of Skeletal Muscles, Canadian Soviet Exchange Symposium, Concordia University, December 6-10-1977, as reported in Kramer JF, Mendrik SW. Electrical stimulation as a strength improvement technique: a review. J Ortho Sports Phys Ther. 1982;4:91-8.

39. Kuzon JWM, Rosenblatt JD, Huebel SC, Leatt P, Plyley MJ, Mckee NH et al. Skeletal Muscle Fiber Type, Fiber Size, and Capillary Supply in Elite Soccer Players. Int J Sports Med. 1990;11(2):99-102.

40. Longo GJ. Biossistemas eq. Elétricos – Estimulação elétrica para fortalecimento e alongamento muscular. Amparo: KLD; 2000.

41. Luithi JM, Howald H, Claasen H, Rossler K, Vock P, Lullies H. Taschenbuch Der Physiologic Band Ii. Stuttgart: Gustav Fischer Verlag; 1973.

42. Mac Dougall JD. Morphological Changes in Human Skeletal Muscle Following Strength Training and Immobilization. In: Human Muscle Power. Edited by N. L. Jones et al. Champaign, IL: Human Kinetics; 1986.

43. Mac Dougall JD, Sale DG, Alway SE, Sutton JR. Muscle Fibre Number in Biceps Brachii in Bodybuilders and Control Subjects. J Appl Physiol. 1984;57(5):1399-1403.

44. Mac Dougall JD. Mitochondrial Volume Density in Human Skeletal Muscle Following Heavy Resistance Training. Med Sci Sport. 1979;11:164.

45. Maughan R, Gleeson M, Greenhaff PL. Bioquímica do exercício e do treinamento. São Paulo: Manole; 2000. p. 147

46. Nelson RM et al. Eletroterapia Clínica. 3. ed. São Paulo: Manole; 2003. p. 146-7.

47. Nieman DCSL, Nehlsen-Cannarella OR, Fagoaga DA, Mackdler WD, Katch FI, Katch VI. Fisiologia do Esforço – energia, nutrição e desempenho humano. 3. ed. Rio de Janeiro: Guanabara Koogan; 1992.

40. Obajuluwa VA. Effects of Electrical Stimulation for Ten Weeks on Quadriceps Femoris Muscle Strength and Thing Circumference in Healthy Young Men. Physiother Theory Pract. 1991;71:191-7.

49. Powers SK, Howley ET. Exercise Physiology. Theory and Application to Fitness and Performance. Dubuque, IA: W.C. Brown; 1990.

50. Ransom C, Strauss G. Verbal communication. (18 Aug. 1997)

51. Robergs RA, Scott O. Princípios fundamentais de Fisiologia do exercício para aptidão, desempenho e saúde. São Paulo: Phorte; 2002.

52. Robinson AJ, Snyder-Mackler L. Eletrofisiologia clínica. 2. ed. Porto Alegre: Artmed; 2001.

53. Salgado ASI. Eletrofisioterapia. Manual clínico. 1. ed. Londrina: Midiograf; 1999.

54. Salleo A et al. New Muscle Fiber Production During Compensatory Hypertrophy. Med Sci Sport. 1980;12:268.

55. Stokes M, Cooper R. (1989). Muscle fatigue as a limiting factor in functional eletrical stimulation a review. Physiotherapy (Canada). 1989;39:24-36.

56. Wilmore JH. Alterations in Strength, Body Compositions and Anthropometric Measurements Consequent to a 10-Week Weight Training Program. Med Sci Sports. 1978; 10:75.

Seção 17

Alterações inflamatórias

Alex Evangelista
Eduardo Yujiro Abe
Marcoorelio Sousa Nunes

Conceitos

Todo processo inflamatório é uma resposta do organismo a uma agressão, em que são observadas alterações em nível tecidual celular, decorrentes de infecções bacterianas, agentes físicos, tecido necrótico, entre outros. Sendo assim, a função inflamatória tem como objetivos eliminar corpos estranhos presentes, toxinas e, por último, realizar a reparação tecidual[1] (ver seção "Miologia").

Os estudos referentes à mobilização celular na incidência do processo inflamatório constam da literatura desde a segunda metade do século XIX, em que estudiosos como Arnold,[2] Metchnikoff[3] e Virchow[4] descrevem a ação das células teciduais e migratórias, além do processo da fagocitose. Lewis[5] descreve o envolvimento de mastócitos na tríplice reação cutânea, o papel dos macrófagos na constituição de granulomas e a imunocompetência linfocitária.[5]

Pesquisas citomorfológicas possibilitaram a classificação das células presentes durante o evento da reação inflamatória, em que Spector (1980)[6] divide-as em:

- células endoteliais;
- células teciduais;
- células migratórias.

- *Células endoteliais*

Há pouco, consideravam-se as *células endoteliais* como passivas, por sua simplicidade, traduzida pela escassez de organelas (observada em sua limitação fagocitária) e sua estrutura própria (formada por epitélio pavimentoso simples), quando analisadas à microscopia convencional. Porém, estudos recentes demonstraram que essas células, além de funcionar como uma interface sanguineotecidual, agem como um componente ativo no metabolismo de síntese e regeneração (coagulação e proliferação tecidual da parede vascular), na regulação do fluxo sanguíneo e na atividade imunológica diante de agentes patogênicos.[6,7]

- *Células teciduais*

Destacamos aqui os *mastócitos,* os *fibroblastos* e os *macrófagos fixos*, os quais atuam de forma direta no processo inflamatório.[1]

Os *mastócitos* (do alemão *mastzellen* = célula granulosa) localizam-se principalmente em volta dos vasos sanguíneos e caracterizam-se por apresentar grandes grânulos contendo dopamina, histamina, hepamina e serotonina (entre outros). Morfologicamente, receberam recentemente a classificação de *atípicos*, para os de tecido conjuntivo, e *típicos*, para aqueles presentes em tecido conjuntivo subcutâneo. Têm grande importância na permeabilidade vascular aumentada ante fenômenos alérgicos (urticária e choque anafilático) e na prevenção da coagulação sanguínea. Têm formato esférico.[10]

Os *fibroblastos* são conhecidos largamente pela sua abundância no tecido conjuntivo frouxo, e sua conformação varia de acordo com sua localização. Recebem classificação de acordo com a forma de seu núcleo: os *fibroblastos*, células jovens, possuem núcleo alongado e são hipocrômicos; os *fibrócitos* são células adultas e têm seu núcleo fusiforme, sendo hipercrômicos. O papel principal dos fibroblastos é a síntese de colágeno para reparação tecidual, e existe uma terceira linhagem celular: o *miofibroblasto*, o qual atua, basicamente, na retração cicatricial.[7,10]

Os *macrófagos fixos (ou residentes)*, células provenientes do promoblasto (precursor da medula óssea), derivam de monócitos circulantes que penetraram nos tecidos periféricos. Os mais conhecidos são os macrófagos alveolares (pulmonar), as células da microglia (tecido nervoso), as células hepáticas de Kupffer, os siderócitos em órgãos linfoides, os macrófagos de cavidades peritoneais e pleurais e os histiócitos do tecido conjuntivo. No disparo da reação inflamatória, os monócitos circulantes também participam do SFM (sistema fagocítico mononuclear) que, ainda em algumas literaturas, é chamado de SER (sistema reticuloendotelial) – terminologia muito utilizada na década de 1960. Essa nomenclatura se dá a um dos mecanismos mais importantes de defesa ante micro-organismos lesivos: a fagocitose. Após a digestão do material envolvido, os macrófagos apresentam, ainda, ação *antigênica a linfócitos*.[1,7,10]

▪ *Células migratórias*

As células migratórias mais comumente envolvidas durante o processo inflamatório são *neutrófilos, eosinófilos, basófilos, linfócitos, plasmócitos* e *macrófagos livres*.[1,7,10]

Neutrófilos: formados na medula óssea, os neutrófilos são leucócitos granulosos PMN (polimorfonucleares) e são envolvidos na fase inicial do processo inflamatório. Nos casos de infecções de origem bacteriana, particularmente as piogênicas (purulentas), a concentração de neutrófilos apresenta-se aumentada tanto na corrente sanguínea quanto no tecido afetado.[1] Como características principais, temos:

▪ por serem derivadas de células precursoras da medula óssea, não se diferenciam em outras formas celulares (ditas terminais);[1,6]
▪ possuem vida média de dois ou três dias;[1,6]
▪ são extremamente móveis;[1,6]
▪ quanto à forma, neutrófilos jovens apresentam o núcleo com forma de ferradura (neutrófilo bastonete), já as células adultas têm seu núcleo lobulado (neutrófilo segmentado);[1,6]
▪ apresentam membranas muito aderentes e grande suprimento de lisossomas, que o caracterizam como célula fagocitária;[1,6]
▪ por apresentar intensa atividade metabólica, há grande consumo de oxigênio.[1,6]

Nos estudos de casos clínicos, é comum encontrarmos as denominações *neutrofilia* e *neutropenia*, as quais significam, respectivamente, aumento e diminuição de neutrófilos na circulação periférica.[1,6,7]

Eosinófilos: como os neutrófilos, são estruturas granulosas polimorfonucleares terminais, porém com atividade fagocitária em menor intensidade. Possuem altas concentrações de peroxidase e uma proteína principal básica (conhecida por MBP – *Major Basic Protein*), as quais têm efeitos danosos a parasitas.[1,6,7]

Basófilos: são células granulosas PMN com aspectos semelhantes aos dos mastócitos por apresentarem, em seu interior, armazenamento de mediadores como a histamina e a serotonina, porém diferem ao apresentar hipersensibilidade tardia.[1,6,7]

Linfócitos e plasmócitos: os linfócitos são células extremamente plásticas, com notável capacidade de alterar sua forma e seu tamanho. São classificados de duas formas:

▪ *segundo histologistas:* classificam os linfócitos segundo seu tamanho (8 a 12 μm), em pequenos, médios e grandes;[1,6,7]
▪ *segundo imunologistas:* classificam, de acordo com a maturidade das células, em linfócitos, T e B, respectivamente. Os linfócitos T ainda são subdivididos em T-auxiliares (T *helper* – Th1 e Th2) e T-assassinas (T *killer*); por não apresentarem, no citoplasma, grânulos específicos, são classificados como agranulócitos MN (mononucleares). Os linfócitos B podem diferenciar-se em imunoglobulinas (células produtoras de anticorpos), os *plasmócitos*.[1,6,30,31]

Grande parte dos estudiosos considera que os linfócitos se fazem sempre presentes durante uma resposta imunológica. Patologistas afirmam que células MN são predominantes na fase crônica ou tardia das reações inflamatórias que, segundo Paz e Spector,[6] deve-se à baixa velocidade de deslocamento e meia-vida superior à dos polimorfonucleares. Entretanto, estudos de Bechara e Leme[7] (segunda metade da década de 1970) demonstraram a participação dos linfócitos na fase aguda do processo inflamatório pela liberação ou pela síntese de fatores denominados FpiL (fatores pró-inflamatórios do linfócito).[34,35]

Macrófagos livres: como descrito anteriormente, essas células provêm de monócitos circulantes e, portanto, semelhantes aos macrófagos fixos. Durante a resposta inflamatória, os monócitos diferenciam-se em macrófagos, os quais possuem alta capacidade de fagocitose pela secreção de mediadores, como o TNF (fator de necrose tumoral), o fator quimiotáxico para macrófagos, o PAF (fator ativador de plaquetas) e interleucinas, entre outros. Uma particularidade dos macrófagos livres reside em sua essencial participação no processo inflamatório crônico: o granuloma.[35,36]

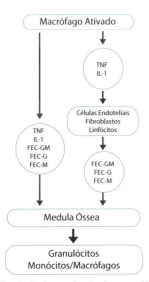

FIGURA 17.1 – Controle de produção de granulócitos, monócitos e macrófagos por *feedback* e seus ativadores no tecido inflamado (TNF = fator de necrose tumoral; IL-1 = interleucina-1, FEC-GM = fator estimulador de colônias granulócitos-monócitos; FEC-G = fator estimulador de colônias de granulócitos; FEC-M = fator estimulador de colônias de monócitos-macrófagos) Fonte: Guyton e Hall.[10]

Ativação celular

O entendimento da reação inflamatória depende diretamente da compreensão dos eventos celulares decorrentes do processo. O aporte de leucócitos (neutrófilos e derivados de monócitos) e sua consequente reação imediata a organismos estranhos ao hospedeiro pode, secundariamente, desencadear um processo mais longo pelo aumento dos danos teciduais ocorridos durante a liberação de substâncias tóxicas tanto ao corpo estranho como para o tecido.[1,7,10]

A ativação celular leucocitária pode ser dividida nas seguintes fases:

- marginação;[1,7,10]
- adesão;[1,7,10]
- migração;[1,7,10]
- fagocitose e degradação intracelular;[1,7,10]
- quimiotaxia;[1,7,10]
- liberação extracelular de produtos leucocitários.[1,7,10]

Verificaremos a seguir os eventos posteriores ao disparo da resposta inflamatória.

Aspectos clínicos

Dentre as mais variadas lesões musculares, ressaltamos a miosite, que se caracteriza por um processo inflamatório que pode afetar desde pequenos grupamentos musculares até o corpo todo. Os fatores que podem levar à inflamação muscular são as infecções, os medicamentos, os esforços físicos exaustivos, as doenças reumáticas e os tumores. Dentre os processos infecciosos, os bacterianos e os viróticos são os mais comuns, mas existem relatos de alguns casos de que verminoses também podem se manifestar com uma inflamação muscular. Uma variante da miosite é a dermatomiosite, que se caracteriza por alterações cutâneas (vasculite) e afeta, principalmente, a pele em volta dos olhos (heliótropo), apresentando vermelhidão e inchaço. Locais sensíveis à exposição solar são o dorso da mão (pápulas de Gottron) e o colo do pescoço, os quais apresentam sintomatologia semelhante. A dermatomiosite se manifesta na fase adulta, porém há relatos em crianças que, de modo geral, têm início agudo, podendo evoluir para uma forma mais grave. Em algumas situações, principalmente em crianças, o quadro da miosite é lento, porém, pode levar a uma calcificação nos músculos e no tecido abaixo da pele, formando a calcinose.[1,8,9]

Recursos como a eletroneuromiografia e exames de sangue específicos, com marcadores de proteínas, são diferenciais importantes para a obtenção do diagnóstico de inflamação muscular. A retirada de uma biópsia do músculo acometido também pode ser citada como um indicador, porém encontra-se fora da realidade no nível esportivo.[12,14]

Como observado anteriormente, fatores externos podem contribuir para o avanço do quadro inflamatório, principalmente na área esportiva, em que inúmeros fatores podem alterar os resultados da *performance* do atleta. Como exemplo, podemos citar as disfunções bucais, como a má-oclusão (engrenagem entre os dentes), a respiração bucal, as perdas dentárias, as desordens na ATM (articulação temporomandibular), os problemas nos canais, as alterações gengivais/periodontais, a cárie dentária e as raízes residuais, entre outros, predispondo o atleta a risco de lesões (na articulação dos joelhos, por exemplo) e consequente retardo no processo de reparação de lesões musculares, diminuição da capacidade aeróbia, não aproveitamento do alimento ingerido (comprometimento da mastigação e consequente digestão), alterações da postura e da visão, cefaleia, zumbidos e fadiga precoce. Isso mostra a importância do acompanhamento de um odontologista em uma equipe desportiva (ver seção "Posturologia e sua complexidade") em nível preventivo para que se garanta excelência na *performance* competitiva.[8,11]

Uma das causas mais comuns, que provocam incapacidades em uma atleta, são as lesões intra-articulares. Uma grande inovação na Medicina esportiva foi o desenvolvimento da técnica cirúrgica intra-articular pouco invasiva: a artroscopia. Essa técnica, que pode ter objetivo diagnóstico ou reparador, apresenta a grande vantagem de minimizar a agressão tecidual, facilitando de maneira abrangente a vistoria intra-articular e reduzindo a probabilidade de disseminação de doenças infecciosas e complicações. Atualmente, emprega-se o CO_2 (dióxido de carbono) para se realizar a distensão capsular, a fim de melhorar a visualização intra-articular. Aqui, ressaltamos a importância do conhecimento das técnicas utilizadas na abordagem cirúrgica para a obtenção da eficiência no período de reabilitação pós-operatória, tornando a cirurgia um sucesso.[12]

Diversas conjecturas incluem algumas inflamações incididas dentro do período de adaptação e no término do treinamento (macrociclo).[13]

Efeitos inflamatórios

Sinais flogísticos[11]

Existem cinco sinais clássicos que caracterizam o processo inflamatório, chamados de *sinais flogísticos*:

- dor;[11]
- calor;[11]
- vermelhidão (rubor);[11]
- edema (tumor);[11]
- perda de função.[11]

Efeitos da inflamação

- Inicialmente, observa-se vasoconstrição transitória das arteríolas.[5,11]
- Posteriormente, ocorre vasodilatação, fazendo aumentar o fluxo sanguíneo, o qual é responsável pelo calor e pelo rubor.[5,11]
- Diminuição da velocidade de circulação, eventualmente em razão da permeabilidade vascular aumentada, levando à estase. A permeabilidade aumentada é a causa do edema.[5,11]
- Com a menor velocidade, surge marginação dos leucócitos, precedendo os eventos celulares.[5,11]

Inflamação crônica

Trata-se de um processo de natureza prolongada, em que os eventos destruição tecidual e tentativa de reparação ocorrem simultaneamente.[11]

Esse processo se dá de diferentes maneiras, tais como:

- pode ser decorrente de uma inflamação aguda, em razão da persistência do estímulo desencadeador ou por alguma interferência no processo normal de cicatrização;[1]
- pode ser uma resposta a surtos repetidos de inflamação aguda;[1]
- pode ter início insidioso, como resposta indolente de baixa intensidade que não segue a inflamação aguda clássica, de acordo com uma das seguintes situações:[1]
  - infecção persistente por agentes intracelulares de baixa toxicidade, que desencadeiam, porém, uma reação imunológica;
  - exposição prolongada a substâncias não degradáveis, mas potencialmente tóxicas;[1]
  - reações imunes, em particular aquelas perpetuadas contra os próprios tecidos do indivíduo.[1]

Os achados histológicos da inflamação crônica incluem:

- infiltração por células mononucleares, principalmente macrófagos, linfócitos e plasmócitos;[1]
- destruição tecidual;[1]
- reposição do tecido conjuntivo da lesão por um processo envolvendo proliferação dos vasos sanguíneos e fibrose.[1]

Microtraumas teciduais

Estudos de Smith indicam a possibilidade de que traumas musculares, esqueléticos e articulares ditos "pequenos" podem ser a origem da *síndrome do overtraining*.[15]

É sabido atualmente que os MTA (*microtraumas teciduais adaptativos*) ocorrem em decorrência da execução de determinados tipos de exercícios físicos, em que o processo de recuperação depende de um programa de treinamento adequado, levando em consideração o período de repouso suficiente.[15,16]

Os MTA podem ser adquiridos por meio de fatores distintos, por exemplo, o movimento excêntrico que pode ser o causador do trauma tecidual. Há indícios de que atividades físicas com ação metabólica elevada, como ciclismo praticado em alta magnitude, induzam as lesões por ocorrência de isquemia e reperfusão.[17,18] É relevante observar que treinamento com elevada quantidade de repetições pode ocasionar MTA nas regiões articulares abrangidas durante o movimento, gerando, por consequência, uma resposta inflamatória aguda e local. Grande parte das incidências inflamatórias resulta em um processo de reparação pós-traumática, o qual recebe o nome de "adaptação do atleta".[19,20] No entanto, afirma-se que atletas cuja atividade é de longo período e alta intensidade não conseguem alcançar a recuperação, o que os predispõe a que o quadro agudo evolua para um quadro crônico, podendo ainda avançar para uma inflamação sistêmica.[21,22] Rogero e Tirapegui (2003) relatam que os componentes da inflamação sistêmica desencadeiam a ativação de monócitos circulantes, podendo produzir quantidades elevadas de *citocinas pró-inflamatórias*.[23,24]

Na ocorrência de processos patológicos, lesões ou outra forma de estresse (incluindo o estresse psicológico), a relação entre o SNC (sistema nervoso central) e o sistema imune é fundamental. Dessa maneira, ressalta-se a importância do hipotálamo, responsável pelas funções neuroendócrinas, controlando as concentrações sanguíneas de hormônios do estresse (cortisol) e de hormônios gonadais, como a testosterona e o estradiol.[25,26]

A prática de atividade física demasiada e o estresse psicológico podem alterar o balanço hormonal, fatores associados ao *overtraining*. É notório que a alta liberação de citocinas pró-inflamatórias desencadeadas pelo processo inflamatório sistêmico por consequência do excesso de treinamento atua no SNC. Os receptores para a citocinas IL-1 e IL-6 no cérebro, consideráveis na parte hipotalâmica, influenciam as citocinas com receptores específicos em núcleos paraventriculares hipotalâmicos a secretar o CRH (hormônio liberador de corticotropina) e, por consequência, do ACTH e do cortisol. Incorporada à ação das citocinas no hipotálamo, a IL-6 ameniza a liberação de hormônios esteroides por vias diretas sobre as células adrenais e organiza a síntese de mineralocorticoides, glicocorticoides, bem como os andrógenos, em que o controle depende da concentração e do tempo de exposição à IL-6. Dessa forma, a inflamação sistêmica e a alta concentração sanguínea de citocinas podem ser responsáveis pela ampliação da concentração sérica de cortisol, analisada em indivíduos com *overtraining*. O aumento da concentração das citocinas IL-1b e IL-6 pode gerar vários núcleos hipotalâmicos, que podem responder por modificações comportamentais relacionadas, como redução do apetite e depressão, comumente notadas em atletas com *overtraining*.[27,28,29]

As citocinas ativam o sistema nervoso simpático; enquanto extinguem a atividade do eixo hipotálamo-hipófise-gônadas, são responsáveis por alterações notadas nas concentrações sanguíneas de catecolaminas e hormônios gonadais, as quais estão presentes em atletas em estado de *overtraining*.[30]

Ao discutirmos sobre a supressão do eixo hipotálamo-hipófise-gônadas realizada pela citocinas pró-inflamatórias (IL-1ª, TNF-a), enfatiza-se a importância da IL-1 sobre a secreção de gonadotropinas. O sistema nervoso central, a hipófise e as gônadas são os três potenciais de ação considerados. Ao administrar IL-1 no sistema nervoso central, mais especificamente no ventrículo lateral de animais castrados, notou-se uma inibição (dose-dependente) da secreção do hormônio LH (luteinizante). Rivier, Vale e Brown (1989) observaram que a administração intraperitoneal de IL-1a em animais tratados com gonadotrofinas causou a contenção da secreção de estradiol e progesterona, enquanto não houve efeito da administração intracerebroventricular de IL-1a sobre a secreção de LH pela hipófise. Nota-se, dessa maneira, que a IL-1a opera tanto no sistema nervoso central quanto nas gônadas – mas não na hipófise – bloqueando as funções reprodutivas. É importante lembrar também que a citocina pró-inflamatória TNF-a dificulta a liberação de LH induzida pelo hormônio liberador do LH (LHRH) a partir da hipófise em um modelo dose-dependente, porém não influencia a liberação basal de LH.[35,36]

A ação das citocinas pró-inflamatórias ocorre pela regulação da função hepática, solicitando a manutenção da glicemia por meio da estimulação da neoglicogênese e favorecendo a produção de proteínas de fase aguda relacionadas ao processo de inflamação, concomitante ao estado hipercatabólico. Assim, os danos da imunocompetência notados no estado de *overtraining* são esclarecidos, pela conjectura, em que os fatores anti-inflamatórios sucedem a resposta pró-inflamatória no decorrer da resposta ao trauma tecidual. Em meio aos fatores anti-inflamatórios, enfatiza-se que as citocinas anti-inflamatórias são compreendidas como: IL-4, IL-10, IL-13, o antagonista do receptor de IL-1 (IL-1ra) e os hormônios, em específico o cortisol, que proporcionam significativa ação anti-inflamatória. Mesmo com os efeitos anti-inflamatórios necessários para se contrapor àqueles pró-inflamatórios, observa-se que esse processo resulta em imunossupressão em indivíduos com *overtraining*.[31,32,34]

Overtraining

Atualmente, a Fisioterapia deve agir com cautela ao se deparar com a *síndrome de "overtraining"* no esporte (ver seção "Miologia"). Uma das causas do aparecimento dessa síndrome está no desequilíbrio entre a recuperação e o treinamento. Para que ocorra uma recuperação adequada, o indivíduo deve estar atento ao volume e à intensidade do treinamento, pois existe a necessidade de melhora no desempenho.[29]

Uma das partes responsáveis pela recuperação de atletas nas equipes desportivas, a Fisioterapia deve mostrar sua eficácia entre a comissão técnica[30] (ver seção "Conceitos sobre crioterapia").

A periodização do treinamento com recuperação satisfatória pode prevenir a incidência de *overtraining*, desde que considere os outros mecanismos de estresse e suas influências na recuperação. Além da periodização, a prevenção do *overtraining* pode ser realizada monitorando-se os efeitos do treinamento por meio de parâmetros objetivos e subjetivos. O esporte atravessa um período radical, de alteração nos conceitos de saúde.

Nos dias de hoje, não só atletas, mas qualquer indivíduo, passam por um *check-up* médico com o intuito de verificar a presença de algum comprometimento que possa limitar a atividade física.[19,27]

Analisando as equipes do mundo, um fator determinante para o *overtraining* está ligado à ininterrupção cardíaca (FC) ao repouso e durante o exercício. Nos casos de *overtraining*, o atleta apresenta FC de descanso alterada do seu nível normal e acrescida para determinada carga submáxima; consequentemente, observa-se um retardo no retorno da FC pós-exercícios para os valores basais. Para tanto, dados comparativos são importantes para a melhor visualização de alterações.[27]

A Fisioterapia deve atuar como agente auxiliar procurando subsídios para definir tarefas recuperativas a fim de precaver o atleta contra lesões derivadas de *overtraining*. Além do acompanhamento alcançado pelo técnico, o atleta pode realizar exames laboratoriais repetitivos para detectar alterações ou não da *performance* ou de algumas variáveis bioquímicas e hormonais. Caso o atleta desenvolva a síndrome do *overtraining*, apesar de todas as energias para evitá-las, faz-se indispensável um tratamento competente.[28,29]

De acordo com alguns autores, ao analisarem as teorias viáveis, têm observado fatores ligados à sintomatologia do *overtraining*, tais como: maior acionamento do sistema nervoso autônomo e do eixo hipotálamo-hipófise-adrenal e a eliminação do eixo hipotálamo-hipófise-gonadal.[30]

Sem dúvida, existe uma grande relação entre os sistemas descritos na síndrome de *overtraining*, uma vez que o treinamento demasiado pode ser visto como um estresse físico ou, quem sabe, psicológico.[32] Entretanto, Smith[18] sugere que a intensificação do sistema nervoso autônomo e do eixo hipotálamo-hipófise-adrenal, incorporada à supressão do eixo hipotálamo-hipófise-gonadal, importaria consequências da síndrome de *overtraining*, e não essencialmente a sua causa. O mesmo autor apresenta algumas teorias vistas como as prováveis causadoras da ativação desses sistemas, tais como:

- lesão, inflamação e citocinas;[18]
- diminuição dos estoques muscular e hepático de glicogênio;[18]
- degradação de glutamina disponível durante o exercício;[18]
- suposição da fadiga central.[18]

Bioquímica e *overtraining*

O valor do carboidrato no metabolismo energético tem sido exposto há décadas na literatura científica. Sabe-se que esse nutriente participa, essencialmente, da ação de produção de energia, tanto em condições anaeróbias quanto aeróbias. É notório o fato de que a redução dos acúmulos de carboidrato incide em um expressivo fator desencadeante da fadiga periférica, o que reitera a importância desse nutriente para o atleta.[37,38]

Ante tais declarações, várias táticas têm sido exploradas, com a finalidade de otimizar os estoques muscular e hepático de glicogênio, muitas delas oferecendo efeitos bastante aceitáveis. Contudo, apesar de serem estratégias cientificamente evidenciadas, estudos explicam que vários atletas se deparam com a redução expressiva do conteúdo de glicogênio muscular em importantes ocasiões do período de treino, em que acontecem aumentos expressivos do volume de esforço.[39]

Segundo Kreider,[40] a diminuição da substância de glicogênio muscular e as consequências para os estoques de energia são apropriadas para estimular a oxidação intramuscular de AACR (aminoácidos de cadeia ramificada), ou seja, leucina, isoleucina e valina. Assim, acarretaria uma redução da concentração plasmática desses aminoácidos, provocando a atração hipotalâmica de triptofano livre e consequente aumento na síntese de serotonina (ou 5-hidroxitriptamina) a partir do triptofano, desenvolvendo a fadiga central e uma possível síndrome de *overtraining*.[40,41]

A suposição de que a depleção de glicogênio muscular seria um fator capaz de ocasionar a síndrome de *overtraining* tem sido criticada, uma vez que estudos explanam que a síndrome de *overtraining* pode se suceder mesmo em pessoas que apresentam concentrações naturais de glicogênio muscular. Dessa forma, tem sido recomendado que outro mecanismo ou a combinação de vários mecanismos sejam submergidos no desenvolvimento dessa síndrome.[42,43]

Um fator importante e que deve ser considerado é a glutaminemia.[44] Com as respostas desse estudo, Keast et al. defendem que a diminuição da glutaminemia não compõe a causa primária da síndrome de *overtraining*, mas que alterações na concentração plasmática de glutamina podem representar um primoroso indicador dessa síndrome.[50]

Sistema nervoso central e a síndrome de *overtraining*

A teoria da fadiga central[40] baseia-se no fato de que, no ato das atividades físicas intensas e prolongadas, existiria um acréscimo da captação de triptofano pelo hipotálamo, fazendo aumentar a síntese de serotonina; com esse aumento da concentração hipotalâmica de serotonina, entende-se que seria o fator apto a desencadear a fadiga. O desencadeamento da fadiga pelo acúmulo de serotonina diferencia-se, sobretudo, pela sensação de desmotivação, e, por isso, é nomeada de fadiga central.[45,56]

Existem dois mecanismos que podem justificar a ampliação da captação de triptofano pelo hipotálamo no decorrer das atividades físicas intensas e prolongadas.[46] A diminuição do conteúdo de glicogênio muscular e a depleção dos estoques de energia estimulam a oxidação intramuscular de AACR (aminoácidos de cadeia ramificada), ou seja, leucina, isoleucina e valina, sendo este o *primeiro mecanismo*. Dessa maneira, poderia ocasionar um menor agrupamento plasmático desses aminoácidos, com a facilitação da captação hipotalâmica de triptofano livre, uma vez que os AACR concorrem com o triptofano livre pela ligação ao mesmo transportador de aminoácidos neutros na barreira hematoencefálica. Considere-se que o fluxo de triptofano no SNC (sistema nervoso central) é controlado por meio da razão plasmática triptofano livre: a redução de AACR no sangue beneficiaria a inserção de triptofano livre, que, por sua vez, seria transformando a serotonina no hipotálamo. O *segundo mecanismo* trata-se do aumento gradativo dos ácidos graxos no plasma no decorrer da atividade física prolongada, pois eles concorrem com o triptofano por meio da união à albumina. Assim, nota-se um extenso uso da albumina pelos ácidos graxos, o que deriva em acréscimo de triptofano livre.[47,48,49]

À síndrome de *overtraining* podem estar anexados alguns sintomas, como redução do desempenho, fadiga inflexível, prejuízo no sono, mudança de humor e da assiduidade cardíaca e depleção dos acúmulos de glicogênio muscular.[50,51]

Alguns pesquisadores indicam que, além disso, o aumento da fadiga central no decorrer do treino prolongado tem como principal responsável a serotonina. Desse modo, é plausível indagar que a inquietação crônica do aporte de serotonina no SNC aumenta a possibilidade de ser um dos fatores primordiais para o aumento da síndrome de *overtraining*.[52,53,54]

Alguns estudos com animais propõem aprovar a teoria de que o acréscimo da concentração de serotonina no SNC, resultante da inquietação de aminoácidos no plasma, fique relacionada à fadiga precoce. Porém, em seres humanos, as respostas alcançadas são incoerentes, sobretudo em razão da ausência de unificação metodológica, o que prejudica uma conclusão determinante relacionada a essa teoria.[57]

Mesmo que esses argumentos ainda se apresentem de forma polêmica, insistimos no conceito da prevenção por meio da vibração mecânica (ver seção "Vibração mecânica – um conceito de treinamento e tratamento") e da crioterapia (ver seção "Conceitos sobre crioterapia"), os quais são capazes de minimizar as consequências da fadiga muscular e determinar efeitos associados ao treinamento, propiciando menores níveis de oxidação celular e consequente prevenção de lesões.[55]

Referências

1. Robbins SL, Cotran RS, Kumar V. Fundamentos de patologia estrutural e funcional. 5. ed. Rio de Janeiro: Guanabara Koogan; 1996.

2. Arnold J. Arch F Path Anat U Physiol U F Klin Med (Virchow's).1898;167:424-37.

3. Metchnikoff E. L'immunite. Masson et Cie. Paris publishers. English edition published by Cambridge University Press; 1905.

4. Vierchow R. Die Cellularpathologie in ihrer Begrundung auf physiologische und pathologische Gewebelehre. English translation; 1860.

5. Lewis T. The Blood Vessels of the Human Skin and their Responses. London: Shaw; 1927.

6. Spector WG. An Introduction to General Pathology. 2. ed. New York: Churchill Livingstone; 1980. p. 17-26.

7. Bechara GH, Szabó MPJ. Processo inflamatório 2. Componente e eventos celulares. São Paulo: UNESP; 2001. p. 2.

8. Porto CC. Exame clínico. 2. ed. Rio de Janeiro: Guanabara Koogan; 1992.

9. Vilas A, Fiusa T. Dermatomiosite Clássica/Amiopática. Acta Med Port. 2000 Sep-Dec;13(5-6):287-94.

10. Guyton AC, Hall JE. Fisiologia humana e mecanismo das doenças. 6. ed. Rio de Janeiro: Guanabara Koogan; 1997.

11. Harmon K, Hawley C. Physician Prescribing Patterns of Oral Corticosteroids for Musculoskoletal Injuries. J Am Board Fam Pract. 2003 Maio-Jun;16(3):209-12.

12. Botte MJ, Cooney WP, Linscheid RL. Arthroscopy of the Wrist: Anatomy and Technique. J Hand Surg. 1989;14:313.

13. Cooney WP, Dobyns JH, Linscheid RL. Arthroscopy of the Wrist: Anatomy and Classification of Carpal Instability. Arthroscopy. 1990;6:133.

14. American College Of Sports Medicine. ACSM's Guidelines for Exercise Testing and Prescription. 6. ed. Baltimore: Williams & Wilkins; 2000. p. 368.

15. Budgett R, Castell L, Newsholme EA. The Overtraining Syndrome. In: Harries M, Williams C, Stanish WD, Micheli LJ. (ed.) Oxford Textbook of Sports Medicine. 2. ed. New York: 1998. p. 367-77.

16. Hedelin R, Kenttá G, Wiklund U, Bjerle P, Henrikssonlarsen K. Short-term Overtraining: Effects on Performance, Circulatory Responses, and Heart Rate Variability. Med Sci Sports Exerc. 2000;32(8):1480-4.

17. Kuppers H. Training and Overtraining: An Introduction. Med Sci Sports Exerc. 1998;30(7):1137-9. In: McNair DM, Lorr M, Droppleman LF. Profile of Mood States. San Diego, CA: Educational and Industrial Testing Service; 1971.

18. Smith LL. Cytokine Hypothesis of Overtraining: A Physiological Adaptation to Excessive Stress? Med Sci Sports Exerc. 2000;32:317-31.

19. Barbanti V. Teoria e prática do treinamento desportivo. São Paulo: Edgard Blucher; 1997.

20. Fry AC, Kraemer WJ. Resistance Exercise Overtraining and Overreaching. Neuroendocrine Responses. Sports Med. 1997;23:106-29.

21. Fry RW, Morton AR, Keast D. Overtraining in Athletes. An update. Sports Med. 1991;12:32-65.

22. Kuipers H. Training and Overtraining: An Introduction. Med Sci Sports Exerc. 1998;30:1137-9.

23. Lehmann M, Foster C, Dickhuth HH, Gastmann U. Autonomic Imbalance Hypothesis and Overtraining Syndrome. Med Sci Sports Exerc. 1998;30:1140-5.

24. Rogero MM, Tirapegui J. Overtraining - Excesso de treinamento. Nutr Pauta. 2003;11:23-30.

25. Fry AC, Kraemer WJ, Ramsey LT. Pituitary-adrenal-gonadal Responses to High-intensity Resistance Exercise Overtraining. J Appl Physiol. 1998;85:2352-9.

26. Gastmann U, Lehmann MJ. Overtraining and the BCAA Hypothesis. Med Sci Sports Exerc. 1998;30:1173-8.

27. McKenzie DC. Markers of Excessive Exercise. Can J Appl Physiol. 1999;24:66-73.

28. Gleeson M, McDonald WA, Pyne DB, Clancy RL, Cripps AW et al. Immune Status and Respiratory Illness for Elite Swimmers During a 12-week Training Cycle. Int J Sports Med. 2000;21:302-7.

29. Smith LL. Tissue Trauma: The Underlying Cause of Overtraining Syndrome? J Strength Cond Res. 2004;18:185-93.

30. Robson PJ. Elucidating the Unexplained Underperformance Syndrome in Endurance Athletes: the Interleukin-6 Hypothesis. Sports Med. 2003;33:771-8.

31. Smith LL. Overtraining, Excessive Exercise, And Altered Immunity: Is This a T Helper-1 Versus T Helper-2 Lymphocyte Response? Sports Med. 2003;33:347-64.

32. Maier SF, Watkins LR. Cytokines for Psychologists: Implications of Bidirectional Immune-to-brain Communication for Understanding Behavior, Mood, and Cognition. Psychol Rev. 1998;105:83-107.

33. Hart BL. Biological Basis of the Behavior of Sick Animals. Neurosci Biobehav Rev. 1988;12:123-37.

34. Marchetti B, Gallo F, Farinella Z, Tirolo C, Testa N et al. Luteinizing Hormone-releasing Hormone is a Primary Signaling Molecule in the Neuroimmune Network. Ann NY Acad Sci. 1998;840:205-48.

35. Rivier C, Vale W, Brown M. In the Rat, Interleukin-1 Alpha and -Beta Stimulate Adrenocorticotropin and Catecholamine Release. Endocrinology. 1989;125:3096-102.

36. Russell SH, Small CJ, Stanley SA, Franks S, Ghatei MA et al. The In Vitro Role of Tumour Necrosis Factor-alpha and Interleukin-6 in the Hypothalamic-pituitary Gonadal Axis. J Neuroendocrinol. 2001;13:296-301.

37. Burke LM, Cox GR, Culmmings NK, Desbrow B. Guidelines for Daily Carbohydrate Intake: Do Athletes Achieve Them? Sports Med. 2001;31:267-99.

38. Davis JM. Central and Peripheral Factors in Fatigue. J Sports Sci. 1995;13(Suppl):S49-S53.

39. Walberg-Ranking J. Dietary Carbohydrate as an Ergogenic Aid for Prolonged and Brief Competition in Sport. Int J Sport Nutr. 1995;5:S13-S28.

40. Kreider RB. Central Fatigue Hypothesis and Overtraining. In: Kreider RB, Fry AC, O'Toole ML (eds). Overtraining in sport. London:Human Kinetics; 1998. p. 309-34.

41. Newsholme EA, Parry-Billings N, McAndrew F, Budgett R. A Biochemical Mechanism to Explain Some Characteristics of Overtraining. In: Brouns F (ed). Advances in Nutrition and Sport. Base: Karger; 1991. p. 79-83.

42. Rowbottom DG, Keast D, Morton AR. The Emerging Role of Glutamine as an Indicator of Exercise Stress and Overtraining. Sports Med. 1996;21:80-97.

43. Castell LM, Newsholme EA. Glutamine and the Effects of Exhaustive Exercise Upon the Immune Response. Can J Physiol Pharmacol. 1998;76:524-32.

44. _____. The Effect of Oral Glutamine Supplementation on Athletes After Prolonged, Exhaustive Exercise. Nutrition. 1997;13:738-42.

45. Rogero MM, Tirapegui J. Aspectos atuais sobre glutamina, atividade física e sistema imune. Rev Bras Ciên Farm. 2000;36:201-12.

46. _____. Aspectos nutricionais sobre glutamina e exercício físico. Nutrire. 2003;25:101-26.

47. Rogero MM, Tirapegui J, Pedrosa RG, Castro IA, Pires ISO. Plasma and Tissue Glutamine Response to Acute and Chronic Supplementation With L-glutamine and L-alanyl-L-glutamine in Rats. Nutr Res. 2004;24:261-70.

48. Parry-Billings M, Budgett R, Koutedakis Y, Blomstrand E, Brooks S et al. Plasma Amino Acid Concentration in the Overtraining Syndrome: Possible Effects on the Immune System. Med Sci Sport Exerc. 1992;24:1353-8.

49. Kingsbury KJ, Kay L, Hjelm M. Contrasting Plasma Free Amino Acid Patterns in Elite Athletes: Association With Fatigue and Infection. Br J Sports Med. 1998;32:25-33.

50. Keast D, Arstein D, Harper W, Fry RW, Morton AR. Depression of Plasma Glutamine Concentration After Exercise Stress and its Possible Influence on the Immune System. Med J Aust. 1995;162:15-8.

51. Griffiths RD. The Evidence for Glutamine Use in the Critically-ill. Proc Nutr Soc. 2001;60:403-10.

52. Wagenmakers AJM. Muscle Amino Acid Metabolism at Rest and During Exercise: Role in Human Physiology and Metabolism. Exerc Sport Sci Rev. 1998;26:287-314.

53. Davis JM. Carbohydrate, Branched-chain Amino Acids and Endurance: The Central Fatigue Hypothesis. Int J Sport Nutr. 1995;5(Suppl):S29-S38.

54. _____. Serotonin and Central Nervous System Fatigue: Nutritional Considerations. Am J Clin Nutr. 2000;72(Suppl): S573-S8.

55. Calders P, Pannier JL, Matthys DM, Lacroix E. Pre-exercise Branched-chain Amino Acids Administration Increases Endurance Performance in Rats. Med Sci Sports Exerc. 1997;29:1182-6.

56. Rossi L, Tirapegui J. Implicações do Sistema Serotoninérgico no Exercício Físico. Arq Bras Endocrinol Metab. 2004;48:227-33.

57. Rossi L, Castro I, Tirapegui J. Suplementação com aminoácidos de cadeia ramificada e alterações nas concentrações de serotonina cerebral. Nutrire. 2003;26:1-10.

58. Borg G. Perceived Exertion: A Note on History and Methods. Med Sci Sports Exerc. 1973;5(2):90-3.

Seção 18

Miologia
Alex Evangelista
Marcela Mendes de Almeida Gomide Leite

Conceitos

A miologia é um assunto extremamente complexo e está inteiramente conectado com a Biomecânica (ver seção "Biomecânica"). A intenção de expor esse assunto resumidamente é complementar o aprendizado sobre a recuperação muscular, desde o processo fisiológico até o de tratamentos fisioterápicos.

Anatomia

O músculo é envolvido por uma bainha de tecido conjuntivo, conhecida como *epimísio*. Mais profundamente, a camada de tecido conjuntivo que envolve um conjunto de fibras musculares (fascículo) denomina-se *perimísio*. Cada fibra muscular está separada uma da outra pelo *endomísio*.[2,3,7] As células musculares são denominadas miócitos, que possuem numerosas miofibrilas, constituídas de proteínas contráteis reunidas em unidades funcionais chamadas sarcômeros. Em volta dos miócitos, o tecido conjuntivo é rico em capilares e sarcolema.[2,3,4,5,6] As miofibrilas são, por sua vez, compostas de numerosos miofilamentos de actina e miosina. Cada faixa I é dividida em duas partes pela linha Z. As faixas A são divididas em duas por uma faixa H. A banda A é formada por filamentos de miosina, mais espessos. Apresenta uma cauda aglomerada no meio, que tende a sair desse filamento para estar exposta. Do outro lado, há a molécula de actina, mais fina, associada à tropomiosina e à troponina, que funcionam em conjunto tornando possível a exposição dos locais da actina sobre os quais a miosina vai se ligar. Assim, ocorre o movimento de deslizamento entre os filamentos.[2-6,8-10]

Os filamentos não têm a capacidade de encolher ou aumentar de dimensão. O sarcômero aumenta ou diminui de tamanho porque os filamentos de actina têm a capacidade de deslizar sobre os filamentos de miosina. Após a contração, a banda A permanece do mesmo tamanho, enquanto a banda I e a zona H diminuem (estudar seção "Fisiologia e suas respostas bioelétricas").

A distensão ou a contração muscular permite o movimento dos ossos nos quais está fixado.[1,2,3,7] Existem três tipos de músculo: o músculo estriado esquelético, o músculo estriado cardíaco e o músculo liso.

No músculo esquelético e no cardíaco, os filamentos de actina e miosina são organizados de maneira homogênea para dar aos miócitos uma aparência estriada transversal ao microscópio; essa topografia muscular permite uma contração rápida.[2,6] Isso os diferencia do músculo liso.

Os músculos estriados esqueléticos são caracterizados por fibras cilíndricas, coloração avermelhada, inervados pelos nervos motores somáticos, responsáveis pelos movimentos voluntários do corpo humano.[1-7,14] A decisão de contração ocorre conscientemente, não para o músculo global, mas para o movimento que se pretende executar. Portanto, o músculo esquelético é responsável pela mobilização e pela locomoção e é estriado no aspecto morfofuncional.[2-5,14]

Os músculos estriados cardíacos têm a capacidade de funcionar como uma massa muscular. Quando uma fibra muscular se contrai, todo o músculo cardíaco se contrai, ao contrário do que ocorre com as fibras musculares esqueléticas, que podem trabalhar independentemente por não estarem ligadas por nenhum tipo de conexão peculiar. Esse músculo também é conhecido como miocárdio e está confinado ao coração, sendo ritmicamente contrátil.[2-4,6,14]

Finalmente, então, o músculo liso, com células fusiformes, mais finas, mononucleadas, não apresenta o aspecto estriado, pois a actina e a miosina são menos ordenadas, logo, sua contração é mais lenta.

A elasticidade e a flexibilidade comuns aos jovens vêm do aumento do tecido conjuntivo que decorre da capacidade de absorção de água pelas fibras colágenas.[1,7-9,12-14]

O tecido conjuntivo ou de sustentação, composto principalmente de colágeno, constitui um amplo conjunto de aspecto morfoestrutural e consistência muito variável. Ele representa 25% do nosso peso sólido na juventude, formando tramas de sustentação e de reunião de estruturas, isto é, elementos de funções predominantemente mecânicas. É importante ressaltar que possui também elementos envolvidos em funções complexas, especialmente ligadas ao metabolismo, ao calor do corpo, à defesa e à cicatrização.[6,12]

Já no tecido cartilaginoso, o que mais interessa, no momento, são os fibroblastos, designados para sintetizar a maioria dos componentes extracelulares, as fibras colágenas, reticulares e, provavelmente, as elásticas. Em linhas gerais, os fibroblastos formam os precursores das fibras colágenas, as moléculas de tropocolágeno, cuja polimerização dará origem ao colágeno propriamente dito.[2,6,8-11,13,14]

Classificação funcional dos músculos

Os músculos agonistas são aqueles que realizam o movimento desejado, ou seja, os agentes principais na execução de um movimento. Eles são divididos em motores primários (os que participam mais intensamente da execução do movimento) e secundários.[9,11] Um exemplo clássico é o bíceps braquial na flexão do cotovelo e na supinação radioulnar. O antagonista é aquele que realiza o movimento contrário, portanto, o tríceps braquial, que age para regular a rapidez ou a potência da ação do bíceps.[9,11]

O antagonista não "relaxa" completamente; ele se alonga e exerce tensão. Essa tensão é o que controla a velocidade da articulação. Os pares agonistas e antagonistas trabalham juntos para dar estabilidade às articulações.

- 1º tipo

    - Primomovente.
    - Motor primário ou principal.

- 2º tipo

    - Movente auxiliar.
    - Motor secundário ou acessório.

Os músculos, quando contraídos, produzem forças que resultam em três tipos de contrações em prol do movimento: a concêntrica, a isométrica e a excêntrica. Além dessas, também existe a isocinética, em que é necessária a utilização de um equipamento especial. A concêntrica ocorre contra a força da gravidade, e há um encurtamento das fibras musculares. Na isométrica, não há movimento da articulação, e as fibras permanecem em um mesmo comprimento. Na excêntrica, o movimento é a favor da gravidade, e observa-se um alongamento das fibras. Por fim, a contração isocinética gera um movimento de velocidade angular constante e, consequentemente, o desenvolvimento máximo de tensão muscular para cada posição ADM (amplitude de movimento).[9,11]

A força exercida pela ação concêntrica do músculo de um lado da articulação provoca uma enorme tensão nela. Com a ação do antagonista, essa tensão é diminuída.[11,17]

A ação de um músculo ou grupo muscular agonista como motor principal ou motor acessório depende do ângulo articular analisado. A variação da ADM altera os torques de resistência e de potência, fato que determina a classificação do(s) agonista(s).[9,11]

Os sinergistas ou neutralizadores permitem que todas as origens e inserções, tanto biarticulares quanto monoarticulares, em ambos os lados da articulação, movimentem-se como uma unidade para a mesma direção. Assim, o movimento articular é totalmente estabilizado, já que é o músculo que ancora, firma e/ou sustenta um osso ou parte óssea a fim de que outro músculo ativo possa ter uma base firme sobre a qual tracionar. Portanto, sua ação é sempre isométrica.

Músculos biarticulares e pluriarticulares

Um músculo biarticular não pode atuar como músculo monoarticular para auxílio de outros músculos, a menos que uma das ações articulares seja estabilizada. Portanto, o efeito cinético do músculo sobre a segunda articulação é diminuído. Os isquiossurais, o reto femoral e o gastrocnêmio são exemplos de músculos biarticulares. Segue uma representação simplificada dos músculos biarticulares do quadril e do joelho. Se o tendão é movimentado na direção contrária, acontece a reversão do movimento na mesma direção. Os tendões mantêm as estruturas unidas por meio da manutenção do seu comprimento ou, em termos de ação muscular, uma ação isométrica. Isso permite a transferência do trabalho mecânico para outro segmento.[17]

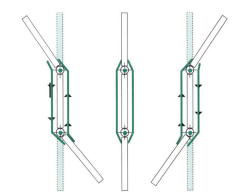

Figura 18.1 – Esquema de ação dos músculos biarticulares.

Os músculos biarticulares têm a característica que permite aos músculos exercer força concêntrica sem necessariamente se encurtarem significativamente, o que resultaria numa perda da força contrátil.[11,16,17] Para ilustrar melhor, seguem alguns exemplos. Durante um movimento em cadeia cinética fechada, como o movimento de sentar, são provocados momentos de forças nas três articulações, quadril, joelho e tornozelo. Cada articulação é coordenada pelos grupamentos musculares respectivos. O sóleo controla excentricamente, o movimento no sentido horário do tornozelo; o quadríceps, excentricamente, o movimento anti-horário do joelho; e os glúteos, excentricamente, o movimento do quadril no sentido horário.

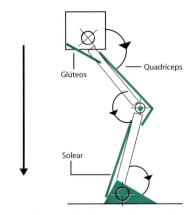

Figura 18.2 – Complexidade da ação muscular.

O joelho e o quadril possuem três grupos musculares biarticulares que são antagonistas, mas complementares aos músculos que cruzam uma única articulação (monoarticulares). Observe no Quadro 18.1 e na Figura 18.3 que esses músculos possuem duas cores: a vermelha representa a ação excêntrica, e a amarela, a concêntrica. Lembre-se de que eles não alteram seu comprimento durante a ação articular. Isso acontece por meio de uma ação pseudoisométrica ou ação simultânea excêntrica e concêntrica. É importante ressaltar que os músculos biarticulares não alteram o comprimento quando fazem um movimento básico, como correr.[9,11,17]

Quadro 18.1 – Os músculos e sua ação

Músculos	Ação
Isquiossurais	No quadril: ação excêntrica para desacelerar a flexão. No joelho: ação concêntrica para permitir a flexão.
Reto femoral	No quadril: ação concêntrica para permitir a flexão. No joelho: ação excêntrica para desacelerar a flexão.
Gastrocnêmio	No joelho: ação concêntrica para a flexão. No tornozelo: ação excêntrica para controlar a dorsiflexão.

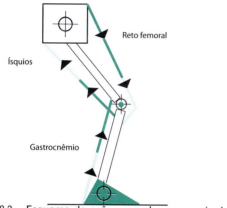

FIGURA 18.3 – Esquema da ação muscular com mais de uma articulação em atividade.

Com a rotação e a reversão de todas as articulações associadas às ações musculares, o corpo volta à posição inicial. Veja a Figura 18.4:

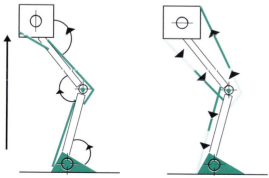

FIGURA 18.4 – Volta à posição inicial.

Alguns conceitos são extremamente relevantes para o entendimento da miologia: tensão muscular, potência muscular e resistência muscular. A tensão muscular é a habilidade de um grupo muscular de gerar torque em uma articulação. A potência muscular, pelo fato de nem a força nem a velocidade de encurtamento muscular poderem ser medidas diretamente, é geralmente definida como a taxa de produção de torque em uma articulação. A potência muscular é afetada tanto pela força muscular quanto pela velocidade do movimento. A resistência muscular é a habilidade do músculo de exercer tensão durante um período de tempo. A tensão pode ser constante, como durante a execução de uma cruz por um atleta de ginástica, ou variável, como na prática do remo, da corrida e do ciclismo. Quanto maior o tempo em que a tensão é exercida, maior é a resistência.[15]

Relação comprimento x tensão

Esse parâmetro está relacionado nos estudos da seção "Energia potencial elástica (*theraband*)".

Movimentos em cadeias

Quadro A

Movimentos em cadeia cinética aberta	
Quadril ou acetábulo – femoral	**Pelve**
Flexão	Retroversão
Extensão	Anteroversão
Abdução direita	Inclinação para a esquerda
Abdução esquerda	Inclinação para a direita
Adução direita	Inclinação para a direita
Adução esquerda	Inclinação para a esquerda
Rotação medial	Roda para o lado oposto
Rotação lateral	Roda para o mesmo lado

Quadro B

Tronco	**Pelve**
Flexão	Anteroversão
Extensão	Retroversão
Rotação	Rotação
Inclinação	Inclinação

Quadro C

Movimentos da pelve em cadeia mista		
Quadril **Membro inferior direito** **(cadeia cinética aberta)**	**Pelve**	**Quadril** **Membro inferior esquerdo** **(cadeia cinética fechada)**
Flexão	Retroversão	Extensão
Extensão	Anteroversão	Flexão
Abdução	Inclinação para a esquerda	Abdução
Adução	Inclinação para a direita	Adução
Rotação medial	Roda para o lado oposto	Rotação medial
Rotação lateral	Roda para o mesmo lado	Rotação lateral

Referências

1. Achour Júnior A. Bases para exercícios de alongamento – relacionado com a saúde e no desempenho atlético. Londrina: Midiograf; 1996.

2. Adler SS, Beckers D, Buck M. FNP: Facilitação neuromuscular proprioceptiva. 1. ed. São Paulo: Manole; 1999.

3. Bandy WD, Irion JM, Briggler M. The Effect of Time and Frequency on Static Stretching on Flexibility of the Hamstring Muscles. Physical Therapy. 1997.

4. Benseñor IM, Atta JA, Martins MA. Semiologia clínica. São Paulo: Sarvier; 2002. 657 p. (OBS: excelente texto de semiologia geral.)

5. Bienfait M. As bases da fisiologia da terapia manual. São Paulo: Summus; 2000. p. 29.

6. Buckwalter JA (ed.). Ortopedia de Turek: princípios e sua aplicação. 5. ed. São Paulo: Manole; 2000.

7. Calais-Germain B. Anatomia para o movimento. V. I: Introdução à Análise das Técnicas Corporais. Tradução Sophie Guernet. São Paulo: Manole; 1991.

8. Castro SV. Anatomia fundamental. 3. ed. São Paulo: Makron Books; 1985.

9. Correia PP. Anatomofisiologia. Tomo II. Função neuromuscular. 2. ed. Cruz Quebrada: Edições FMH; 2003.

10. Dângelo JG, Fattini CA. Anatomia humana sistêmica e segmentar. 2. ed. São Paulo: Atheneu; 2001.

11. Fabio Marcelo TS. Curso de biomecânica – NÚCLEO AMA; 2001.

12. Freitas V. Anatomia – Conceitos e fundamentos. São Paulo: Artmed; 2004.

13. Ganong WF. Fisiologia médica. 17ed. Rio de Janeiro: Guanabara Koogan; 1998.

14. Goss CM. Gray Anatomia. 29. ed. Rio de Janeiro: Guanabara Koogan; 1988.

15. Hall CM, Brody LT, Taranto G. Exercício terapêutico: na busca da função. Rio de Janeiro: Guanabara Koogan; 2001.

16. Steindler A. Kinesiology of the Human Body: Under Normal and Pathological Conditions. Springfield; 1955.

17. Van Ingen Schenau GJ, Bobbert MF, Van Soest AJ. The Unique Action of Bi-Articular Muscles in Leg Extensions. Multiple Muscle Systems: Biomechanics and Movement Organization. 1990;(41):639-52.

Seção 19

Reparo muscular
Alex Evangelista

Conceitos

A procura por atividades esportivas tem atingido um grande número de pessoas em vários lugares do mundo. É óbvio que essa escala é diretamente proporcional ao número de lesões que estão no contexto do esporte hoje em dia.[7,9,10]

No esporte de alto rendimento, o aprimoramento nos treinos tornou o sistema musculoesquelético suscetível a uma quantidade infinitamente maior de lesões que há vinte anos. Por muitos anos, acreditou-se que o tecido fibrótico seria sempre estabelecido após a lesão muscular. Os estudos mais aprofundados[4] definiram a presença de células-satélites e, assim, a capacidade de regeneração tecidual.[9,16,18]

Nossa responsabilidade está em definir recursos terapêuticos eficientes na prevenção e na recuperação acelerada eficaz para o avanço do esporte mundial.

O tecido muscular é capaz de responder à lesão com reparo ou formação de tecido fibrótico. A fibrose é uma resposta negativa que pode acontecer simultaneamente à regeneração, porém interfere diretamente na total regeneração tecidual.[11,14]

O sucesso da regeneração ou reparo muscular decorre da competência na intervenção imediata, dentre outros fatores.[7,11,21]

Um fator que deve ser levado em consideração é a condição de vascularização. É evidente que fibras musculares com maior aporte sanguíneo respondem mais rápido ao tratamento e há consequente regeneração acelerada.

O assunto em questão é acelerar o processo de cicatrização, e não reduzir o tempo de tratamento. Recuperação acelerada não é discordar do tempo de prognóstico, muito pelo contrário, nosso propósito visa a elaborar recursos terapêuticos que viabilizem a cicatrização e que, principalmente, devolvam o paciente às atividades de vida diária com o máximo de qualidade e bem-estar no menor prazo possível.

Na Fisioterapia moderna, existe uma tendência para a mobilização precoce de um segmento lesionado, mas essa é uma situação que deve ser estudada caso a caso. Mesmo nos dias de hoje, ainda é utilizada a imobilização rígida, como forma de tratamento para muitas lesões, sejam elas musculoesqueléticas, ligamentares ou ósseas.

Esse tipo de tratamento, devidamente indicado, propicia atrofias musculares severas nos primeiros sete dias de imobilização.[7,16]

Uma das lesões que ocupam maior espaço no cenário desportivo, por exemplo, a lesão muscular, pode tirar o atleta por longo período da prática desportiva. Nossa ação é estudar com muita responsabilidade o processo cicatricial e encarar o tratamento com recursos eficientes àqueles sinais clínicos, de forma que acelerem a cicatrização.

Não é necessário comentarmos sobre os efeitos deletérios decorrentes de longo período de imobilização, é óbvio que a intervenção imediata e responsável é fundamental para uma reação acelerada do tecido no processo cicatricial.

Nas lesões desportivas e traumatológicas e ortopédicas, um campo muito explorado atualmente pela Fisioterapia, existe uma complexidade enorme na transição do atleta e/ou paciente para as atividades de rotina. A responsabilidade de organizar programas de reabilitação científicos e eficientes obriga-nos a uma dedicação integral para que haja total recuperação no menor espaço de tempo possível.

Reações metabólicas

Nossa meta é estudar as informações que o mundo inteiro utiliza na prática fisioterapêutica. Em alguns casos, resumimos nosso tratamento sempre ao que só acreditamos, mas temos de disponibilizar recursos que sejam eficientes e estar sempre em dia com o conhecimento geral, por exemplo, as reações metabólicas relacionadas ao período de imobilização.

As fibras musculares utilizam a insulina para manutenção da homeostasia de seu metabolismo, cuja ação intervém na captação de glicose e produz responsividade às cadeias de processos metabólicos.

Os receptores nicotínicos de placa motora são fundamentais ao tecido muscular, aumentando a sensibilidade à insulina.[6]

É fato que o período de imobilização provoca hipotrofia muscular, diminuição da flexibilidade, redução da capacidade de mobilização articular e a mais significativa alteração, a fibrose intramuscular.[12] Porém, essas alterações pós-imobilização são pioradas com o quadro da alteração na homeostasia metabólica, comprometendo a síntese de proteínas miofibrilares ou não miofibrilares. Essas complicações alteram completamente o mecanismo contrátil. As perdas já mencionadas vêm acompanhadas da hipotrofia e da incompetência funcional.[1,2,13]

Nosso compromisso e nossa ética profissional nos obrigam à perícia e à prudência, bem como a evitar que nosso paciente sofra transtornos piores que antes da cirurgia ou da imobilização. Qin[19] citou que a contração muscular induzida eletricamente pode prevenir o acúmulo do tecido conjuntivo e a ocorrência da atrofia muscular (estudar seção "Eletrotermoterapia").

Uma das medidas é o uso da estimulação elétrica neuromuscular, por exemplo, a corrente bifásica simétrica senoidal, que tem sido um dos aliados no fortalecimento muscular durante o período de imobilização[6] e pode colaborar na manutenção de massa muscular, reduzindo o período inativo do atleta. A microcorrente, com sua função reparadora, pode acelerar a cicatrização com uma de suas características de ressíntese de ATP, com produção de ATP em grande escala e consequente aumento da síntese de proteína e do transporte de íons. Associados, esses processos são elementos iniciais para o desenvolvimento de tecidos saudáveis.[5] Segundo Craft (1998), a microcorrente é a forma de curar natural mais rápida do mundo.[4]

Nossa empreitada não é devolver o atleta antes do previsto, mas aumentar o número de horas atendendo-o, além, claro, de estipular um tratamento subsidiando ao organismo condições de aumentar a ressíntese de ATP[4] (estudar seção "Bioeletricidade – Eletricidade do tecido vivo").

Referências

1. Booth M. Effects of Limb Immobilization on Skeletal Muscle. J Appl Physiol: Respirat Environ Exercise Physiol. 1982;52(5):1113-8.

2. Booth FW. Physiologic and Biochemical Effects of Immobilization on Muscle. Clin Orthop Relat Res. 1987;(219):15-20.

3. Chargé SBP, Rudnicki MA. Cellular and Molecular Regulation of Muscle Regeneration. Physiol Rev. 2004;84(1):209-38.

4. Craft J. Massage Your Horse With Health, Love, and Joy. Hawaii: Dr. Joy Craft; 1998.

5. Cheng N, Van Hoof H, Bockx E, Hoogmartens MJ, Muliers JC et al. The Effect of Eletric Current on ATP Generation, Protein Synthesis, Membrane Transport in Rat Skin. Clin Othop Relat Res. 1982 Nov-Dec;(171):264-72.

6. Evangelista AR. Eletroestimulação: o exercício do futuro. São Paulo: Phorte; 2006.

7. Fisher BD, Baracos VE, Shnitka TK, Mendryk SW. Ultrastructural Events Following Acute Muscle Trauma. Med Sci Sports Exerc. 1990;22(2):185-93.

8. Garcia MT, Kanaan S. Bases moleculares da resistência à insulina. J Bras Pathol. 1997;33(3):154-9.

9. Grounds MD. Towards Understanding Skeletal Muscle Regeneration. Pathol Res Pract. 1991;187(1):1-22.

10. Jarvinen T, Kaariainen M, Jarvinen M, Kalimo H. Muscle Strain Injuries. Curr Opin Rheumatol. 2000;12 (2):155-61.

11. Kaariainen M, Jarvinen T, Jarvinen M, Rantanen J, Kalimo H. Relation Between Myofibers and Connective Tissue During Muscle Injury Repair. Scand J Sci Sports. 2000;10(6):332-7.

12. Kannus P, Parkkari J, Sievanen H, Heinonen A, Vuori I. Epidemiology of Hip Fractures. Bone. 1996;18(Sup.):57S-63S.

13. Krasnoff J, Painter P. The Physiological Consequences of Bed Rest and Inactivity. Adv Ren Replace Ther. 1999;6(2):124-32.

14. Lefaucheur JP, Sebille A. The Cellular Events of Injured Muscle Regeneration Depend on the Nature of the Injury. Neuromuscul Disord. 1995;5(6):501-9.

15. Lieber RL, Fridén J. Mechanisms of Muscle Injury Gleaned From Animal Models. Am J Phys Med Rehabil. 2002;81 (11 Suppl.):S70-9.

16. Mauro FS. Satellite Cells of Skeletal Muscle Fibers. J Biophys Biochem Cytol. 1961;9:493-5.

17. Mercier J. Muscle Plasticity and Metabolism: Effects of Exercise and Chronic Diseases. Mol Aspects Med. 1999;20:319-73.

18. Minamoto VB, Bunho SR, Salvini TF. Regenerated Rat Skeletal Muscle After Periodic Fisioterapia em Movimento, Curitiba. 2006 jan./mar.;19(1):73-80.

19. Qin L, Appell HJ, Chan KM, Maffulli N. Electrical Stimulation Prevents Immobilization Atrophy in Skeletal Muscle of Rabbits. Arch Phys Med Rehabil. 1997;78(5): 512-7.

20. Williams PE, Catanese T, Lucey EG, Goldspink G. The Importance of Stretch and Contractile Activity in the Prevention of Connective Tissue Accumulation in Muscle. J Anat. 1988;158:109-14.

21. Wills CA. Effects of Immobilization of Human Skeletal Muscle. Orthopaedic Review. 1982;11:57-64.

Seção 20

Biomecânica

Alex Evangelista
Fábio Marcelo Teixeira de Souza

Conceitos

A Física e o homem

Quando ingressei na Fisioterapia, muitas dúvidas sobre a importância de algumas matérias eram incessantes. E a dúvida mais frequente era sobre o verdadeiro significado da Física na minha vida profissional.

Hoje, mais do que nunca, entendo que a Física Elétrica e a Física Mecânica são rotina na minha prática diária. Os conceitos de cinemática, por exemplo, podem ajudar no entendimento de um salto em distância, e a cinética pode investigar as forças que geram o movimento da marcha de um indivíduo.

Entenda o seguinte: a Física Mecânica é a área com que mais temos contato diariamente. No dia a dia, situações em que você experimenta o equilíbrio ou um simples movimento de sentar-se numa cadeira terão de aplicar a Física Mecânica.

Algumas lesões mais complexas podem ser tratadas com simplicidade quando conhecemos as forças internas que geram torque e as forças externas envolvidas no movimento. Outras complicações são agravadas pelo desconhecimento de que alguns segmentos não se articulam em torno de um ponto, mas de um centroide. E que esses mesmos segmentos não são exatamente corpos rígidos.

Neste capítulo, abordaremos temas que nos permitem entender com clareza a importância da Física mecânica para as atividades de recuperação fisioterapêutica.

Cinesioterapia

Utilizar os movimentos tridimensionais, imitar os movimentos da atividade de vida diária como forma de tratamento é o principal conceito da cinesioterapia para alcançar de forma eficaz a *prevenção*, a *cura* e a *reabilitação*.[1]

Vale ressaltar que não existe protocolo preexistente para a reabilitação. Cada indivíduo tem de ser observado separadamente, respeitando-se suas individualidades biológicas. Portanto, é fundamental o pleno conhecimento de *Anatomia, Fisiologia, Biomecânica* e *Semiologia* para ampliar nossa capacidade de cura.

Objetivos

É a manutenção ou a recuperação da função e do bem-estar do homem. Sua principal ideia é garantir o movimento funcional com o máximo de qualidade.

Os maiores objetivos da cinesioterapia estão na recuperação de:[1,2,3]

- força;
- resistência à fadiga;
- mobilidade e flexibilidade;
- relaxamento;
- coordenação motora.

Biomecânica

É a compreensão da função musculoesquelética.[1-7]

Quando as alavancas ósseas recebem determinada carga, os músculos produzem força para controlar essa carga. O sistema ósseo pode ter uma ação estática ou dinâmica contra uma resistência.

- *Estática*
  - Repouso.
  - Movimento uniforme.

- *Dinâmica*
  - Acelerando.
  - Desacelerando.

Para o início do estudo biomecânico, formaremos dois conceitos fundamentais: *cinemáticah* e *cinética*.

Cinemática

As leis físicas acabam influenciando de alguma maneira as diversas formas de tratamento. No estudo da cinemática, as leis de Isaac Newton dão fundamento para a formação de um conceito.

Cinemática é a ciência que descreve as posições e os movimentos do corpo no espaço.

Primeira Lei de Newton

Um corpo que esteja em movimento ou em repouso tende a manter seu estado inicial.[13]

A primeira Lei de Newton pode ser deduzida da segunda, o que pode parecer uma perda de tempo:

$$F = m \cdot a$$

Pensemos que F = 0 nos faz entender que a massa do corpo ou a sua aceleração é zero e, por conseguinte, velocidade constante.[13]

Mas a verdadeira importância da primeira Lei de Isaac Newton se destaca quando temos a questão dos referenciais.

Sabe-se que é "repouso ou movimento retilíneo uniforme", mas em relação a quê?

Obviamente, a resposta dessa pergunta é a relação a um ponto de referência inercial.

Colocando essa questão em nossa conversa, conseguiremos entender melhor a vital importância da primeira Lei de Newton.

Agora, pensemos num carro em aceleração numa curva acentuada. As pessoas parecem experimentar a sensação de que estão sendo jogadas para fora do carro. Se pararmos para refletir, colocaremos uma grande interrogação nesse conceito. A maior dúvida é se essa força produz acelerações iguais em corpos de massas diferentes.

Como explicar essa misteriosa força? Dois pontos precisam ser abordados: essa força produz acelerações iguais em corpos de massas diferentes e ela não está sendo aplicada em um lugar específico, contrariando a terceira Lei de Newton.

Na verdade, explicaremos da seguinte maneira. Para entendermos, é necessário referencial inercial, caso contrário, as leis de Newton falhariam. Na verdade, quem estava sob ação de forças era o carro, e as pessoas dentro dele somente tentam manter sua posição de equilíbrio. O referencial, nesse caso, pode ser uma pessoa do lado de fora observando o carro.

Segunda Lei de Newton (Lei fundamental da dinâmica)

Esta é a lei que fundamenta a dinâmica. Uma resultante de um sistema de forças fica sujeita à aceleração.

Portanto, é importante falar que um corpo em repouso também está sujeito à ação da força gravitacional. Muito embora em repouso o corpo não dependa da velocidade, consideramos que essa é uma força de conservação.

Usamos comumente essa força para trabalhos de estabilização de tronco (ver seção "Hidroterapia em Ortopedia"). Um corpo é sensível à variação de velocidade, e quanto maior for a velocidade, maior a sensibilidade, mas vale ressaltar que o corpo não é sensível à velocidade, mas à variação dela.

Terceira Lei de Newton (Lei da ação/reação)

Quando um corpo (A) exerce força sobre o corpo (B), este exercerá uma força com a mesma intensidade e direção, mas sentido contrário sobre o corpo (A).

Mas deveríamos perguntar: se as forças têm a mesma intensidade, direção e sentidos opostos, suas ações não se anulariam?

É simples: não se anulariam porque as forças foram aplicadas em corpos diferentes, existem pontos diferentes de aplicação de força.

Princípios do trabalho e energia

Muitos estudiosos acreditam que são necessárias muitas fórmulas para se calcular o trabalho de força. Trabalho e energia são princípios importantíssimos no dia a dia da aplicação da cinesioterapia; a fórmula indicada é:[1,2,11,14,15]

> *Trabalho (W) = força (F) x distância (d)*
> *Trabalho (w) = trabalho realizado pela força, unidade joule*
> *Força (F) = força que produz deslocamento*
> *Distância (D) = distância ou deslocamento sofrido pelo corpo*

O trabalho ainda pode ser negativo (w < 0), positivo (w > 0) ou nulo (w = 0).

O trabalho é positivo quando a força é a mesma que o deslocamento do corpo. Será negativo quando o deslocamento for exatamente inverso ao do corpo em relação à força (180°) e o trabalho é nulo quando seu deslocamento é perpendicular (90°) ao sentido da força – trabalho igual a zero.

É simples entendermos na prática, pois todo trabalho é executado à medida que a força é capaz de vencer uma resistência e desloca um objeto em uma direção paralela ao componente de força de resistência.

Durante a recuperação, temos de pensar na cicatrização do foco lesionado, antes de aumentar os níveis de força. Se imputarmos um trabalho de força sem o devido suporte prévio, esse trabalho poderá não alcançar os objetivos. Somos capazes de garantir um melhor metabolismo celular durante a recuperação com a microcorrente e propiciar a manutenção do trofismo muscular mesmo no período de imobilização com a corrente russa (ver seção "Bioeletricidade – Eletricidade do tecido vivo"). Energia é a capacidade de fazer trabalho. A energia mecânica e o calor são formas de energia.[1,2,4,14,15]

Dividiremos a energia mecânica em dois grupos: energia cinética e potencial. A energia potencial pode ser liberada e converter-se em energia cinética, conhecida como energia de movimento (ver seção "Energia potencial elástica").

A cinemática subdivide-se em:

Osteocinemática

O grande evento na vida profissional de um fisioterapeuta é o conhecimento pleno do movimento humano. Conhecer cada movimento fisiológico permite um trabalho de recuperação dentro de um conceito cinesioterápico perfeito.

Os movimentos fisiológicos da diáfise são conhecidos como osteocinemáticos. De acordo com os planos cardeais do corpo, os movimentos podem ser realizados voluntariamente pelo paciente.[9]

- *Rotação* – É um simples giro em torno de um eixo mecânico. Esse movimento é executado tanto no sentido horário quanto no anti-horário. Conhecida como rotação pura, não pode ser acompanhada por nenhum outro tipo de movimento. Somente a cabeça do fêmur, o úmero e o rádio podem executar uma rotação pura.[15]

- *Balanço* – É todo aquele movimento que não segue a rotação pura. O balanço pode ser subdividido em duas fases:

  - *Puro ou cardinal* – A rotação não é simultânea no balanço, entretanto, esse movimento cruza a menor rota entre dois pontos.[15]

  - *Impuro ou arqueado* – Neste caso, a rotação ocorre simultaneamente e, consequentemente, é o inverso do puro ou cardinal, em que a distância entre dois pontos é maior.[15]

Artrocinemática[1,2,11,15]

As superfícies articulares influenciam os movimentos artrocinemáticos. Esses movimentos estão subdivididos em três partes:

- *Deslizamento / Tração*

As superfícies articulares são congruentes. Vale ressaltar que não são totalmente congruentes, portanto, não ocorre o deslizamento sozinho.

Deslizamento/tração ocorre quando um ponto da superfície em movimento entra em contato com novos pontos sobre outra superfície.

- *Rolamento / Angular*

As superfícies são incongruentes, e ocorre quando novos pontos de duas superfícies entram em contato.

- *Rotação / Giro*

Quando um eixo mecânico estacionário em seu redor sofre uma rotação, longitudinal do próprio osso.

Regra do côncavo e do convexo

As articulações sinoviais normalmente possuem uma superfície em côncavo/convexo. Em situações nas quais a articulação possui uma superfície quase plana, existe uma estrutura cartilaginosa moldando em formato côncavo/convexo.

O mais certo a se afirmar quanto à superfície côncava é que o deslizamento vai ocorrer na direção do movimento da diáfise óssea, e o contrário acontece quando a superfície é convexa.

A direção dos movimentos das técnicas de mobilização utilizando o deslizamento é dependente da relação entre o formato das superfícies articulares e a direção de movimentos.[8,9]

Quanto à superfície articular, afirmaremos que, quando for côncava, será estacionária, e a convexa é móvel; o deslizamento na articulação ocorre na direção oposta à do movimento ósseo. Quando a superfície convexa é estacionária e a côncava é móvel, o deslizamento na articulação ocorre na mesma direção que a do movimento ósseo.[15]

Cadeias cinéticas

O conceito de cadeia cinética foi originalmente definido pela Engenharia Mecânica.[15] A Fisioterapia começa a usar esses termos adaptados ao movimento humano a partir de 1955, quando Steindler[16] propôs a adaptação desse conceito ao corpo humano.

Limitação dos movimentos:[15]
- fusão articular
- rigidez dos tecidos moles
- dor

Compensação:[15]
- hipermobilidade
- instabilidade
- dor em outras articulações

Aberta e fechada

A cadeia cinética aberta é conceituada quando o segmento distal está livre no espaço. Para o nosso melhor entendimento, analisaremos primeiro a movimentação em cadeia cinética fechada, em que a extremidade do segmento fica fixa. A Figura 20.1(A) representa a tíbia e o pé. A Figura 20.1(B) demonstra bem que, com o pé fixo no solo, a articulação do tornozelo só permite a flexão da tíbia à frente. Quando o ângulo entre o pé e a tíbia diminui, conceituamos de dorsiflexão. Na Figura 20.1(C), percebe-se que a tíbia volta à posição original com a ação do sóleo concentricamente, aumentando o ângulo entre a tíbia e o pé (flexão plantar).

É importantíssimo lembrar que a tíbia tem o movimento de rotação sobre o pé fixo.[4]

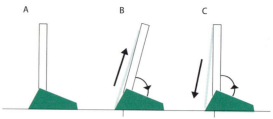

Figura 20.1 – Movimento da tíbia.

Agora observaremos na Figura 20.2 a seguir que a tíbia é fixa e o pé tem liberdade sobre ela. Com força gravitacional, o pé faz flexão plantar sob o comando do tibial anterior. Para a ação da dorsiflexão, o tibial anterior contrai-se concentricamente.

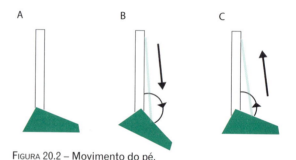

Figura 20.2 – Movimento do pé.

Movimentos articulares

Estudo das articulações[9]

Sinartroses ou fibrosas (articulações imóveis)

São especialmente separadas por uma delgada lâmina de periósteo fibroso, por exemplo, as suturas do crânio.

Anfiartroses (semimóveis)

Denominadas sínfises, essas articulações são muito pouco móveis.

Sindesmoses

São ligamentos que unem os dois ossos e têm pouca elasticidade limitando o movimento, por exemplo: tibiofibular inferior, radioulnar inferior e coracoacromial.[6,7,8,9,12]

Sincondroses ou sínfises

Também conhecidas como cartilaginosas, sua união é feita por ligamentos e separados por um disco fibrocartilaginoso, por exemplo: sínfise púbica.[6,7,8,9,12]

Diartroses (móveis)

As articulações sinoviais estão na maioria das articulações do corpo e permitem excelente mobilidade dos ossos entre si. Além da membrana sinovial, apresentam uma cavidade articular verdadeira.[8,9,12] Tipos de diartroses:

- *Articulações não axiais*

  - *Existe deslizamento (planas ou artrodiais)*: permitem o deslizamento ou a torção (femuropatelar – selar, intercarpianas e intertarsianas). Possuem suas superfícies planas ou quase planas cobertas por uma cartilagem hialina (processos articulares das vértebras cervicais).[8,9,12]

- *Articulações monoaxiais (um grau de liberdade)*

  - *Articulações em dobradiça (gínglimo)*: apresentam movimentos em torno de apenas um eixo. Sua superfície côncava gira em torno de uma convexa e permite o movimento de flexão e extensão (cotovelo e interfalangianas – eixo sagital).

  - *Articulações rotatórias ou em pivô (trocloides)*: são formadas por um processo em forma de pivô e giram dentro de um anel osteofibroso. Ocorre a rotação em torno de um eixo longo ou vertical (articulações radioulnar e atlantoaxial).[8,9,12]

- *Articulações biaxias (dois graus de liberdade)*

  - *Articulações elipsoides*: movimentos em torno de dois eixos, têm semelhança com a condilar, mas com funções distintas. Seus movimentos se realizam em dois eixos (frontal e sagital); permitem também a circundução.[6,7,8,9,12]

  - *Articulações condilares, também conhecidas como bicondilares*: recebem o nome de côndilo, que se articula com a cavidade de outro osso (temporomandibular, joelho e metacarpofalangianas 2 e 5).[8,9,12]

  - *Articulações em sela*: relacionam-se com outra superfície de igual curvatura. Alguns autores relacionam-nas como triaxial (metacarpofalangiana do polegar, esternoclavicular, calcaneocubóidea). Nos eixos sagital e frontal, ocorre circundução e pequena rotação (rotação conjugada, não ocorre isolada).

- *Articulações triaxiais (três graus de liberdade)*

    - *Articulações esferoides ou enartroses (multiaxiais)*: são uma forma de articulação na qual o osso distal é capaz de movimentar-se em torno de vários eixos (quadril e úmero). Circundução, eixo sagital, frontal e longitudinal.[6-9,12]

- *Articulações falsas ou funcionais*

    - *Sulco biciptal*: entre o sulco intertubercular do úmero e o tendão da cabeça longa do bíceps ocorrem movimentos.

    - *Escapulotorácica*: entre a fáscia do tórax e a fáscia do músculo serrátil anterior existem movimentos.

    - *Supraumeral (ou subacromial)*: também conhecida como desfiladeiro do supraespinhoso. As diversas bolsas entre as estruturas, ósseas, ligamentares e musculares na região facilitam os movimentos. Existem movimentos entre a cabeça do úmero e o arco formado pelo colo da escápula, o processo do acrômio, o ligamento coracoacromial rígido e o processo coracoide.[8,9,12]

Movimentos das superfícies articulares

Não existe recuperação sem o conhecimento destes conceitos.

Uma articulação saudável pode sofrer três tipos de movimentos entre as superfícies: *rolamento ou balanço* (cada ponto subsequente de uma superfície faz contato com um novo ponto na outra superfície), *deslizamento ou escorregamento* e *rotação ou giro* (o mesmo ponto faz contato com novos pontos da outra superfície). Combinações entre esses três tipos de movimento permitem, mesmo em uma pequena superfície articular, uma grande amplitude de movimento.[8,9,12]

Os eixos articulares criam dificuldades para estudiosos de Biomecânica numa série de eventos, pois os eixos não são perpendiculares aos eixos longitudinais dos ossos, mas oblíquos. Esse fenômeno é chamado de *ângulo de carregar* e dificulta a industrialização de aparelhos mecânicos (órteses, próteses, equipamentos para exercícios e goniômetro). A complexidade dos eixos dos segmentos corpóreos é aumentada porque não permanecem imóveis durante o movimento; seguem naturalmente uma trajetória curva.[8,9,12]

Posição de ajuste máximo e ajuste frouxo

- *Ajuste máximo:* quando o casamento das superfícies ovoides das articulações é perfeito, tendo uma área de contato máxima das superfícies. Esse modelo articular possui uma tensão mecânica em compressão que torna difícil tracioná-las. Só existe um ponto de congruência que possui um movimento capaz de influenciá-lo, normalmente no extremo da amplitude articular.[8,9,12,13]

- *Ajuste frouxo:* exatamente onde as superfícies ovoides não se casam com perfeição, formando uma superfície incongruente. Nesse caso, podemos tracionar vários milímetros, pois as estruturas capsulares e ligamentares estão frouxas.[8,9,12,13]

Principais movimentos articulares:

- flexão;
- extensão;
- abdução;
- adução;
- rotação medial;
- rotação lateral.

Tipos de movimentos

- *Rotação medial ou interna* – É uma rotação transversa direcionada para a superfície anterior do corpo.

- *Rotação lateral ou externa* – É uma rotação transversa direcionada para a superfície posterior do corpo.

Observação: situações especiais:

Pronação do antebraço – rotação medial.
Supinação do antebraço – rotação lateral.

Desvio ulnar – adução do punho.
Desvio radial – abdução do punho.

Polegar – flexão/extensão ocorrem no plano frontal; abdução/adução ocorrem no plano sagital.

Inversão – rotação medial do tornozelo.
Eversão – rotação lateral do tornozelo.

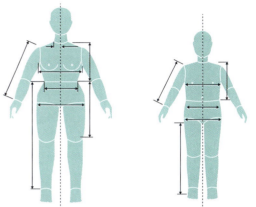

FIGURA 20.3 – A avaliação detalhada define o sucesso nos resultados do tratamento, portanto é necessário investigar todos os detalhes biomecânicos do paciente para uma postura de tratamento individualizada.

Planos e eixos

Existem três planos de eixos, todos eles perpendiculares entre si:

- *Plano frontal ou coronal* – Divide o corpo em anterior e posterior. Passa pelo eixo maior, dos pés à cabeça, perpendicular ao plano sagital.[8,9,12,15]

- *Plano sagital (mediano)* – Divide o corpo em partes direita e esquerda, podendo-se afirmar que algo que se aproxima desse plano é considerado medial e o que se afasta é lateral.[8,9,12,15]

- *Plano sagital* – É paralelo ao plano medial, também conhecido como plano parassagital, e possui um eixo transverso.[8,9,15]

- *Plano horizontal ou transverso* – Divide o corpo em duas partes caudal/cranial com um eixo longitudinal.[8,9,15]

Sistema de alavancas[13-15]

O conjunto de ossos, músculos e articulações forma alavancas semelhantes às alavancas mecânicas.

Os músculos podem agir de forma complexa fazendo parte de um conjunto com várias combinações de movimentos.

Citaremos três elementos básicos na formação de uma alavanca:

- eixo;
- braço de resistência;
- braço de força.

Com base na Física Mecânica, podemos começar a estudar *sistemas de alavancas*:

As três classes de alavancas possuem funções diferentes respectivamente, com vantagens e desvantagens mecânicas diferentes.

1. *Interfixa* – Também conhecida como alavanca de primeira classe. O eixo (E) está localizado entre a força (BF) e a resistência (BR).[13-15]

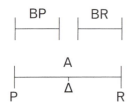

Figura 20.4 – Braço de alavanca da postura e equilíbrio.

Nesse caso, quando o braço de potência for menor, maior terá de ser a força muscular para manter o equilíbrio.

2. *Inter-resistente* – Também conhecida como alavanca de segunda classe ou segundo grau, o eixo (E) em uma das extremidades, a resistência (BR) no meio e a força (BF) na outra extremidade.[13-15]

Essa alavanca facilita a execução de movimentos de força. É um sistema econômico, em que o BR sempre será menor que o BP. Possui desvantagem em relação à velocidade.

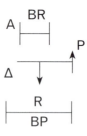

Figura 20.5 – R e P: mesma direção e sentidos opostos.

3. *Interpotente* – Também conhecida como alavanca de terceira classe, o eixo em uma das extremidades, a força no centro e a resistência na outra extremidade, um sistema antieconômico.[13-15]

Essa alavanca é a mais comum das alavancas do corpo. Sua maior vantagem é a extensão do movimento. Sua desvantagem é em relação ao uso de força.

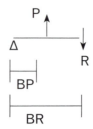

Figura 20.6 – P e R: mesma direção e sentidos opostos.

Vantagem mecânica (VM) da alavanca

Podemos encontrar a vantagem mecânica de uma alavanca obtendo a relação entre a distância de ação e a distância de resistência.

> VM = comprimento BF/comprimento BR

Vantagem mecânica é um termo utilizado pela Física para definir a eficiência de uma alavanca. Portanto, para definirmos a eficiência de uma alavanca, é necessário um pequeno esforço para vencermos uma grande resistência.

Afirmamos então que quando um braço de força for maior que o braço de resistência, terá uma vantagem mecânica. Nas alavancas de segunda classe, por exemplo, sempre teremos VM. É a íntima relação entre o comprimento do BP e o comprimento do BR, sendo as alavancas de terceira classe o inverso dessa relação.

Já as alavancas de primeira classe podem estar em vantagem ou desvantagem mecânica; isso vai depender de qual braço de força ou de resistência estiver mais próximo da resistência.[8,9,15]

No corpo humano

- Eixo → articulação.
- Resistência → peso do segmento (CG) e/ou resistência externa.
- Força ou potência → ação do músculo através da sua inserção.

Torque ou momento de força[13-15]

Este estudo físico é associado ao movimento de rotação de um corpo, em torno de um eixo, resultante na aplicação de uma força a esse corpo.[13-15]

O emprego do nobre conceito de torque está intimamente ligado à magnitude de sua relação prática e à compreensão das técnicas de seu cálculo.

A fórmula empregada do módulo de *torque* de uma força relativa a certo eixo é:

> Torque = força x distância (distância perpendicular)

Vale ressaltar que o vetor força tem de ser perpendicular à distância "d". A trigonometria será usada no caso de não existir o componente perpendicular.

Resumindo:

Quando uma maçaneta está quebrada, é muito difícil girá-la para abrir a porta. Para produzirmos a rotação, também chamada de "momento angular", essa força deve ser exercida de um ponto diferente do ponto de rotação e que seja perpendicular ao raio de giro.

> T = componente rotatório x distância perpendicular

Então, teremos:[13-15]

> P ou F = N ou kg
> Braço = m ou cm

Torque de potência

$$Tp = P \times Bp$$

Torque de resistência

$$Tr = R \times Br$$

Relação entre Tp E Tr

$$Tp > Tr$$
$$Tp = Tr$$
$$Tp < Tr$$

A Física nos permite sair do achismo e concluir com precisão sobre o movimento humano. Diante de todo movimento que tiver um componente rotacional, pensaremos em duas variáveis para que o gesto seja mais ou menos potente: a força que o move e a distância perpendicular a que essa força está do eixo do giro.[15]

- *Movimento rotatório (angular)*[12]

A flexão da coluna é um exemplo de movimento rotatório. A magnitude de velocidade em movimento curvilíneo é dada por:

$$a = v^2/r$$

- *Movimento linear*[12]

Também conhecido como translatório. O movimento do corpo humano nos permite observar diariamente diversas experiências. Pode ser linear com velocidade variável. Cada ponto move-se através da mesma distância, no mesmo espaço de tempo, em trajetórias paralelas.

Resumindo:

Em movimentos lineares verdadeiros de uma alavanca óssea, sem componente rotacional, podem ocorrer compressão e descompressão em pequenas extensões.

Torques internos e externos[8-12]

No corpo humano, existem dois tipos de torque que agem de forma extrínseca e intrínseca.

Por exemplo, durante o exercício de extensão de joelho, o torque produzido pela resistência do peso eleito numa cadeira extensora produz um torque extrínseco, e a ação dos músculos em suas inserções produz os torques internos.

Fatores de mudanças de torques[8-12]

O torque sofre interferência dos músculos ao longo da amplitude do movimento articular. A variação do braço de alavanca determina o torque durante a amplitude de movimento (distância perpendicular do vetor de ação muscular ao eixo articular).

Estudamos em comprimento x tensão (estudar seção "Energia potencial elástica") que a força muscular varia à medida que seu comprimento varia.

Polias anatômicas[8-12]

Leiam com muita atenção cada parágrafo anterior e entendam o seguinte: a polia anatômica muda a direção, mas é incapaz de interferir na magnitude da força muscular.

Portanto, a mudança de direção resulta no aumento na capacidade de gerar torque pelo músculo.

Força e resistência[13-15]

Quando um músculo sofre uma resistência durante o momento de força, ele pode responder de três maneiras:

- a resistência vence a força;
- a força vence a resistência;
- a força é igual à resistência.

Na contração concêntrica, sempre a resistência será vencida pela força, permitindo que o movimento possa acontecer.[6-12]

Na contração excêntrica, sempre a força será vencida pela resistência imposta, não permitindo que o movimento seja realizado.[6-12]

Na contração isométrica, a força é sempre igual à resistência imposta, tornando a ação estática.[6-12]

Resumindo, sendo força (F) e resistência (R):

- quando Fq > R, contração concêntrica;
- quando Fq < R, contração excêntrica;
- quando Fq = R, contração isométrica.

Relação comprimento x tensão

Estudar seção " Energia potencial elástica".

Relação velocidade de contração x tensão

Quanto maior a velocidade de contração, menor será a tensão produzida pelos músculos e vice-versa (estudar seção "Energia potencial elástica").

Referências

1. Hall CM, Brody LT, Taranto G. Exercício terapêutico: na busca da função. São Paulo: Guanabara Koogan; 2001.

2. Dangelo JG, Fattini CA. Anatomia humana sistêmica e segmentar. 2. ed. São Paulo: Atheneu; 2002.

3. Netter FH. Atlas de anatomia humana. 3. ed. Porto Alegre:, Artmed; 2003.

4. Van De Graaff KM, Wafae N. Anatomia humana. 6. ed. São Paulo: Manole; 2003.

5. Lynn L. Cinesiologia clínica para fisioterapeutas. 3. ed. Rio de Janeiro: Guanabara Koogan; 2003.

6. Machado ABM. Neuroanatomia funcional. São Paulo: Atheneu; 2000.

7. Spence AP. Anatomia humana básica. 2. ed. São Paulo: Manole; 1991.

8. Hamill J, Kathleen H Bases biomecânicas do movimento humano. São Paulo: Manole; 1999.

9. Smith LK, Weiss EL, Lehmkuhl L. Don - Cinesiologia clínica de Brunnstrom. 5. ed. São Paulo: Manole; 1997. p. 259-304.

10. Frankel VH, Nordin M. Biomecânica básica do sistema musculoesquelético. Rio de Janeiro: Guanabara Koogan; 2003.

11. Hall S. Biomecânica básica. Rio de Janeiro: Guanabara Koogan; 2000.

12. Kapandji IA. Fisiologia articular. São Paulo: Manole; 1990 (Vol. 1, 2, 3).

13. Halliday D, Resnick R, Walker J. Fundamentos de Física: Mecânica. 6. ed. Rio de Janeiro: Livros Técnicos e Científicos Editora S.A.; 2002 (Vol. 1).

14. Moysés Nussenzveig H. Curso de Física Básica 1 - Mecânica. 3. ed. São Paulo: Edgard Blücher; 1981.

15. Fabio Marcelo TS. Apostila do curso de Biomecânica funcional.6. ed. Rio de Janeiro: Núcleo AMA; 2001. p. 1-113.

16. Rivera JE. Open Versus Closed Kinetic Chain Rehabilitation of the Lower Extrenity: A Functional and Biomechanical Analysis. I Sports Rehabil. 1994;3:154-67.

17. Steindler A. Kinesiology of the Human Body Under Normal and Pathological Conditions. Springfield: Charles C Thomas; 1995.

Seção 21

Principais lesões tráumato--ortopédicas

Alex Evangelista
Marcela Mendes de Almeida Gomide Leite

Conceitos

Para o fisioterapeuta, é imprescindível o conhecimento das estruturas articulares e de suas possíveis lesões, fundamento de um tratamento sistematizado e importante subsídio das ações de prevenção.

No processo de recuperação acelerada, a resposta será tanto melhor quanto mais se tiver adotado um conjunto de procedimentos preventivos para o fortalecimento musculoesquelético, se houver oportunidade de contato anterior com o cliente.

As lesões podem ser classificadas em traumáticas ou por uso excessivo da articulação. Embora uma afecção musculoesquelética possa ocorrer secundariamente a uma lesão traumática, na maioria dos casos é consequência do uso excessivo da articulação. O mecanismo usual é a sobrecarga repetitiva e por longos períodos na unidade musculotendínea, excedendo o limite fisiológico. Quando não ocorrem reparo e adaptação em tempo hábil, essa sobrecarga resulta em microtraumas consecutivos, desencadeando a inflamação e outros sintomas.

Segundo Sahrmann,[52] "o movimento é um sistema composto de vários elementos; cada um deles exerce uma função básica relativamente única, necessária para a produção e regulação dos movimentos". O sistema cinesiopatológico mostra a interação dos elementos – a base, o modulador, os elementos biomecânicos e o suporte – e seus componentes. A base para o movimento são os sistemas muscular e ósseo; os componentes do modulador regulam o movimento por meio do controle sobre os padrões e as características da ação muscular, que é realizado pelo sistema nervoso; o biomecânico compreende a estática e a dinâmica; e finalmente o suporte, que é formado pelos sistemas cardiopulmonar e metabólico. Cada componente desses elementos é indispensável para o movimento e, consequentemente, qualquer alteração resultará em uma limitação funcional. Observe o esquema função x disfunção a seguir:

Portanto, "os movimentos repetitivos que fazem parte das atividades diárias, das atividades esportivas e de condicionamento são capazes de provocar alterações indesejáveis nos componentes do movimento".

Este capítulo focaliza as peculiaridades das articulações e suas principais lesões, sem pretensão de esgotar o tema. Descreve padrões significativos que podem ser previstos como pontos de partida para se explicar as condições subjetivas dos indivíduos sob cuidados fisioterapêuticos para tornar sistêmico o tratamento.

Coluna vertebral

Os homens adotaram a postura ereta e começaram a andar sobre duas pernas, necessitando, assim, de uma musculatura extensora para manter o corpo ereto contra a gravidade. A coluna vertebral passou a ser exigida a novos padrões de força por meio da diferente distribuição de peso e tensão muscular, tornando-se o centro do corpo humano. Dessa forma, o tronco proporciona uma base estável e dinâmica para a realização de todos os movimentos. Além disso, supre a flexibilidade necessária à movimentação, protege a medula espinhal e forma, com as costelas e o esterno, o tórax, que funciona como um fole para os movimentos respiratórios. Segundo Basmajian e De Luca,[5] em uma postura perfeitamente alinhada, a linha vertical da gravidade corresponde à linha média entre o processo mastoide, um ponto exatamente anterior às articulações do ombro, as articulações do quadril ou um ponto atrás dela, um ponto à frente das articulações do tornozelo.

A frequência de problemas clínicos ou cirúrgicos é alta. Pesquisas mostram que 50%

a 80% dos adultos serão vítimas, no decurso de suas vidas, de alguma forma de dor decorrente de afecções da coluna vertebral, na maioria das vezes por uma postura inadequada durante o trabalho ou o repouso.

A coluna vertebral é composta por 33 vértebras, 7 vértebras cervicais, 12 torácicas e 5 lombares, mais as vértebras sacrais (5 vértebras fundidas) e coccígeas (4 vértebras rudimentares fundidas entre si), que permitem os movimentos de rotação, inclinação lateral e flexoextensão. Elas variam de formato e tamanho dependendo da sua localização, que influenciam na mobilidade e na estabilidade vertebral, mas apresentam estruturas similares. Apresentam corpo vertebral, pedículo, lâmina e processo espinhoso; entre as vértebras existem os discos intervertebrais, que facilitam os movimentos da coluna e atuam como absorventes de impacto.

Os discos intevertebrais, principal meio de união dos corpos das vértebras, estão presentes desde a superfície anterior do corpo do áxis até a junção lombossacral. Nas regiões torácica e lombar, eles são numerados e denominados de acordo com a vértebra sob a qual se encontram. Na região cervical, esse critério não é utilizado, pois o primeiro disco cervical une os corpos das vértebras C2 e C3. A forma do disco corresponde à do corpo ao qual ele está fixado. Os discos intervertebrais aderem ao corpo vertebral por meio da placa terminal cartilaginosa, que cobre as superfícies superior e inferior dos corpos vertebrais. Os discos são predominantemente avasculares; apenas a periferia recebe um suprimento sanguíneo; o resto, nutrição por difusão através da placa terminal cartilaginosa. Ele consiste em duas partes: uma porção periférica de fibrocartilagem, o anel fibroso e uma parte central, mucoide, o núcleo pulposo. O anel fibroso é composto por vinte anéis fibrosos concêntricos que se entrecruzam uns com os outros para aumentar a sua resistência e acomodar os movimentos de torção. O núcleo pulposo é um material mucoide de cor amarelada, altamente elástico e compressível; no entanto, quando o disco é comprimido, o núcleo pulposo libera o material aquoso que embebe o anel fibroso e a reabsorção deste ocorre quando o disco não está sob tensão. Dentro do anel fibroso, o núcleo pulposo localiza-se posteriormente ao centro de rotação do disco na coluna lombar. Portanto, o anel fibroso – corte transversal – é mais espesso, anterior e delgado posteriormente ao núcleo pulposo. Segundo Cheung,[14] o estresse mecânico pode produzir dano no disco intervertebral ou em outros componentes espinhais. A aplicação prolongada de sobrecarga aumenta a probabilidade de causar degeneração do disco e gerar insuficiência na nutrição e acúmulo de produtos excessivos em razão da troca inadequada de fluidos. Após uma hora de compressão estática de 1.000 N, o tamanho do disco diminui 3,2%, havendo perda de 5,3% de fluido e um aumento de 14,6% a 17,6% no total de sobrecarga na articulação facetária, enquanto na compressão vibratória há diminuição de 8,9% no tamanho do disco e perda de 20,2% de fluido.

A coluna apresenta três curvaturas fisiológicas: lordose cervical, cifose torácica e lordose lombar. As curvaturas cervical e lombar são compensatórias da postura ereta assumida pelo ser humano; portanto, mais móveis em relação à lombar e à sacral. A cervical suporta o peso da cabeça e alivia, em parte, a ação dos músculos posteriores em manter a extensão da cabeça e do pescoço. A lombar compensa a desvantagem da curvatura torácica e sustenta o peso do corpo. Nas mulheres, a curvatura cervical é mais branda, e a lombar, mais acentuada. Ao longo da coluna existe um sistema de ligamentos longitudinais posteriores e anteriores. Há também ligamentos menores ao redor das articulações e entre as vértebras e seus processos espinhais. Esses ligamentos são responsáveis pela estabilização passiva do tronco. A estabilidade ativa é auxiliada pelos músculos posteriores e anteriores.

A enorme variedade de movimentos do tronco é possível pela construção da coluna vertebral, consistindo em uma série de alavancas curtas unidas entre si. A amplitude de movimento possível entre duas vértebras adjacentes é relativamente pequena, restrita à quantidade de alteração que pode ocorrer na forma do disco intervertebral e pelo formato das facetas articulares das próprias vértebras. A coluna vertebral, quando considerada uma unidade, possui uma amplitude de movimento considerável em razão do somatório desses pequenos movimentos em toda a sua extensão.

Coluna cervical

A coluna cervical é formada por diversas articulações e é uma área na qual a estabilidade foi sacrificada em favor da mobilidade, tornando-a mais vulnerável à lesão. As articulações atlantoccipitais (C0-C1) são as duas articulações mais superiores, e o principal movimento delas é a flexoextensão, ou a inclinação lateral. Durante o desenvolvimento, o corpo vertebral do atlas, C1, evoluiu para o processo odontoide, que é parte de C2 e funciona como corpo vertebral de C1. Os processos articulares superiores do atlas são bicôncavos para articularem com os côndilos occipitais biconvexos, e os inferiores, bicon-

vexos, articulando com as facetas superiores biconvexas do áxis. O áxis, assim como o atlas, possui pequenos processos transversos e um arco posterior em vez de pedículos. As articulações C1-C2 são as mais móveis da coluna, e o seu principal movimento é o de rotação, e é o processo odontoide que atua como eixo para esse movimento (Panjabi et al.).[49] Karlberg et al.[36] observaram que C0 é mais fletido em homens do que em mulheres em relação a C1, e este é mais estendido em relação a C2.

A estrutura anatômica da coluna médio-cervical é semelhante à da coluna torácica e lombar, no entanto, possui algumas estruturas que só existem nessa região. O forâmen transverso que dá passagem para a artéria e a veia vertebrais é encontrado em todas as vértebras cervicais, exceto em C7, embora possam existir variações. Na coluna cervical superior, o forâmen transverso está localizado mais lateralmente do que na coluna médio-cervical, portanto, a artéria vertebral nessa região ascende numa direção mais lateralizada. É importante salientar que a rotação acima de 50° da coluna cervical pode levar ao dobramento da artéria vertebral contralateral; a artéria vertebral ipsilateral pode dobrar-se com o movimento de 45° de rotação. Esse dobramento pode causar vertigem, náusea, zumbido, desmaio, perturbações visuais ou, raramente, derrame cerebral. Os processos espinhosos são bífidos para permitir maior ADM (amplitude de movimento) até a extensão e fornecer grande vantagem mecânica para as inserções musculares.

Embora existam sete vértebras cervicais, há oito pares de raízes nervosas na coluna cervical. Isso ocorre porque a primeira raiz nervosa (C1) se localiza entre o occípito e C1, assim como as raízes de dois a sete também se localizam acima da vértebra da qual recebem o nome. A mudança da raiz nervosa para a localização inferior à vértebra da qual recebe o nome ocorre em C8 e continua assim por toda a coluna torácica e lombar.

Para garantir maior mobilidade artrocinemática, a coluna cervical depende do suporte ligamentar para permitir a sua função e evitar lesões. Existem ligamentos especializados para fornecer a estabilidade necessária. O ligamento apical; os ligamentos alares que limitam a amplitude de rotação contralateral que ocorre na articulação atlantoaxial. Há o ligamento cruciforme (em forma de cruz), que consiste em três feixes de fibras orientadas nas direções superior, inferior e transversa. Esse ligamento estabiliza o dente contra a faceta posterior do arco anterior do atlas e evita a subluxação em direção ao canal vertebral; posterior a este, existe a membrana tectorial. Esta se origina na porção basilar do osso occipital e forma a continuação do ligamento longitudinal posterior. O ligamento longitudinal posterior se liga aos discos intervertebrais adjacentes e às suas margens, prevenindo as herniações discais e a flexão excessiva dos corpos vertebrais. Na coluna cervical, esse ligamento é mais espesso e largo em comparação com a coluna lombar. Já o ligamento longitudinal anterior se origina na face inferior da região basilar do occipital e se estende até o sacro. Ele se une aos corpos vertebrais e ao disco intervertebral, mas não às bordas. Dessa forma, evita a hiperextensão dos corpos vertebrais. Os elementos vertebrais posteriores são estabilizados pelo ligamento flavo, que evita o pinçamento da cápsula e do menisco nas articulações facetárias; o ligamento nucal, que é uma membrana fibroelástica que limita a flexão cervical; e, por fim, o ligamento cervical, que dá resistência à flexão excessiva e divide os músculos cervicais posteriores em lados esquerdo e direito.[36,39,49]

A coluna cervical possui diversos músculos que influenciam a propriocepção e o controle postural, fornecendo movimentos ativos à coluna cervical e à parte superior do tronco. Esses músculos podem ser divididos em grupos anterior e posterior, de acordo com suas interseções em relação aos processos transversos. Segundo O'Leary, Vicenzino e Jull,[47] os músculos hioides são efetivamente flexores da cervical baixa e alta. O flexor longo da cabeça também flexiona a cervical alta. Já o ECOM (esternocleidomastóideo), os escalenos e o longo do pescoço realizam a extensão da cervical alta. Para Conley et al.[18] e Vasavada et al.,[55] os músculos longuíssimo do pescoço e da cabeça são considerados os músculos fundamentais para o controle segmentar cervical e para a manutenção da postura lordótica. A atividade muscular profunda é requerida em conjunto com a atividade da musculatura superficial para estabilizar os segmentos, principalmente nas amplitudes de movimento intermediárias funcionais, que são posturas comuns em atividades de vida diária.

A coluna cervical é uma área frequentemente lesionada no corpo humano, com patologias que variam desde lesoes de natureza crônica, em razão de hábitos posturais inadequados, àquelas agudas, de natureza traumática. Wiegand et al.[57] sugerem que a dor cervical na mulher está relacionada à questão hormonal (menopausa), pois o pico de incidência ocorre entre 45 e 60 anos, enquanto nos homens o pico ocorre entre 25 e 30 anos, em decorrência do desgaste mecânico. A dor cervical é capaz de alterar significativamente o controle postural (Kalberg et al.).[36] Também foi demonstrado recentemente que a aferência proprioceptiva cervical induziu alterações na capacidade de perceber a postura vertical correta (Grod e Diakov, 2002).[27] As principais causas de dor cervical são a artrose das últimas vértebras cervicais, os traumatismos por acidentes de trânsito e esportivos e as alterações musculares.

Durante a avaliação da coluna cervical, é imprescindível um exame minucioso da coluna torácica, da articulação temporomandibular e das extremidades superiores para assegurar que a patologia é de natureza cervical.

Lesões da coluna cervical

Lesões traumáticas da coluna cervical

Golpes na cabeça e na região cervical podem provocar fraturas das vértebras da coluna cervical e também causar luxações com lesões simultâneas das estruturas adjacentes, como às cápsulas, aos ligamentos e aos discos intervertebrais. Essas lesões podem ser estáveis ou instáveis, e os mecanismos e as lesões mais comuns são os movimentos de extensão ou flexão, as rotações violentas ou a compressão axial, quando o impacto é transmitido para a coluna cervical. Nas lesões por flexão, com o auxílio dos raios X, é importante que se defina se ela é estável ou instável. Na extensão, as lesões são similares, e podem ocorrer danos aos discos e ligamentos da região anterior e na parte posterior por compressão do corpo vertebral. Nos casos das rotações, estas podem ocorrer isoladamente ou associadas aos movimentos citados anteriormente.

As lesões da coluna cervical devem ser bem-diagnosticadas, pois nessa região estão localizadas estruturas nobres, como a medula espinhal, que, juntamente com as raízes nervosas, estão em risco quando sujeitas à pressão e podem ser danificadas por lesões ósseas e ligamentares.

- *Síndrome do chicote,* whiplash

A lesão em chicote ocorre quando o pescoço é rapidamente estendido e depois flexionado; é observada em acidentes automobilísticos, quando o veículo é atingido por outro na traseira. Pode causar lesões ligamentares, ósseas e musculares, resultando, em muitos casos, em dor crônica.

Os indivíduos com história de lesão em chicote apresentam dor na região cervical, principalmente durante a realização dos movimentos; dor irradiada ou hipoestesia nos membros superiores; comprometimento da sensibilidade da pele abaixo do nível da lesão; possível fraqueza ou paralisia muscular abaixo do nível da lesão.

É importante que seja realizado um exame detalhado do sistema nervoso, raios X e, se necessário, outros exames complementares da coluna cervical para avaliar sua estabilidade e a extensão do dano. A conduta dependerá da gravidade da lesão.

- *Cervicobraquialgia/Radiculopatia*

A etiologia das dores na região da coluna cervical pode ser por degeneração discal, hérnia ou formação de osteófitos. Essas alterações podem comprometer as raízes nervosas, resultando em quadro álgico. Geralmente, os sintomas são dor irradiada da região nucal para os ombros, o braço, o antebraço e/ou os dedos. A dor é profunda e difusa no caso da cervicobraquialgia, enquanto na radiculopatia apresenta limites claramente definidos, é intensa e aguda, seguindo a distribuição dos nervos afetados; hipoestesia e fraqueza dos membros superiores, podendo existir áreas completamente anestesiadas; dores de cabeça, insônia e, às vezes, vertigem podem estar associados ao quadro. Os raios X e a ressonância magnética devem ser realizados como exames complementares.

Cervicalgia

A dor localizada na região cervical que não irradia para os membros superiores é chamada de cervicalgia. Ela é uma lesão comum em razão da natureza enérgica e agitada da vida cotidiana atualmente. Consiste em uma condição dolorosa que ocorre após movimentos violentos de torção do pescoço, queda, tensão na coluna cervical ou também por uma postura inadequada da região cervical. Os pacientes relatam dor intensa no pescoço, relacionadas ao movimento de rotação; musculatura extremamente tensa e retraída; mobilidade da parte posterior do pescoço comprometida.

Segundo Tousignant et al.,[54] pacientes com dor cervical apresentam maior fadiga dos músculos ECOM e escalenos quando testados em 25% e 50% da contração voluntária máxima. Há uma grande correlação entre a lateralidade da dor e a fadiga do ECOM e dos escalenos, o que não foi observado no lado não afetado.

Outro achado importante: Elliot et al.[22] demonstraram que, em casos de dor cervical crônica, há uma substituição da musculatura por gordura. Se essa substituição ocorrer no músculo reto da cabeça posterior menor e maior, significa que o prognóstico desse indivíduo é ruim.

Síndrome do desfiladeiro torácico

A síndrome do desfiladeiro torácico é um comprometimento do plexo braquial e/ou da artéria ou da veia subclávia no pescoço ou na extremidade superior pelas estruturas anatômicas adjacentes. Em 95% dos casos, o plexo braquial está envolvido, o sistema arterial, em 5%, e o venoso, em 2%. Geralmente, as mulheres de meia-idade são mais acometidas. Essa síndrome pode resultar de alterações posturais, mobilidade reduzida nas articulações adjacentes ou nos tecidos moles ou em ambos, anomalias congênitas ou estresses ambientais ou traumáticos.[4]

Os sintomas serão diferentes de acordo com as estruturas acometidas. Os indivíduos com irritação nervosa relatarão dor irradiada para o braço seguindo uma distribuição segmentar, além de hipossensibilidade ou hipersensibilidade nessas regiões. No caso da obstrução do sistema vascular, ocorre dor isquêmica em toda a mão. Os sintomas comuns entre os pacientes são: dor, força de preensão reduzida, dormência e formigamento frequentemente presente na região do nervo ulnar. Podem também ocorrer sintomas vasculares que incluem alteração da temperatura da extremidade superior e da mão, sensação de peso, sudorese e fadiga rapidamente aliviada pelo repouso.[5]

As estruturas neurológicas e vasculares da extremidade superior passam através de espaços anatômicos que servem como possíveis locais patológicos em potencial para essa síndrome. Esses espaços são o esternocostovertebral, o triângulo dos escalenos, o espaço costoclavicular e o espaço do peitoral menor. No espaço costovertebral, a compressão é muito rara e ocorre em razão de um tumor da tireoide, linfonodos ou tumor de Pancoast no pulmão. No triângulo dos escalenos, as condições que causam tensão ou hiperatividade dos escalenos podem produzir compressão neurovascular entre os músculos escalenos anterior e médio ou podem elevar a primeira costela, reduzindo, então, o tamanho do triângulo dos escalenos. No espaço costoclavicular, a síndrome ocorre como resultado da depressão da cintura escapular e da fixação da clavícula na primeira costela. E por fim, no espaço peitoral menor, em que a compressão ocorre quando o braço é abduzido ou na hiperatividade do peitoral menor; nesta, ocorre quando o músculo peitoral menor é utilizado como um músculo acessório para a respiração. Cifose postural, trauma no peitoral menor ou na costela superior também podem provocar compressão.[28,36]

- *Espondilose cervical*

A espondilose cervical pode se desenvolver em razão de inúmeros fatores e, dependendo da sua gravidade e da sua localização, comprometer o sistema neurovascular. Esses fatores são: forâmen intervertebral ou canal vertebral com diâmetros geneticamente pequenos; raízes nervosas grandes em razão de tumores, hematomas ou cistos. Os osteófitos podem se desenvolver nas articulações facetárias ou nas uncovertebrais como resultado da tensão excessiva ou do próprio movimento articular. O ligamento longitudinal posterior ou o flavo podem se espessar e calcificar em virtude de tração excessiva crônica ou trauma. Geralmente, ocorre hipermobilidade nos segmentos adjacentes para compensar a falta de mobilidade. Os tecidos moles apresentam sinais de rigidez e espasmos causados pela facilitação neuromuscular.[36]

- *Travamento da articulação facetária*

O *impingment* em uma articulação facetária ocorre em razão do pinçamento da cápsula articular ou do aprisionamento de um corpo meniscoide em uma articulação facetária na coluna cervical. Isso pode resultar em uma rápida aproximação das superfícies articulares durante a realização dos movimentos cervicais ou por manter a cabeça e uma posição forçada por um longo período. O indivíduo apresentará a cabeça rodada e inclinada para o lado, com queixa de pescoço "travado" e dor cervical unilateral. A movimentação reduzida na inclinação e na rotação para o lado oposto e dor são observados, além de dor à palpação na articulação facetária afetada e espasmo muscular protetor na musculatura adjacente.[36]

Coluna torácica

A coluna torácica é um segmento do esqueleto axial adaptado para promover a estabilização e a sustentação do tronco e sustentação da região cervical. Essa região tem como característica a presença de uma cifose fisiológica e um grau restrito de movimento, promovido pelas costelas, as quais aumentam a estabilidade torácica. O plano das articulações facetárias move-se no sentido do plano vertical e frontal. Essa orientação limita os movimentos de flexão e permite a flexão lateral. As costelas e o esterno limitam os movimentos potenciais das vértebras torácicas. A extensão da torácica é limitada pelo contato dos processos espinhosos. Nessa região, os discos intervertebrais são menores e menos flexíveis em relação aos demais segmentos vertebrais. As costelas articulam-se com as hemifacetas nas vértebras T2-T9. Em T1 e T10, há uma faceta inteira para as costelas 1 e 10, respectivamente. A primeira costela articula-se somente com T1, a segunda, com T1 e T2, a terceira, com T2 e T3 e assim sucessivamente. As costelas de 1 a 7 articulam-se com o esterno diretamente e são classificadas como costelas verdadeiras. As outras, de 8 a 10, unem-se diretamente com a cartilagem costal da costela acima e são chamadas costelas falsas. Por fim, a 11 e a 12 só se articulam com os corpos vertebrais de T11 e T12, sendo consideradas costelas flutuantes. As vértebras torácicas inferiores apresentam menos restrições das costelas, e os planos das suas articulações facetárias são orientados sagitalmente. Os movimentos intervertebrais assemelham-se mais aos movimentos lombares, com a flexoextensão e a flexão lateral aumentadas e menor rotação. Segundo estudos de Chansirinukor, Lee e Latimer (2003), a diminuição do movimento das costelas gera uma hipomobilidade na região toracolombar e lombar uniformemente.[13]

Lesões da coluna torácica são raras nos atletas. Na maioria das vezes, elas ocorrem nos esportes com alta velocidade e impacto. Na coluna torácica, as lesões estão mais relacionadas com os tecidos moles.[13]

Lesões da coluna torácica

Lesões musculares e inflamação nas inserções musculares

A principal lesão observada na coluna torácica de atletas está relacionada ao acometimento de tecidos moles, como: distensões, contraturas e contusões de trauma direto. No caso de inflamação, geralmente ocorre nas inserções musculares como resultado do uso excessivo.

O diagnóstico dessas lesões é realizado por meio de anamnese completa, interrogando a respeito do protocolo de treinamento do atleta, do aumento na prática de determinado exercício com sobrecarga da região e de possíveis traumatismos. O exame físico é focado na região da dor, procurando, com a inspeção e a palpação, localizar e delimitar a área afetada. Caso a região dolorosa seja extensa e maldelimitada, parece indicar distensão ou contratura muscular; no entanto, caso haja um ponto doloroso bem-delimitado, deve-se suspeitar de contusão local ou fratura. Radiografias simples são realizadas para identificação de possíveis fraturas, nas lesões traumáticas. Na ausência de trauma, deve ser imediatamente instituído tratamento conservador.

- *Fraturas*

Existem quatro tipos de fraturas que são observadas nas atividades esportivas: do processo transverso ou da costela; do corpo vertebral por extensão forçada; do corpo vertebral por compressão; e as fraturas com luxação.[33]

As fraturas do processo transverso são estáveis e relacionadas ao trauma direto da região paravertebral ou na região correspondente à articulação costal transversa. O principal sintoma é dor local, que se acentua durante os movimentos respiratórios. Ao exame físico, observa-se equimose e intensa dor à palpação. O paciente pode apresentar aumento da cifose ou escoliose antálgica. O diagnóstico pode ser confirmado radiograficamente e, quando necessário, por meio da tomografia computadorizada e da cintilografia óssea. O tratamento é clínico, com analgésicos e reabilitação precoce. O retorno às atividades esportivas deverá ser gradual e dependerá do limiar de dor do indivíduo.

As fraturas do corpo vertebral por extensão forçada (hiperextensão) são desencadeadas por movimentos bruscos, os quais tracionam as estruturas anteriores da coluna, principalmente o ligamento longitudinal anterior e o periósteo, podendo promover avulsão óssea e lesão da placa terminal. Esse tipo de fratura incide em atletas durante a adolescência, enquanto não ocorre a maturidade do esqueleto axial, com persistência de tecido cartilaginoso nos planaltos vertebrais. Entre as modalidades esportivas, a ginástica olímpica impõe aos atletas movimentos abruptos, aumentando o risco dessas lesões. A visualização da fratura é difícil com radiografias simples. A tomografia computadorizada e a ressonância magnética são mais indicadas.

As fraturas por compressão do corpo vertebral são as mais frequentes nessa região, em razão da falha da região anterior do corpo vertebral quando um movimento de flexão é aplicado na coluna. A maioria das fraturas por compressão nos atletas não oferece riscos de compressão medular por desprendimento de fragmentos ósseos dentro do canal vertebral. Nos atletas jovens, a presença de acunhamento vertebral pode ocorrer na ausência de trauma, decorrendo de uma osteocondrite da placa terminal (doença de Scheurmann). Nos atletas idosos, as fraturas por compressão podem ocorrer após traumas triviais, em razão da osteoporose. Ao exame físico, acentuação antálgica da cifose dorsal, com espasmo muscular paravertebral, dor à palpação e limitação do arco de movimento. O diagnóstico é confirmado por meio de radiografias simples com incidências anteroposterior e de perfil, que permitem visualizar as alterações na altura do corpo vertebral. A tomografia computadorizada permite evidenciar o traço de fratura, além de avaliar a integridade do canal vertebral. O diagnóstico de doença de Scheurmann deve ser afastado em atletas jovens. As fraturas com acunhamento vertebral anterior de até 25% geralmente não acometem as estruturas vertebrais posteriores, mantendo a estabilidade da coluna. As fraturas com até 50% de acunhamento vertebral podem se associar às lesões ligamentares posteriores e ao comprometimento do canal vertebral. As fraturas com acunhamento vertebral superior a 50% estão associadas a traumas com maior energia, sendo geralmente instáveis e com grande possibilidade de apresentarem lesões do canal vertebral. O tratamento dessas fraturas deve ser individualizado, de acordo com a idade, a gravidade da fratura e a modalidade esportiva praticada pelo atleta. O objetivo do tratamento é proporcionar analgesia, evitar deformidades crônicas residuais, prevenir lesões neurológicas e reabilitar o atleta para que retorne com a maior brevidade para suas atividades. As fraturas instáveis devem ser tratadas cirurgicamente.

As fraturas com luxações da vértebra estão relacionadas a traumas de alta energia. Os esportes mais propensos a esse tipo de lesão são automobilismo, motociclismo, esportes de inverno e paraquedismo. Esse tipo de fratura está relacionado à lesão neurológica em 85% a 100% dos casos. Nessa situação, os pacientes são politraumatizados, com múltiplas lesões. O diagnóstico dessa lesão inclui desde radiografias simples até a ressonância magnética, em razão do alto índice de lesão neurológica. A abordagem terapêutica é multidisciplinar, pois as sequelas físicas e sociais podem ser graves. O tratamento cirúrgico é indicado para a restituição da anatomia da região, sendo realizado assim que o paciente apresentar condições clínicas. O tratamento cirúrgico precoce permite antecipar o início da reabilitação.[36,39]

- *Cifose*

A cifose é uma condição mais comum na coluna torácica, pois uma leve curvatura posterior é normal em todos os indivíduos. Para certificar-se de que a coluna apresenta uma curvatura excessiva, ela deve se enquadrar em alguns dos seguintes tipos, de acordo com Magee:[37] "costas redondas" é a inclinação pélvica diminuída com uma cifose toracolombar ou torácica. Para compensar e manter o centro de gravidade do corpo, resulta, então, uma cifose estrutural, geralmente causada pelos tecidos moles encurtados por alteração postural prolongada ou por uma perturbação do crescimento; a giba é uma deformidade cifótica e, na maioria dos casos, estrutural. Muitas vezes, resulta de um acunhamento anterior do corpo de uma ou duas vértebras torácicas. Este pode ser causado por fratura, tumor ou doença óssea; "costas achatadas" é uma deformidade semelhante a costas redondas, exceto que a coluna torácica permanece móvel e é capaz de compensar em todo o seu comprimento o centro de gravidade alterado pela inclinação pélvica reduzida. Por fim, a corcunda da senhora idosa, que resulta de osteoporose pós-menopausa. Ocorrem microfraturas com acunhamento anterior em diversas vértebras, principalmente na coluna torácica superior e média, causando uma cifose estrutural que também contribui para diminuição da altura.[37]

- *Escoliose*

A escoliose é uma deformidade em que existe uma ou mais curvaturas laterais da coluna. Ela pode ocorrer unicamente na coluna torácica, na área toracolombar, ou unicamente na coluna lombar. Pode ser não estrutural ou estrutural. No primeiro caso, as possíveis causas são má-postura, histeria, irritação da raiz nervosa, inflamação na coluna, discrepância de comprimento dos membros inferiores ou contratura do quadril. A última, estrutural, geralmente é genética, idiopática ou causada por algum problema congênito, como a vértebra em cunha, a hemivértebra ou a falha da segmentação vertebral. A flexibilidade normal da coluna é, portanto, perdida.[13]

A escoliose pode se apresentar em vários padrões; estes são designados de acordo com a localização do ápice da curva. Uma curvatura torácica à direita tem uma convexidade para a direita, e o seu ápice está na coluna torácica.

O comprometimento da coluna torácica apresenta um aspecto estético ruim como resultado da ocorrência de deformação das costelas juntamente com a coluna. A deformidade pode variar desde discreta até uma rotação grave das vértebras.

Na escoliose estrutural, os corpos vertebrais rodam para a convexidade da curva e tornam-se deformados. Na idiopática, os contornos das costelas não são normais, e há assimetria das costelas. Espasmo muscular resultante de lesão pode ser evidente.

Coluna lombar

A coluna lombar fornece suporte para a parte superior do corpo e transmite o peso dessa área para a pelve e os membros inferiores. Portanto, durante a avaliação da coluna lombar, as articulações sacroilíacas e do quadril devem ser abordadas.[11-13]

As articulações facetárias da coluna lombar dirigem o seu movimento e, em virtude da forma das facetas, a rotação nessa região é mínima, sendo realizada somente por força de cisalhamento. Os outros movimentos, flexão lateral, extensão e flexão, ocorrem na coluna lombar, mas a direção é dada pelas articulações facetárias. A posição de repouso é intermediária entre a flexão e a extensão. O primeiro segmento sacral é usualmente incluído na coluna lombar, e é nessa articulação que o segmento fixo do sacro se liga aos segmentos móveis da coluna.[11-13]

Normalmente, o segmento L5-S1 é o local mais comum de problemas na coluna vertebral porque esse nível sustenta mais peso em relação a outros. O centro de gravidade passa diretamente através dessa vértebra, sendo benéfico porque pode diminuir as forças de cisalhamento. Porém, há uma transição do segmento móvel L5 para o estável do sacro, podendo aumentar o estresse nessa área. Outro fator importante é a quantidade relativamente maior de movimentos nesse nível em comparação com os outros níveis da coluna lombar.[11-13]

As articulações sacroilíacas e a sínfise púbica formam a tríade que funciona como um amortecedor para reduzir a força dos choques e abalos da coluna e do corpo superior causados pelo contato dos membros inferiores no solo; e também oferece elasticidade ao anel pélvico. As articulações sacroilíacas são parte articulação sinovial e parte sindesmose. Possuem forma, tamanho e rugosidade das superfícies articulares extremamente variadas de acordo com a característica individual de cada um. Nas crianças, por exemplo, essas superfícies são lisas, enquanto nos adultos apresentam depressões e elevações irregulares. A superfície articular do ílio é coberta por fibrocartilagem, e a do sacro, por cartilagem hialina, que é três vezes mais espessa. Com o envelhecimento, essas superfícies articulares podem ser suprimidas por aderências. Elas são relativamente móveis nos indivíduos jovens e tornam-se progressivamente mais rígidas com a idade. A sínfise púbica é uma articulação cartilaginosa, e o disco interpúbico, de fibrocartilagem, une as duas superfícies articulares.[20]

As articulações sacroilíacas e a sínfise púbica não possuem músculos que controlem diretamente os seus movimentos. Dessa forma, são influenciadas pelos músculos que movem a coluna lombar e o quadril, pois muitos desses músculos se inserem no sacro e na pelve. Vleeming et al.[56] acreditam que quatro músculos possuem papel fundamental na estabilização das articulações sacroilíacas: os músculos eretores da coluna, o glúteo máximo, o grande dorsal e o bíceps femoral.

Os músculos abdominais, o transverso do abdômen, os eretores da coluna, o multifídio e o quadrado lombar possuem papel importante na reabilitação da coluna lombar. Os músculos reto abdominal, oblíquos externos e internos e transverso do abdômen constituem os músculos da parede abdominal. A função primária desses músculos é a flexão e a rotação do tronco. Os músculos oblíquos contribuem para a estabilidade vertebral em virtude da orientação das suas fibras musculares. Nos movimentos de flexão lateral ou extensão, os oblíquos cocontraem com os extensores da coluna, promovendo maior estabilidade. O reto abdominal é um flexor do tronco e não é enfatizado na reabilitação dos indivíduos com dores lombares. O transverso do abdômen é um músculo abdominal profundo, com fibras musculares horizontalizadas, formando uma cinta abdominal. Evidências demonstraram que o transverso do abdômen é ativado precocemente antes de uma elevação dos membros superiores para estabilizar a coluna em preparação ao movimento. Porém, em situações de dor lombar, esse músculo está atrasado; portanto, a ativação precoce do músculo transverso abdominal deve ser um mecanismo protetor da coluna lombar (Hodges e Richardson).[30,31] A fraqueza da musculatura abdominal aumenta a lordose lombar, gerando um aumento da força de deslizamento vertebral anterior (Montley et al.).[45]

Os músculos eretores da coluna são importantes no processo de reabilitação, pois estão diretamente ligados às tarefas de levantamento. Eles são divididos em dois grupos: os multissegmentares e os segmentares. Os primeiros produzem a força necessária para o levantamento, enquanto os outros, principalmente os multifídios, geram a estabilização dos segmentos de movimentação lombar individuais. Kader et al.[34] encontraram que a atrofia dos multifídios estava presente em 80% dos pacientes com dor lombar.

O quadrado lombar também tem participação fundamental na estabilização da coluna lombar durante os movimentos de flexão lateral ou durante a compressão da coluna. Quando a compressão é aplicada à coluna na posição ortostática, a atividade do quadrado lombar se correlaciona mais proximamente com o aumento da necessidade de estabilização em virtude das cargas compressivas.

Bishop et al.[7] relataram uma acurácia de 85% no estudo da velocidade e da amplitude de movimento para os movimentos de flexão, extensão, rotação e flexão lateral da coluna lombar. Foi detectada uma redução nos movimentos de rotação e de inclinação lateral, e não houve diferença nos movimentos de flexão e extensão. A velocidade apresentou-se reduzida em todos os movimentos. Portanto, o que diferencia a dor lombar não é a ADM, mas a velocidade reduzida dos movimentos. Esse achado é importante para a definição do diagnóstico. Em um estudo de Colloca e Keller,[16] monitorado por EMG e um acelerômetro, demonstrou-se uma maior rigidez na coluna lombar e uma resposta reflexa neuromuscular positiva em indivíduos com dores crônicas, o que não foi observado em pacientes com dores intermitentes.

Com relação ao tratamento, de acordo com Fritz et al.,[24] os pacientes com dor lombar que foram avaliados com hipomobilidade segmentar experimentaram grande benefício com a manipulação vertebral associada aos exercícios de estabilização. Aqueles com hipermobilidade foram mais bem-sucedidos com o programa de exercícios de estabilização.

Deve-se dar, portanto, uma atenção especial para a dor lombar, pois é uma das grandes aflições humanas e uma experiência praticamente universal entre a população adulta.

Lesões da coluna lombar e sacroilíaca

- *Dor lombar facetária*

A alteração facetária está relacionada à dor lombar aguda e subaguda. Segundo Cavanaugh et al.,[12] os mecanismos de dor são suporte de grande sobrecarga quando a coluna é hiperestendida; alongamento capsular quando da articulação facetária quando a coluna é movimentada em extensão extrema; distribuição extensa de fibras de dor; sensibilização e excitação neuronal na articulação facetária e em músculos adjacentes quando a articulação está inflamada ou em virtude da liberação de substâncias químicas.

- *Hiperlordose*

A hiperlordose é um aumento exagerado nas curvaturas lombar e cervical. Pode ser uma compensação de uma cifose ou a flacidez com ou sem aumento do peso anterior à coluna, como na obesidade e na gravidez.

- *Espondilolistese*

A coluna vertebral é facilmente acometida por diversas patologias, e 5% da população geral são afetados por lesões espondilolíticas, as quais ocorrem com maior frequência ao nível de L5-S1 (Cailliet).[11]

A espondilolistese é caracterizada por um deslizamento ou deslocamento anterior ou posterior de uma vértebra em relação à outra e acontece quando um ou mais dos elementos responsáveis pela estabilidade entre as vértebras não estão funcionado corretamente. Existem quatro tipos, de acordo com Earl:[21] a displásica, que surge até os oito anos; a ístmica, que é o tipo mais comum; a degenerativa, mais frequente em mulheres do que em homens, principalmente após os quarenta anos; e a traumática.

Existem duas teorias para a explicação do aumento de estresse na lâmina, região de transição entre as facetas articulares, segundo Kreighbaum e Barthels.[39] A primeira, a mais comum, é a sobrecarga direta nas facetas articulares durante a extensão. E a segunda, um desequilíbrio de forças durante a flexão, causando um alto grau de estresse, principalmente em função da hipertrofia do músculo psoas.

- *Espondilólise*

A espondilólise é um defeito de fechamento do arco vertebral ao nível da lâmina, logo posterior ao pedínculo. Quando a falha é bilateral, uma parte anterior da vértebra está unida por tecido conectivo denso com o restante do arco vertebral. Em consequência de um trauma ou de uma hiperextensão, a parte anterior da quinta vértebra lombar pode deslizar junto com o restante sobre a primeira vértebra sacral. A esse deslizamento patológico dá-se o nome de espondilólise.

- *Osteofitose*

As osteofitose é o crescimento de protuberâncias ósseas de forma e tamanho variáveis, denominados osteófitos, nas bordas superior e/ou inferior dos corpos das vértebras. Eles podem se desenvolver nos contornos anteriores, anterolaterais, posteriores ou posterolaterais das bordas dos corpos vertebrais e, além de limitar movimentos, podem comprimir a medula espinhal ou suas raízes nervosas. A doença pode estar circunscrita a duas ou três vértebras de uma região ou ser universal, acometer todas as vértebras pré-sacrais.[39]

- *Hérnia de disco*

A lesão do disco intervertebral pode resultar de problemas distintos. Pode ocorrer protrusão discal, na qual o disco salienta-se posteriormente sem ruptura do anel fibroso;

prolapso discal, em que somente as fibras mais externas do anel fibroso retêm o núcleo; extrusão discal, na qual o anel fibroso é perfurado e parte do núcleo pulposo move-se para dentro do espaço epidural; e o último, o disco sequestrado, uma formação de fragmentos discais do anel fibroso e núcleo pulposo fora do disco propriamente dito. Pode ocorrer compressão da medula espinhal ou de suas raízes nervosas. Raramente, a raiz nervosa é comprimida pelo disco no mesmo nível, exceto quando a protrusão é mais lateral. A protrusão pode ser precipitada por um trauma, mas a degeneração – por envelhecimento do disco – é um fator importante. O movimento de rotação axial é o mais acometido nos casos de degeneração discal. Com relação à flexibilidade segmentar da coluna lombar, ela é afetada tanto pela severidade da degeneração discal quanto da cartilagem, independentemente do gênero. Karacan et al.[35] observaram que 70,5% dos pacientes estudados apresentaram assimetria facetária no nível da hérnia discal.

A compressão do disco em uma direção movimenta o núcleo pulposo em direção oposta. Assim, a herniação pode acontecer em diversas direções. Na coluna lombar, ocorre, geralmente, ao nível de L5-S1, porque esse nível sustenta mais peso que qualquer outro, e também em virtude da transição de um segmento móvel (L5) para um segmento fixo (sacro). Se a dor é sentida principalmente na região lombar, mas irradia para a região glútea e/ou os membros inferiores, está ocorrendo uma combinação de lombalgia e ciatalgia. Pode haver dormência na área de distribuição do nervo, diminuição dos reflexos e fraqueza dos membros inferiores. A dor é exacerbada por esforço, tosse, espirro ou força. O padrão de dor irradiada, sensibilidade, reflexos e força muscular é característico de acordo com o nível da lesão.[35]

- *Pubalgia*

A osteíte púbica ou pubalgia é uma síndrome álgica na área do cruzamento abdominopubocrural em razão do desequilíbrio muscular entre os adutores e os abdominais e *overuse*. O desequilíbrio postural levando ao gestual esportivo incorreto, bem como as mudanças de direção bruscas e repetitivas, predispõem o atleta à pubalgia.[27,31,41,50]

Ombro

O ombro é um complexo articular de grande mobilidade em razão de sua pequena congruência com as superfícies articulares e, para manter a estabilidade, depende de ligamentos e músculos. Consequentemente, está mais suscetível à lesão. Ele é formado por três articulações sinoviais e uma fisiológica ou falsa. Os componentes glenoumeral, acromioclavicular e esternoclavicular são articulações verdadeiras, enquanto a escapulotorácica é fisiológica.[2,28,41,50]

A glenoumeral é uma articulação multiaxial, tipo "bola e soquete", que, para ganhar na mobilidade, perdeu em estabilidade. Ela consiste na cabeça do úmero e da glenoide, cavidade da escápula. Os responsáveis pela estabilidade estática do ombro são os ligamentos capsulares, os componentes articulares, a pressão intra-articular negativa e o lábio da glenoide. Este é um anel fibrocartilaginoso, que circunda e aprofunda a cavidade glenoide na escápula. Os principais ligamentos dessa articulação são os glenoumerais superior, médio e inferior, que desempenham importante papel na estabilização do ombro. A estabilidade dinâmica é proporcionada primariamente pelos músculos do manguito rotador, supraespinhoso, infraespinhoso, subescapular, redondo menor; tendão da cabeça longa do bíceps e deltoide; e, secundariamente, pelos músculos redondo maior, grande dorsal e peitoral maior. A musculatura do manguito rotador mantém a estabilidade ao comprimir a cabeça umeral na fossa da glenoide côncava durante o movimento da extremidade superior e equilibra as forças de desgaste geradas pelo deltoide. Assim, a musculatura glenoumeral desempenha um papel vital na artrocinemática do ombro normal. Kelly et al.[38] observaram que os indivíduos assintomáticos demonstraram aumento na ativação do músculo subescapular, enquanto os sintomáticos, com queixa de dor no ombro, sobrecarregam o manguito rotador com padrões de substituição muscular, resultando em função comprometida. O controle neuromuscular também contribui para a estabilidade dinâmica do complexo do ombro. Essa é a interação contínua dos músculos aferentes e eferentes para a percepção do indivíduo quanto à posição articular e à sua capacidade de produzir contração muscular voluntária para estabilizar a articulação e/ou alterar a posição articular, prevenindo uma translação umeral excessiva.

A articulação acromioclavicular é uma articulação sinovial plana que aumenta a amplitude de movimento no úmero. É formada pelo acrômio e pela extremidade lateral da clavícula. Para a sua resistência, depende de ligamentos, principalmente do acromioclavicular e do coracoclavicular.

A articulação esternoclavicular é o único encaixe ósseo que fixa o ombro no tórax. Juntamente com a acromioclavicular, possibilita a abdução completa de 180°. É formada pela extremidade medial da clavícula, pelo manúbrio esternal e pela cartilagem da primeira costela. Os movimentos possíveis nessa articulação e na acromioclavicular são elevação, depressão, protrusão, retração e rotação.[53]

A articulação escapulotorácica é uma articulação falsa que funciona como parte integrante do complexo do ombro. Ela consiste no corpo da escápula e nos músculos que cobrem a parede torácica posterior. Estes são os músculos trapézio (superior, médio e inferior), os romboides, o elevador da escápula, o serrátil anterior e, em menor proporção, o peitoral menor que, agindo de modo sincrônico, fornecem tanto mobilidade quanto estabilidade para a articulação escapulotorácica.[10,50]

O arco coracoacromial ou espaço subacromial fornece proteção contra traumatismos diretos às estruturas localizadas nessa região e impede que a cabeça do úmero se desloque no sentido superior. É limitado superiormente pelo acrômio e pela articulação acromioclavicular, pelo processo coracoide na região anterolateral e pelo manguito rotador e pelo tubérculo maior do úmero na região inferior. Em casos de inflamações ou edemas nas partes moles, ocorre redução desse espaço, e as estruturas moles situadas entre as bordas articulares rígidas estarão em risco de lesões por impacto, principalmente os tendões dos músculos supraespinhoso e infraespinhoso; ou compressão, na presença de mecânica anormal da articulação glenoumeral ou de traumatismos.[37]

A maior parte do movimento glenoumeral ocorre no plano da escápula. Durante os 180° de abdução, há uma proporção de 2:1 de movimento ocorrendo na articulação glenoumeral e 60° na escapulotorácica, denominado ritmo escapuloumeral. A rotação escapular é extremamente importante para obter uma proporção de movimento a fim de manter a cavidade glenoide em posição ideal em relação à cabeça do úmero, aumentando, então, a amplitude de movimento e para assegurar que o movimento associado da escápula permita a ação muscular satisfatória sobre o úmero em relação a tensão e comprimento. Durante esse movimento total, existem três fases (Magee),[37] conforme quadro a seguir:

Quadro 21.1 – Ritmo escapuloumeral

Fases	Estruturas	Movimento realizado
1	Úmero	30° de abdução
	Escápula	Movimento mínimo
	Clavícula	0°-15° de elevação
2	Úmero	40° de abdução
	Escápula	20° de rotação
	Clavícula	30°-36° de elevação
3	Úmero	60° de abdução
		90° de rotação lateral
	Escápula	30° de rotação
	Clavícula	30°-50° de rotação posterior
		Até 30° de elevação

(Fonte: Magee).[37]

O mecanismo de arremesso é um componente integrante de diversos esportes e, quando realizado com técnica inadequada, pode provocar lesões importantes. O ato de arremessar consiste em uma série de movimentos complexos e sincronizados, envolvendo tanto as extremidades superiores quanto as inferiores. Ele é dividido em cinco fases: levantamento; afastamento; aceleração; liberação e desaceleração; e, por último, finalização. A finalidade do levantamento é colocar o atleta em uma posição inicial vantajosa a partir da qual ele efetuará o arremesso. Durante essa fase, a cabeça do úmero pode se desgastar pela alavanca formada sobre a parte posterior do lábio da glenoide. A fase de afastamento é dividida em inicial e final. A cápsula articular anterior e os rotadores mediais são colocados em tensão máxima com o objetivo de acelerar a bola. Em razão das tensões significativas sobre a cápsula anterior do ombro, ela pode se distender e provocar um maior deslocamento da cabeça umeral na fase final do arremesso. A posição de rotação lateral extrema, que ocorre no afastamento final, pode causar também lesões do lábio da glenoide. A fase de aceleração começa no ponto de rotação lateral máxima e termina com a liberação da bola. Em função da atuação de grandes forças na articulação glenoumeral, essa fase de arremesso acima da cabeça aumenta a probabilidade de lesão. Na fase de liberação e desaceleração, a bola é liberada, e o ombro e o braço são desacelerados. Geralmente, as forças de desaceleração são aproximadamente o dobro das forças de aceleração, porém atuam em um período menor de tempo. Finalmente, na fase de finalização, ocorre alívio da tensão sobre os músculos do manguito rotador. As lesões ocorrem principalmente nas fases de afastamento, aceleração ou desaceleração. É importante lembrar que, com a realização repetitiva da ação do arremesso, o indivíduo sofre alterações adaptativas que devem ser identificadas e diferenciadas de lesões patológicas. No entanto, uma adaptação funcional ao arremesso (o ombro do arremesso aumenta significativamente a rotação lateral e reduz a medial em comparação com o membro superior contralateral) pode levar a condições patológicas específicas. Veja a seguir as lesões potenciais do ombro associadas a cada fase do arremesso (Andrews, Harrelson e Wilk).[2]

Quadro 21.2 – Lesões potenciais de ombro associadas a cada fase do arremesso

Fases	Lesões em potencial
Levantamento	Nenhuma que seja comum
Afastamento	Subluxação anterior
	Síndrome do impacto
	Lesões do lábio da glenoide
Aceleração	Instabilidade do ombro
	Rupturas do lábio
	Tendinopatia por uso excessivo
	Rupturas de tendão
Liberação e desaceleração	Rupturas do lábio na inserção do tendão da cabeça longa do bíceps
	Subluxação do tendão da cabeça longa do bíceps
	Lesões do manguito rotador
Finalização	Laceração da parte superior do lábio da glenoide na origem do tendão do bíceps
	Compressão das estruturas posteriores do ombro, causando uma cinemática glenoumeral anormal.

(Fonte: Andrews, Harrelson e Wilk).[2]

A maioria das lesões do ombro em atletas é causada pelo uso excessivo da articulação que requerem atividades com elevação acima da cabeça ou pelo trauma.

Lesões do ombro

- *Síndrome do impacto*

A síndrome do impacto ocorre quando há choque entre o acrômio e o tubérculo maior do úmero, durante o movimento de elevação do braço, reduzindo o espaço subacromial. Portanto, poderá comprimir estruturas nobres e desencadear reações dolorosas.

Ela possui etiologia multifatorial, e o tendão do supraespinhoso é o mais acometido. Os fatores extrínsecos compreendem o impacto subacromial primário, os *acromiales,* instabilidade glenoumeral, impacto com o processo coracoide; e os intrínsecos são: fraqueza muscular, uso excessivo da articulação do ombro e hipovascularização tendínea. É importante salientar que o manguito rotador funciona como estabilizador do ombro, em oposição às ações do músculo deltoide.

Quando ocorre uma deficiência do manguito rotador, as contrações do deltoide causam um deslocamento para cima da cabeça do úmero, comprimindo as estruturas moles contra o arco acromial.[28]

A síndrome do impacto apresenta três fases evolutivas. A fase 1 consiste em lesão reversível, acometendo mais indivíduos com menos de 25 anos. Ocorre uma inflamação do tendão do supraespinhoso e/ou do tendão da cabeça longa do bíceps braquial. A fase 2, em alterações fibróticas do tendão; geralmente, é observada nos indivíduos entre 24 e 40 anos. Na fase 3, é observada longa história de dor e podem existir osteófitos, ruptura parcial ou total do manguito rotador. Sua incidência é maior na população acima do 40 anos. Nesse último estágio, geralmente, os pacientes não respondem bem ao tratamento conservador.[29]

É imprescindível a quebra do ciclo do impacto, conforme esquema a seguir, para obtenção de resultados satisfatórios.

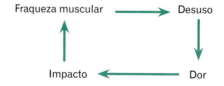

Capsulite adesiva ou ombro congelado

A capsulite adesiva ou ombro congelado é uma causa comum de dor no ombro e pode levar à severa incapacidade funcional. A incidência é maior nos indivíduos entre 40 e 60 anos, principalmente no lado não dominante, e pode ser secundária a uma lesão anterior no ombro. Ela é caracterizada por uma artrofibrose com dor de início insidioso, progredindo para restrição dos movimentos ativo e passivo da articulação glenoumeral. A evolução clínica consta de três fases distintas.[28,29]

A primeira fase, aguda ou hiperálgica, tem início insidioso, mas, em pouco tempo, a dor diuturna no ombro cresce em intensidade, podendo ser acompanhada de fenômenos vasculares, como sudorese palmar e axilar. A dor perturba o sono e pode afetar o psiquismo do doente. A mobilidade do ombro é muito dolorosa, e os movimentos de abdução e de rotação interna e externa rapidamente perdem sua amplitude.[28,29,50,53]

A segunda fase é chamada de enrijecimento ou congelamento. A dor diminui de intensidade, deixa de ser contínua, mas persiste à noite e à tentativa de movimentação do ombro, que se apresenta rígido com bloqueio completo da abdução e das rotações interna e externa.[28,29,50,53]

A terceira fase é caracterizada pela liberação progressiva dos movimentos e é denominada descongelamento. Ocorre a restauração da elasticidade capsuloligamentar perdida progressivamente.

Lesão SLAP do ombro

A lesão SLAP do ombro é comum especialmente em atletas de arremesso e é caracterizada pelo comprometimento do lábio superior, da região anterior até a posterior na inserção do tendão longo do bíceps. Essa lesão pode ser dividida em quatro tipos. No tipo 1, ocorre laceração labial mas fixações intactas; no tipo 2, laceração labial e instabilidade no complexo lábio-biciptal em razão do comprometimento da inserção do lábio; no tipo 3, laceração do lábio em alça de balde; e no tipo 4, extensão da alça de balde ao tendão do bíceps.[28,29,50,53]

Instabilidade anterior

Entre as instabilidades, a anterior é a mais frequente delas, uma vez que a anatomia da glenoumeral predispõe a ela. Pode ser classificada como deslocamento agudo traumático, deslocamento recorrente ou subluxação. Assim, a cabeça do úmero é forçada para fora de seu eixo articular, ultrapassando o lábio da glenoide e deslocando-se superiormente. São observados contorno achatado do deltoide, incapacidade de movimentar o braço e dor intensa.[28,29,50,53]

O principal mecanismo de lesão ocorre durante a fase de afastamento do arremesso, pois ocorre o movimento de rotação externa em limites extremos, resultando em tensão repetida na cápsula anterior e no seu enfraquecimento, e, por fim, na instabilidade anterior. Outros fatores são o enfraquecimento dos estabilizadores da escápula provocando uma ativação assincrônica entre estes e o manguito rotador; a lesão anterior do lábio da glenoide; e também pode estar associada à lesão de Bankart (avulsão da cápsula e do lábio na borda da glenoide).[28,29,50,53]

Cotovelo

O cotovelo é um complexo de grande estabilidade e suporte ósseo firme. É composto pelas articulações ulnoumeral, radioumeral e radioulnar proximal.

As articulações ulnoumeral e radioumeral são suportadas medialmente pelo ligamento colateral ulnar e lateralmente pelo ligamento colateral radial. A articulação radioulnar proximal mantém, por meio do ligamento anular, a cabeça do rádio em relação adequada com a ulna e o úmero.[50,52,53]

As lesões no complexo do cotovelo são comuns em atletas amadores e também em algumas atividades laborais. Os mecanismos de lesão mais comuns são microtraumatismos por uso excessivo da articulação e forças de sobrecargas macrotraumáticas.

Lesões do cotovelo

- *Epicondilite medial e lateral*

A maioria das causas de epicondilite está relacionada ao uso excessivo da articulação e à biomecânica ruim, além do gestual esportivo incorreto. A epicondilite lateral é também conhecida como cotovelo do tenista, enquanto a medial, como cotovelo do golfista.

Na epicondilite lateral, os músculos extensor radial longo e curto do carpo, supinador e extensores dos dedos são sobrecarregados e, no epicôndilo lateral, formam uma origem comum para todos os extensores. A dor afeta principalmente o complexo lateral do cotovelo, mas pode irradiar para o braço e a face externa do antebraço, acompanhada ou não de fraqueza muscular.

Já a epicondilite medial é uma tendinopatia do grupo flexor do punho e do pronador redondo, que se originam próximos do epicôndilo medial. Os sintomas são parecidos com os da epicondilite lateral, porém afetam o complexo medial do cotovelo.

- *Luxações*

As luxações ocorrem nos esportes de contato direto ou naqueles sem contato, quando o atleta aterrissa com a mão estendida. Durante a hiperextensão, o olécrano é forçado para dentro da fossa craniana e a tróclea faz um movimento de translação posterior ou posterolateral sobre o processo coronoide. Nesse tipo de lesão grave, pode ocorrer a ruptura do ligamento colateral ulnar e do ligamento colateral lateral. Concomitantemente, há possibilidade de fraturas da cabeça radial ou do capítulo.

- *Fraturas*

As fraturas do cotovelo compreendem as fraturas distais do úmero, intra-articulares e extra-articulares; fraturas da cabeça radial; e do olécrano.

As fraturas por estresse do olécrano acometem os arremessadores, especialmente na área articular medial. O estresse repetitivo aplicado sobre o olécrano é o mecanismo de lesão mais provável, principalmente nas fases de aceleração, desaceleração e terminação do arremesso, em virtude das contrações do tríceps. Os indivíduos relatam dor de início insidioso no cotovelo posterolateral.

Punho e mão

O punho e a mão são estruturas anatômicas complexas que permitem múltiplas atividades.

Além da articulação radioulnar distal, que não é uma articulação verdadeira, mas é constituída pelo rádio, pela ulna e pela membrana interóssea, a articulação do punho é dividida em mediocárpica e radiocárpica, que são unidas e estabilizadas por cápsulas articulares e estruturas ligamentares. Esta ocorre na fileira entre os ossos do carpo e o rádio, e a outra, na fileira entre os ossos do metacarpo e a radiocárpica.[2,50,52,53]

Na radiocárpica, o rádio articula-se com os ossos escafoide e semilunar. A ulna se articula com os ossos do carpo indiretamente.

Na mediocárpica, o escafoide articula-se com os ossos do carpo trapézio, trapezoide e capitato; o semilunar, com o capitato; e o piramidal, com o hamato.

A palma da mão é formada por cinco ossos metacarpais, um para cada dedo. Os metacarpos no meio da mão possuem pouco movimento e proporcionam a estabilidade à palma da mão, enquanto o dedo mínimo e, principalmente, o polegar possuem o movimento significativamente maior, permitindo que a mão segure objetos. Sem a amplitude de movimento permitida pelas articulações do metacarpo do polegar, o movimento de oponência seria impossível. Cada um dos quatro dedos da mão possui três falanges: proximal, média e distal, enquanto o polegar possui apenas a falange proximal e a distal. Constituem, então, as articulações da mão: as carpometacárpicas, as intermetacárpicas, as metacarpofalangianas e as interfalangianas.[2,50,52,53]

Lesões do punho

Problemas no punho são comuns em atividades de uso intenso das mãos e que exigem segurar firme um instrumento, por exemplo, nas atividades esportivas, a raquete de tênis e o taco de golfe. A maioria das lesões é causada pelo uso excessivo da articulação. As fraturas podem ocorrer em razão das quedas ou dos acidentes em alta velocidade, em esportes como *snowboard*, esqui e patinação.[2]

- *Fratura ulnar e distal do rádio*

É a mais comum dentre as fraturas de punho. Geralmente, acontece em decorrência de uma queda sobre o cotovelo estendido, forçando o braço para trás e para cima, ou nos acidentes de alta velocidade acompanhados de hiperextensão do punho.

- *Fratura do osso escafoide*

A fratura do osso escafoide no punho pode ser resultante de queda com o punho e o cotovelo em extensão. Ela é extremamente comum em esportes de contato.

O fluxo de sangue para o osso escafoide é comprometido com facilidade, especialmente em fraturas da porção média, retardando o processo de cicatrização. É necessário tempo prolongado para a cicatrização completa da lesão.

- *Síndrome do túnel do carpo*

Na maioria dos casos, a síndrome do túnel do carpo é causada por uso excessivo do punho, provocando estreitamento e inflamação do túnel que aloja nervos e tendões importantes. Os sintomas são causados pela compressão do nervo mediano.

Lesões da mão

- *Contusões e lacerações*

As contusões são as lesões mais prevalentes da mão, podendo levar à tendinite induzida por trauma. No entanto, a maioria delas pode ser tratada com o tempo e medidas não cirúrgicas.

As lacerações da mão são também muito comuns. Exigem completa avaliação dos tendões, dos nervos e do suprimento sanguíneo, com especial atenção aos dedos da mão. Se estas forem negligenciadas e não forem limpas de forma adequada, poderão surgir infecções bacterianas, que exigirão tratamentos prolongados.

- *Lesões e luxações ligamentares*

As lesões das estruturas ligamentares ao redor dos dedos da mão e do polegar são prevalentes, principalmente, nas atividades esportivas. A chave para o tratamento de lesões da mão é realizar um diagnóstico preciso por meio da história clínica e de exames cuidadosos. A maioria dessas lesões pode ser tratada sem cirurgia e raramente resulta em período prolongado de repouso.

- *Fratura dos dedos da mão*

A fratura das falanges não é muito comum. O alinhamento rotatório é crítico no tratamento das fraturas do corpo da falange. A rotação pode ser difícil de julgar, pois o dedo pode parecer reto quando estendido, mas pode estar sobreposto a um dedo adjacente quando eles são fletidos.

- *Fratura dos metacarpos*

A fratura dos metacarpos pode ser causada por extensão forçada dos dedos ou como resultado de um trauma direto. Geralmente se apresenta com dor pontual à palpação e edema das mãos.

- *Fratura de Bennett*

A fratura de Bennett é uma pequena fratura intra-articular da articulação carpometacárpica do polegar, resultante de compressão axial. Edema focal na articulação carpometacárpica do polegar e dor à movimentação ou à palpação do primeiro metacarpo são indicações clínicas dessa lesão.

Quadril

A articulação do quadril é uma das maiores e mais estáveis do corpo humano e, quando lesada, isso é facilmente perceptível, pela alteração da marcha. É fundamental a avaliação concomitante da articulação lombar e da sacroilíaca, pois o quadril é um local de dor referida dessas articulações, a não ser em casos de história de trauma direto. É uma articulação necessária para várias atividades da vida diária, além da deambulação. O ideal é o indivíduo ter amplitudes funcionais de 120° de flexão, 20° de abdução e 20° de rotação lateral.

É uma articulação multiaxial de "bola e soquete" que apresenta grande estabilidade em razão da profunda inserção da cabeça do fêmur no acetábulo. Além da sua configuração óssea, conta com uma cápsula articular, músculos e ligamentos importantes (iliofemoral, isquiofemoral e pubofemoral). O ligamento iliofemoral é considerado o mais forte ligamento não desta articulação, mas do corpo humano. Ele está posicionado para impedir a extensão excessiva e desempenha um papel importante na manutenção da postura ereta do quadril. O isquiofemoral auxilia na estabilização do quadril durante o movimento de extensão e é o mais fraco dos três. O pubofemoral previne a abdução excessiva do fêmur e também limita a extensão. Os três limitam a rotação medial do fêmur. O ligamento redondo da cabeça do fêmur é o responsável por parte da irrigação da cabeça femoral.[2,52,53]

Lesões do quadril

Lesões de nervos periféricos próximos à articulação do quadril

- *Nervo ciático (L4 a S3)*

O nervo ciático pode ser lesado em qualquer ponto ao longo do seu trajeto, desde a coluna lombossacra, a região posterior da coxa até o joelho, assim, os músculos posteriores da coxa e todos os músculos abaixo do joelho serão afetados. O resultado é uma marcha com passos altos com incapacidade de ficar em pé sobre os calcanhares ou sobre os artelhos. Há alteração sensitiva no pé inteiro, exceto no dorso do pé e no maléolo medial, juntamente com atrofia muscular.[11-13,30]

- *Síndrome do piriforme*

Na região do quadril, o nervo ciático pode ser comprimido pelo músculo piriforme em razão de traumas repetitivos na região dos glúteos e movimento de rotação interna. Ocorre dor em queimação, e hiperestesia pode ser sentida na região sacral e/ou glútea, bem como na distribuição do nervo ciático. Podem ser observadas limitação da rotação interna, alterações biomecânicas no pé e fraqueza dos músculos abdutores, extensores e rotadores externos do quadril.[5,16]

- *Lesões musculares*

A abordagem das lesões musculares, principalmente dos músculos isquiotibiais, quadríceps e adutores, é extremamente importante. As distensões são as mais comuns nos isquiotibiais e nos adutores, enquanto as contusões estão entre as principais lesões do quadríceps. Estas ocorrem como resultado de um trauma direto na musculatura. Já as distensões podem resultar de desequilíbrio muscular, pouca flexibilidade, estiramento excessivo, contração muscular contra grande resistência e/ou discrepância dos membros inferiores e podem envolver lesões do músculo, tendão, junção musculotendinosa ou a ligação do osso com o tendão. Elas são classificadas, de acordo com a sua gravidade, como leve, moderada e grave. No grau leve ou I, 5% das fibras são lesadas e não há distorção da arquitetura das fibras musculares. No moderado ou II, há ruptura parcial e perda da arquitetura das fibras musculares. No grave ou III, há descontinuidade completa das fibras musculares com ou sem retração e incapacidade funcional (estudar seção "Miologia").[2]

Os músculos adutores da coxa são estabilizadores do quadril e desempenham importante papel durante a corrida. O estiramento desses músculos é relativamente frequente e acomete entre 10% e 18% dos esportistas.

A lesão aguda geralmente ocorre durante a atividade física e caracteriza-se por um movimento de abdução forçada contra a resistência (afastamento lateral da coxa). Nesse momento, o atleta apresenta uma dor súbita na região da virilha, irradiando para a parte medial (interna) da coxa e, às vezes, para a região abdominal baixa. O hematoma após a lesão é frequente e pode, às vezes, atingir grandes proporções.[2]

Alguns fatores de risco podem ser apontados nas lesões dos adutores, como a diminuição da força, a limitação no afastamento das coxas e o baixo condicionamento muscular. Além disso, podemos encontrar anormalidades biomecânicas nos membros inferiores, como a pronação excessiva dos pés, a assimetria dos membros inferiores (diferenças de comprimento), o desequilíbrio muscular e a fadiga. Embora não haja estudos controlados para comprovar os últimos fatores predisponentes, programas de prevenção têm focado alguns desses fatores, propiciando uma prevenção mais efetiva dessas lesões (estudar seção "Posturologia e sua complexidade").

O exame físico é marcado pela dor localizada na região da virilha ou na parte medial da coxa (região interna), palpação dolorosa da musculatura envolvida e dor na realização do movimento ativo de adução (aproximação das coxas).

Devemos lembrar que outras lesões podem simular os mesmos sintomas e sinais do estiramento dos adutores, como a compressão do nervo obturatório no quadril, a sinfisite púbica e outras doenças do quadril (ver trecho sobre o quadril).

A localização da lesão também apresenta implicação na evolução do tratamento, pois aquelas localizadas na transição músculo-tendão, que são as mais frequentes, apresentam maiores condições de reparo do que as localizadas nas áreas de transição tendão-osso, onde a vascularização é mais limitada.[2-4]

▪ Osteoartrose do quadril

A osteoartrose é uma degeneração e um desgaste excessivo da cartilagem articular em razão de alterações morfológicas, inflamatórias, bioquímicas e imunológicas no quadril, denominada coxartrose. Essa condição desenvolve-se com o avanço da idade e, nos jovens, geralmente, em decorrência de traumas. Inicialmente, a cartilagem amolece; depois a superfície torna-se irregular; a cartilagem se degenera, surgindo fissuras que podem alcançar o osso subcondral. Por fim, a cartilagem se desgasta e o osso fica exposto, atuando, então, como superfície de sustentação de peso da articulação.[2,50]

Ela pode ser primária ou secundária. Esta pode decorrer tanto de lesão traumática quanto de doença articular (doenças metabólicas, osteíte deformante, distúrbios neuropáticos, necrose avascular). A outra é de causa idiopática.[2,50]

Os sintomas mais comuns são: dor na região coxofemoral, muitas vezes referida na região anterior da coxa, e limitação na marcha.

▪ Fratura por estresse do colo do fêmur

As fraturas por estresse ocorrem em razão da sobrecarga prolongada e repetitiva na articulação. No quadril, apresentam menor incidência em relação às outras articulações, mas é importante ressaltar, pois as mulheres com a tríade da atleta estão propensas a esse tipo de lesão. Essa síndrome compreende três distúrbios: a alimentação, a amenorreia e a osteoporose, sendo associada à idade de início dos treinamentos, ao esporte praticado, à dieta e ao estresse.[33]

▪ *Bursite trocantérica*

As alterações biomecânicas com consequente atrito entre a banda iliotibial, os músculos psoas e glúteo médio e o uso excessivo da articulação podem desencadear a bursite trocantérica. Ela é comum nos casos de história de quedas ou outros traumas que atinjam o quadril. Os sinais e sintomas podem ocorrer em qualquer idade, porém são mais comuns nas mulheres.[2,50]

Joelho

A articulação do joelho é uma das estruturas mais complexas da anatomia humana. Sua articulação é do tipo gínglimo, permitindo o movimento de flexão, extensão e pouca rotação. A articulação do joelho é formada por três ossos, fêmur distal, tíbia proximal e patela, que articula exclusivamente com o fêmur, além de cápsula articular, estruturas extracapsulares e intracapsulares e membrana sinovial. Sua estabilidade é realizada por meio de contenções estáticas e dinâmicas.[10,23,32]

A patela é um osso sesamoide que está localizado entre o tendão do quadríceps e o tendão patelar, e a congruência da articulação patelofemoral é um componente indispensável para a estabilidade do mecanismo extensor.

Os meniscos são estruturas semicirculares fibrocartilaginosas que se localizam entre os côndilos femorais e o platô tibial. São eles os responsáveis pela absorção de forças, estabilização articular, melhora da congruência articular e propriocepção. O menisco é dividido em três zonas, de acordo com a sua vascularização e consequente potencial de cicatrização. A zona vermelha-vermelha corresponde à zona mais periférica do menisco e é a área de maior potencial de cicatrização. A zona branca-branca é a região mais central e é avascular, com potencial mínimo de reparo. E a última, a zona vermelha-branca, é a região intermediária entre as duas anteriores, apresentando potencial moderado. Portanto, a zona vermelha-vermelha é considerada a área de reparo por eleição em virtude do alto potencial de cicatrização. O menisco medial é fixado à cápsula articular em toda a sua extensão, sendo parte do complexo ligamentar medial, enquanto o lateral não se fixa completamente na cápsula, permitindo maior mobilidade a este em relação ao medial.[41]

A articulação é estaticamente estabilizada por quatro ligamentos, estruturas de colágeno que, em conjunto com a musculatura, são responsáveis pela estabilidade do joelho. O LCA (ligamento cruzado anterior) é uma estrutura intra-articular e extrassinovial, bem-vascularizada, que se origina na porção superoposteromedial do côndilo femoral lateral e se orienta obliquamente e se fixa posterior e lateralmente ao corno anterior do menisco medial. Ele é composto por dois feixes, um anteromedial e outro posterolateral. Este é responsável pela estabilização em angulação próxima a 0°, enquanto o outro, em flexão maior que 30°. O LCA é a contenção primária da translação anterior da tíbia em relação ao fêmur, e, em conjunto com o LCP (ligamento cruzado posterior), determinam a rotação e o deslocamento entre a tíbia e o fêmur. Segundo Bonfim, Paccola e Barela,[9] o LCA é um importante elemento de informação sensorial que media a percepção da posição articular e do limiar de disparo para a detecção de movimento e reflexo muscular de estabilização.

Assim, indivíduos com lesão dessa estrutura ligamentar demonstraram maior latência na ativação dos músculos isquiotibiais em ortostatismo e menor *performance* no controle postural.[9]

O LCP se origina na face do côndilo femoral medial, e sua inserção é na face posterior da tíbia. Também é composto por dois feixes em forma de leque, um anterolateral, tenso durante a flexão, e um posteromedial, tenso durante o movimento de extensão. Ele é o restritor primário da translação posterior da tíbia e, secundariamente, da rotação externa da tíbia.

O LCM (ligamento colateral medial) possui duas camadas, a superficial e a profunda. Esta é composta pelo terço central da cápsula articular, com suas porções meniscofemoral, meniscocapsular e meniscotibial, participando, então, da estabilização do menisco medial. A outra atua na restrição dos deslocamentos em valgo e rotação interna da tíbia. A estabilidade dinâmica é fornecida pelo tendão da "pata de ganso" e pelo tendão do semimembranoso.

O LCL (ligamento colateral lateral) é o restritor das forças em varo e, juntamente com o complexo arqueado, o tendão do poplíteo e o ligamento fabelofibular, compõem o complexo ligamentar lateral.

O aparelho extensor é constituído pelo músculo quadríceps e pelo tendão patelar, formado pelos músculos reto femoral, vasto medial e vasto medial oblíquo; patela; os retináculos medial e lateral, formados pela associação das fibras longitudinais e transversas dos ligamentos patelofemorais; e a tuberosidade anterior da tíbia. O quadríceps é o estabilizador dinâmico primário do joelho. Funcionalmente, ele desempenha papel imprescindível na desaceleração da flexão do joelho e na absorção do choque.

A musculatura posterior da coxa é composta pelos músculos semitendinoso, semimembranoso e bíceps femoral, denominados em conjunto de isquiotibiais em virtude da origem e da inserção. O músculo semimembranoso, junto com o sartório e o grácil, formam a "pata de ganso", possuindo ação flexora, estabilizam medialmente o joelho. Já o bíceps femoral atua como estabilizador posterolateral, controlando a rotação interna da tíbia e rodando-a externamente durante a flexão.

O trato iliotibial e o complexo arqueado atuam, respectivamente, na estabilização lateral e posterolateral do joelho.

Estudo epidemiológico retrospectivo de Majewski, Susanne e Klaus[40] analisou 19.530 lesões esportivas ao longo de dez anos e apresentou os seguintes resultados: 39,8% das lesões foram relacionadas com o joelho; as lesões do LCA foram 20,3%; do menisco medial, 10,8%; do menisco lateral, 3,7%; do LCM, 8,9%; do LCL, 1,1%; e do LCP, 0,65%. Os esportes que lideraram a maioria das lesões foram o futebol e em seguida o esqui. Nesse estudo, a lesão do LCL estava associada ao tênis e à ginástica; a do LCM, ao judô e ao esqui; a do LCA, ao handebol, ao voleibol e ao futebol; a do LCP, ao handebol; a do menisco lateral, à ginástica e à dança; e a do menisco medial, ao tênis e à corrida.[40]

Lesões do joelho

- *Lesão do ligamento cruzado anterior*

As entorses do joelho são episódios agudos, produzidos por traumas rotacionais, que podem ou não estar associados com a participação de forças angulares. As lesões sem contato são decorrentes de eventos como mudar bruscamente de direção, pisar em buraco ou rodar com o corpo com o pé fixo. As lesões produzidas por contato direto podem ocorrer de diversas formas e pressupõem maior potencial de dano articular. Em ambas as situações, geralmente, são traumas de alta energia em que estão envolvidas a aceleração e a velocidade, determinando a transmissão de forças pela articulação, resultando em algum grau de deformação e eventual rompimento de estruturas que participam da estabilidade articular.[2,17,19]

O quadro clínico pode ser muito variável, pois depende do grau de severidade, da localização e da extensão da lesão. Mas sintomas como dor, edema, incapacidade funcional e espasmo muscular normalmente estão presentes. O diagnóstico basei-se na história detalhada, e o exame físico é determinante, já que, na maioria dos casos, os resultados encontrados nos exames complementares apenas ratificam os achados clínicos. As lesões ligamentares podem ser classificadas em graus I, II e III, de acordo com a gravidade. Nas lesões grau I, há rompimento no interior da microestrutura, mas não há deformação do ligamento; no grau II, o ligamento é estirado e há lesão parcial; e no grau III, há rompimento total.[9]

A lesão do LCA é um tipo de lesão mais frequente no joelho, constituindo cerca de 50% das lesões ligamentares totais (Bonfim, Paccola e Barela).[9] As mulheres apresentam um risco maior de ruptura em relação aos homens, em razão de fatores estruturais, mecânicos, neuromusculares ou da combinação desses. A instabilidade decorrente dessas lesões pode ser altamente limitante para o atleta e apresenta alto índice de associação com lesões meniscais e do ligamento colateral medial, em razão da sua anatomia.[9,17,18]

Os mecanismos que estão envolvidos são a associação do valgo com a rotação externa, a hiperextensão, a desaceleração brusca, as mudanças de direção e os traumas rotacionais com o pé fixo no chão. Elas podem ser classificadas nos seguintes graus: grau I, em que ocorre uma lesão leve, com presença de alguns ligamentos sem perda funcional; grau II, lesão moderada, em que grande parte dos ligamentos encontra-se rompida, seguida de instabilidade articular, não demonstrado perda completa da integridade do ligamento; e, por fim, o grau III, lesão grave, com rompimento completo das fibras ligamentares.

O tratamento conservador tem como objetivo primário a melhoria da capacidade funcional e a redução da instabilidade articular. Na fase inicial do trauma, a utilização do esquema PRICE (proteção, repouso, compressão e elevação) permite o controle da dor e age como facilitador do trabalho de recuperação da amplitude articular. O fortalecimento muscular e os exercícios de propriocepção são de importância fundamental para a melhoria do controle dinâmico articular [estudar seção "Recuperação física e funcional (propriocepção)"]. Geralmente, nas lesões de graus II e III, os atletas são submetidos à reconstrução do LCA, mas os cuidados primários são essenciais para uma boa recuperação e retorno ao esporte. A reconstrução ligamentar pode ser realizada com o enxerto do tendão patelar ou pela substituição dos tendões do grácil e do semimembranoso. A reabilitação pode seguir o protocolo padrão ou o acelerado.[2]

A grande preocupação nos pós-operatórios da reconstrução do LCA é mobilizar o joelho o mais precocemente possível para evitar as aderências de partes moles e as hipotrofias musculares, principalmente.

Lesão do ligamento cruzado posterior

As lesões do LCP são mais raras e ocorrem principalmente em decorrência de acidentes automobilísticos. Podem estar associadas ou não a outras lesões ligamentares e até a fraturas.

O mecanismo de lesão é a atuação de forças no sentido anteroposterior do joelho. A hiperextensão do joelho também pode determinar uma lesão do LCP, associada ou não a roturas da cápsula posterior.

Na fase aguda, os indivíduos queixam-se de desconforto, discreto inchaço articular e da sensação eventual de que o joelho não está normal. Já na crônica, alguns referem o joelho praticamente assintomático, outros, dor moderada ou intensa e derrame articular persistente. A presença de dor no compartimento medial e/ou patelofemoral pode estar relacionada com o desenvolvimento de osteoartrose nos casos de longa evolução do quadro clínico.

Lesões condrais

Os mecanismos de dano nas lesões relacionadas a trauma incluem o impacto repetitivo da porção central do platô tibial sobre os côndilos femorais, cisalhamento ou avulsão. Assim, gradualmente a cartilagem articular é danificada. A contusão óssea é um sinal preditivo de futura degeneração condral.

Em determinadas situações, pode ocorrer o destacamento de fragmento condral, resultando em bloqueio articular mecânico. A hemartrose poderá estar presente se houver fratura osteocondral. Nas fases mais crônicas, há queixa de dor no compartimento da lesão e, principalmente, na realização de descarga de peso sobre o membro acometido.

Diante de uma lesão do LCA, sempre se deve verificar se há lesão condral, em razão do alto grau de associação.

O tratamento da lesão condral dependerá de vários fatores, como a localização, a extensão e a espessura da lesão, além do alinhamento articular, da atividade do indivíduo, da integridade do LCA e dos meniscos. As lesões localizadas no côndilo femoral apresentam melhor prognóstico.

Lesões meniscais

As lesões meniscais podem ser traumáticas ou degenerativas. Na lesão traumática, existe um trauma rotacional que pode ocorrer com ou sem contato. As lesões meniscais podem estar associadas ou não às lesões do LCA e dos colaterais. Na lesão degenerativa, ocorre uma redução da força, e ela acomete mais os indivíduos idosos.

Nos casos cirúrgicos, é realizada a meniscectomia parcial, objetivando a preservação máxima dos meniscos e, consequentemente, contribuindo para a prevenção de alterações degenerativas. Segundo Meredith et al.,[44] a meniscectomia parcial é o procedimento mais popular nos Estados Unidos; atualmente, são realizados mais de 45 mil procedimentos. As maiores evidências de evolução para a osteoartrose aos raios X são a ressecção meniscal extensa e o gênero feminino.

Os fatores preditivos para evolução funcional são: ressecção meniscal extensa, frouxidão do LCA, cirurgia prévia no joelho e grande degeneração cartilaginosa observada na cirurgia, sendo este o pior deles (Meredith et al.[44]

Lesões do LCM

As lesões do LCM podem ocorrer tanto por trauma direto como indireto. O mecanismo mais frequente é a aplicação de uma força em valgo sobre o compartimento medial, com rotação interna do fêmur, tíbia fixa e flexão do joelho.

Elas podem ser classificadas em três graus, de acordo com a abertura medial no teste de estresse, a localização dolorosa e a presença ou não de *end-point*. No grau I, a abertura é de 0-5 mm, com *end-point* e sensibilidade dolorosa na inserção femoral e na parte média do LCM. No grau II, há variação apenas da abertura, que é de 5-10 mm, sem ou com *end-point* mole e presença de sensibilidade dolorosa na inserção femoral, tibial ou na média do LCM. O grau III é comumente citado quando há ruptura completa do ligamento colateral medial.

Dor patelofemoral

A disfunção da articulação patelofemoral é uma condição patológica frequente, caracterizada pela dor anterior do joelho, especialmente no sexo feminino. O funcionamento da patela depende de um equilíbrio entre os músculos e ligamentos em razão da falta de estabilidade óssea inerente a essa articulação. Quando esse equilíbrio é alterado, pode ocorrer movimentação anormal da patela. A mais comum é a lateralização da patela. Suas causas são disfunção do vasto medial oblíquo (fraqueza ou inibição), encurtamento dos tecidos moles laterais e problemas biomecânicos que favoreçam esse deslizamento lateral.[1,2,40]

A condromalácia também é uma causa de dor patelofemoral, sendo um processo patológico de dano à cartilagem retropatelar por alterações na nutrição condral e do osso subcondral pelo líquido sinovial. Está associada às alterações do alinhamento normal da patela, aos desvios rotacionais e angulares do joelho, às alterações trocleares, às distrofias quadricipitais e às retinaculares. Fatores mecânicos, sendo eventos traumáticos de macrotrauma ou microtrauma de repetição, são importantes fatores etiológicos.[41]

Inicialmente, ocorre um amolecimento da cartilagem com perda de suas características físico-químicas, e a queixa predominante é a dor, exacerbada pela atividade física. Com a evolução do processo, a cartilagem pode passar pelas fases de fibrilação, fragmentação e até exposição do osso subcondral. O paciente relata agravamento do quadro álgico, sensação de falseio, derrames articulares e limitações funcionais. Portanto, a condromalácia pode ser considerada como o início de um processo degenerativo.

Tendinopatia do mecanismo extensor

O mecanismo extensor do joelho é alvo frequente de lesões por uso excessivo que se manifestam, principalmente, na forma de tendinopatia patelar. É uma entidade patológica que acomete o tendão do quadríceps ou o ligamento patelar influenciada por fatores intrínsecos e extrínsecos. Clinicamente, a tendinopatia patelar pode ocorrer no polo superior da patela na inserção do quadríceps, na tuberosidade anterior da tíbia na inserção distal do ligamento patelar, ou, mais comumente, no polo inferior da patela. De acordo com Blazina et al.,[8] e, posteriormente, modificada por Roels et al.,[51] a lesão pode ser classificada em quatro estágios. No primeiro deles, a dor só ocorre após a atividade física. No segundo, a dor está presente no início da atividade e melhora após o aquecimento, podendo reaparecer na fase final do exercício. Com a progressão do problema, em seu terceiro estágio, a dor torna-se mais persistente e está presente em repouso e durante o exercício, com incapacidade de realizá-lo. No quarto e último estágio, há ruptura do tendão, com limitação para as atividades de vida diária. Os seus principais sinais e sintomas são: dor bem-localizada na região anterior do joelho de início insidioso e gradual, podendo ser aumentada com a frequência ou a intensidade dos movimentos repetitivos; sensibilidade focal no tendão patelar; dor ao subir e descer escadas; dor na realização de agachamento. Objetivamente, a dor é o único elemento notável, e a anatomia patológica do processo revela focos de degeneração e microlesões em áreas próximas à inserção do tendão, local mais suscetível à lesão, uma vez que essa junção osso-tendão é submetida a estresse contínuo máximo. É uma condição autolimitante, e a dor pode restringir os níveis de trabalho excêntrico quando a resistência é aplicada à articulação.

A tendinopatia patelar acomete, principalmente, atletas de esportes que envolvem aceleração e desaceleração, saltos e aterrissagens, concentrando alto nível de estresse no mecanismo extensor do joelho, como no voleibol, no basquetebol, na corrida, no futebol, no tênis, entre outros.

- *Tendinopatia da pata de ganso*

É uma patologia que acomete principalmente os corredores. A manifestação clínica é a dor na topografia da "pata de ganso", em repouso ou no estresse em valgo e rotação tibial. A dor apresenta início insidioso, piorando com as atividades físicas e a subida de escadas. O diagnóstico clínico baseia-se na palpação dolorosa dos tendões que formam a "pata de ganso".[2]

Perna, tornozelo e pé

A perna, o tornozelo e o pé trabalham de forma integrada, combinando estabilidade e flexibilidade para que ocorra o comportamento biomecânico normal. Estas, como parte terminal da cadeia cinética inferior, possuem a capacidade de distribuir e dissipar as diferentes forças que atuam sobre o corpo por meio do contato com o solo. As lesões no tornozelo e no pé podem alterar a mecânica da marcha e, consequentemente, causar estresse sobre outras articulações dos membros inferiores.

As articulações do retropé promovem estabilidade durante a marcha e funcionam como braço de alavanca para o tendão do calcâneo. São as articulações tibiofibular, talocrural e subtalar. A articulação tibiofibular, tipo sindesmose, contribui com a movimentação acessória, permitindo maior liberdade de movimento ao tornozelo. Essa movimentação acessória ocorre durante a flexão plantar, a dorsiflexão, a supinação e a pronação.[6]

A articulação talocrural apresenta um encaixe estrutural perfeito – a superfície articular côncava é formada pela região distal da tíbia e pelos maléolos medial e lateral (pinça bimaleolar); e a convexa, pelo tálus e por ligamentos colaterais de apoio – ligamento deltoide na face medial e na lateral, os ligamentos talofibular anterior, calcaneofibular e talofibular posterior. O maléolo lateral se localiza distal e posteriormente em relação ao maléolo medial, e essa orientação oblíqua permite uma movimentação em três planos. A estabilidade máxima contra os estresses angulares e de torção ocorre na dorsiflexão.

Os movimentos triplanares de pronação e supinação são permitidos pela articulação subtalar, e a sua estabilidade é dada pelos ligamentos talocalcâneos medial e lateral e pelos interósseos. Os componentes do movimento de pronação em cadeia cinética aberta são dorsiflexão, abdução e eversão do calcâneo. Na supinação, flexão plantar, adução e inversão. Funcionalmente, a articulação subtalar trabalha como uma cadeia cinética fechada. Dessa forma, em cadeia cinética ocorre o movimento inverso, com exceção do calcâneo, que mantém a mesma direção do movimento tanto em cadeia cinética fechada quanto aberta.

As articulações mediotársicas, mediopé, habilitam o pé a se adaptar a posições diferentes absorvendo o choque e proveem sustentação do arco longitudinal da parte medial do pé. São elas: a articulação de Chopart (articulações mediotársicas entre o tálus-calcâneo e o navicular-cuboide); articulações intercuneiformes; articulação cuneocubóidea e calcaneocubóidea. Por fim, as articulações do antepé, responsáveis pela alavanca para a impulsão dos membros inferiores durante a marcha: a articulação de Lisfranc (conjunto das articulações tarsometatársicas), as metatarsofalangianas e as interfalangianas.

Os músculos da perna e do pé podem ser divididos em subgrupos. O muscular superficial posterior, formado pelos músculos gastrocnêmio, sóleo e plantar; o posterior profundo, tibial posterior, flexor longo dos dedos, flexor longo do hálux; o lateral, fibulares longo e curto; o anterior, tibial anterior, extensor longo do hálux, extensor dos dedos; e os músculos intrínsecos.

Lesões da perna, do tornozelo e do pé

- *Lesão do tendão de Aquiles*

O complexo do tendão de Aquiles será suscetível a lesão se houver uma contração excêntrica vigorosa do músculo tríceps sural. A ruptura de feixes dos tendinosos e musculares ocorre, principalmente, em atletas de final de semana e sedentários que realizam esforço físico além de seus limites. O indivíduo relata um estalo audível e a sensação de ter sido chutado na perna. Além disso, fraqueza imediata da flexão plantar, dor, edema e defeito palpável geralmente estão presentes.

A tendinopatia do tendão de Aquiles, tendão comum dos músculos gastrocnêmio e sóleo, ocorre geralmente nos praticantes de atividades de natureza repetitiva. O seu início é gradual e insidioso, porém a queixa de dor constante durante e após as atividades é um fator desencadeante. Como é uma lesão de estrutura contrátil, a dor geralmente aumenta com a dorsiflexão passiva e a flexão plantar contra a resistência.

- *Tibialgia ou síndrome do estresse medial ou "canelite"*

A tibialgia ou síndrome do estresse medial ou "canelite" é uma queixa comum em atletas, caracterizada por dor e desconforto no terço mediodistal da tíbia, aspecto posteromedial, provocada por uma tensão elevada no músculo tibial anterior. As causas principais são sobrecarga, corridas repetitivas em superfícies duras, atividades que incluam arrancadas e paradas bruscas, pronação do pé e falta de condicionamento. É necessário o diagnóstico diferencial de fratura por estresse da tíbia.

▪ *Entorse de tornozelo*

A entorse de tornozelo é uma lesão muito comum em atletas. No caso da entorse, assim como nas outras lesões, o fisioterapeuta deve estar atento aos mecanismos traumáticos, pois terão relação direta com as estruturas acometidas. As causas podem ser endógenas, exógenas ou uma combinação das duas.

Segundo Beynnon et al.,[6] as mulheres com aumento do varismo tibial estão mais propensas à lesão, enquanto nos homens o fator predisponente é o *tilt* talar. Nas lesões esportivas, o mecanismo prevalente é a aterrissagem (McKay et al.).[43] Esses autores observaram que a incidência de entorse do tornozelo aumentou em aproximadamente cinco vezes a chance de recidiva naqueles indivíduos com história prévia de entorse; em 4,3 vezes naqueles que utilizavam calçados com amortecedores de ar; e em 2,6 vezes naqueles que não realizavam alongamento antes dos jogos.

A maioria dessas lesões ocorre no complexo lateral da articulação do tornozelo, sendo a inversão o mecanismo de lesão. O dano inicial ocorre no ligamento talofibular anterior em virtude da direção da força, e o estresse posterior afeta os ligamentos calcaneofibular e talofibular posterior. As lesões na face medial e no ligamento deltoide são menos frequentes e envolvem o movimento de eversão. Rupturas do ligamento deltoide isoladas são raras; geralmente, ocorrem em combinação com fratura do maléolo e ruptura da sindesmose. Em grau crescente, Nordin e Krankel (2003)[46] relataram o ponto de ruptura dos ligamentos do tornozelo. Inicialmente, o talofibular anterior, a 139 N; o talofibular posterior, a 261 N; o calcaneofibular, a 346 N; e, finalmente, o ligamento deltoide, que é o ligamento mais forte, a 714 N.

As entorses do tornozelo são classificadas em graus I, II e III, de acordo com a sua gravidade. No grau I, os ligamentos são preservados, ocorrendo apenas uma distensão ligamentar; observa-se, geralmente, um edema localizado. No grau II, ocorre uma ruptura parcial dos ligamentos, com dor, edema difuso e instabilidade leve ou moderada. No grau III, o mais grave, ocorre ruptura completa dos ligamentos, com dor, edema, hematoma, perda funcional e instabilidade articular. Nos dois primeiros graus, o tratamento é conservador, e no último, geralmente, cirúrgico, quando há lesão óssea com instabilidade.

▪ *Fasciite plantar*

A fasciite plantar é uma condição patológica frequente no pé, que provoca uma inflamação na fáscia ou aponeurose plantar, acometendo indivíduos de ambos os sexos, qualquer idade e ocupação. Mas, principalmente, aqueles que apresentam amplitude de movimento de dorsiflexão reduzida, obesidade, longo tempo de trabalho na postura de pé, pronação excessiva do pé ou pé cavo e prática inadequada da atividade física (Cornwall et al.).[20] A sobrecarga crônica e a irritação podem levar à formação de tecido ósseo em resposta às forças de tração da fáscia plantar e dos músculos que se inserem na tuberosidade do calcâneo.

A aponeurose plantar é um dos maiores estabilizadores do arco longitudinal do pé. Estudos cadavéricos de Cheung et al.[14] revelaram que a retirada da fáscia plantar gera uma diminuição significativa da altura do arco plantar, e, dentre, os fatores de risco, estão a pronação excessiva e o encurtamento do tendão de Aquiles. Os mesmos autores mostraram, ainda, por meio de medidas com células de carga, que o aumento da sobrecarga no tendão de Aquiles resultou em redução da altura do arco longitudinal e aumento da tensão na fáscia plantar. Além disso, o estiramento do tendão de Aquiles provoca uma intensa contração muscular e também aumento da tensão na fáscia.[20]

Os pacientes relatam dor pela manhã ao se levantar, que desaparece com o repouso ou quando não se apoia o pé comprometido.

É importante ter sempre em mente a consciência de coesão e integridade do trabalho do fisioterapeuta com o médico e/ou a equipe multidisciplinar.

Referências

1. Almekinders LC, Temple JD. Etiology, Diagnosis, and Treatment of Tendonitis: An Analysis of the Literature. Med Sci Sports Exerc. 1998 Aug;30(8):1183-90.

2. Andrews J, Harrelson G, Wilk K. Reabilitação física do atleta. 3. ed. Rio de Janeiro: Elsevier; 2005.

3. Barros T, Guerra I. Ciência do futebol. Barueri: Manole; 2004.

4. Barry NN, McGuire JL. Overuse Syndromes in Adult Athletes. Musculoskeletal. Medicine. 1996; 22(3):665-78.

5. Basmajian JV, De Luca CJ. Muscle Alive: Their Function Revealed by Electromyography. 5. ed. Baltimore: Williams & Wilkins; 1985.

6. Beynnon BD, Uh BS, Helie BV, Alosa DM, Renstrom PA. The Benefit of a Single-Leg Strength Training Program for the Muscles Around the Untrained Ankle. Am J Sports Med. 2000;28(4):568-73.

7. Bishop PA, Rhodes DW. A Review of Diagnostic Ultrasound of the Spine and Soft Tissue. J Manipulative Physiol Ther. 1997;20(4):267-73. Review.

8. Blazina ME, Kerlan RK, Jobe FW, Carter VS, Carlson GJ Jumper's Knee. Orthop Clin North Am. 1973;4(3):665-78.

9. Bonfim TR, Jansen Paccola CA, Barela JA. Proprioceptive and Behavior Impairments in Individuals With Anterior Cruciate Ligament Reconstructed Knees. Arch Phys Med Rehabil. 2003;84(8):1217-23.

10. Briner WW, Kacmar L. Common Injuries in Volleyball: Mechanisms of Injury, Prevention and Rehabilitation. Sports Med. 1997;24(1):65-71.

11. Cailliet R. Síndrome da dor lombar. 5.ed. Porto Alegre: Artmed; 2001.

12. Cavanaugh JM, Ozaktay AC, Yamashita HT, King AI. Lumbar Facet Pain: Biomechanics, Neuroanatomy and Neurophysiology. J Biomech. 1996;29(9):1117-29. Review.

13. Chansirinukor W, Lee M, Latimer J. Contribution of Ribcage Movement to Thoracolumbar Posteroanterior Stiffness. J Manipulative Physiol Ther. 2003;26(3):176-83.

14. Cheung JT, Zhang M, Chow DH. Biomechanical Responses of the Intervertebral Joints to Static and Vibrational Loading: a Finite Element Study. Clin Biomech (Bristol, Avon). 2003;18(9):790-9.

15. Cheung JT, Zhang M, An KN. Effect of Achilles Tendon Loading on Plantar Fascia Tension in the Standing Foot. Clin Biomech (Bristol, Avon). 2006;21(2):194-203.

16. Colloca CJ, Keller TS. Stiffness and Neuromuscular Reflex Response of the Human Spine to Posteroanterior Manipulative Thrusts in Patients With Low Back Pain. J Manipulative Physiol Ther. 2001;24(8):489-500.

17. Colosimo AJ, Basset FH. Jumper's Knee: Diagnosis and Treatment. A Review Paper. Ortoph Rev. 1989;29:139-49.

18. Conley MS, Meyer RA, Bloomberg JJ, Feeback DL, Dudley GA. Noninvasive Analysis of Human Neck Muscle Function. Spine. 1995;20(23):2505-12.

19. Cook JL, Khan KM, Harcourt PR et al. A Cross Sectional Study of 100 Athletes With Jumper's Knee Managed Conservatively and Surgically. Br J Sports Med. 1997;31:332-6.

20. Cornwall MW et al. Plantar Fasciitis: Etiology and Treatment. J Orthop Sports Phys Ther. 1999;29(12):756-60.

21. Earl JE. Mechanical Aetiology, Recognition, and Treatment of Spondylolisthesis. Phys Ther Sport. 2002;3(2):79-87.

22. Elliott JM, Fernandez-De-Las-Penas C, Bueno A, Ferrando J, Cuadrado ML, et al. Magnetic Resonance Imaging Study of the Morphometry of Cervical Extensor Muscles in Chronic Tension-Type Headache. Cephalalgia. 2007;27(4):355-62.

23. Ferretti A, Papandrea P, Conteduca F. Knee Injuries in Volleyball. Sports Med. 1990;10(2):132-8.

24. Fritz JM, Whitman JM, Childs JD. Lumbar Spine Segmental Mobility Assessment: an Examination of Validity for Determining Intervention Strategies in Patients With Low Back Pain. Arch Phys Med Rehabil. 2005;86(9):1745-52.

25. Fujiwara A, Lim TH, An HS, Tanaka N, Jeon CH et al. The Effect of Disc Degeneration and Facet Joint Osteoarthritis on the Segmental Flexibility of the Lumbar Spine. Spine. 2000;25(23):3036-44.

26. George SZ, Delitto A. Management of the Athlete With Low Back Pain. The Spine and Sports. 2002;21(1):105-132.

27. Grod JP, Diakow PR. Effect of Neck Pain on Verticality Perception: a Cohort Study. Arch Phys Med Rehabil. 2002;83(3):412-5.

28. Halder AM, Itoi E, An KN. Anatomy and Biomechanics of the Shoulder. Orthop Clin North America. 2000;31(2):159-77.

29. Hawkins R, Litchfield R, Atkins J, Hagerman G, Dillman CJ. Rehabilitation of the Shoulder. Ann Chir Gynaecol. 1996;85(2):173-84.

30. Hodges PW, Richardson CA. Inefficient Muscular Stabilization of the Lumbar Spine Associated With Low Back Pain. A Motor Control Evaluation of Transversus Abdominis. Spine. 1996;21(22):2640-50.

31. _____. Delayed Postural Contraction of Transversus Abdominis in Low Back Pain Associated With Movement of the Lower Limb. J Spinal Disord. 1998;11(1):46-56.

32. Jensen K, Di Fabio RP. Evoluation of Eccentric Exercise in Treatment of Patellar Tendinitis. Phys Ther. 1989;69:211-6.

33. Jones GR, Miller TA, Petrella RJ. Evaluation of Rehabilitation Outcomes in Older Patients With Hip Fracture. Am J Phys Med Rehabilit. 2002;81(7):489-97.

34. Kader DF, Wardlaw D, Smith FW. Correlation Between the MRI Changes in the Lumbar Multifidus Muscles and Leg Pain. Clin Radiol. 2000;55(2):145-9.

35. Karacan I, Aydin T, Sahin Z, Cidem M, Koyuncu H et al. Facet Angles in Lumbar Disc Herniation: Their Relation to Anthropometric Features. Spine. 2004;29(10):1132-6.

36. Karlberg M, Persson L, Magnusson M. Impaired Postural Control in Patients With Cervicobrachial Pain. Acta Otolaryngol Suppl. 1995;520 Pt 2:440-2.

37. Magee D. Avaliação musculoesquelética. 3. ed. São Paulo: Manole; 2002.

38. Kelly BT, Williams RJ, Cordasco FA, Backus SI, Otis JC et al. Differential Patterns of Muscle Activation in Patients With Symptomatic and Asymptomatic Rotator Cuff Tears. J Shoulder Elbow Surg. 2005;14(2):165-71.

39. Kreighbaum E, Barthels KM. Biomechanics: A Qualitative Approach for Studying Human Movement. Boston: Allyn & Bacon; 1996.

40. Majewski M, Susanne H, Klaus S. Epidemiology of Athletic Knee Injuries: A 10-Year Study. Knee. 2006;13(3):184-8.

41. Martens M, Wounters P, Burssen A, Mulier JC. Patellar Tendonitis: Pathology and Results of Treatmet. Acta Orthop Scand. 1982;53:445-50.

42. Maffulli N, Khan KM, Puddu G. Overuse Tendon Conditions: Time to Change a Confusing Terminology. Arthroscopy. 1998;14:840-3.

43. McKay GD, Goldie PA, Payne WR, Oakes BW, Watson LF. A Prospective Study of Injuries in Basketball: A Total Profile and Comparison by Gender and Standard of Competition. J Sci Med Sport. 2001;4(2):196-211.

44. Meredith DS, Losina E, Mahomed NN, Wright J, Katz JN. Factors Predicting Functional and Radiographic Outcomes After Arthroscopic Partial Meniscectomy: A Review of the Literature. Arthroscopy. 2005;21(2):211-23.

45. Motley G, Nyland J, Jacobs J, Caborn DN. The Pars Interarticularis Stress Reaction, Spondylolysis, and Spondylolisthesis Progression. J Athl Train. 1998;33(4):351-8.

46. Nordin M, Frankel VH. Biomecânica básica do sistema musculoesquelético. 3. ed. Rio de Janeiro: Guanabara Koogan; 2003.

47. O'Leary S, Falla D, Jull G. Recent Advances in Therapeutic Exercise for the Neck: Implications for Patients With Head and Neck Pain. Aust Endod J. 2003;29(3):138-42. Review.

48. O'Leary SP, Vicenzino BT, Jull GA. A New Method of Isometric Dynamometry for the Craniocervical Flexor Muscles. Phys Ther. 2005;85(6):556-64.

49. Panjabi M, Dvorak J, Duranceau J, Yamamoto I, Gerber M et al. Three-Dimensional Movements of the Upper Cervical Spine. Spine 1988;13(7):726-30.

50. Peterson L, Renstrom P. Lesões do esporte, prevenção e tratamento. 3. ed. São Paulo: Manole; 2002.

51. Roels J, Martens M, Mulier JC et al. Patellar Tendinitis (Jumper's Knee). Am J Sport Med. 1978;6:362-8.

52. Sahrmann S. Diagnóstico e tratamento das síndromes de disfunção motora. 1. ed. São Paulo: Livraria Santos Editora; 2005.

53. Smith L, Weiss E, Lenmkuhl L. Cinesiologia clínica de Brunnstrom. 1. ed. São Paulo: Manole; 1997.

54. Tousignant M, de Bellefeuille L, O'Donoughue S, Grahovac S. Criterion Validity of the Cervical Range of Motion (CROM) Goniometer for Cervical Flexion and Extension. Spine. 2000;25(3):324-30.

55. Vasavada AN, Li S, Delp SL. Influence of Muscle Morphometry and Moment Arms on the Moment-Generating Capacity of Human Neck Muscles. Spine. 1998;23(4):412-22.

56. Vleeming A, Buyruk HM, Snijders CJ, Laméris JS, Holland WP et al. The Measurements of Sacroiliac Joint Stiffness With Colour Doppler Imaging: A Study on Healthy Subjects. Eur J Radiol. 1995;21(2):117-21.

57. Wiegand R, Kettner NW, Brahee D, Marquina N. Cervical Spine Geometry Correlated to Cervical Degenerative Disease in a Symptomatic Group. J Manipulative Physiol Ther. 2003;26(6):341-6.

58. Witvrouw E, Bellemans J, Lysens R, Danneels L, Cambier D. Intrinsic Risk Factors for the Development of Patellar Tendinits in an Athletic Population. Am J Sports Med.. 2001;29(2):190-5.

Sobre o autor

Alex Evangelista

Fisioterapeuta.

Pós-graduado em Traumatologia e Ortopedia Aplicadas à Fisioterapia.

Coordenador de Fisioterapia do Kashima Antlers FC.

Coordenador de Fisioterapia do CR Vasco da Gama em 2004 e 2006.

Coordenador de Fisioterapia do Al Ahli Qatar em 2005.

Diretor de Fisioterapia do Centro de Reabilitação Acelerada – Gunma – Japão.

Autor do livro *Eletroestimulação: o exercício do futuro*. (Phorte Editora).

Colaboradores

Richard Goslin Kowarick (Vibração mecânica – um conceito novo de treinamento e tratamento)

The Pennsylvania State University (EUA): College of the Liberal Arts – Communication Arts and Sciences Major 1992; College of Health and Human Development – Department of Kinesiology – Exercise Science Minor, National Exercise & Sports Trainers Association (EUA) 1991; Personal Trainer Certification 1995.

Power Plate International (Holanda): Master Trainer Certification 2002; Master Trainer Certification 2004; Master Trainer Certification 2006.

Marcela Mendes de Almeida Gomide Leite (Miologia; Principais lesões ortopédicas)

Graduada em Fisioterapia.
Pós-graduada em Fisioterapia Desportiva.
Especialista pela SONAFE (Sociedade Nacional de Fisioterapia Esportiva).
Fisioterapeuta da seleção brasileira de futebol feminino profissional (vice-campeã sul-americana e mundial, campeã pan-americana).
Atualmente, fisioterapeuta do Minas Tênis Clube, Belo Horizonte/MG.

Fábio Marcelo Teixeira de Souza (Biomecânica)

Graduado em Fisioterapia.
Pós-graduado em Fisioterapia em Tráumato-ortopedia com ênfase em Anatomia e Biomecânica.
Coordenador de Fisioterapia do Fluminense Football Club.
Docente do curso de pós-graduação de Fisioterapia em Tráumato-ortopedia da Universidade Gama Filho.
Docente do curso de pós-graduação em Ergonomia Aplicada à Fisioterapia do Trabalho e Fisioterapia Aplicada à Tráumato-ortopedia da Faculdade Redentor/Interfisio.
Docente do curso de pós-graduação em Ciências da Reabilitação – FAMINAS (Faculdade de Minas)
Diretor da Clínica Fábio Marcelo Fisioterapia do Esporte.

Abílio Cardoso (Ultrassom)

Graduado em Engenharia Química – UFRRJ (Universidade Federal Rural do Rio de Janeiro) – 1980.
Graduado em Engenharia Eletrônica – UGF (Universidade Gama Filho) – 2004.
Especialista em Ultrassom Terapêutico com trabalhos realizados na COPPE/UFRJ.
Mestre em Engenharia Biomédica – UFRJ (Universidade Federal do Rio de Janeiro) – 2005.
Docente da UNIG (Universidade Iguaçu).
Auditor de Sistema de Qualidade ISO 9001 – BRTUV – Organismo Certificador – 2003.

Estela Cardoso (Eletroporação)

Graduada em Fisioterapia.
Pós-graduanda em Dermatofuncional na UNESA (Universidade Estácio de Sá) – RJ; Graduada em Estética e Cosmetologia pela UNISUAM (Centro Universitário Augusto Motta) – RJ.
Pós-graduada em Estética e Cosmetologia pela 3DFarma – Portugal.
Membro da Sociedade Brasileira de *Laser* – SP.
Membro da Brazilian Society of Cosmetic Medicine and Surgery – Orlando/USA.
Docente do curso de pós-graduação em Medicina Estética do Colégio Brasileiro de Medicina e Cirurgia Estética em São Paulo, Rio de Janeiro e Belo Horizonte.

Simone Buonacorso (Vibração mecânica – um conceito novo de treinamento e tratamento)

Graduada em Fisioterapia.
Supervisora do centro de treinamento *Power Place* – SP (Treinamento com Vibração Mecânica).

Marcoorelio Sousa Nunes (Alterações inflamatórias)

Graduado em Fisioterapia.
Pós-graduado em Ergonomia, Saúde e Trabalho.
Formação em Osteopatia método escola de Madrid (Mato Grosso).

Marcelle Vieira da Cunha (Microcorrentes)

Graduada em Fisioterapia.
Pós-graduada em Acupuntura – Centro Brasileiro de Medicina Chinesa.
Especialista em Fisioterapia Dermatofuncional.
Docente da Pós-graduação em Fisioterapia Dermatofuncional - Universidade Estácio de Sá.
Docente do Centro de Formação Avançado Advice.
Coordenadora da Clínica de Estética Arthys.

Marcio da Cruz Saldanha [Recuperação física e funcional (propriocepção)]

Graduado em Fisioterapia.
Coordenador de Fisioterapia da Portuguesa de Desportos (RJ).
Coordenador de Fisioterapia da Associação dos Atletas do Rio de Janeiro.

Fábio de Souza Lima Antonucci (Posturologia e sua complexidade)

Graduado em Fisioterapia.
Pós-graduado em Osteopatia pela Escola de Osteopatia de Madrid (Rio de Janeiro).
Coordenador do Centro de Reabilitação Acelerada – Alex Evangelista Brasil.

Holf Gomes da Silva Flügel (Avaliações e Anatomia funcional; colaboração nas fotos em Alongamento e flexibilidade)

Graduado em Fisioterapia.
Pós-graduado em Fisioterapia Tráumato-ortopédica.
Fisioterapeuta do TTM F.C. Phichit (Thailand Tobacco Monopoly – Tailândia) – 2010.
Membro do Comitê de Fisioterapia Esportiva do Estado do Rio de Janeiro.

Eduardo Yujiro Abe (Crioterapia e Alterações inflamatórias)

Graduado em Fisioterapia.
Diretor da Nespo Sports Medicine Research Center Japan.
Coordenador do Centro de Reabilitação Acelerada Alex Evangelista Japan.

Roberta Coelho de Marco (Fisiologia e suas respostas bioelétricas)

Graduada em Nutrição.
Pós-graduada em Nutrição Esportiva.

Luiz Gustavo dos Reis Ramos (Avaliações e Anatomia funcional; colaboração em Mecanoterapia com as fotos)

Graduado em Fisioterapia.
Supervisor do Centro de Reabilitação Acelerada – Alex Evangelista.

Leila Márcia Medeiros Martins (Posturologia e sua complexidade)

Graduada em Odontologia (ortodontista cirurgiã-dentista).
Especialização em Ortodontia e DTM (Disfunção Temporomandibular).

David Fernando Ramos de Souza (Avaliações e Anatomia funcional)

Graduado em Fisioterapia.
Pós-graduado em Neurofuncional.

SOBRE O LIVRO

Formato: 21 x 28 cm
Mancha: 15 x 22,4 cm
Papel: Couché 90 g
nº páginas: 400
1ª edição: 2011

EQUIPE DE REALIZAÇÃO

Edição de texto

Nathalia Ferrarezi (Assistente-editorial)
Maria Apparecida F. M. Bussolotti (Estabelecimento de texto)
Juliana Maria Mendes (Preparação do original, copidesque e revisão)
Renata Sangeon (Revisão)

Editoração eletrônica

Fabiana Lumi Tamashiro (Projeto gráfico, diagramação, capa e tratamento de imagens)
Ricardo Howards (Ilustração)

Impressão
HR Gráfica e Editora